대혜법어

대혜법어

김태완 역주

침묵의 향기

개정판에 붙여

『대혜보각선사어록(大慧普覺禪師語錄)』 30권 전체를 한국학술진흥재단 (현 한국연구재단)의 지원을 받아 번역하여 총 6권으로 출판한 것이 2011년이니 벌써 8년이나 지났다.

6권 가운데 선(禪)을 공부하는 사람들에게 가장 도움이 되는 내용을 가진 서장(書狀), 법어(法語), 보설(普說) 등 3권은 그동안 선원에서 법회 자료로 사용하면서 눈에 띄는 오역이나 어색한 표현을 바로잡아 왔다. 지금까지 그 양이 꽤 된다.

애초에 번역본 6권을 출간한 소명출판사에서는 오래전에 이 책을 절판하였으므로, 지금은 품절되어 시중에서 구하기도 어렵다.

이에 서장, 법어, 보설 등 3권만 다시 꼼꼼히 교정하여 침묵의 향기에서 새롭게 출간하기로 하였다. 그리하여 2018년 2월에 개정판 서장이 출간되었고, 이번에는 다시 법어의 개정판을 내놓게 되었다.

서장은 대혜종고(大慧宗杲) 선사에게 선(禪) 공부에 관하여 묻는 편지를 보낸 재가 신도나 제자들에게 답장한 편지를 모은 글이고, 법어는 출가 제자나 재가 제자들에게 법에 관한 가르침을 글로 써서 보낸 '법에 관한 가르침'의 말씀이고, 보설은 신도들이 절에서 재를 지내거나 할 때에 특별히 부탁하여 법상에 올라 설법(說法)한 내용을 기록한 글이다.

서장과 법어는 선 공부에 대한 가르침이므로 대혜종고가 강조한 간화선(看話禪)의 가르침이 여기에 주로 담겨 있어서 간화선의 교과서라고 할 만하다. 보설은 불교와 선(禪)에 관한 대혜종고의 안목과 여러 부류의 사람들을 깨달음으로 인도한 일화들이 소개되어 있어서 역시 불교와 선을 공부하는 사람에게는 좋은 참고서가 될 만하다.

이처럼 이 3권의 책은 대혜종고 선사의 깊은 안목을 가장 잘 살필 수 있는 내용이어서 역자 스스로도 공부에 큰 도움을 받았으니, 선을 공부하는 모든 사람에게 많은 도움이 되리라고 확신한다

2019년
무심선원 원장 김태완

머리말

대혜는 늘 배우는 사람들에게 말했다.

"죽비라고 부르면 사물을 따라가고, 죽비라고 부르지 않으면 사물을
무시한다. 말을 해서도 안 되고, 입을 다물고 있어서도 안 된다."

나와서 죽비를 빼앗는 것도 용납하지 않고
명쾌하게 풀이한 이치도 용납하지 않고
소매를 떨치고 곧장 나가는 것도 용납하지 않고
그럴듯한 한마디를 말하는 것도 용납하지 않고
합장하여 절하는 것도 용납하지 않고
가만히 앉아 있는 것도 용납하지 않고
한마디 말을 붙잡고 있는 것도 용납하지 않고
밤새워 좌선하는 것도 용납하지 않고
현묘한 도리를 내세우는 것도 용납하지 않고
공안을 제시하여 따지는 것도 용납하지 않고
묵묵히 마음을 관조함도 용납하지 않고
일 없이 한가하게 있는 것도 용납하지 않고
말 없이 그대로 받아들이는 것도 용납하지 않는다.

오직 그대가 참으로 깨달아 중생심에서 벗어나

그대 스스로가 모든 것의 증거가 되는 것만 용납한다.

참된 깨달음이 없으면 대혜에게 휘둘릴 수 밖에 없지만

참으로 깨달으면 도리어 대혜를 휘두르게 될 것이다.

2011년 3월

해운대 무심선원에서

김태완

1. 대혜종고의 생애와 공부[1]

(1) 출생과 성장

대혜종고(大慧宗杲; 1089-1163)는 임제종(臨濟宗) 양기파(楊岐派)의 선승으로, 자(字)는 담회(曇晦), 호(號)는 묘희(妙喜), 운문(雲門) 등이다. 안휘성(安徽省) 선주(宣州) 영국현(寧國縣) 출신으로 속성(俗姓)은 해(奚) 씨이다. 어머니의 꿈에 신인(神人)이 한 승려를 데리고 왔는데 뺨이 검고 코가 오뚝하였다. 침실로 들어오기에 그 사는 곳을 물으니 북악(北岳)에 산다고 답하였다. 꿈에서 깨어나니 태기가 있었다. 대혜가 태어난 날에는 흰 빛줄기가 방을 투과하여 마을 사람들이 놀라고 이상하게 여겼는데, 바로 남송(南宋) 철종(哲宗) 원우(元祐) 4년 기사(己巳; 1089년)인 11월 10일 사시(巳時)였다.

대혜의 이름은 종고(宗杲)이다. 나이 13세(1101년)에 향교(鄉校)에 들어갔다. 어느 날 함께 배우는 아이들과 놀다가 벼루를 던졌는데 그만 잘못

---

1 대혜의 생애와 공부는 대혜의 제자인 혜연(慧然)이 기록하고 속가제자인 정지거사(淨智居士) 황문창(黃文昌)이 중편(重編)한 『서장(書狀)』에 실린 '대혜선사행장(大慧禪師行狀)'과 『대혜보각선사연보(大慧普覺禪師年譜)』의 내용을 바탕으로 하여 좀 더 자세한 내용을 부가한 것이다.

하여 선생(先生)의 모자를 맞히고 말았다. 배상금으로 삼백 냥을 물어주
고 돌아와서는 말하기를, "세간의 책을 읽는 것이 어찌 출세간의 법(法)을
궁구(窮究)함만 하겠는가?" 하였다.

(2) 출가와 공부

16세(1104년)에 동산(東山)의 혜운원(惠雲院)에서 혜제대사(惠齊大師)에 의
지하여 출가하였다. 17세에 머리를 깎고 구족계(具足戒)를 받았다. 19세
(1107년)에 여러 곳을 돌아다니다가 태평주(太平州)에 있는 은적암(隱寂庵)
에 당도하니 암주(庵主)가 매우 환대를 하며 말하기를 "어제 저녁 꿈에 가
람신(伽藍神)이 말하기를 '내일 운봉열(雲峰悅) 선사(禪師)가 절에 올 것이
다.'라 하였는데, 당신이 맞습니까?" 하고는, 곧 운봉열 선사의 어록(語錄)
을 보여 주었다. 대혜가 한 번 보고는 바로 외워 버리니, 이로부터 사람
들은 대혜를 운봉의 후신이라고 말하였다.

다시 서죽소정(瑞竹紹珵) 화상에게 의지하였는데, 그는 낭야혜각(瑯琊慧
覺)의 적손(嫡孫)이었다. 이에 설두(雪竇)의 염고(拈古)와 송고(頌古)[2]를 가르

---

2 운문종(雲門宗)의 선승(禪僧)인 설두중현(雪竇重顯; 980-1052)이 지은 『염고집(拈古集)』과
   『송고집(頌古集)』. 염고(拈古)란 고칙공안(古則公案)에 대하여 자신이 평가하는 말을 붙이
   는 것이고, 송고(頌古)란 고칙공안에 대하여 자신이 평가하는 말이나 느낌을 시(詩)의 형
   식으로 붙인 것이다. 설두중현이 『경덕전등록(景德傳燈錄)』을 중심으로 고칙(古則) 100여
   가지를 뽑아 여기에 송고(頌古)를 지어 붙인 『설두송고(雪竇頌古)』가 기원이고, 뒤에 원오
   극근(圜悟克勤)이 여기에다 평창(評唱)·착어(著語) 등을 붙여 『벽암집(碧巖集)』을 만들
   었다.

쳐 달라고 부탁하자, 소정(紹珵)은 스스로 보고 스스로 말하라고 시켰다.
스님이 그 미묘한 뜻에 통달하니, 소정이 대중에게 말했다. "고상좌(杲上
座)는 분명 환생(還生)한 사람이로구나."

20세(1108년)에 행각(行脚)할 때에 동산(洞山)³의 미(微) 선사(禪師)를 찾아
가서 2년 동안 조동종(曹洞宗)의 종지(宗旨)를 모두 공부하여 그 취지를 다
얻었지만 오히려 만족하지 못했다. 대혜는 뒷날 방부문(方敷文)을 위한 보
설(普說)에서 이렇게 말했다.

"미(微) 화상은 도리어 깨달음에 입문(入門)한 바 있었으나, 다만 공훈오
위(功勳五位)·편정회호(偏正回互)·오왕자(五王子) 등 여러 가지 조동종의
가문(家門)에 전해 오는 것들과 계합하지 못하고 있을 뿐이었다. 내가 한
번 이들을 전해 주자, 그는 종이에다 그것을 적어서 승당 앞에다 붙여 놓
았다. 대장부가 선에 참(參)하면서 어찌 종사(宗師)의 입가로 나아가 여우
가 흘린 침을 기꺼이 핥아먹는가? 모두가 염라대왕 앞에서 쇠몽둥이를
맞을 짓들이다."

휘종(徽宗) 대관(大觀) 3년 기축(己丑; 1109년) 대혜 나이 21세에 담당문준
(湛堂文準)⁴을 찾아가 7년 동안 시봉하였다. 26세(1114년)에 담당이 여러 차

---

3 동산(洞山): 강서성(江西省) 예장(豫章) 균주(筠州) 고안(高安)에 있는 산. 동산양개(洞山
   良价)가 머물던 보리원(普利院)이 있음.
4 담당문준(湛堂文準): 1061-1115. 늑담문준(泐潭文準)·보봉문준(寶峯文準)이라고도 불
   린다. 임제종(臨濟宗) 황룡파(黃龍派). 자는 담당(湛堂). 섬서성 흥원부(興元府) 출신. 속
   성은 양씨(梁氏). 위산(潙山)의 진여모철(眞如慕喆)을 참학하다가 계합하였지만, 뒤에 구

11

례 대혜의 공부를 점검한 뒤에 어느 날 물었다.

"고상좌(杲上座), 나의 여기의 선(禪)을 너는 일시에 이해하여, 너에게 설법(說法)을 시켜도 너는 설법을 해내고, 너에게 염고(拈古)·송고(頌古)·소참(小參)[5]·보설(普說)[6]을 시켜도 너는 모두 해낸다. 그렇지 않은 일이 단지 하나 있으니, 너는 알겠느냐?"

대혜가 말했다.

"무슨 일입니까? 저는 알지 못하겠습니다."

담당이 말했다.

"흠! 너는 이 하나를 풀지 못하고 있다. 내가 방장에서 너에게 말할 때에는 곧 선(禪)이 있다가도 방장을 나오자마자 곧 없어져 버리고, 깨어서 생각할 때에는 곧 선이 있다가도 잠이 들자마자 곧 없어져 버린다. 만약 이와 같다면 어떻게 삶과 죽음에 맞설 수 있겠느냐?"

봉(九峰)과 늑담(泐潭)에서 진정극문(眞淨克文)에게 배우고 그의 법을 이었다. 강서성 예장(豫章)의 운암사(雲巖寺)에서 법을 열다가, 강서성 융흥부(隆興府)의 늑담보봉사(泐潭寶峰寺)로 옮겼다. 『담당준화상어요(湛堂準和尙語要)』(1권)이 『속고존숙어요(續古尊宿語要)』제1권에 수록되어 있다.

5 소참(小參): 참(參)은 대중을 모아 법을 말하는 것. 정식의 설법인 상당(上堂)에 대하여, 해가 저물 때 장소를 정하지 않고, 혹은 임시로 침당(寢堂)·법당·방장(住持)의 거실에서 법좌(法座)에 올라 설법하는 것. 수시수처(隨時水處)에 주지가 설법하는 것. 원래는 침당에서 약식으로 행해지는 주지의 설법 및 그에 수반되는 문답상량(問答商量)이었음. 그러나 남송(南宋) 때가 되면서 의식적, 정기적인 것으로 되었음. 대참(大參)의 반대.

6 보설(普說): 선문(禪門)에서 쓰는 말로 널리 정법(正法)을 말하여 사람들에게 보인다는 뜻이다. 한 사람 한 사람에 대하여 개별적으로 말하는 입실(入室)과 상대적인 말이다. 다수의 승중(僧衆)을 일당(一堂)에 모아 행하는 설법을 말한다. 상당(上堂)과는 달리 필요에 응하여 수시로 행하는 약식의 설법이다. 법의(法衣)를 따로 착용하지도 않고 상당설법의 형식을 다 갖추지도 않는다.

대혜가 말했다.

"바로 제가 의심하던 것입니다."

27세인 1115년 늦여름에 담당(湛堂)이 병세를 보이더니 곧 위중하게 되었다. 대혜가 물었다.

"스님께서 만약 이 병석에서 일어나지 못하시면, 저는 누구에게 의지하여 큰일을 마칠 수 있겠습니까?"

담당이 잠시 말없이 있더니 말했다.

"천근(川勤)[7]이라는 분이 있는데, 나도 그를 알지 못한다. 네가 만약 그를 만난다면 반드시 이 일을 성취할 수 있을 것이다. 만약 그를 만나지 못한다면, 곧장 수행하고, 내세에 태어나서 참선(參禪)하여라."

대혜는 선화(宣和) 4년 임인(壬寅; 1122년) 나이 34세에 원오극근을 찾아가려고 하였으나, 그때 원오가 멀리 장산(蔣山)에 있었던 까닭에 우선 태평사(太平寺)의 평보융(平普融) 회하(會下)에 의지하였다.

(3) 깨달음

『대혜어록』에서 대혜가 스스로 말하는 자신의 깨달음의 체험은 다음의 3가지다.

---

7 천근(川勤) : 원오극근(圜悟克勤)을 가리킨다. 원오극근이 사천성(四川省) 출신이기 때문에 천근(川勤)이라 함.

• 첫 번째 깨달음

대혜는 선화(宣和) 7년 을사(乙巳; 1125년) 나이 37세에 비로소 변경(汴京)의 천녕사(天寧寺)로 원오극근을 찾아갔다. 겨우 40일이 지났는데, 하루는 원오가 법당에 올라 말하였다.

"어떤 중이 운문(雲門)에게 묻기를 '어떤 것이 모든 부처가 몸을 드러내는 곳입니까?' 하고 묻자 운문은 '동산(東山)이 물 위로 간다.'고 하였다. 나라면 그렇지가 않아서 다만 그에게 '훈풍이 남쪽에서 불어오니 절 지붕의 모퉁이가 조금 서늘해지는구나.'라고 말할 것이다."

대혜는 그 말을 듣고서 홀연 앞뒤의 시간이 끊어졌다. 이에 원오는 대혜를 택목당(擇木堂)에 머물게 하고 시자(侍者)의 일에는 조금도 힘쓰지 말고 보림(保任)에 몰두하도록 하였다.

이 경험에 관한 대혜 스스로의 언급이 『대혜보각선사서(大慧普覺禪師書)』 제29권 '향시랑(向侍郎) 백공(伯恭)에 대한 답서'에 다음과 같이 나와 있다.

보내신 편지의 질문을 보니 바로 제가 36세 때에 의심했던 것이더군요. 읽어 보니 자신도 모르게 가려운 곳을 긁는 것 같았습니다. 저 역시 일찍이 이 문제를 가지고 원오(圓悟) 선사(先師)에게 물었습니다. 이에 대하여 원오 선사는 다만 손으로 가리키며 말씀하셨습니다.

"그만, 그만 하고, 망상을 쉬어라. 망상을 쉬어라."

제가 다시 말했습니다.

"제가 아직 잠이 들기 전에는 부처님이 칭찬하신 것에 의지하여 행하고 부처님이 비난하신 것을 감히 범하지 않으며, 이전에 스님들[8]에게 의지하고 또 스스로 공부하여 조금 얻은 것을 또렷하게 깨어 있을 때에는 전부 마음대로 쓸 수 있습니다. 그러나 침상에서 잠이 들락 말락 할 때에 벌써 주재(主宰)하지 못하고, 꿈에 황금이나 보물을 보면 꿈속에서 기뻐함이 한이 없고, 꿈에 사람이 칼이나 몽둥이로 해치려 하거나 여러 가지 나쁜 경계를 만나면 꿈속에서 두려워하며 어쩔 줄 모릅니다. 스스로 생각해 보면 이 몸은 오히려 멀쩡하게 있는데도 단지 잠 속에서 벌써 주재할 수가 없으니, 하물며 죽음에 임하여 육체를 구성하는 지수화풍(地水火風)이 흩어지며 여러 고통이 걷잡을 수 없이 다가올 때에 어떻게 경계에 휘둘리지 않을 수가 있겠습니까? 여기에 이르게 되면 마음이 허둥지둥 바빠집니다."

원오 선사께서는 이 말을 듣고 다시 말씀하셨습니다.

"네가 말하는 허다한 망상이 끊어질 때에, 너는 깨어 있을 때와 잠잘 때가 늘 하나인 곳에 저절로 도달할 것이다."

처음 이 말을 들었을 때에는 믿지 않고 매양 말하였습니다.

"나 스스로를 돌아보면, 깨어 있음과 잠들어 있음이 분명히 둘인데, 어떻게 감히 입을 크게 벌려 선(禪)을 말하겠는가? 다만 부처님께서 설하신 깨어 있음과 잠들어 있음이 늘 하나라는 말이 망령된 말이라면 나의 이

---

8 이전에 의지했던 여러 스승들이란, 보봉(寶峯)의 담당문준(湛堂文準)을 비롯하여 청량덕홍(清涼德洪) 등 여러 스님을 가리킨다.

병을 없앨 필요가 없겠지만, 부처님의 말씀이 진실로 사람을 속이지 않는다면 이것은 곧 나 스스로가 아직 깨닫지 못한 것이다."

뒤에 원오(圜悟) 선사(先師)께서 "모든 부처님이 나타나는 곳에 따뜻한 바람이 남쪽에서 불어온다."고 하시는 말을 듣고서 홀연 가슴에 걸려 있던 것이 내려갔습니다. 그리하여 비로소 부처님의 말씀이 진실한 말이며, 있는 그대로의 말이며, 속이지 않는 말이며, 망령되지 않은 말이며, 사람을 속이지 않는 참으로 커다란 자비로서, 몸을 가루로 만들어 목숨을 버리더라도 갚을 수가 없음을 알았습니다. 가슴에 걸려 있던 것이 없어지고 나서야, 비로소 꿈꿀 때가 바로 깨어 있는 때이며 깨어 있는 때가 바로 꿈꾸는 때라는 것을 알았으며, 비로소 부처님이 말씀하신 깨어 있을 때와 잠잘 때가 늘 하나라는 것을 저절로 알았습니다. 이러한 도리는 집어내어 남에게 보여 줄 수도 없고, 남에게 말해 줄 수도 없습니다. 마치 꿈속의 경계와 같아서 취할 수도 없고 버릴 수도 없습니다.

• 두 번째 깨달음

뒤에 원오의 방에서, 유구(有句)와 무구(無句)가 등나무 덩굴이 나무에 기대어 있는 것과 같다는 말을 듣고서 대혜가 원오에게 물었다.

"듣자 하니 스님께서 오조(五祖) 스님 회하에 계실 때에 이 말을 물었던 일이 있다고 하던데, 어떻게 말씀하셨는지 모르겠습니다."

원오는 웃기만 하고 대답을 하지 않았다. 대혜가 다시 말했다.

"스님은 이미 여러 번 물음에 답하셨는데, 이제 말한들 무슨 상관이 있겠습니까?"

원오가 마지못하여 말했다.

"내가 오조 스님에게 '유구와 무구가 등나무 덩굴이 나무에 기대 있는 것과 같다는 뜻이 무엇입니까?' 하고 물으니, 오조 스님은 '그리려고 하여도 그리지 못하고, 말하려고 하여도 말하지 못한다.'고 하셨다. 다시 내가 '나무가 쓰러지고 등나무 덩굴이 말라 버릴 때에는 어떻습니까?' 하고 물으니, 오조 스님이 '서로 따라온다.'고 말씀하셨다."

대혜는 그 자리에서 마음이 탁 트이며 크게 깨닫고는 말했다.

"제가 알겠습니다."

원오가 차례차례 여러 인연을 가지고 물어보니, 대혜는 모두 답하여 막힘이 없었다. 이에 원오가 기뻐하며 말하기를 "내가 너를 속일 수가 없구나." 하고는, 『임제정종기(臨濟正宗記)』를 부촉하고는 기실(記室)⁹을 담당하게 했다.

이 깨달음에 관한 대혜 자신의 언급이 『대혜보각선사보설(大慧普覺禪師普說)』 제17권 '예시자 단칠이 청한 보설'에 다음과 같이 나와 있다.

하루는 방장실에 들어갔는데, 노스님께서 말씀하셨다.

"그대가 이런 경지에 이른 것도 물론 쉽지는 않지만, 그대는 죽어 버리고 살아날 줄을 모르니 안타깝구나. 언구(言句)를 의심하지 않는 것이 곧 큰 병이다. 듣지도 못했느냐? '절벽에 매달려 손을 놓아, 스스로 기꺼이

---

9 기록하는 직책.

받아들여, 죽었다가 다시 살아난다면, 그대를 속일 수 없을 것이다.' 반드시 이런 도리가 있음을 믿어야 한다."

나는 혼자 말했다.

"나는 다만 지금 얻은 곳에 의지하여 편하게 지낼 뿐, 다시 깨닫지는[10] 못하고 있구나."

노스님께선 다시 나를 택목료(擇木寮)[11]에 머물게 하시고, 자잘한 시자의 일을 시키지는 않으셨다. 매일 사대부들과 함께 서너 번 입실(入室)[12]하였는데, 노스님께선 다만 "있다는 구절과 없다는 구절은 마치 등나무 덩굴이 나무에 기대어 있는 것과 같다."는 말을 꺼내어 질문하셨는데, 내가 말을 꺼내자마자 노스님께선 곧 "아니다."라고 말씀하셨다. 이와 같이 반년 동안 나는 다만 참(參)하고 있었다.

하루는 여러 관원들과 함께 방장실에서 저녁밥[13]을 먹을 때에, 나는 젓가락을 손에 쥐고 있을 뿐 먹을 생각을 까맣게 잊고 있었다. 노스님께서 말씀하셨다.

"이 자는 황양목선(黃楊木禪)[14]에 참여하더니 도리어 움츠러들어 버렸구

---

10 이회(理會) : 이해(理解)하다. 깨닫다. 알아차리다. 따지다. 헤아리다. 처리하다. 요리하다.

11 택목료(擇木寮) : =택목당(擇木堂). 절을 방문한 관리(官吏)들이 머물며 쉬는 집.

12 입실(入室) : 학인이 방장이나 조실의 방에 들어가 공부를 점검받는 것.

13 약석(藥石) : 총림에서 쓰는 말. 저녁밥. 본래 오후에는 먹지 않는 법이나 배고픈 병을 고친다는 뜻으로 저녁밥을 약석이라 함.

14 황양목선(黃楊木禪) : 황양목(黃楊木)은 회양목이다. 회양목은 자라는 것이 극히 느려서 1년에 손가락 한 마디 길이도 자라지 않다가, 윤년(閏年)에는 도리어 한 마디 정도가 줄어든다고 한다. 황양목선이란, 깨달은 자리에 머물러서 공부가 더 이상 나아가지 않고 머물러 있는 것을 가리킨다. 즉, 깨달은 곳에 주저앉아서 자유롭게 활용하는 능력이 없는

나."

　나는 드디어 하나의 비유를 말씀드렸다.

　"스님! 이 도리는 마치 강아지가 뜨거운 기름 솥을 보고 있는 것과 같아서 핥고 싶어도 핥을 수가 없고 버리고 싶어도 버릴 수가 없습니다."

　노스님이 말씀하셨다.

　"그대의 비유는 지극히 좋구나! 다만 이것이 곧 금강권(金剛圈)[15]이요, 율극봉(栗棘蓬)[16]이니라."

　하루는 노스님에게 물었다.

　"스님께서 그때 오조산(五祖山)에서 오조(五祖)[17] 스님에게 이 이야기를 질문하셨던 적이 있다고 들었습니다. 오조 스님은 어떻게 답하셨습니

───────────────

경우를 꾸짖는 말이다.

15　금강권(金剛圈) : 금강(金剛)은 결코 부서지지 않는 견고한 것이고, 권(圈)은 울타리를 나타내는 말이니, 금강권은 결코 부서지지 않는 울타리나 장벽을 뜻한다. 즉, 분별심으로는 결코 부술 수 없는 언어를 방편으로 시설하여 두고, 배우는 자가 그 언어의 장벽을 스스로 뚫고 나가기를 바라는 것. 선사(禪師)가 학인(學人)을 인도할 때에 사용하는 방편. 율극봉(栗棘蓬)과 같은 뜻.

16　율극봉(栗棘蓬) : 가시투성이인 밤송이. 밤송이라는 뜻의 율봉(栗蓬)에 가시를 강조하여 율극봉(栗棘蓬)이라 함. 입 안에 밤송이를 넣으면, 삼키려고 해도 가시가 찔러 아프고, 뱉으려고 해도 가시가 찔러 아프니, 삼킬 수도 없고 뱉을 수도 없는 진퇴양난의 상태를 가리킨다. 사가(師家)가 학인에게 율극봉 같은 화두(話頭)를 시설해 놓고 분별로 이해하지도 못하게 하고 버리지도 못하게 하는 것, 혹은 마치 쥐가 덫에 빠진 것처럼 학인의 공부가 나아갈 수도 없고 물러설 수도 없는 상태에 봉착한 것을 가리킴. 금강권(金剛圈)과 같은 것. 『원오불과선사어록(圓悟佛果禪師語錄)』 제2권에 "율극봉을 삼키고, 금강권을 뛰어넘어서, 분수 밖에서 가풍을 펼친다.(吞底栗棘蓬, 跳底金剛圈, 分外展家風.)"는 구절이 있다.

17　원오극근의 스승인 오조법연(五祖法演).

19

까?"

스님은 말씀하시지 않으려 하셨다. 내가 말씀드렸다.

"스님, 그때 혼자서 질문하신 것이 아니고 대중 앞에서 질문하셨을 터인데, 지금 다시 말씀하신다고 무슨 거리낄 일이 있겠습니까?"

노스님께서 이에 말씀하셨다.

"내가 '있다는 구절과 없다는 구절이 마치 등나무가 나뭇가지에 기대어 있는 것과 같을 때에는 어떻습니까?' 하고 물으니, 오조께서 말씀하셨다. '말해도 말이 되지 않고, 그려도 그림이 되지 않는다.' 내가 다시 물었다. '문득 나무가 넘어져 등나무가 말라 죽을 때에는 어떻습니까?' 오조께서 말씀하셨다. '서로 뒤따른다.'[18]"

나는 그 말을 듣자마자 곧 알아차리고는 말했다.

"제가 알겠습니다."

노스님이 말씀하셨다.

"다만 그대가 공안(公案)[19]을 아직 뚫고 벗어나지 못했을까 봐 걱정이

---

18 상수래(相隨來) : 서로 뒤쫓는다. 상축(相逐)과 같은 말. 서로 뒤따르다. 서로 의지하고 있다. 서로 뗄 수 없는 한 물건이다.

19 공안(公案) : 본래 공무(公務)에 관한 문안(文案) 즉 관청에서 결재(決裁)되는 안건(案件)인 공문서(公文書)를 가리키는 말인데, 선문(禪門)에서는 부처와 조사가 말한 불법(佛法)을 뜻한다. 공안은 당대(唐代) 선승들의 문답에서 비롯되었는데, 송대(宋代)에 이르자 앞 시대 선승들의 어록(語錄)에 기록된 문답들이 선공부에서 참구(參究)하는 자료로 활용되면서 많은 공안들이 만들어졌다. 공안은 화두(話頭), 고칙(古則)이라고도 한다. 1,700공안이라는 말은 『경덕전등록』에 대화가 수록된 선승의 숫자가 1,701명이었던 것에서 유래하였다. 최초의 공안집(公案集)은 운문종(雲門宗)의 설두중현(雪竇重顯; 980-1052)이 화두 100칙(則)을 모아 만든 『설두송고(雪竇頌古)』이며, 여기에 원오극근(圜悟克勤; 1063-1135)이 다시 수시(垂示), 착어(著語), 평창(評唱) 등을 붙여서 『벽암록(碧巖錄)』

다."

내가 말씀드렸다.

"스님께서 한번 공안을 말씀해 보십시오."

노스님께선 이에 연달아 몇몇 까다롭고 난해한 공안을 말씀하셨는데, 나는 두 번 세 번 끊어 버리고, 마치 태평하여 일 없는 때에 길에 들어서 곧장 가는 것과 같이 다시는 막힘이 없었다. 노스님께서 말씀하셨다.

"내가 너를 속일 수 없음을 이제 비로소 알겠구나."

• 세 번째 깨달음

대혜가 원오의 제자가 된 후 얼마 지나지 않아서 원오가 촉(蜀)으로 되돌아가자, 대혜는 자신을 숨기고 암자를 만들어 머물렀다. 뒤에 하호구사(夏虎丘寺)로 건너가 『화엄경(華嚴經)』을 열람하다가 제칠지보살(第七地菩薩)이 무생법인(無生法忍)을 얻는 곳에 이르러 홀연 담당(湛堂)이 보여 준, 앙굴리마라가 발우를 들고 임산부(妊産婦)를 구원한 인연을 밝게 꿰뚫어 알았다.

을 만들었다. 무문혜개(無門慧開; 1183-1260)는 고칙공안 48칙을 모아 평창(評唱)과 송(頌)을 붙여 『무문관(無門觀)』을 저술하였다. 『벽암록』과 『무문관』은 임제종(臨濟宗)의 공안집들이다. 한편, 굉지정각(宏智正覺; 1091-1157)이 화두 100칙에 송(頌)을 붙인 것에 만송행수(萬松行秀; 1165-1246)가 평창을 붙여 간행한 『종용록(從容錄)』은 조동종(曹洞宗)의 종풍을 거양한 공안집이다. 우리나라의 공안집으로는 고려시대 진각혜심(眞覺慧諶; 1178-1234)이 고칙 1,463칙을 모아 편찬한 『선문염송(禪門拈頌)』이 있다.

여기에 관한 대혜 자신의 언급이 『대혜보각선사보설(大慧普覺禪師普說)』 제15권 '전계의가 청한 보설'에 다음과 같이 나타나 있다.

　　일찍이 가르침 가운데 있던 다음과 같은 하나의 인연을 생각해 본 적이 있다. 앙굴마라(殃崛摩羅)는 1,000명의 사람의 손가락을 잘라 화관(花冠)을 만들어 왕의 자리에 오르려고 하였다. 이미 999명의 손가락을 탈취하고 다만 한 개 손가락이 부족하자 자기 어머니의 손가락을 잘라 1,000개를 채우려고 하였다. 부처님께선 그의 인연이 익은 것을 보시고는 그를 교화하러 그의 집으로 가셨다. 앙굴마라가 칼을 꺼내어 어머니의 손가락에 대려고 할 때에 문득 석장(錫杖) 흔드는 소리를 듣고는 어머니의 손가락을 놓고 부처님께 한 개 손가락을 교화하실지를 물었다.

　　"이미 고오타마께서 여기에 오셨으니 저에게 손가락 한 개를 보시하셔서 제가 원하는 바를 채우도록 해 주십시오."

　　그리고는 칼을 막 드는데 세존께서는 그곳을 벗어나 곧장 가셨다. 세존께선 천천히 가셨지만 앙굴마라는 급하게 뒤쫓았으나 따라잡을 수가 없었다. 이에 큰 소리로 고함을 질렀다.

　　"멈추시오! 멈추시오!"

　　세존이 말씀하셨다.

　　"나는 멈춘 지 오래되었는데, 너는 멈추지 못하고 있구나."

　　앙굴마라는 여기에서 문득 깨닫고는 세존에게 의지하여 출가하였다.

　　세존께서 앙굴마라를 시켜 발우를 들고 어떤 장자(長者)의 집으로 찾아가도록 하셨다. 그 집 부인이 마침 산고(産苦)를 겪고 있었는데, 장자가 말했다.

"고오타마의 제자시여! 당신은 위대한 성자이시니 마땅히 어떤 법을 가지고 산고의 어려움을 면하게 해 주시겠습니까?"

앙굴마라는 말했다.

"저는 금방 입도(入道)하였으니 아직 이 법을 알지 못합니다. 제가 돌아가 세존께 여쭈어 보고 다시 돌아와 알려 드리겠습니다."

앙굴마라가 돌아와 부처님께 그 일을 말씀드리니, 부처님께서 앙굴마라에게 말씀하셨다.

"너는 속히 가서 이렇게 말하거라. '나는 성인의 법을 따른 이래 아직 살생(殺生)을 한 적이 없다.'"

앙굴마라는 곧 부처님의 말씀을 받들어 그 집으로 가서 그대로 말했다. 그 부인은 그 말을 듣더니 곧 산고의 어려움에서 벗어났다.

내가 담당(湛堂) 스님에게 이 이야기를 물었을 때, 담당 스님께서 말씀하셨다.

"네가 나의 가려운 곳을 긁는구나. 이 이야기는 금시법(金屎法)[20]이니, 알지 못하면 금(金)과 같지만 알고 나면 똥과 같다."

내가 말했다.

"어찌 방편이 없겠습니까?"

---

20 금시법(金屎法) : 선(禪)을 알지 못할 때에는 황금처럼 특별하고 귀중하게 여기지만, 알고 보면 똥처럼 일상생활의 평범하고 흔한 일이다. 깨닫기 전에는 진리를 특별한 것이라고 분별하지만, 깨닫고 보면 매일매일의 삶이 전부 진리 아님이 없어서 따로 진리라 할 것이 없다.

담당 스님께서 말씀하셨다.

"나에게 한 개 방편이 있지만, 네가 도리어 알지 못할 뿐이다."

내가 말했다.

"스님께서 자비를 베풀어 주십시오."

담당 스님께서 말씀하셨다.

"앙굴마라가 '저는 금방 입도(入道)하였으니 아직 이 법을 알지 못합니다. 제가 돌아가 세존께 여쭈어 보고 다시 돌아와 알려 드리겠습니다.'라고 말했는데, 앙굴마라가 부처님 계신 곳에 도착하기도 전에 그 부인이 아이를 낳았다면 어쩔 거냐? 또 부처님께서 '나는 성인의 법을 따른 이래 아직 살생(殺生)을 한 적이 없다.'고 하셨는데, 앙굴마라가 이 말씀을 가지고 그 장자의 집에 도착하기도 전에 이미 아이를 낳았다면 어쩔 거냐?"

나는 그때에는 알아차리지 못했는데, 뒷날 호구(虎丘)에서[21] 『화엄경』을 보다가 보살이 제7지에 올라 무생법인(無生法忍)[22]을 깨달은 곳에 이르자 이런 말이 있었다.

"불자(佛子)여! 보살이 이 인(忍)을 성취하면 즉시 보살의 제8부동지(不動地)[23]에 들어가 심행보살(深行菩薩)이 되어, 알기도 어렵고, 차별도 없고,

---

21 『대혜보각선사연보(大慧普覺禪師年譜)』에 의하면 대혜가 40세인 1128년의 일이다.

22 무생법인(無生法忍) : 불생불멸(不生不滅). 『유마경(維摩經)』 중권(中卷) 「입불이법문품(入不二法門品)」 제9에 "생멸(生滅)은 이법(二法)이지만, 법(法)은 본래 생하지 않는 것이어서 지금 멸하지도 않습니다. 이러한 무생법인(無生法忍)을 얻는 것이 바로 불이법문(不二法門)에 들어가는 것입니다."(生滅爲二, 法本不生今則無滅. 得此無生法忍, 是爲入不二法門.)라고 하고 있다.

23 제8부동지 : 보살의 수행단계인 십지(十地) 중 여덟 번째 단계이다. 이 지위에 오른 보살은 수행을 완성하여 흔들림이 없다. 부동(不動)이란 명칭은 바로 여기에서 유래한다.

모든 모습을 벗어나고, 모든 생각을 벗어나고, 모든 집착을 벗어나, 헤아릴 수도 없고 끝도 없게 되니, 모든 성문(聲聞)이나 벽지불(辟支佛)은 미칠 수가 없게 되고, 모든 시끄러운 다툼을 벗어나 적멸(寂滅)이 앞에 나타난다. 비유하면, 비구(比丘)가 신통(神通)을 다 갖추고서 마음의 자재(自在)를 얻고 차례를 밟아 멸진정(滅盡定)에 들어가게 되면 모든 움직이는 마음과 기억과 생각과 분별이 전부 멈추어 사라지듯이, 이 보살도 마찬가지로 부동지(不動地)에 머물면 모든 공용(功用)[24]하는 행위를 버리고 공용 없는 법을 얻어 신구의(身口意)의 삼업(三業)을 생각하고 행하는 일이 모두 쉬어지고 보행(報行)[25]에 머문다. 비유하면, 어떤 사람이 꿈속에서 큰 강물 속에 떨어져서 그 강을 건너려 하기 때문에 큰 용맹을 내고 큰 방편을 베풀었는데, 이 큰 용맹과 베푼 방편 덕분에 곧 꿈에서 깨어나지만 깨어난 뒤에는 행한 일이 모두 쉬어지는 것과 같다. 보살도 역시 그러하여, 중생이 사류(四流)[26] 속에 떨어져 있음을 보고는 구해 내려고 하기 때문에 큰 용맹을 내고 큰 정진(精進)을 일으키는데, 용맹과 정진 덕분에 이 부동지에 도달하고, 이곳에 도달한 뒤에는 모든 공용(功用)이 모조리 쉬어지고, 이행

이곳의 보살은 깊이 있는 실천을 하므로 심행(深行) 보살이라고도 부른다. 세속의 집착에서 완전히 벗어나 성문(聲聞)이나 연각(緣覺)의 무리들은 전혀 깨트릴 수 없는 경지에 머문다. 달리 무공용지(無功用地)라고도 하는데, 무공(無功)은 곧 어떤 의도나 목적이 없다는 뜻이다. 그저 자연의 흐름대로 순리대로 또한 중생의 생김새에 따라 중생을 제도한다.

24 공용(功用) : 몸 · 입 · 뜻으로 애써 행하는 행위. 곧 유위행(有爲行).

25 보행(報行) : 과보(果報)로 이루어지는 행위.

26 사류(四流) : 사폭류(四暴流)와 같음. 폭류는 홍수가 나무가옥 따위를 떠내려 보내는 것처럼, 선(善)을 떠내려 보낸다는 뜻에서 번뇌를 가리킨다.

(二行)[27]과 상행(相行)[28]이 모두 나타나지 않는다. 이 보살에게는 보살의 마음도, 부처의 마음도, 깨달음의 마음도, 열반의 마음도 오히려 나타나지 않는데, 하물며 세간(世間)의 마음이 나타나겠느냐?"

여기에 이르자 문득 장애가 사라지고, 담당 스님께서 나에게 말씀해 주셨던 방편이 문득 앞에 드러났으니, 비로소 참된 선지식이 나를 속이지 않았음을 알았던 것이다. 참된 금강권(金剛圈)이란 바로 장식(藏識)[29]임이 밝혀져야 비로소 벗어날 수 있다.

(4) 스승 원오의 죽음

소흥(紹興) 7년(1137년)에 조칙을 받아 쌍경사(雙徑寺)에 머물렀는데, 어느 날 스승 원오의 부음(訃音)이 당도하였다. 대혜는 스스로 제문(祭文)을 지어 제사를 지내고, 그날 저녁 소참법문(小參法門)에서 말했다.

"어떤 중이 장사(長沙) 스님에게 묻기를 '남전(南泉) 스님은 돌아가신 뒤 어디로 가십니까?' 하고 물었는데, 장사 스님이 말하길 '동촌(東村)에서는 당나귀가 되고 서촌(西村)에서는 말이 되느니라.' 고 하였다. 이에 그 중이 말하길 '그 뜻이 무엇입니까?' 하니, 장사 스님이 말하길 '올라타고자 하면 바로 올라타고, 내리고자 하면 바로 내려라.' 고 하였다. 만약 나 경산

---

27 이행(二行) : 번뇌장(煩惱障)과 소지장(所知障)의 둘이 나타나 행해지는 것.

28 상행(相行) : 신구의(身口意) 삼업(三業)의 모습을 가진 행위.

29 장식(藏識) : 제8아뢰야식(阿賴耶識). 진제삼장(眞諦三藏)은 이 식이 중생의 근본 심식(心識)으로 결코 없어지거나 잃어버릴 수 있는 것이 아니라는 뜻에서 무몰식(無沒識)이라 번역하고, 현장(玄奘)은 능장(能藏) · 소장(所藏) · 집장(執藏)의 세 뜻이 있으므로 장식(藏識)이라 번역하였다.

(徑山)³⁰이라면 그렇지 아니하다. 만약 누가 '원오선사(圓悟禪師)가 돌아가셔서 어디로 가시는가?' 하고 묻는다면, 그에게 말하길 '큰 아비지옥(阿鼻地獄)으로 간다.'고 하겠다. 그 뜻이 무엇이냐고 묻는다면, '배고프면 구리를 먹고 목마르면 쇳물을 마신다.'고 하리라. 이렇게 하여 사람을 구제할수가 있겠는가? 구할 사람이 없는데 어떻게 구할 수 있겠는가? 이것이바로 이 노인의 평소 생활이니라."

(5) 귀양살이와 그 후의 활동

소흥(紹興) 11년(1141년) 5월에 간신인 진회(秦檜)가 대혜를 장구성(張九成)과 일당이라 모함하여 승복(僧服)과 도첩(度牒)을 박탈하고 형주(衡州)로 15년 동안이나 귀양 보내게 하였다. 15년이 지난 뒤 소흥 26년(1156년) 10월에 조칙(詔勅)으로 매양(梅陽)으로 옮기게 하고 오래 지나지 않아 자격을 회복시켜서 돌아가게 하였다. 그해 11월에 칙명(勅命)으로 아육왕사(阿育王寺)의 주지를 맡게 하다가, 28년(1158년)에는 성지(聖旨)를 내려 다시 경산사(徑山寺)의 주지를 맡게 하였다. 당시 대혜가 원오의 종지(宗旨)를 크게 선양하여 도법(道法)의 성함이 세상을 뒤덮으니, 따르는 무리가 2,000여 명에 이르렀다. 대혜는 신사(辛巳)년(1161년) 봄에 물러나 명월당(明月堂)에 머물렀다. 다음 해인 임오(壬午)년(1162년)에 황제가 대혜선사(大慧禪師)라는 호를 내렸다.

---

30 대혜종고(大慧宗杲) 자신을 가리킨다.

(6) 입멸

효종(孝宗) 융흥(隆興) 원년(元年; 1163년) 계미(癸未)에 명월당에 머물고 있는데, 대중들이 보니 어느 날 저녁 별 하나가 절의 서쪽으로 떨어지는데 흐르는 빛이 붉게 빛났다. 대혜는 얼마 지나지 않아 약간의 병세를 보이더니 9월 9일에 대중들에게 말하였다.

"내가 내일 갈 것 같다."

이날 저녁 다섯 개의 북에다가 손수 유표(遺表)를 쓰고 더불어 후사(後事)를 부탁하였다. 승려 요현(了賢)이 게송(偈頌)을 청하자, 대혜는 성난 목소리로 말했다.

"게송이 없으면 죽지도 못하겠구나!"

그러고는 크게 썼다.

"살아도 다만 이렇고
죽어도 다만 이렇다.
게송이 있든 게송이 없든
무슨 대단한 일이랴!"

(生也只恁麽, 死也只恁麽. 有偈與無偈, 是甚麽熱大!)

그러고는 기꺼이 눈을 감았다. 세수(世壽)는 75세요, 법랍(法臘)은 58세였다. 황제가 크게 슬퍼해 마지않으며 시호(諡號)를 보각(普覺)이라 내리고 탑호(塔號)를 보광(普光)이라 하였다. 오늘날 살아 있을 때의 호와 시호를 합하여 대혜보각(大慧普覺)이라 하는 것은 남악회양(南岳懷讓) 역시 대혜(大

慧)라는 호를 사용하기 때문에 그것을 분별하기 위한 것이다. 어록(語錄) 30권이 대장경(大藏經)을 따라 전해지며, 법을 이어받은 자가 83인이다.

2. 대혜의 사승(師承) 관계와 문하(門下)

대혜가 원오극근(圜悟克勤)의 법을 이은 제자이기 때문에 대혜는 임제종(臨濟宗) 양기파(楊岐派)에 속한다. 임제종의 개조인 임제의현(臨濟義玄)에서 대혜종고까지의 계보는 다음과 같다.

임제의현(臨濟義玄; ?-867)-흥화존장(興化存獎; 830-888)-남원혜옹(南院慧顒; 860-930)-풍혈연소(風穴延沼; 896-973)-수산성념(首山省念; 926-993)-분양선소(汾陽善昭; 947-1024)-자명초원(慈明楚圓; 986-1039)-양기방회(楊岐方會; 992-1049)-백운수단(白雲守端; 1025-1072)-오조법연(五祖法演; 1024-1104)-원오극근(圜悟克勤; 1063-1125)-대혜종고(大慧宗杲; 1089-1163)

대혜종고의 문하는 대혜파(大慧派)라고 불리며 같은 원오극근의 제자인 호구소륭(虎丘紹隆) 문하의 호구파(虎丘派)와 쌍벽을 이루며 번창하였다. 법을 이은 제자로는 졸암덕광(拙庵德光) · 만암도안(卍庵道顔) · 나안정운(懶女鼎雲) 등 90여 명이 되었고, 그 가운데 졸암의 법계가 가장 번성하여 그 문하에서 묘현지선(妙玄之善) · 북석간거간(北石間居簡) · 절옹여염(浙翁如琰) 등이 이름을 떨쳤다. 원(元) 대덕(大德) 연간(年間; 1297-1307)에 성종(成宗)이 묘현지선의 법손인 원수행단(元叟行端)에게 귀의하면서 혜문정

변선사(慧文正辯禪師)라는 호를 내렸다. 원수는 그 뒤 경산(徑山)에 머물면서 대혜의 종풍(宗風)을 크게 떨쳤다. 원수의 문하에 뛰어난 선사들이 많이 나왔는데, 그 가운데 초석범기(楚石梵琦)는 복진사(福臻寺)·영조사(永祚寺)·본각사(本覺寺) 등에 머물면서 교선일여(敎禪一如)를 주장하였고, 문종(文宗)에게 불일혜변선사(佛日慧辯禪師)라는 호를 하사받았다. 북석간거간의 문하에는 물초대관(物初大觀)·회기원희(晦機元熙) 등이 있다. 대혜파의 문인들 가운데 염상(念常)은 『불조역대통재(佛祖歷代通載)』를, 각안(覺岸)은 『석씨계고략(釋氏稽古略)』을, 보제(普濟)는 『오등회원(五燈會元)』을 지었다. 한편 이참정(李參政)을 비롯한 수많은 거사들이 대혜의 지도 아래 공부하여 깨달음을 얻었고, 진국태부인(秦國太夫人)을 비롯한 몇몇 여성들도 이 대열에 동참하였다.[31]

3. 대혜의 저서와 관련 자료

(1) 대혜의 저서

① 『정법안장(正法眼藏)』 3권 : 종사의 말씀 661칙을 뽑아 평창(評唱) 또는 착어(着語)를 붙이고 마지막에 자신의 시중(示衆)을 붙여 대혜가 직접 저술한 공안집(公案集). 1147년 작. 『신판속장경(新版續藏經)』(대만판) 118

---

31 『가산불교대사림(伽山佛敎大辭林)』 제4권(지관(智冠) 편저. 서울 가산불교문화연구원. 1998년-2009년.) 대혜파(大慧派) 항목 참조.

pp. 1-155, 『구판속장경(舊版續藏經)』(일본판) 2-23 pp. 1a-78b에 수록.

② 『대혜보각선사어록(大慧普覺禪師語錄)』 30권 : 대혜의 시중설법(示衆
說法)・보설(普說)・게송(偈頌)・찬(讚)・법어(法語)・서(書) 등을 모아 온문
(蘊聞)이 편집한 어록. 남송 건도(乾道) 7년(1171)에 편찬. 『신판속장경』 121
pp. 47-102, 『구판속장경』 2-26 pp. 24a-51d, 『대정신수대장경(大正新修
大藏經)』 47 No. 1998A에 수록.

③ 『대혜선종잡독해(大慧禪宗雜毒海)』 2권 : 대혜의 제자인 법굉(法宏)과
도겸(道謙)이 편찬한 것으로 온문의 『대혜보각선사어록』에 없는 내용도
들어 있다. 1131년경 편찬. 보각종고선사어록(普覺宗杲禪師語錄)・대혜보
각선사어록(大慧普覺禪師語錄)이라고도 함. 『신판속장경』 121 pp. 47-102,
『구판속장경』 2-26 pp. 24a-51d에 수록.

④ 『종문무고(宗門武庫)』 2권 : 대혜가 말했던 고덕(古德)의 공부에 관한
일화를 대혜의 사후 제자 도겸(道謙)이 엮은 책.[32] 1186년경 편찬. 대혜종
문무고(大惠宗門武庫)・대혜무고(大慧武庫)・대혜보각선사종문무고(大慧普
覺禪師宗門武庫)・대혜선사종문무고(大慧禪師宗門武庫)라고도 함. 『신판속장
경』 142 pp. 920-949, 『구판속장경』 2乙-15 pp. 460c-475b, 『대정신수대
장경』 47 No. 1998B에 수록.

---

32 대혜 관련 선적(禪籍)에 관한 자세한 사항은 『新纂禪籍目録』(駒澤大學圖書館 編集, 發行.
    昭和 37年.) 191쪽, 288-289쪽 참조.

⑤『운와기담(雲臥紀談)』: 대혜와 관련된 일화를 제자인 효영중온(曉瑩仲溫)이 엮은 책. 1183년경 편찬. 운와기담(雲臥紀譚)·감산운와기담(感山雲臥紀譚)이라고도 함.『신판속장경』148 pp. 1-51,『구판속장경』2乙-21 pp. 1a-26a에 수록.

한편 대혜의 문인 황문창(黃文昌)과 도겸(道謙) 등에 의하여 어록(語錄), 보설(普說), 법어(法語), 서(書) 등이 각각 따로 편찬되어 유통되기도 하였다.[33] 이 가운데 대혜서(大慧書)는 본래의 명칭『대혜보각선사서(大慧普覺禪師書)』이외에『대혜서장(大慧書狀)』·『대혜서(大慧書)』·『대혜서문(大慧書問)』·『서장(書狀)』등의 명칭으로 불리며 특히 우리나라에서 고려시대 이후로 많이 간행되었는데, 그것은 보조지눌(普照知訥)이『대혜서장』에 의지하여 공부해서 깨달았다고 하였기 때문이다.『대혜서장』은 1387년 불봉사판(佛峯寺版)·1604년 쌍계사판(雙溪寺版)과 송광사판(松廣寺版)·1630년 영천사판(靈泉寺版)·1681년 운흥사판(雲興寺版)·1701년 봉암사판(鳳巖寺版) 등 여러 차례 간행되었고, 연담유일(蓮覃有一)의『서장사기(書狀私記)』(1권)와 인악의소(仁岳義沼)의『서장사기』(1권) 등의 주석서들도 있으며, 지금까지도 불교강원(佛敎講院)에서는『대혜서장』을 필수과목으로 공부하고 있다.[34]

(2) 대혜 관련 자료의 소재

---

33 대혜 관련 문헌의 간행사(刊行史)에 관해서는『韓國看話禪의 源流』(정영식 지음. 서울 한국학술정보. 2007년.) 30-43쪽 참조.

34 자세한 사항은『韓國佛敎所依經典硏究』(李智冠 저. 海印寺. 1973년.) 55-87쪽 참조.

『연등회요(聯燈會要)』제17권,『가태보등록』제15권,『오등회원(五燈會元)』 제19권,『불조역대통재(佛祖歷代通載)』제20권,『석씨계고략(釋氏稽古略)』제 4권,『속전등록(續傳燈錄)』제27권,『속선림승보전(續禪林僧寶傳)』제6권,『대 명고승전(大明高僧傳)』제5권.

4. 대혜종고의 간화선

간화선의 제창자로 불리는 대혜종고 선사가 말하는 간화선이 어떤 것 인지 자세한 내용은 역자가 침묵의 향기에서 출간한『간화선 창시자의 선(禪)』상,하권을 보기 바란다. 여기에선 대혜가 말하는 간화선의 요점만 간단히 살펴보겠다.

간화선은 조사선(祖師禪)을 대혜가 응용하여 수행의 방편으로 만든 것 이다. 주지하다시피 조사선은 스승의 직지인심(直指人心)에 반응하여 제 자가 견성성불(見性成佛)하는 공부이다. 모양도 없고 알 수도 없으나 사람 이라면 누구에게나 다 갖추어져 있는 마음을 곧장 가리키는 것이 조사선 의 스승들이 행하는 가르침이다. 마음을 곧장 가리킨다는 것은 마음을 설명하여 이해시키는 것이 아니라, 설명할 수도 없고 이해할 수도 없는 살아 있는 마음을 직접 바로 가리키는 것이다.

마음을 직접 가리키는 것은 "똥막대기."라든가 "삼베 서 근."과 같이 말 로써 행할 수도 있고, 손가락을 세우거나 주장자로 법상을 치거나 귀를 잡아당기거나 하는 것처럼 행동으로 보여 줄 수도 있다. 마음을 설명하는 것이 아니라 이렇게 곧장 가리킴으로써 제자의 분별심을 막아 버리면 제자는 마음이 무엇인지를 분별심으로 헤아리는 것이 아니라, 마음에서 마음으로 바로 통하는 이심전심(以心傳心)의 깨달음을 얻을 수 있는 것이다. 분별할 수 없는 불이법(不二法)인 마음을 곧장 깨닫는 것을 일러 견성성불이라고 한다. 이것이 조사선이다. 그러므로 조사선에선 오직 분별을 벗어난 불이법만 가리키고 문득 불이법에 통하는 깨달음이 있을 뿐이고, 달리 수행의 방편을 제공하지는 않는다.

조사선에서 행하는 '스승에 의한 직지인심'을, 공부하는 사람이 직접 자기에게 행하라고 하는 것이 곧 대혜가 말하는 간화선이다. 대혜가 보설에서 밝히고 있듯이 화두(話頭)는 곧 직지(直指)이다. "똥막대기."라든가 "삼베 서 근."과 같은 직지인심 하는 말들이 곧 화두인데, 이 화두를 스스로 자기에게 직접 가리켜 보여서 스스로가 깨닫도록 하라는 것이 대혜의 간화선인 것이다.

비록 화두를 살펴보라는 뜻인 간화(看話)라는 이름을 쓰지만, 실제로 대혜가 말하는 방법은 화두를 자기에게 제시(提撕)하고 거각(擧覺)하라는 것이다. 제시(提撕)는 '보여 주어서 일깨운다'는 뜻이고, 거각(擧覺)은 '말해 주어서 일깨운다'는 뜻으로서 사실상 동일한 뜻이다. 때때로 자신에게 화두를 스스로가 직접 보여 주어서 자신을 일깨우고, 스스로가 직접 말해 주어서 자신을 일깨우라는 것이 곧 대혜가 말하는 간화선이다.

조사선에선 스승에 의한 직지인심의 자극에 제자의 마음이 문득 견성성불하는 이심전심의 공부인 데 반하여, 간화선에선 공부하는 사람이 홀로 스스로에게 직지인심 하여 스스로가 문득 깨닫도록 하는 공부인 것이다. 즉, 간화선은 조사선의 이심전심이 빠지고 직지인심과 견성성불만 있는 공부이다. 이 점이 간화선과 조사선의 차이다. 또 간화선에서 자기가 자기에게 화두를 직지하여 자기를 일깨우려는 행위에는 스스로 노력하여 깨달으려고 하는 수행(修行)의 측면이 분명히 있다. 이 점이 또한 간화선이 조사선과는 다른 점이라고 할 수 있다.

조사선은 스승이 언제나 분별을 벗어난 불이법만을 말하고 가리켜 제자의 분별심을 막아서 끊어 버림으로써 제자가 문득 깨달음을 얻도록 행하는 가르침이니, 가르침의 능동적 주도권은 스승에게 있다. 제자는 습관대로 분별심을 가지고 공부하려고 하지만 스승의 직지에 분별심이 무너지고 자기도 모르게 불이법에 통하는 것이니, 제자는 수동적으로 스승에게 이끌려 깨달음 속으로 들어오는 것이다.

반면에 간화선에선 스승의 직지와 제자의 견성을 공부인이 스스로 홀로 해내야 하는 점에서 공부가 잘못될 위험성이 있다. 이미 불이법 속에 있는 스승이 제자의 분별심을 막아서 끊어 주기는 쉽지만, 아직 분별심 속에 있는 공부인이 스스로의 분별심을 막아서 끊기는 사실 매우 어렵다. 그러므로 대혜는 간화선을 수행함에 있어서 주의해야 할 점을 열 몇 가지나 말하고 있는데, 주의점 모두에 공통되는 내용은 분별하지 마라는 것이다.

이로써 보면 간화선은 조사선에 비하여 결점이 있는 공부법이다. 아마도 대혜가 간화선을 제창한 이유는, 불이법에 철두철미한 스승을 만나기 어려운 시절의 공부인들에게 스스로의 노력으로 불이법문에 들어가는 길을 제시한 것이라고 여겨진다.

사실 선(禪)에서 깨달음을 이루느냐 망상(妄想)에서 벗어나지 못하느냐의 갈림길은, 마음에서 분별심이 가로막혀서 작동하지 못하게 만들 수 있느냐 아니냐에 달렸다. 분별심이 가로막혀서 작동하지 못하는 경우를 일러 선사(禪師)들은 금강권(金剛圈)이니 율극봉(栗棘蓬)이니 의단(疑團)이니 쥐가 쥐덫 속에서 꼼짝도 못하느니 하고들 말한다. 그러므로 공부인이 화두를 보고 곧장 분별심이 가로막혀서 그 마음이 마치 쥐덫 속의 쥐처럼 될 수만 있다면, 간화선도 효과적인 공부 방법일 것이다.

1. 판본 소개

본 번역에 사용한 『대혜보각선사어록』의 판본(板本)은 『대정신수대장
경』 제47권에 실려 있는 것이다. 여기에 실린 판본은 일본(日本) 동경(東京)
증상사(增上寺) 보은장(報恩藏)의 명본(明本)을 저본(底本)으로 한다고 되어
있다. 명본은 곧 가흥장(嘉興藏) 혹은 경산장(徑山藏)이라고 부르는 것으로
서, 명(明) 신종(神宗) 만력(萬曆) 7년(1579)에 밀장환여(密藏幻余)가 발원(發願)
하여, 만력 17년(1589)에 경산적조암(徑山寂照庵)과 흥성만수사(興聖萬壽寺)
에서 처음 간행된 것이다.

또 여기에서 들고 있는 대교본(對校本)은 일본 궁내성(宮內省) 도서료장
(圖書寮藏)의 오산판(五山版)과 덕부저일랑씨장(德富猪一郎氏藏)의 오산판(五
山版)이다. 여기에서는 궁내본(宮內本)과 덕부본(德富本)으로 약칭하여 표
시하였다.

한편 원문을 교정함에는 명(明) 태조 영락(永樂) 8년(1410)에 시작하여
영종(英宗) 정통(正統) 5년(1441)에 완성한 『영락북장(永樂北藏)』 제156책(冊)
에 수록된 『대혜보각선사어록(大慧普覺禪師語錄)』(북장본(北藏本)으로 약칭)과
1994년 대만에서 간행된 『불광대장경(佛光大藏經)』 「선장(禪藏)」 어록부(語錄
部)의 『대혜선사어록(大慧禪師語錄)』(불광본(佛光本)으로 약칭)을 참고하였다.

『불광대장경』의 『대혜선사어록』은 『명판가흥대장경(明版嘉興大藏經)』(가흥
본(嘉興本)으로 약칭)에 실린 『대혜보각선사어록』을 저본으로 하고, 『대정신

수대장경』(대정본(大正本)으로 약칭)과 『대일본교정훈점대장경(大日本校訂訓點大藏經)』을 대교(對校)하여 표점(標點)을 찍고, 현대에 잘 사용되지 않는 이체자(異體字)는 동일한 뜻을 가진 글자로 바꾸어 읽기 쉽도록 편집한 것이다.

본 번역에서 사용한 판본은 『대정신수대장경』의 『대혜보각선사어록』을 저본으로 하고, 『영락북장』과 『불광대장경』의 『대혜보각선사어록』을 대교본(對校本)으로 하여 교정한 것이다. 대정본과 불광본에서 이미 교정한 내용을 주석으로 나타낸 것을 여기에서도 동일하게 각주에서 나타내 주었고, 대정본과 다른 내용이 불광본에 있을 경우에는 역시 '불광본'으로 표시하여 주었다.

판본의 약칭

- 북장본(北藏本) : 명판영락북장(明版永樂北藏) 제156책(冊)에 실려 있는 것.(1421–1440년 판각)
- 가흥본(嘉興本) : 중국 명판가흥대장경(明版嘉興大藏經).= 대정본과 불광본의 저본.(1589–1676년 판각)
- 대정본(大正本) : 일본 대정신수대장경(大正新修大藏經) 제47권에 실려 있는 것.
- 불광본(佛光本) : 대만 불광대장경(佛光大藏經) 선장(禪藏) 어록부(語錄部).
- 궁내본(宮內本) : 일본 궁내성(宮內省) 도서료장(圖書寮藏)의 오산판(五山版).

• 덕부본(德富本) : 일본 덕부저일랑씨장(德富猪一郎氏藏)의 오산판(五山版).

2. 번역에서 둔 주안점

이 책은 중국 송대 속어(俗語)인 백화문(白話文)으로 쓰인 것이므로, 당송대(唐宋代) 백화문 사전(詞典)을 일차적인 참고로 하여 한어사전(漢語詞典) · 선어사전(禪語辭典) · 불교사전 · 중국어사전 등 현재 입수할 수 있는 모든 사전을 참고로 하여 번역의 오류를 줄이려고 노력하였다. 특히 불경(佛經)이나 앞선 선사들의 어록에서 인용한 문장들이 수없이 나오는데, 빠짐없이 그 원전을 찾아보고 확인하여 번역의 정확성을 도모하였다. 또 번역의 편의를 위하여 사전이나 참고문헌에서 찾아본 모든 용어들을 애초부터 사전으로 만들면서 번역 작업을 진행하였다. 번역에서 둔 주안점들은 다음과 같다.

① 번역문의 편집 체제는 〈번역문 + 원문〉으로 하고 한 단락씩 대역(對譯)하는 형식을 취하였다. 단, 내용이 긴밀히 연결되는 경우에는 2, 3 단락을 합하여 편집하기도 하였다.
② 문법적 사항, 불교 용어, 선 용어, 인명, 지명 등에 관한 주석은 번역문에 달았고, 원문 판본의 교감(校勘)에 관한 주석은 원문에 달았다.
③ 주석은 가능한 한 자세히 달아서 읽는 사람이 따로 사전을 찾는 번거로움을 줄였다.

④ 번역본 각 권의 내부에서 몇 번씩 반복하여 등장하는 용어의 주석은 처음은 상세히 해설하고, 다음부터는 조금 간략히 설명하였다. 책의 특성상 순서대로 읽어 나가는 책이 아니므로, 앞에 한 번 나온 주석이라 하여 뒤에서 모두 생략하지는 않고 필요에 따라 다시 간략히 달았다.

⑤ 원문이 고전한문이나 현대중국어와는 다른 송대(宋代) 백화문(白話文)인 까닭에 조금이라도 의심나는 글자나 단어는 가능한 한 다양한 사서(辭書)를 이용하여 거듭 확인하여 번역하였고, 각주에 그 뜻을 밝혔다. 극히 드물게 사서에 나오지 않는 단어의 경우 『대일본속장경(大日本續藏經)』과 『대정신수대장경(大正新修大藏經)』 등에 실려 있는 당송대(唐宋代) 선어록(禪語錄)과 논서(論書) 및 송대(宋代) 유학자(儒學者)들의 어록(語錄) 등을 검색하여 그 사용된 사례에서의 뜻을 참고하여 번역하였다.

⑥ 모든 인용문은 인용했으리라 짐작되는 경전(經典), 선적(禪籍), 경서(經書) 등을 찾아서 밝혔다. 경전의 경우에는 『대정신수대장경(大正新修大藏經)』을 검색하였고, 선어록(禪語錄)의 경우에는 대혜종고(1115-1163년) 이전 혹은 생존시에 출판된 『조당집』(952년), 『경덕전등록』(1004년), 『천성광등록』(1036년), 『사가어록』(1066년), 『건중정국속등록』(1101년), 『고존숙어요』(1138-1144년경) 등을 위주로 검색하고, 이들에 없는 것은 대혜종고 사후 가까운 시기에 출판된 『연등회요』(1183년), 『가태보등록』(1204년), 『오등회원』(1252년), 『고존숙어록』(1267년) 등에서 찾고, 이들에도 없는 경우에는 『대일본속장경(大日本續藏經)』과 『대정신수대장경(大正新修大藏經)』에 실려 있는 선어록(禪語錄)들에서 검색하였다.

⑦ 난해한 부분의 경우 이해를 돕기 위하여 주석에서 역자의 견해를

간략히 밝혔다.

⑧ 번역은 최대한 현대 한글로 옮기되, 불교에서 일반적으로 사용하는 용어(用語), 고유명사 및 적절한 역어(譯語)가 없는 당시의 상용어(常用語)는 그대로 두었다.

⑨ 원문의 표점은 원칙적으로 한문 원문의 일반적인 표점 방식을 따라 찍되, 번역문과 어긋남이 없도록 하였다.

⑩ 각주에서 인용문이 등장할 경우에도 가능한 원문을 함께 첨부하였다.

3. 번역에 사용한 공구서

① 『송어언사전(宋語言詞典)』 원빈(袁賓) 등 4인 편저. 상해교육출판사. 1997년.

② 『당오대어언사전(唐五代語言詞典)』 강람생(江藍生), 조광순(曹廣順) 편저. 상해교육출판사(上海敎育出版社). 1997년.

③ 『중한대사전(中韓大辭典)』 고대민족문화연구소 중국어대사전편찬실 편. 고려대학교민족문화연구소. 1995년.

④ 『한한대사전(漢韓大辭典)』 단국대학교 동양학연구소 편찬. 단국대학교출판부. 2000-2008년.

⑤ 『한어대사전(漢語大詞典)』 한어대사전편집위원회 편찬. 상해(上海) 한어대사전출판사. 1994-2001년.

⑥ 『신판선학대사전(新版禪學大辭典)』 구택대학(駒澤大學) 선학대사전편

찬소 편. 동경(東京) 대수관서점(大修館書店). 1985년.

⑦『불교대사전(佛敎大辭典)』길상(吉祥) 편. 서울 홍법원(弘法院). 1998년.

⑧『가산불교대사림(伽山佛敎大辭林)』지관(智冠) 편저. 서울 가산불교문화연구원. 1998년-2009년.

⑨『선어사전(禪語辭典)』고하영언(古賀英彦) 편저. 경도(京都) 사문각출판(思文閣出版). 1991년.

⑩『선종사전(禪宗詞典)』원빈(袁賓) 편저. 호북인민출판사(湖北人民出版社). 1994년.

⑪『송원어록사전(宋元語錄辭典)』용잠암(龍潛庵) 편저. 1985년.

⑫『선종저작사어안석(禪宗著作詞語案釋)』

『주해어록총람(註解語錄總覽)』이동술 편집. 서울 여강출판사. 1992년.

⑬『중국고금지명대사전(中國古今地名大辭典)』사수창(謝壽昌) 외 6인 편집. 대북(台北) 대만상무인서관(臺灣商務印書館). 1983년.

⑭『중국역대관칭사전(中國歷代官稱辭典)』조덕의(趙德義), 왕흥명(汪興明) 주편(主編). 북경(北京) 단결출판사(團結出版社). 2002년.

⑮『송대관제사전(宋代官制辭典)』공연명(龔延明) 편저. 북경(北京) 중화서국출판(中華書局出版). 1997년.

⑯『중국불교인명대사전(中國佛敎人名大辭典)』진화법사(震華法師) 편. 상해(上海) 상해사서출판사(上海辭書出版社). 2002년.

⑰『중국역대인명대사전(中國歷代人名大辭典)』장휘지(張撝之) 외 2인 주편(主編). 상해(上海) 상해고적출판사(上海古籍出版社). 1999년.

⑱『중국인명이칭대사전(中國人名異稱大辭典)』상항원(尙恒元) 외 1인 주

편. 태원(太原) 산서인민출판사(山西人民出版社). 2003년.

⑲『중국역사지도집(中國歷史地圖集)』담기양(譚其驤) 주편. 북경(北京) 중국지도출판사(中國地圖出版社). 1996년.

⑳『조정사원(祖庭事苑)』목암선경(睦庵善卿) 편(編). 1108년.

4. 대혜보각선사어록 총 목차

〔제1권〕

온문(蘊聞)의 주차문(奏箚文).

덕잠(德潛)의 입장제문(入藏題文).

제1-4권 : 경산(徑山) 능인선원(能仁禪院)에서의 어록(語錄).

제5권 : 육왕산(育王山) 광리선사(廣利禪寺)에서의 어록.

제6권 : 다시 경산(徑山) 능인선원(能仁禪院)에 머물 때의 어록. 위국공(魏國公)인 장준(張浚)이 쓴 '대혜보각선사탑명(大慧普覺禪師塔銘)' 첨부.

〔제2권〕

제7권 : 강서(江西) 운문암(雲門菴)에서의 어록.

제8권 : 복건성(福建省) 복주(福州) 양서암(洋嶼菴)에서의 어록, 복건성 천주(泉州) 소계(小溪) 운문암(雲門菴)에서의 어록.

제9권 : 운거(雲居)의 수좌료(首座寮)에서 불자(拂子)를 들고 설법함, 실중기연(室中機緣).

제10권 : 송고(頌古).

제11권 : 게송(偈頌).

제12권 : 부처와 조사를 찬양함.

〔제3권〕

제13-18권 : 대혜보각(大慧普覺) 선사(禪師) 보설(普說).

〔제4권〕

제19-24권 : 대혜보각 선사 법어(法語).

〔제5권〕

제25-30권 : 대혜보각 선사 서(書).

대혜선사어록을 입장(入藏)토록 내려 주신 은혜에 감사드리는 주차문
(奏箚文).

차례

대혜법어

1. 청정 거사[35]에게 보임[36]

부처님께서 말씀하셨습니다.

"부처의 경계를 알고자 한다면, 그 뜻을 허공처럼 맑게 하고 망상과 모든 집착[37]을 멀리 여의고 마음이 향하는 곳에 전혀 장애가 없도록 해야 한다."[38]

부처의 경계는 모습 있는 바깥 경계가 아닙니다. 부처는 곧 스스로 깨달은 성스러운 지혜의 경계입니다. 꼭 이 경계를 알고자 한다면, 밖으로 꾸밀[39] 필요 없이[40] 수행하여 깨달음을 얻어 의식(意識) 아래에 애초부터 있었던 객진번뇌[41]라는 더러움을 깨끗이 없애야 합니다. 허공처럼 드넓고 텅 비어서 의식 속의 온갖 집착[42]을 멀리 여의어, 헛되고

---

35 청정거사(淸淨居士) : (원주(原註): 李堤擧獻臣) 이(李)는 성(姓), 제거(提擧)는 벼슬 이름, 헌신(獻臣)은 자(字).

36 1144년(56세)에 귀양지 형주(衡州)에서 쓴 글.

37 취(取) : 12연기의 하나. 애(愛)를 연하여 일어나는 집착(執着). 또 애의 다른 이름. 번뇌의 총칭.

38 『대방광불화엄경』(80권 화엄) 제50권 「여래출현품(如來出現品)」 제37-1.

39 장엄(莊嚴) : ①건립하다. 배열하다. 배치하다. ②꾸미다. 장식하다. 좋고 아름다운 것으로 국토를 꾸미고, 훌륭한 공덕을 쌓아 몸을 장식하고, 향과 꽃들을 부처님께 올려 장식하는 일. 또 『관무량수경』에서는 "모든 악업(惡業)으로써 스스로 장엄한다."라고 하며 악한 업을 몸에 쌓아 모으는 것을 장엄(莊嚴)이라고 표현하기도 함.

40 불가(不假) : ①-에 의지하지 않는다. ②-할 필요가 없다.

41 객진번뇌(客塵煩惱) : 객진(客塵)은 번뇌를 수식하는 말. 번뇌는 본래의 존재가 아니므로 객(客)이라 하고, 티끌처럼 미세하고 수가 많으므로 진(塵)이라 함.

42 취(取) : 집착. 12연기의 하나. 취하여 가지는 것. 애(愛)를 연하여 일어나는 집착(執着). 또 애의 다른 이름. 번뇌의 총칭.

거짓되고 진실하지 않고 허망한 생각 역시 허공과 같아지면, 이 애써 노력함[43] 없는 묘한 마음이 향하는 곳에는 저절로 가로막는 장애가 없습니다.

示淸淨居士(李堤擧獻臣)

佛言: "若有欲知佛境界, 當淨其意如虛空, 遠離妄想及諸取, 令心所向皆無礙." 佛境界非是外境界有相. 佛乃自覺聖智之境界也. 決欲知此境界, 不假莊嚴修證而得, 當淨意根下無始時來客塵煩惱之染. 如虛空之寬曠, 遠離意識中諸取, 虛僞不實妄想亦如虛空, 則此無功用妙心所向, 自然無滯礙矣.

부처님께서 다시 말씀하셨습니다.

"하나의 법 · 하나의 일 · 하나의 몸 · 하나의 국토 · 하나의 중생에게서 여래를 보아서는 안 되고, 마땅히 모든 곳에서 두루 여래를 보아야 한다."[44]

불(佛)이란 깨달음[각(覺)]이라는 뜻이니, 모든 곳에서 언제나 두루 깨어 있기 때문입니다. 두루 본다고 하는 것은, 자기의 본원(本源) 자성(自性)인 천진(天眞)한 부처가 하나의 시간 · 하나의 장소 · 하나의 법 · 하나의 일 · 하나의 몸 · 하나의 국토 · 하나의 중생세계 속에서 두루하지 않음이 없음을 보기 때문입니다. 중생은 이것에 어둡기 때문에 삼계(三界)를 윤회하며 여러 가지 고통을 받습니다. 모든 부처님은 이것을 깨

---

43 공용(功用) : 몸 · 입 · 뜻으로 애써 행하는 행위. 곧 유위행(有爲行).

44 『화엄경』(80권 화엄) 제50권 「여래출현품(如來出現品)」 제37-1에 나오는 구절.

달아 모든 있음의 바다[45]를 뛰어넘어 뛰어나고 묘한 약을 받는 것입니다.

그러나 고통과 즐거움은 모두 실체가 없는데, 다만 어리석음과 깨달음의 차이가 있기에 고통과 즐거움이라는 다른 길을 가는 것입니다. 그러므로 두순[46]이 말했습니다.

"법신(法身)이 오도(五道)[47]를 따라 흘러 다니는 것을 일러 중생이라 한다."[48]

중생이 나타날 때 법신이 나타나지 않는 것이 이 까닭입니다.

---

45 제유해(諸有海) : 삼유(三有) 또는 이십오유(二十五有)를 바다에 비유한 것. 유(有)는 '있다'는 뜻으로 삼유는 욕유(欲有)·색유(色有)·무색유(無色有)로서 삼계(三界)와 같고, 이십오유는 중생이 태어나고 죽으며 헤매는 존재를 25종으로 나누는 것으로 ①4악취(지옥·아귀·축생·아수라), ②4주(동불바제·남염부주·서구야니·복울단월), ③6욕천(사왕천·도리천·야마천·도솔천·화락천·타화자재천)), ④색계(초선천·범왕천·제2선천·제3선천·제4선천·무상천·5나함천), ⑤무색계(공무변처천·식무변처천·무소유처천·비상비비상처천) 등인데 이를 줄여 3계6도라 한다.

46 두순(杜順; 557~640) : 중국 화엄종 스님. 옹주(雍州) 만년(萬年) 사람. 속성은 두(杜). 이름은 법순(法順). 18세에 출가. 인성사(因聖寺)의 위진(魏珍)에게 선업(禪業)을 받았다. 뒤에 종남산에 숨어 살며 『오교지관(五敎止觀)』·『화엄법계관문(華嚴法界觀門)』을 지음. 일대 불교를 판단하여 5문으로 나누고, 또 10현문(玄門)의 단서를 열어 화엄종의 교망(敎網)을 크게 펼쳤다. 당나라 태종이 지성으로 귀의, 제심존자(帝心尊者)란 호를 주었다. 항상 여러 곳으로 돌아다니면서 "아미타불"을 염하라고 권하고, 오회(五悔)란 글을 지어 정토(淨土)를 찬탄하였다. 정관(貞觀) 14년 11월에 나이 84세로 입적함. 후세에 그를 화엄종의 초조라 부름.

47 오도(五道) : 중생이 윤회하며 흘러 다니는 다섯 가지 길. 지옥·아귀(餓鬼)·축생(畜生)·인간·천상(天上)의 세계를 가리키는 말이다. 여기에 수라(修羅)를 더하면 육도(六道)라고 한다.

48 두순(杜順)이 지은 『화엄법계관문(華嚴法界觀門)』 가운데 '이사무애관(理事無礙觀)'에 나오는 구절.

이 대사인연(大事因緣)⁴⁹을 감당하려면, 모름지기 확고한 뜻이 있어야 합니다. 만약 반은 믿고 반은 의심한다면, 할 수 없는⁵⁰ 일입니다. 옛 스님이 노래했습니다.

"도(道)를 배우는 것은 마치 부싯막대를 돌려 불을 일으키는 것과 같으니

연기가 날 때 멈추어서는 안 된다.

불꽃⁵¹이 나타나기를 곧장 기다려

불을 얻어 집으로 돌아가야 비로소 끝마치는⁵² 것이다."⁵³

---

49 대사인연(大事因緣) : 일대사인연(一大事因緣). 선(禪)을 공부하고 도(道)를 배우는 일. 오직 하나뿐인 큰 일이라는 일대사(一大事)는 깨달음을 얻는 일을 가리킨다. 일대사인연 이란, 깨달음을 얻기 위한 인연이 되는 공부를 가리키니, 선(禪)을 공부하고 도(道)를 배 우는 일을 말한다. 법화경(法華經)에 다음과 같은 내용이 있다 : 사리불아, 어찌하여 모 든 부처님은 오직 일대사인연 때문에 세상에 나오신다고 하는가? 모든 부처님은 중생으 로 하여금 깨달음의 지견(知見)을 열어서 청정함을 얻도록 하시려고 세상에 나오신다. 중 생에게 깨달음의 지견을 보여 주시려고 세상에 나오신다. 중생으로 하여금 깨달음의 지 견을 깨닫도록 하시려고 세상에 나오신다. 중생으로 하여금 깨달음의 지견에 들어가도록 하시려고 세상에 나오신다. 사리불아, 이것이 곧 모든 부처님이 일대사인연 때문에 세상 에 나오신다는 것이니라. (『묘법연화경(妙法蓮華經)』 제1권, 「방편품(方便品)」 제2.)

50 몰교섭(沒交涉) : 아무 상관이 없다. =물교섭(勿交涉).

51 금성(金星) : 번쩍이는 불꽃.

52 도두(到頭) : 정점에 이르다. 맨 끝에 도달하다. 결말이 나다. 끝나다.

53 『가태보등록』 제1권 '담주신정홍연선사(潭州神鼎洪諲禪師)'에 보면 이 게송을 용아(龍牙) 화상 혹은 금봉(金峰) 화상의 게송이라 하고 있다.

54 일여(一如) : 일(一)은 하나, 여(如)는 꼭 같다는 뜻. 하나로서 같다. 차별 없이 평등하다. 법계의 본성(實相)을 가리키는 말. 여여(如如)와 같음.

끝마치는 곳을 알고자 합니까? 자기의 경계와 남의 경계가 똑같은[54] 곳이 그곳입니다.

佛又言: "不應於一法·一事·一身·一國土·一衆生見於如來, 應徧於一切處見於如來." 佛者, 覺義, 謂於一切處常徧覺故. 所謂徧見者, 見自己本源自性天眞佛, 無一時·一處·一法·一事·一身·一國土·一衆生界中而不徧故也. 衆生迷此而輪轉三界, 受種種苦. 諸佛悟此而超諸有海, 受殊勝妙樂. 然苦樂皆無實體, 但迷悟差別而苦樂異途耳. 故枉[55]順云: "法身流轉五道, 名曰衆生." 衆生現時, 法身不現是也. 擔荷此段大事因緣, 須是有決定志. 若半信半疑, 則沒交涉矣. 古德云: "學道如鑽火, 逢煙且莫休. 直待金星現, 歸家始到頭." 欲知到頭處? 自境界·他境界一如是也.

이미 이 도를 배웠다면, 24시간 가운데 사물을 만나고 인연에 반응하는 곳에서 나쁜 생각이 이어지도록 해서는 안 됩니다. 만약 조심하지[56] 못하여[57] 하나의 나쁜 생각이라도 일으킨다면, 마땅히 재빨리 심혈을 기울여서[58] 끌어당겨 생각을 바꾸어야[59] 합니다. 만약 한결같이 그것

---

55 '枉'은 '杜'의 오자(誤字).

56 조고(照顧) : ①조심하다. 주의하다. =유심(留心). ②관심을 두다. 돌보다. ③처리하다. 뒷바라지하다. ④비추다. 비추어 보다.

57 불착(不著) : =불용(不用), 불수(不須). ①-할 필요 없다. ②-할 수 없다. =용불착(用不着).

58 착정채(着精彩) : 마음을 쓰다. 주의를 기울이다. 심혈을 기울이다. 노력하다. 애쓰다. 주의하다. 조심하다.

59 전두(轉頭) : ①머리를 돌리다. ②생각을 바꾸다.

을 따라가 이어져 끊어짐이 없다면, 도를 가로막을 뿐만 아니라 지혜가 없는 사람이라고 일컫습니다.

옛날 위산이 난안에게 물었습니다.
"그대는 24시간 속에서 무엇에 힘을 쓰고 있는가?"
난안이 말했습니다.
"소를 키우고 있습니다."
위산이 물었습니다.
"그대는 어떻게 소를 키우는가?"
난안이 말했습니다.
"한 번이라도 수풀 속으로 들어가면, 쏜살같이 코를 끌고 나옵니다."
위산이 말했습니다.
"그대는 참으로 소를 잘 키우는구나."[60]

도를 배우는 사람이 나쁜 생각을 제어함이 응당 난안이 소를 키우는 것과 같다면, 시간이 지날수록 저절로 순수하게 익어 갈 것입니다. '남의 활은 만지지 말고, 남의 말은 타지 말고, 남의 일은 알지 마라.' 이것은 비록 평범한 말[61]이지만, 또한 도에 들어가는 데 필요한 양식이라고 할 만합니다. 아침부터 저녁까지 남을 이롭게 하고 자신을 이롭게 할

---

60 『조당집』제14권, 『경덕전등록』제6권, 『연등회요』제5권, 『오등회원』제3권의 '석공혜장선사(石鞏慧藏禪師)'와 『사가어록』, 「마조어록」에서는 이 대화가 마조(馬祖)와 석공혜장(石鞏慧藏)의 대화로 되어 있다. 대혜가 이름을 착각한 것 같다.
61 상언(常言) : ①평소의 말. ②평범한 말. ③속담이나 격언처럼 민간에 전해지는 말.

무슨 일이 있는지 다만 늘 스스로 점검해 보십시오. 잘못됨[62]을 느끼기
만 하면[63] 마땅히 스스로 경계해야 하고 소홀히 해서는 안 됩니다.

旣學此道, 十二時中 遇物應緣處 不得令惡念相續. 或照顧不著, 起一惡念, 當急著
精彩, 拽轉頭來. 若一向隨他去, 相續不斷, 非獨障道, 亦謂之無智慧人. 昔潙山問
嬾安 : "汝十二時中 當何所務?" 安云 : "牧牛." 山云 : "汝作麽生牧?" 安云 : "一回入草
去, 驀鼻拽將回." 山云 : "子眞牧牛也!" 學道人制惡念, 當如嬾安之牧牛, 則久久自
純熟矣. "他弓莫把, 他馬莫騎, 他人之事莫知." 此雖常言, 亦可爲入道之資糧. 但常
自檢察, 從旦至暮, 有甚利人自利之事. 稍覺偏枯, 當須自警, 不可忽也.

옛날 도림[64] 선사는 진망산의 큰 소나무 위에 머물렀는데, 당시 사람
들이 그를 일러 조과화상(鳥窠和尙)이라 하였습니다. 시랑(侍郎) 백거이
[65]가 전당[66]에 부임하여 일부러 산에 들어와 도림 선사를 찾아와서 물었
습니다.
　"선사께서 앉아 계신 곳은 매우 위험합니다!"

62　편고(偏枯) : ①반신불수이다. ②불공평하다. ③치우쳐 있다.

63　초(稍) : ①매우(정도 부사). ②마침. 막. 바로. 하자마자(시간 부사). ③이미. 벌써(시간 부
　　사). ④그 뒤. 얼마 후(시간 부사).

64　조과도림(鳥窠道林) : 741-824. 당대(唐代) 스님. 우두종(牛頭宗). 속성은 반(潘) 씨. 절
　　강성(浙江省) 출신. 경산법흠(徑山法欽)의 법을 이은 제자. 진망산(秦望山)에 살면서 늘 소
　　나무 가지에 앉아 좌선하였으므로, 조과화상(鳥窠和尙)이라 하였다. 시호는 원수(圓修).

65　백거이(白居易) : 772-846. 당대(唐代) 시인. 자는 낙천(樂天), 호는 향산거사(香山居
　　士). 본적은 태원(太原). 신정(新鄭) 출생. 〈장한가(長恨歌)〉 등 많은 시를 지었고, 관리가
　　되어 정치에도 참여하였다.

66　전당(錢塘) : 절강성(浙江省)에 있는 지역 이름.

선사가 말했습니다.

"노승에게 무슨 위험이 있습니까? 시랑의 위험이 더욱 심합니다!"

백거이가 말했습니다.

"저는 강산(江山)을 다스리는 곳에 자리하고 있는데, 무슨 위험이 있겠습니까?"

선사가 말했습니다.

"땔나무에 불이 붙어 타듯이 식견(識見)과 성격이 안정되어 있지 못한데, 위험하지 않을 수 있겠습니까?"

백거이가 다시 물었습니다.

"어떤 것이 불법(佛法)의 대의(大意)입니까?"

선사가 말했습니다.

"어떤 악도 행하지 말고, 많은 선을 행하십시오."

백거이가 말했습니다.

"세 살 먹은 어린아이도 그렇게 말할 줄 압니다."

선사가 말했습니다.

"세 살 먹은 어린아이도 말할 수는 있으나, 팔십 먹은 노인도 행할 수는 없습니다."

백거이가 이에 절을 하고는 떠났습니다.[67]

昔道林禪師居秦望山長松之上, 時人謂之鳥窠和尙. 白居易侍郞鎭錢塘, 特入山謁
之, 乃問: "禪師坐處甚危險!" 師曰: "老僧有甚危險? 侍郞險尤甚!" 曰: "弟子位鎭江

---

67 『경덕전등록』 제4권 '항주조과도림선사(杭州鳥窠道林禪師)'.

山, 何險之有? 師曰: "薪火相交, 識性不停, 得非險乎?" 又問: "如何是佛法大意?"

師曰: "諸惡莫作, 衆善奉行." 曰: "三歲孩兒也解恁麼道." 師曰: "三歲孩兒雖道得,

八十老人行不得." 白遂作禮而去.

이제 마음의 노고를 덜고자 한다면, 저 세 살 먹은 아이도 말할 수 있는지 없는지, 팔십 먹은 노인도 행할 수 있는지 없는지에는 상관하지 마십시오. 단지 어떤 악도 행하지 말라는 이 말을 곧장 깨닫는다면, 믿어도 좋고 믿지 않아도 좋습니다. 생각해 보십시오. 세속 사람들이 드러내어 행하는 무명(無明)을 바로잡아 선(善)을 행한다면, 아직 선을 충분히 행하지 않았다 하더라도, 어찌 부끄러움을 모르고[68] 선을 빙자하여 악을 행하는 것보다 뛰어나지 않겠습니까? 경(經)에서는 그것을 일러 "원인[69]이 참되지 못하면 결과가 왜곡된다."[70]고 합니다. 만약 바로 이[71] 마음을 곧장 행하여 곧장 위없는 깨달음을 얻는다면, 참된 대장부가 하는 일이라고 할 만합니다.

今欲省心力, 莫管他三歲孩兒道得道不得, 八十老人行得行不得. 但諸惡莫作, 便

了此語, 信也著, 不信也著. 請思之. 世人現行無明, 矯而爲善, 善雖未至, 豈不勝寡

---

68 과렴선치(寡廉鮮恥): 염치(廉恥)가 없다. 부끄러움을 모르다. 파렴치하다.

69 인지(因地): 성불하기 위해 수행하는 지위. 이에 비하여 부처님의 지위는 과지(果地)·과상(果上)이라 함.

70 『수능엄경』 제6권에 나오는 구절. 『수능엄경』에는 "因地不直, 果招紆曲"라 되어 있다.

71 여기에서 '직(直)'은 시간적, 공간적으로 나누어짐이 없는 불이(不二)를 가리킨다. '곧장' '당장' '바로 이' 정도로 번역될 수 있을 것이다.

廉鮮恥, 託善而爲惡者? 教中謂之"因地不眞, 果招紆曲." 苟能直心直行, 直取無上菩提, 可謂眞大丈夫之所爲矣.

무한한 세월 동안의 일이 다만 지금 이 순간에 있으니, 지금 무한한 세월 동안의 일을 깨닫는다면, 즉시 기와가 부서지고 얼음이 녹는 듯할 것입니다. 지금 깨닫지 못하고 다시 무한한 세월을 지나더라도 역시 이와 같습니다. 이와 같은 법은 옛날부터 언제나 그러하여 털끝만큼도 바뀐 적이 없었습니다.

塵劫來事, 只在如今, 如今會得塵劫來事, 卽時瓦解冰銷. 如今不會, 更經塵劫亦只如是. 如是之法, 亘古恒然, 未嘗移易一絲毫許.

이 일은 총명하고 영리한 사람이 짊어질 수 있습니다만, 만약 총명함과 영리함을 사용한다면 짊어질 수 없습니다. 총명하고 영리한 자가 비록 쉽게 이 속에 들어온다 하더라도 잘 유지하기가 어려운 것은, 대개 들어온 곳이 썩 깊지 못하고 힘이 약하기 때문입니다. 총명하고 영리한 자는 선지식이 이 속의 일을 말하는 것을 듣자마자 곧 눈알을 이리저리 굴리며[72] 벌써 분별심[73]을 가지고 이해해 버립니다.

---

72 안목정동(眼目定動) : ①눈을 깜박거리다. ②눈알을 이리저리 굴리다. ③여전히 망설이며 의심하다. ④아득하여 깨닫지 못하는 모양. =안정정동(眼睛定動).

73 심의식(心意識) : 심(心)은 범어 질다(質多)의 번역, 모여서 발생한다는(集起) 뜻. 의(意)는 범어 말나(末那)의 번역, 헤아려 생각한다는(思量) 뜻. 식(識)은 범어 비야남(毘若南)의 번역, 분별하여 알아차린다는(了別) 뜻. 분별심(分別心)을 말함.

이와 같은 자는 스스로 장애를 만드는 것이니 영원토록 깨달을 때가 없을 것입니다. 바깥의 귀신이 일으키는 재앙은 오히려 다스릴 수가 있지만, 이것은 곧 죽은 조상이 일으키는 재앙[74]이니 굿을 하여 빌어도 소용이 없습니다.[75] 영가가 말한 "법의 재물[76]을 덜고 공덕을 없애는 것이 이 분별심에서 말미암지 않음이 없다."[77]가 이것을 이른 것입니다.

此事許聰明靈利漢擔荷, 若使聰明靈利則無擔荷分. 聰明靈利者雖易入, 而難保任, 蓋入處不甚深, 而力弱故也. 聰明靈利者, 纔聞善知識說著箇中事, 便眼目定動, 早將心意識領解了也. 似此者, 自作障礙, 永劫無有悟時. 外鬼作殃猶可治, 此乃家親作祟, 不可禳禱也. 永嘉云: "損法財滅功德, 莫不由玆心意識." 此之謂也.

선비[78]들이 많은 책을 두루 읽는 것은 본래 성품[79]에 이익이 되도록 하려는 것이나, 도리어 옛사람들의 말을 기억하여 가슴속에 채워 넣는 것으로 일을 삼으니 이야깃거리[80]만 더할 뿐, 성인(聖人)이 가르침을 베푼 뜻은 전혀 알지 못합니다. 이것은 이른바 온종일 남의 보물을 헤아

---

74 가친작수(家親作祟) : 가친(家親)은 죽은 조상. 작수(作祟)는 귀신이 재앙을 입힌다는 뜻. 죽은 조상이 자손에게 재앙을 입힌다는 뜻.

75 자기가 스스로 만든 장애는 자기의 힘으로 극복할 수 없다는 말.

76 법의 재물 : 세속의 재물에 반대되는 말. 세속의 재물이 좋고 나쁨을 분별하여 좋은 것을 취하고 나쁜 것을 버리는 곳에 있다면, 법의 재물은 분별이 없으므로 취하고 버림이 없는 곳에 있다.

77 『경덕전등록』 제30권에 나오는 '영가진각대사증도가(永嘉眞覺大師證道歌)'의 한 구절.

78 사인(士人) : 선비. 지식인.

79 성식(性識) : 중생의 근성(根性)과 심식(心識). 마음. 성품.

80 담병(談柄) : 이야깃거리, 화제(話題).

리지만 자기에게는 반푼의 돈도 없다고 하는 것입니다. 부처님의 가르
침을 보고 읽는 것 역시 마찬가지여서, 마땅히 달을 보고 손가락은 잊
어야 하며 말을 따라 이해하면 안 됩니다.

옛 스님이 말했습니다.

"부처님이 모든 법을 말씀하신 것은 모든 마음을 제도(濟度)하기 위
함이다. 나에게는 아무런 마음이 없으니 모든 법이 무슨 소용이 있으
랴?"[81]

뜻을 가진 선비가 책을 읽고 경전을 봄에 이와 같을 수 있어야, 비로
소 성인의 뜻을 몸소 확인할 자격이 조금 있는 것입니다.

士人博覽群書, 本以資益性識, 而返以記持古人言語蘊在胸中, 作事業, 資談柄, 殊
不知聖人設教之意. 所謂終日數他寶, 自無半錢分. 看讀佛教亦然, 當須見月亡指,
不可依語生解. 古德云: "佛說一切法, 爲度一切心. 我無一切心, 何用一切法?" 有
志之士, 讀書看教能如是, 方體聖人之意少分也.

옛날 이문화 도위(都尉)가 석문의 자조총[82] 선사를 찾아뵙고 임제의

---

81 이 구절은『경덕전등록(景德傳燈錄)』제9권.「황벽희운선사전심법요(黃蘗希運禪師傳心法
要)」에 인용되어 나오는 것인데, 옛 스님이 누구인지는 알 수 없다.

82 석문자조(石門慈照) : 965-1032. 석문온총(石門蘊聰), 곡은온총(谷隱蘊聰)이라고도 함.
임제종. 남해(南海, 광동성) 사람. 출가 후에 백장도상(百丈道常)을 찾아 공부하고 다음에
수산성념(首山省念)의 지도로 크게 깨달았다. 뒤이어 양주(襄州, 호북성)의 동산수초(洞山
守初), 영주(郢州, 호북성)의 대양산경연(大陽山警延), 수주(隨州, 호북성)의 지문사계(智門
師戒) 등을 차례로 찾아뵌 뒤에 경덕(景德) 3년(1006) 양주의 석문산(石門山)에 머물렀다.
천희(天禧) 4년(1020) 곡은산(谷隱山)에 있는 태평흥국선사(太平興國禪寺)로 옮겼다. 두

종지(宗旨)를 깨달아 하나의 게송을 지었습니다.

"도를 배우려면 모름지기 무쇠 같은 사나이라야
손을 대는 마음에서 바로 판가름이 난다.
곧장 위없는 깨달음만을 취할 뿐
어떠한 시비(是非)에도 관여치 마라."[83]

묘하구나, 이 말씀이여! 밝은 깨달음의 씨앗[84]이 싹을 틔우도록[85] 도
운다고 할 만하구나.

昔李文和都尉參石門慈照聰禪師, 悟臨濟宗旨, 有一偈曰: "學道須是鐵漢, 著手心
頭便判. 直取無上菩提, 一切是非莫管." 妙哉斯言! 可以爲光明種子發機之助也.

산에 있을 때 따르는 무리가 천여 명이 되었다. 한림(翰林) 양문억(楊文億), 중산(中山) 유
균(劉均) 등과 방외(方外)의 친교를 맺었고, 도위(都尉) 이준욱(李遵勗)을 지도하여 깨우
쳤다. 시호는 자조선사(慈照禪師)이고, 부마도위(駙馬都尉) 이준욱(李遵勗)이 비문을 지었
다.

83 부마도위(駙馬都尉)인 이준욱(李遵勗)이 곡은온총(谷隱蘊聰)을 찾아가 출가하는 일에
관하여 물었는데, 온총은 최공(崔公)과 조공(趙公)이 경산도흠(徑山道欽)에게 "저희들이
지금 출가하고 싶은데 되겠습니까?" 하고 묻자, 도흠(道欽)이 "출가는 대장부가 하는 일
이지 장군과 재상이 할 수 있는 일이 아닙니다."라고 답한 일을 들려주었다. 이 말을 듣고
서 이준욱은 크게 깨닫고 이 게송을 지었던 것이다. 『오등회원』 제12권 '부마도위이준욱
거사(駙馬都尉李遵勗居士)'에 실려 있다. 『경덕전등록』에는 이 이야기가 없다.

84 광명종자(光明種子) : 밝은 깨달음을 가져올 씨앗.

85 발기(發機) : 싹을 틔우다.

세간의 온갖 번뇌[86]는 쇠사슬처럼 연이어져서 끊어짐이 없습니다. 깨닫는 곳에서는 곧장 깨닫더라도 무한히 오랜 옛적부터 익혀온 습기 (習氣)[87]와 만약 힘써 싸우지 않는다면, 날이 가고 달이 갈수록 모르는 사이에 더욱 깊이 빠져들어 섣달 그믐날[88]에 이르면 결국 손을 쓸[89] 수 없게 됩니다.[90] 숨이 끊어질 때 잘못되지 않으려 한다면, 바로 지금 하는 일부터 잘못되지 않게 해야 합니다. 지금 하는 일이 잘못되어 있으면서 목숨이 끊어질 때 잘못되지 않기를 바라는 것은 있을 수 없습니다.

世間塵勞之事如鉤鎖連環, 相續不斷. 得省處便省, 爲無始時來習得熟, 若不力與之爭, 日久月深, 不知不覺入得頭深, 臘月三十日, 卒著手脚不辦. 要得臨命終時不顚錯, 便從如今作事處莫敎顚錯. 如今作事處顚錯, 欲臨命終時不顚錯, 無有是處.

---

86 진로(塵勞) : 번뇌의 다른 이름. 두 가지 뜻이 있다. ①진은 6진, 노는 노권(勞倦). 객관세계인 6진의 경계를 따라 마음의 번뇌가 일어나서 피곤하게 되므로 번뇌를 진로라 함. ②진은 오심(汚心), 노는 근고(勤苦). 번뇌는 마음을 어지럽게 하여 우리로 하여금 괴롭고 애쓰게 하므로 진로라 함.

87 습기(習氣) : 번뇌의 체(體)를 정사(正使)라 함에 대하여, 습관(習慣)의 기분(氣分)으로 남아 있는 것을 습기라 함. 비유하면, 향 담았던 그릇은 향을 비웠어도 여전히 향기가 남아 있는 것과 같다. 버릇. 유식학(唯識學)에서 습기는 종자(種子)의 다른 이름. 모든 식(識)이 나타날 때에 그 기분(氣分)을 제8식에 훈습(熏習)시키는 것이 종자이므로 이렇게 말함.

88 납월삼십일(臘月三十日) : 납월(臘月)은 섣달. 납월 30일은 일 년의 마지막 날인 섣달 그믐날이니, 곧 생의 마지막 날을 가리킨다.

89 착수각(着手脚) : 조치를 취하다. 손을 쓰다.

90 불판(不辦) : 해내지 못하다.

옛 스님이 말했습니다.

"소를 찾으려면 발자국을 먼저 찾아야 하고, 도를 배우려면 먼저 마음이 없어야 한다. 발자국이 있으면 소도 있듯이, 마음이 없으면 도도 쉽게 찾는다."[91]

이른바 마음이 없다는 것은, 마치 흙 · 나무 · 기와 · 돌처럼 딱딱하게 굳어서 앎도 없는 것이 아니라, 경계에 접촉하고 인연을 만남에 마음이 안정되어 움직이지 않고, 어떤 법에도 집착하지 않고 모든 곳에서 텅 비어서[92] 걸림 없고 막힘없고, 오염됨이 없으면서도 오염됨 없는 곳에 머물지 않고, 몸과 마음을 꿈이나 환상같이 보면서도 꿈이나 환상이라는 허무한 경계에 머물지 않는 것을 말합니다. 이러한 경계에 이르러야 비로소 참으로 마음이 없다고 할 만하고, 입으로만 말하는 마음 없음이 아닌 것입니다. 만약 아직 참으로 마음 없음에 이르지 못했으면서 단지 말만 하고 있다면, 묵조(默照)의 삿된 선(禪)과 무엇이 다르겠습니까?

古德有言: "尋牛須訪跡, 學道訪無心. 跡在牛還在, 無心道易尋." 所謂無心者, 非如土木瓦石頑然無知, 謂觸境遇緣, 心定不動, 不取著諸法, 一切處蕩然, 無障無礙, 無所染汚, 亦不住在無染汚處, 觀身觀心如夢如幻, 亦不住在夢幻虛無之境. 到得如此境界, 方始謂之眞無心, 且非口頭說底無心. 若未得眞無心, 只據說底, 與默照邪禪何以異哉?

---

91 『경덕전등록』 제29권에 있는 '용아화상거둔송(龍牙和尙居遁頌) 18수(首)'의 마지막 수 (首).

92 탕연(蕩然) : 텅 빈. 싹 사라진. 완전히 없어진 모양.

부처란 중생에게 필요한 약이니, 중생의 병이 치유되면 약도 필요 없습니다. 만약 병이 치유되었는데도 약을 가지고 있다면, 부처의 경계에는 들어가지만 마구니의 경계에는 들어가지 못하니 그 병은 중생의 병을 아직 치유하지 못한 것과 같습니다. 병이 치료되었으면 약은 버려야 하듯이, 부처와 마구니를 모두 쓸어버려야 비로소 이 대사인연(大事因緣)에 조금이나마 들어맞게[93] 될 것입니다.

귀종이 뱀을 베고[94] 남전이 고양이의 목을 벤[95] 것을 두고 말이나 배

---

93 상응(相應) : 서로 맞아 떨어지다. 서로 응하다.

94 『연등회요』 제4권 '여산귀종지상선사(廬山歸宗智常禪師)'에 다음 이야기가 나온다 : 귀종이 풀을 메고 있을 때, 어떤 좌주(座主)가 와서 함께 일하고 있었다. 마침 뱀 한 마리가 지나가는 것을 보았는데, 귀종이 호미로 그 뱀을 토막 내 버렸다. 좌주가 말했다. "오랫동안 귀종의 소문을 들었는데, 원래 그저 한 사람 거친 행동을 하는 사문이군요." 귀종이 좌주를 돌아보며 말했다. "그대가 거치냐? 내가 거치냐?" 좌주가 물었다. "어떤 것이 거친 것입니까?" 귀종이 호미를 세웠다. 좌주가 물었다. "어떤 것이 세밀한 것입니까?" 귀종이 뱀을 토막 내는 시늉을 하였다. 좌주가 말했다. "그렇다면 그렇게 따라 했군요." 귀종이 말했다. "따라 하는 것은 우선 놓아두고, 그대는 어느 곳에서 내가 뱀을 자르는 것을 보았는가?" 좌주가 대답이 없었다.(師鏟草次, 有座主來參. 偶一條蛇過, 師以鋤斷之. 主云: "久響歸宗, 元來只是箇麤行沙門." 師顧座主云: "汝麤? 我麤?" 主問: "如何是麤?" 師豎起鋤頭. 云: "如何是細?" 師作斷蛇勢. 云: "與麼則依而行之." 師云: "依而行之且置, 汝甚麼處見我斬蛇?" 主無對.)

95 『경덕전등록』 제8권 '지주남전보원선사(池州南泉普願禪師)'에 다음 이야기가 나온다 : 동당(東堂)과 서당(西堂)의 대중이 고양이를 놓고 다투었는데, 남전이 그것을 보고는 대중에게 말했다. "말할 수 있으면 고양이를 구할 것이고, 말하지 못하면 고양이를 베겠다." 대중이 모두 말이 없자 남전은 곧 고양이를 베어 버렸다. 조주(趙州)가 밖에서 돌아오자, 남전은 앞의 이야기를 해 주었다. 조주는 곧 신발을 벗어서 머리에 이고 나가 버렸다. 남전이 말했다. "네가 아까 있었더라면, 고양이를 살릴 수 있었을 텐데."(師因東西兩堂各爭貓兒, 師遇之白衆曰: "道得卽救取貓兒, 道不得卽斬卻也." 衆無對, 師便斬之. 趙州自外歸, 師擧前語示之. 趙州乃脫履安頭上而出. 師曰: "汝適來若在, 卽救得貓兒也.")

우는 무리들은 흔히 말하기를, 즉시[96] 묘하게 작용한 것이라고 하고, 또 커다란 작용을 앞에 드러내면서도 격식[97]을 두지 않는다고도 합니다만, 결코 이러한 도리가 아님을 전혀 모르고 있습니다. 테두리와 격식을 벗어난 눈[98]을 갖추어야 말을 꺼내면[99] 즉시 그 귀결점[100]을 압니다. 큰 법(法)에 밝지 못하고서 기와를 부수고 거북이 껍질에 구멍을 뚫어 점을 치듯이 한다면,[101] 언제 끝마치겠습니까?

佛是衆生藥, 衆生病除, 藥亦無用. 或病去藥存, 入佛境界而不能入魔境界, 其病與衆生未除之病等. 病瘥藥除, 佛魔俱掃, 始於此段大事因緣有少分相應耳.

歸宗斬蛇, 南泉斬貓兒, 學語之流多謂之當機妙用, 亦謂之大用現前不存軌則, 殊不知總不是這[102]般道理. 具超方眼, 擧起便知落處. 若大法不明, 打瓦鑽龜, 何時是了?

만법(萬法)을 비우고자 한다면, 먼저 자기 마음을 깨끗이 해야 합니

---

96 당기(當機) : 당장, 즉시.

97 궤칙(軌則) : 본보기. 법칙. 규칙. 격식.

98 초방안(超方眼) : 모든 테두리와 격식을 벗어난 눈. 분별을 벗어난 진실을 볼 수 있는 안목(眼目).

99 거기(擧起) : 거(擧)와 같음. 기(起)는 동사의 뒤에 붙어서 동작이 아래에서 위로 행해짐을 나타내는 조사. 말을 꺼내다. 거기화두(擧起話頭)=이야기를 꺼내다. 말해 주다. 거론(擧論)하다.

100 낙처(落處) : 귀결점(歸結點). 요지(要旨).

101 타와찬귀(打瓦鑽龜) : 기와를 때려 부수고 거북의 껍질에 구멍을 내는 것은 점을 치는 행위이다. 부서진 기와 조각과 깨진 거북껍질의 모양을 보고서 점괘를 낸다.

102 '저(這)'는 궁내본과 덕부본에서는 모두 '차(遮)'로 되어 있다. 이하 동일.

다. 자기 마음이 깨끗해지면, 모든 인연은 쉬어집니다. 모든 인연이 쉬어지면, 본체와 작용은 모두 같습니다. 본체는 자기 마음의 깨끗한 본원(本源)이고, 작용은 자기 마음의 변화하는 묘한 움직임입니다. 깨끗함에 들어가고 더러움에 들어가도 물듦이 없으면, 마치 큰 바다에 바람이 없는 것과 같고, 큰 허공에 구름이 흩어져 사라진 것과 같습니다. 이러한 곳에 이르러야 비로소 불교를 배우는 사람이라고 할 만합니다. 아직 이와 같지 못하다면, 재빨리[103] 심혈을 기울이시기[104] 바랍니다.

欲空萬法, 先淨自心. 自心淸淨, 諸緣息矣. 諸緣旣息, 體用皆如. 體卽自心淸淨之本源, 用卽自心變化之妙用. 入淨入穢, 無所染著, 若大海之無風, 如太虛之雲散. 得到如是田地, 方可謂之學佛人. 未得如是, 請快著精彩.

요즘 총림에서는 옛사람이 기묘한 말로써 문답한 것을 가지고 차별인연(差別因緣)[105]이라 여기니, 이렇게 알랑거려서 남을 홀리는[106] 학자

---

103 쾌(快) : ①좋다. ②영리하다. 날카롭다. ③뛰어나다. ④재빠르다. ⑤편안하다. ⑥즐겁다.

104 착정채(著精彩) : ①정신을 가다듬다. ②주의를 기울이다. 심혈을 기울이다. 노력하다. 애쓰다. ③주의하다. 조심하다.

105 차별인연(差別因緣) : 차별되는 여러 가지 인연들. 중생이 처음으로 발심하여 궁극의 깨달음을 얻기까지 여러 단계에 따라 불보살이 중생의 근기에 응하여, 혹은 부처님의 모습을 보여 준다든지, 혹은 부처님의 법을 믿을 수 있게 해 주는 여러 인연을 보인다든지, 혹은 중생의 부모형제가 되어 사랑을 베푼다든지, 혹은 중생의 친구나 동료가 되어 공부를 격려하고 도운다든지, 혹은 중생의 원수가 되어 두려움에 떨게 한다든지, 그 밖에 여러 가지 방편을 이용하여 중생을 이끄는 것.『대승기신론』에 나와 있다.

106 호미(狐媚) : 여우처럼 알랑거려 남을 홀리다. 남을 속이다.

들은 전혀 진실에 근거하고 있지 않습니다. 모든 부처님께서 법을 말씀하셨지만, 오직 사람들이 깨닫지 못할까 봐 두려워하셨을 뿐입니다. 비록 감추는 듯이 말하더라도, 다양하게 비유를 들어서 중생이 깨닫도록 하려는 것뿐입니다.

예컨대 어떤 승려가 마조에게 물었습니다. "무엇이 부처입니까?" 마조가 말했습니다. "이 마음이 곧 부처다."[107] 여기에서 깨달으면, 다시 무슨 차별이 있겠습니까? 그러나 여기에서 깨닫지 못하면, 이 '이 마음이 부처다'는 곧 차별인연입니다.

近日叢林 以古人奇言妙語問答 爲差別因緣, 狐媚學者, 殊不本其實. 諸佛說法, 唯恐人不會. 縱有隱覆之說, 則旁引譬喩, 令衆生悟入而已. 如僧問馬祖 : "如何是佛?" 祖云 : "卽心是佛." 於此悟入, 又有何差別? 於此不悟, 卽此卽心是佛便是差別因緣.

무릇 경전을 보거나 옛 스님들이 도에 들어간 이야기를 보고 마음이 아직 밝게 깨닫지 못하여, 갑갑하게 헤매며 아무 맛이 없게 느껴져 마치 쇠말뚝을 씹는 듯할 때가 힘을 쓰기에[108] 딱 알맞습니다.[109] 이때에 무엇보다도 그만두지 말아야, 곧 의식(意識)이 나타나지 않고 생각이 일어나지 않고 분별이 끊어져 이치의 길이 소멸합니다. 평소 도리

---

107 『경덕전등록』 제7권 '명주대매산법상선사(明州大梅山法常禪師)'에 나온다.

108 착력(着力) : 힘을 쓰다. 힘을 내다.

109 정호(正好) : ①(시간, 위치, 수량, 정도가) 꼭 알맞다. 딱 좋다. ②(부사) 마침. 때마침. 공교롭게도.

를 말할 수 있고 분별할 수 있는 것은 모두 의식(意識)[110] 쪽의 일입니다. 흔히 도둑을 자식으로 오인하는 일이 있음을 잊어서는 안 됩니다.

凡看經敎及古德入道因緣, 心未明了, 覺得迷悶沒滋昧, 如咬鐵橛相似時, 正好著
力. 第一不得放捨, 乃是意識不行, 思想不到, 絶分別, 滅理路處. 尋常可以說得道
理, 分別得行處, 盡是情識邊事. 往往多認賊爲子, 不可不知也.

어떤 종류의 사람은 오전에는 경전을 보고 염불하고 참회하다가, 저녁에는 구업을 지으며 남을 욕하고, 다음 날에는 다시 이전처럼 예불하고 참회하면서 이것을 죽을 때까지의 일과로 삼고 있으니, 이것이야 말로 어리석기 짝이 없고 범어(梵語) 참마(懺摩; kṣama)[111]를 전혀 모르는 것입니다. 범어 참마는 번역하면 '허물을 후회한다'는 뜻인데, 상속심(相續心)[112]을 끊는다는 말입니다. 한 번 끊어서 영원히 다시는 이어지지 않고, 한 번 참회하여 영원히 다시는 죄를 짓지 않는 것, 이것이 우리 부처님이 가르치신 참회의 뜻임을 도를 배우는 사람은 반드시 알아야 합니다.

---

110 정식(情識) : 감정과 의식을 통한 분별(分別). 미망심(迷妄心). 중생심. 분별심.
111 참마(懺摩) : kṣama. 인서(忍恕), 참회(懺悔)라 번역. 현장 이전에는 회(悔)라 번역. 다
    른 사람에게 용서를 비는 것, 혹은 다른 사람을 용서하는 것.
112 상속심(相續心) : 끊임없이 이어지는 마음. 이어지는 마음이 있다면, 그 마음은 분별된
    마음이므로 곧 망상(妄想)이다. 상속심이란 어떤 모습의 망상이 끊임없이 이어져 일어나
    는 것.

有一種人, 早晨看經·念佛·懺悔, 晚間縱口業罵詈人, 次日依前禮佛懺悔, 卒歲窮年以爲日課, 此乃愚之甚也, 殊不知梵語懺摩. 此云悔過, 謂之斷相續心. 一斷永不復續, 一懺永不復造, 此吾佛懺悔之意, 學道之士不可不知也.

도를 배우는 사람이 하루 24시간 내내 마음이 늘 고요하여 일이 없기를 바란다면, 모름지기 고요히 앉아 마음이 함부로 날뛰지[113] 않도록 하고 몸이 동요하지 않도록 해야 합니다. 이렇게 오래도록 익혀 가면 저절로 몸과 마음이 편안히 안정되어[114] 도(道)로 나아갈[115] 수 있을 것입니다. 그러나 이와 같은 적정바라밀(寂靜波羅蜜)은 중생의 어지럽고 헛된 느낌을 안정시킬 뿐입니다. 만약 고요한 곳을 붙잡고 마지막[116]이라고 여긴다면, 묵조의 삿된 선(禪)[117]에 사로잡히게 될 것입니다.

學道人, 十二時中, 心意識常要寂靜無事, 亦須靜坐, 令心不放逸, 身不動搖. 久久習熟, 自然身心寧怗, 於道有趣向分. 寂靜波羅蜜, 定衆生散亂妄覺耳. 若執寂靜處便爲究竟, 則被默照邪禪之所攝持矣.

---

113 방일(放逸) : 해야 할 착한 일이나 방지해야 할 악한 일을 뜻에 두지 않고, 방탕하고 함부로 하는 것.

114 영첩(寧怗) : 편안하다. 안정되다.

115 취향(趣向) : ①향하여 나아가다. ②하고 싶은 마음이 생기는 방향. 또는 그런 경향. 의향. 지향. ③취미. 흥미. ④행방. 가는 방향. ⑤경로나 수단.

116 구경(究竟) : ①최종. 최후. 마지막. ②마침내. 결국. ③끝까지 다하다. ④살피다. 따지다. ⑤깊이 연구하다. ⑥철저히 밝히다. 완전히 파헤치다. 통달하다. ⑦끝남. 마침.

117 묵조사선(默照邪禪) : 말없이 고요히 비춘다고 하는 삿된 선(禪). 대혜종고는 조동종(曹洞宗)의 천동정각(天童正覺)이 제창한 묵조선(默照禪)을 삿된 선이라고 하여 언제나 묵조사선(默照邪禪)이라고 부른다.

조주 스님이 말했습니다.

"나는 24시간 가운데 두 때를 제외하니, 죽 먹고 밥 먹을 때는 시끄럽게 마음을 쓰지만, 그 나머지 시끄럽게 마음을 쓰는 경우는 없다."[118]

이것이 이 노스님의 진실한 생활[119]이니, 불법(佛法)과 선(禪)[120]을 알 필요가 없는 것입니다.

선악(善惡)은 모두 자기 마음에서 일어납니다. 말해 보십시오. 발을 들어 걸음을 떼고 생각하고 분별하는 것을 떠나 무엇을 일러 자기 마음이라 합니까? 자기 마음은 다시 어디에서 일어납니까? 자기 마음이 일어나는 곳을 안다면, 가없는 업장(業障)이 일시에 깨끗해지고, 온갖 뛰어난 것들이 찾지 않아도 저절로 이루어집니다.

趙州和尙云: "老僧十二時中除二時, 粥飯是雜用心, 餘無雜用心處." 此是這老和尙 眞實行履處, 不用作佛法禪道會. 善惡皆從自心起. 且道. 離却擧足動步, 思量分別 外, 喚甚麼作自心? 自心却從甚麼處起? 若識得自心起處, 無邊業障一時淸淨, 種 種殊勝不求而自至矣.

태어날 때는 어디에서 오며, 죽을 때는 어디로 갑니까? 오고 가는

---

118 『연등회요』 제6권 '조주관음종심선사(趙州觀音從諗禪師)'와 『오등회원』 제4권 '조주관음 원종심선사(趙州觀音院從諗禪師)' 등에 나온다.

119 행리(行履) : 행리(行李). 행(行)은 궁행(躬行)을, 리(履)는 실천을 의미한다. 행주좌와 (行住坐臥) · 어묵동정(語默動靜) · 끽다끽반(喫茶喫飯) 등으로 기거동작(起居動作)하는 일체의 행위를 가리키거나, 행위가 남긴 실적(實績)이나 자취를 가리킨다. 행적(行蹟). 삶. 생활.

120 선도(禪道) : 선(禪).

곳을 안다면, 비로소 불법을 배우는 사람이라고 할 만합니다. 삶과 죽음을 아는 자는 누구입니까? 삶과 죽음을 받는 자는 또 누구입니까? 오고 가는 곳을 알지 못하는 자는 또 누구입니까? 문득 오고 가는 곳을 알아차리는 자는 또 누구입니까? 이 말을 듣고서[121] 이해하지 못하고 눈은 껌뻑껌뻑하고[122] 뱃속은 안절부절못하고[123] 가슴속은 한 개 불덩이를 넣어둔 것과 같은 자는 또 누구입니까? 알고자 한다면, 다만 이해할 수 없는 곳에서 알아야 합니다. 곧장 알았다면, 비로소 삶과 죽음이 절대로 귀찮게 하지 않음을 알 것입니다.

生從何處來? 死向何處去? 知得來去處, 方名學佛人. 知生死底是阿誰? 受生死底復是阿誰? 不知來去處底又是阿誰? 忽然知得來去處底又是阿誰? 看此話, 眼眨眨地理會不得, 肚裏七上八下, 方寸中如頓卻一團火相似底又是阿誰? 若要識, 但向理會不得處識取. 若便識得, 方知生死決定不相干涉.

도를 배우는 사람이 날마다 다만 타인의 공부를 점검하듯이 늘 자신을 점검한다면, 도업(道業)이 이루어지지 않을 수 없을 것입니다. 기뻐하기도 하고, 성내기도 하고, 고요하기도 하고, 시끄럽기도 할 때가 모두 점검할 때입니다.

---

121 간(看) : 여기에선 '듣다'는 뜻.

122 잡잡지(眨眨地) : 눈을 깜빡이며. 눈을 껌뻑껌벅하며.

123 칠상팔하(七上八下) : (마음이) 초조하다. 혼란하다. 불안하다. 어수선하다. 두근거리다. 안절부절못하다. 십오개적통타수칠상팔하(十五個吊桶打水七上八下)에서 온 말. 이것은 15개의 두레박으로 물을 긷는데 일곱 개는 올라가고 여덟 개는 내려간다는 뜻.

조주가 말한 '개에게는 불성(佛性)이 없다'는 화두(話頭)를 기뻐하고 성내고 고요하고 시끄러운 곳에서 또한 말하여 일깨워야[124] 합니다. 무엇보다 일부러[125] 깨달음을 기다리면 안 됩니다. 만약 일부러 깨달음을 기다린다면, '나는 지금 어리석다.'고 스스로 여기는 것입니다. 그렇게 어리석음을 붙잡고 깨달음을 기다린다면, 헤아릴 수 없는 세월이 지나

---

124 제시(提撕) : 한문 전적(典籍)에서 제시(提撕)의 사례를 보면 다음과 같다. ①일깨워 주다.(『詩經, 大雅, 抑』 匪面命之, 言提其耳. 「鄭玄箋」 親提撕其耳.) ②교도(教導)하다. 깨우쳐 주다.(北齊 顔之推 『顔氏家訓, 序致篇』 業以整齊門内, 提撕子孫.) ③떨쳐 일으키다. 진작(振作)하다.(唐 韓愈 『南内朝賀歸呈同官詩』 所職事無多, 又不自提撕.) 이처럼 제시(提撕)는 '(마음을) 일깨우다' '(양심을) 일깨우다' '깨우쳐 주다' '주의를 환기시키다'는 뜻이다. 간화선(看話禪)에서 '화두(話頭)를 제시(提撕)한다'고 하는 것은 '화두를 일깨우다' '화두에 주의를 돌리다'는 뜻이다. 그러나 거각(擧覺)의 경우처럼 제시(提撕)도 제(提)와 시(撕)의 합성어로서의 의미가 있다고 보아야 한다. '말을 꺼내다' '끄집어내어 말하다' '언급하다' '제시(提示)하다' '제출하다'는 뜻인 제(提)와 '일깨우다' '깨우치다'는 뜻인 시(撕)가 합성된 말이다. 그러므로 제시(提撕)는 '(무슨 말을) 끄집어내어 말하여 일깨우다' '(무슨 말을) 제시하여 깨우쳐 주다' '(무슨 말을) 언급하여 일깨우다'는 뜻이다. 『대혜어록』에서 대혜가 화두(話頭)를 취급하는 말로서 언급하는 용어는 간(看) · 거(擧) · 거기(擧起) · 제철(提掇) · 거각(擧覺) · 제시(提撕) 등이다. 이 가운데 거(擧) · 거기(擧起) · 제철(提掇)은 모두 화두를 '말하다' '말해 주다' '제기하다' '제출하다' '언급하다'라는 뜻이고, 거각(擧覺)과 제시(提撕)는 이러한 뜻에 '일깨우다' '깨우치다'라는 뜻이 부가된 것이지만, 이들은 기본적으로 동일한 행위를 가리키고 있다. 이 책에서는 거(擧) · 거기(擧起) · 제철(提掇)은 문맥에 따라서 화두를 '끄집어내다' '말해 주다' '제기하다' '제출하다' '기억해 내다'라고 번역한다. 거각(擧覺)과 제시(提撕)는 둘 다 '말해 주어 일깨우다'는 뜻이지만, 거각(擧覺)은 거(擧)에 초점을 두어 '말해 주다' '제시하다'로 주로 번역하고, 제시(提撕)는 시(撕)에 초점을 두어 '일깨우다'로 번역한다. 그러나 문맥에 따라 거각(擧覺)과 제시(提撕)를 모두 '말해 주어 일깨우다' '기억해 내어 일깨우다' '제시하여 일깨우다' 등 적절한 번역어를 찾아서 번역하였다. 김태완 『간화선 창시자의 선』 하권(침묵의 향기) 부록 「간화용어의 번역에 관하여」 참조.

125 용의(用意) : ①마음을 쓰다. 신경을 쓰다. 걱정하다. ②의도적으로. 일부러.

도 깨달을 수 없습니다. 다만 화두를 거론할[126] 때 잠시[127] 정신을 차리고[128] '무슨 도리인가?' 하고 살펴보십시오.[129]

學道人逐日 但將檢點他人底工夫 常自檢點, 道業無有不辦. 或喜或怒, 或靜或鬧, 皆是檢點時節. 趙州狗子無佛性話, 喜怒靜鬧處, 亦須提撕. 第一不得用意等悟. 若

---

126 거(擧) : 말하다.(『廣韻, 語韻』 擧, 言也. 『正字通, 曰部』 擧, 稱引也. 『禮記, 雜記 下』 過而擧君之諱則起. 「鄭玄注」 擧, 猶言也. 唐, 韓愈 『原道』 不惟擧之于其口, 而又筆之于其書.) 말해 주다. 예를 들다. 일화를 말하다. 인용하여 말하다. 거론(擧論)하다. 제시(提示)하다. 기억해 내다.(=기득(記得)) 거(擧)는 이전의 이야기나 남의 말을 그대로 인용하여 타인에게 말해 준다는 뜻. 종사(宗師)가 상당하여 설법할 때에 경전의 이야기나 옛 조사나 종사의 인연(因緣) 혹은 공안(公案)을 끄집어내어 인용하여 말해 주는 것을 그 설법을 기록하는 자가 거(擧)라는 말로써 표현하였다. (예) 묘지확(妙智廓)이 상당하여 이 이야기를 들어 말하였다. "말해 보아라. 이 한 사람의 존자에게 무슨 뛰어남이 있는가?"(妙智廓上堂擧此話云: "且道. 這一尊者, 有甚長處?") 종사 자신이 스스로 말할 때는 '내가 기억하기로는'(記得)이라는 표현을 쓴다. (예) 운문고(雲門杲)가 보설(普說)하였다. "기억하건대, 이조(二祖)가 달마에게 물었다. …… '너의 마음을 편안하게 해 주었구나.'"(雲門杲普說云: "記得二祖問達磨. (至)'與汝安心竟.'") 간화선(看話禪)에서 '화두(話頭)를 거(擧)하라'고 할 때는 '스스로 마음속에서 화두를 자신에게 말해 주라'는 뜻이다. 김태완 『간화선 창시자의 선』 하권(침묵의 향기) 부록 「간화용어의 번역에 관하여」 참조.

127 약(略) : ①모두. 전부. ②전혀(부정문). ③잠시. ④우연히.

128 두수(抖擻) : ①넘겨 주다. ②기운을 내다. 정신을 차리다. ③흔들어 털다. 떨쳐 버리다. ④벗어나다. 빠져나오다.

129 간(看) : 대혜가 간화선(看話禪)에서 화두를 취급하는 자세를 말한 단어들 가운데 가장 많은 숫자가 등장하는 간(看)은 화두를 대하는 기본적인 자세를 가리킨다. 화두(話頭) 즉 말, 이야기를 간(看)한다고 할 때에 가능한 간(看)의 의미를 보면 다음과 같은 것들이 있다. ①자세히 살피다. 헤아리다. ②듣다. =청(聽), 문(聞). ③대하다. 다루다. 취급하다. ④보다. 바라보다. 구경하다. 감상하다. ⑤가리다. 선택하다. 이 가운데 대혜가 말하는 문맥에서 간화(看話)는 '무슨 도리인지를 본다' '무슨 까닭인지를 본다' '무엇인지를 본다' '같은지 다른지를 본다'라고 표현되므로 우리말로 번역하면 '살펴본다'는 것이 가장 알맞다.

用意等悟, 則自謂我卽今迷. 執迷待悟, 縱經塵劫, 亦不能得悟. 但擧話頭時, 略抖

擻精神, 看是箇甚麼道理?

조주가 말했습니다.

"부처라는 한마디를 나는 듣기 좋아하지 않는다."[130]

부처라는 말도 오히려 듣기 좋아하지 않는데, 쓸데없는 공부는 없다

고 생각하여 쓸데없는 일에 관여하며 날마다 분주하게 타인을 점검하

겠습니까? 옛사람들은 이 일을 일깨우면서[131] 이치로 나아가기도 하였

고 사실로 나아가기도 하였으며, 시간에 의지하기도 하였고 시간 밖에

서[132] 일깨우기도 하였던 것에는 전혀 정해진 기준이 없었으니, 경전에

서 말하는 "부처님은 하나의 음성으로 법을 말씀하시지만, 중생들은

부류에 따라 각자 다르게 이해한다."[133]가 바로 이것입니다.

---

130 『조당집』 제18권 '조주화상(趙州和尙)'에 나오는 조주의 말.

131 제지(提持) : ①들고 있다. 꽉 쥐고 있다. =파주(把住). 상대어는 평전(平展)임. ②제시
(提撕). 일깨우다. 깨우쳐 주다. 떨쳐 일으키다. ③=제철(提掇). 제시(提示)하다. 가리켜 주
다.

132 법을 말하는 방편은 분별 속을 말하는 경우와 분별 밖을 말하는 경우의 둘로 나누어진
다. 세간(世間)·속제(俗諦)·상(相)·용(用)·사(事)·향하(向下)·금시(今時)·이법(二
法)·색(色) 등의 말은 분별의 세계를 가리키는 말이고, 출세간(出世間)·진제(眞諦)·성
(性)·체(體)·이(理)·향상(向上)·본분(本分)·불이법(不二法)·공(空) 등의 말은 분별
밖을 가리키는 말이다. 분별과 분별 밖은 한 개 마음의 양 측면이므로 둘로 나누어진 별
개의 세계는 아니지만, 또한 엄연히 분별의 세계는 분별의 세계이고 무분별의 불가사의
한 세계의 무분별의 세계다.

133 『유마경』「불국품(佛國品)」의 게송에 나오는 구절.『대반야경』제381권, 제531권 등에도
"세존은 하나의 음성으로 바른 법을 말씀하시지만, 중생은 부류에 따라서 각자 이해할 수
있다."(世尊一音演說正法, 隨有情類各令得解.)는 동일한 구절이 있다.

76

趙州云: "佛之一字, 吾不喜聞." 佛字尙不喜聞, 想無閑工夫, 管閑事, 逐日波波地, 檢點他人也? 古人提持此事, 或就理, 或就事, 或據時節, 或向上提持, 俱無定準, 教中所謂 "佛以一音演說法, 衆生隨類各得解." 是也.

헌신 도우(道友)께서는 부귀함 속에 있으면서도 부귀에 휩쓸리지 않고, 이 한 개 대사인연을 알고서 확실히 삶과 죽음을 뚫고 벗어났습니다.[134] 내가 형양[135]으로 유배를 와서 당신[136]과 만난 지 4년이나 되었지만 단지 하루밖에 지나지 않은 것 같습니다. 관리로 근무하며 정무를 소홀히 하지[137] 않았으며, 온갖 일을 관대히 처리하였고,[138] 청렴하고 신중하고 무겁고 두터웠으며, 일찍이 남의 허물이나 단점을 말한 적이 없으니, 이야말로 참된 불보살(佛菩薩)의 행실입니다. 이번에 가리켜 주기를 고집스레 요구하기에 이 26단의 글을 써서 당신에게 보여 줍니다. 또한 그렇게 순수하고 성실하게 도(道)를 향하여 힘을 쏟기[139] 때문에 당신이 성공하도록 도와주려고[140] 하니, 바라건대[141] 여기에 기대어

---

134 투탈(透脫) : 돌파하여 벗어남. 뚫고 지나가다. 깨달음을 가로막는 장애를 뚫고 벗어나 깨달음에 이른다는 말. =투득(透得), 투과(透過), 투출(透出), 투취(透取).

135 형양(衡陽) : 대혜가 장구성(張九成) 일당이라고 모함받고서 귀양 살이를 했던 호남성(湖南省) 형주(衡州)의 주(州) 소재지. 대혜는 53세이던 1141년 7월에 형주로 귀양을 왔다.

136 지(之) : 너. 당신. 2인칭 대명사.

137 구간(苟簡) : 되는 대로 소홀히 하다. 적당히 처리하다.

138 종관(從寬) : 너그러이 봐주다. 관대히 처리하다.

139 심력(甚力) : 매우 힘을 쏟다.

140 찬성(贊成) : 성공하도록 도와주다.

141 서기(庶幾) : ①-를 바라다. ②거의-(할 것이다). 대체로-(할 것이다). ③괜찮다. 근사하다. ④당대의 뛰어난 인재.

공부하여 장차 대사(大事)를 밝혀 양대년[142]이나 장무진[143] 등의 여러 대로(大老)[144]들처럼 우리 집안을 안팎에서 보호하는 보살이 된다면, 내가 헛되이 말한 것은 아닐 것입니다.

獻臣道友在富貴中不爲富貴所迷, 知有此一段大事因緣, 決定透脫生死. 予得譴來衡陽, 與之相聚, 首尾四年, 只同一日. 守官政事不苟簡, 凡百從寬, 廉謹重厚, 未嘗談人過惡, 此眞佛菩薩所行之行也. 因以此軸求指示, 故書此二十六段似之. 亦以其純誠向道甚力故, 欲贊成之, 庶幾依此做工夫, 將來發明大事, 如楊大年·張無盡諸大老, 作吾家內外護菩薩, 則予之言不虛發耳.

---

142 양대년(楊大年) : 양문공(楊文公; 974-1020) 양억(楊億). 송대(宋代) 거사(居士). 자(字)는 대년(大年). 복건성 건주(建州) 출신. 송(宋)의 저명한 관리로서 여주(汝州)에서 광혜원련(廣慧元璉)을 만나 선(禪)을 공부하였다. 오래 공부한 끝에 수산성념(首山省念)을 만나 깨닫고는 예리한 선풍(禪風)을 드날렸다. 이유(李維), 왕노(王瑤) 등과 함께 『경덕전등록(景德傳燈錄)』을 재정(裁定)하고, 그 서문을 썼다. 또 왕흠약(王欽若)과 함께 『책부원구(冊府元龜)』도 엮었다.

143 장무진(張無盡) : 장상영(張商英; 1043-1121)이다. 장상영은 자는 천각(天覺)이며, 시호는 문충(文忠)이다. 촉(蜀: 四川省)의 신진(新津) 사람으로, 19세 때 과거에 응시하여 중책을 두루 역임하였으며, 재상까지 지냈다. 소식(蘇軾)과 교유가 있었고, 또 선종의 황룡파(黃龍派) 선승들과도 사귀었는데, 특히 원오극근과는 밀접한 관계를 맺었다. 선에 심취하여 깊이 이해하였으므로 무진거사(無盡居士)라 불리었다.

144 대로(大老) : 지체 높고 나이 많은 노인.

2. 동봉 거사[145]에게 보임[146]

이 도(道)를 배우려면 마땅히 바로 지금[147] 깨달아야 합니다. 털끝만큼이라도 지식으로 아는 것[148]과 관계한다면, 곧바로 지금의 소식을 놓칩니다.[149] 바로 지금의 소식에 통달하면, 여러 가지 지식으로 아는 것이 모두 바로 지금의 일 아님이 없습니다. 그러므로 조사(祖師)께서 말했습니다.

"지식으로 아는 것을 말하는 바로 이때
지식으로 아는 것이 곧 마음이다.
바로 이 마음이 곧 지식으로 아는 것이니
지식으로 아는 것이 곧 지금이다."[150]

만약 지금 한 순간을 벗어나지 않고 바로 지금 문득 지식으로 아는 것을 잃어버린다면, 곧 조사와 손잡고 함께 걸을 것입니다. 아직 그렇

---

145 동봉거사(東峰居士) : (원주: 陳通判次仲) 진(陳)은 성(姓), 통판(通判)은 벼슬 이름, 차중(次仲)은 자(字)..

146 1146년(58세)에 쓴 글.

147 각근하(脚跟下) : =각하(脚下). ①발밑. ②본바탕. 본래면목. ③바로. 지금. 목하(目下). 그 자리에서 당장.

148 지견(知見) : ①지혜로써 보는 것. ②지식으로써 아는 것.

149 차과(蹉過) : ①과오. 허물. 잘못. 실패. ②(기회를) 놓치다. 스치고 지나가다. 실패하다.

150 『경덕전등록』 제2권 '제24조사자비구(第二十四祖師子比丘)'에 나오는 사자비구(師子比丘)의 게송.

지 못하다면, 절대로 지식으로 아는 것에 머물러 있어서는[151] 안 됩니다.

示東峰居士(陳通判次仲)

欲學此道, 當於自己脚跟下理會. 纔涉秋毫知見, 卽蹉過脚跟下消息. 脚跟下消息

通了, 種種知見無非盡是脚跟下事. 故祖師云: "正說知見時, 知見卽是心. 當心卽

知見, 知見卽如今." 若如今不越一念, 向脚跟下頓亡知見, 便與祖師把手共行. 未能

如是, 切忌向知見上著到.

사대부가 도를 배움에 근기(根器)가 날카로운 자는 스치고 지나가고, 근기가 둔한 자는 들어가기 어렵습니다. 들어가기 어려우면 스스로 물러나게 되고, 스치고 지나가면 헐뜯을 것이 틀림없습니다. 알맞고자 한다면, 다만 스치고 지나간 것을 들어가기 어려운 곳에다 옮겨 놓고, 들어가기 어려운 것을 스치고 지나간 곳에다 옮겨 놓고서, 저절로 고요하게[152] 되면, 들어가기 어렵다거나 스치고 지나간다는 생각은 하지 마십시오. 이와 같이 되고 나면, 도리어 여기에서 온몸을 내려놓기 좋습니다. 내려놓을 때도 내려놓는다는 도리(道理)를 만들어선 안 됩니다.

옛 스님이 말했습니다.

"아낌없이 놓아 버리고 늘 어리석은 사람 같지만, 그것이 바로 통달

---

151 착도(着到) : -에 도달한 채로 있다. -에 머물러 있다.

152 첩첩지(怗怗地) : 조용한. 고요한.

한 사람이 본래 좋아하는 것이다."[153]

또 청량이 말했습니다.

"놓아서 비우고 가든 머물든 내버려 두고, 고요히 그 원류(源流)를 비추어 본다. 깨달음을 말한다면 남에게 보여 줄 수 없고, 이치를 말한다면 깨달음이 아니면 밝힐 수 없다."[154]

士大夫學道, 利根者蹉過, 鈍根者難入. 難入則自生退屈, 蹉過則起謗無疑. 若要著中, 但將蹉過底移在難入處, 卻將難入底移在蹉過處, 自然怗怗地, 不作難入·蹉過之解矣. 得如此了, 卻好向遮裏全身放下. 放下時亦不得作放下道理. 古德所謂: "放蕩長如癡兀人, 他家自有通人愛." 又清涼云: "放曠任其去住, 靜鑑覺其源流. 語證則不可示人, 說理則非證不了."

그러나 오늘날 사람들은 이런 말을 듣자마자 진실로 이런 일이 있다고 오해하여[155] 곧 "내가 깨달았다." "내가 밝혔다."라고 말하지만, 끄집

───────────────

153 『경덕전등록』 제29권 보지화상(寶志和尙)의 '십이시송(十二時頌)'에 나오는 구절. 『신수대장경』에 실린 『경덕전등록』에는 이 구절이 "텅 비고 일이 없으면 문득 맑고 한가로우니, 그것이 바로 통달한 사람이 본래 좋아하는 것이다."(廓然無事頓淸閑, 他家自有通人愛)로 되어 있다.

154 『경덕전등록』 제30권에 있는 〈오대산진국대사징관답황태자문심요(五臺山鎭國大師澄觀答皇太子問心要)〉에 나오는 구절. 앞뒤 문장 사이에 다음의 내용이 빠져 있다. "말하거나 침묵함에 현묘하고 미묘함을 잃지 않고, 움직이거나 가만히 있음에 법계를 벗어나지 않는다. 지(止)를 말하면 앎과 고요함 둘이 모두 없고, 관(觀)을 말하면 고요함과 움직임 둘 모두를 비추어 본다."(語默不失玄微, 動靜未離法界. 言止則雙亡知寂, 論觀則雙照寂知.)

155 장위(將爲) : =장위(將謂). -라고 여겼는데(결국 그렇지 않다는 뜻을 내포함). -라고 잘못 알다. -라고 오해하다.

어내어 남에게 보여 주지는[156] 못하고, 한결같이 높은 선(禪)을 말하면서 귀신도 속일 만큼 이러쿵저러쿵 혼란스럽게[157] 터무니없는 말을 하며[158] 조사 문하(門下)의 일이 그저 이와 같다고 오해하지만, 직접 체험하고 직접 깨닫는 일은 전혀 알지 못합니다.

오직 직접 체험하고 직접 깨달은 사람이라야 언설(言說)에 의지하지 않고, 저절로 말없이 들어맞을 따름입니다. 들어맞은 곳에서도 신경 써서[159] 일부러 조화를 이루지[160] 않고 마치 물이 물로 들어가듯 하고 금으로 금을 넓히듯 하여, 하나를 말하면 셋을 밝힐[161] 만큼 눈이 밝습니다.[162] 이러한 경지에 이르러야 비로소 언설의 모습에서 벗어남을 말하고, 문자(文字)의 모습에서 벗어남을 말하고, 마음에 나타난 인연의 모습에서 벗어남을 말합니다. 억지로 그렇게 하는 것이 아니라, 법이 그

---

156 정사(呈似) : 말하다. 드러내 보이다.

157 칠종팔횡(七縱八橫) : 이리저리 마구 혼란스럽다.

158 호설난도(胡說亂道) : 엉터리로 말하다. 터무니없는 말을 하다. 허튼소리를 하다. =호설패도(胡說霸道), 호설팔도(胡說八道).

159 작의(作意) : 유의하다. 주의하다. 신경 쓰다. 관심을 쏟다.

160 화회(和會) : 조화하다. 절충하다.

161 거일명삼(舉一明三) : =거일반삼(舉一反三). 한 귀퉁이를 말해 주면, 나머지 세 귀퉁이를 스스로 미루어 알아야 한다. 배우는 자의 태도와 자질을 말하는 것. 『논어(論語)』「술이(述而)」에 나오는 공자의 말인 "제자가 분발하지 않으면 스승이 깨우쳐 주지 않으며, 제자가 괴로워하지 않으면 스승이 개발시켜 주지 않는다. 한 귀퉁이를 말해 주었는데, 나머지 세 귀퉁이를 돌이켜 알지 못하면, 다시 말해 주지 않는다."(不憤不啓, 不悱不發. 舉一隅, 不以三隅反, 則不復也.)에서 온 말.

162 목기수량(目機銖兩) : 눈이 밝다는 뜻. 수(銖)와 양(兩)은 옛날의 무게 단위로서, 24수(銖)가 1량(兩)이고, 16량(兩)이 1근(斤)이다. 맨눈으로 수(銖)와 양(兩)의 세밀한 차이를 읽어낼 수 있다는 뜻이니 눈이 밝다는 뜻.

렇기 때문입니다.

而今人纔聞恁麼說話, 將爲實有恁麼事, 便道我證我悟, 將出呈似人不得, 一向說
高禪, 七縱八橫, 胡說亂道, 謾神誑鬼, 將謂祖師門下事只如此, 殊不知親證親悟底.
唯親證親悟底人不假言詞, 自然與之默默相契矣. 相契處亦不著作意和會, 如水入
水, 似金博金, 擧一明三, 目機銖兩. 到這箇田地, 方可說離言說相, 離文字相, 離心
緣相. 不是彊爲, 法如是故.

요즈음 총림에선 삿된 법이 마구 일어나 중생의 눈을 어둡게 하는
일이 헤아릴 수 없이 많습니다. 만약 옛사람의 공안(公案)[163]을 거론하여

---

163 공안(公案) : ①공무(公務)에 관한 문안(文案). 관청에서 결재(決裁)되는 안건(案件).
공문서(公文書). ②쟁송(爭訟) 중인 안건. 쟁점이 되고 있는 안건. ③공무를 처리할 때에
사용하던 큰 책상. ④선문(禪門)에서는 부처와 조사가 열어 보인 불법(佛法)의 도리를 가
리키는 말을 뜻한다. 공안은 당대(唐代) 선승들의 문답에서 비롯되었는데, 송대(宋代)에
이르자 앞시대 선승들의 어록(語錄)에 기록된 문답들이 선 공부에서 참구(參究)하는 자
료로 활용되면서 많은 공안이 만들어졌다. 공안은 화두(話頭), 고칙(古則)이라고도 한다.
1,700공안이라는 말은 『경덕전등록』에 대화가 수록된 선승의 숫자가 1,701명이었던 것
에서 유래하였다. 최초의 공안집(公案集)은 운문종(雲門宗)의 설두중현(雪竇重顯; 980-
1052)이 화두 100칙(則)을 모아 만든 『설두송고(雪竇頌古)』이며, 여기에 원오극근(圜悟克
勤; 1063-1135)이 다시 수시(垂示), 착어(著語), 평창(評唱) 등을 붙여서 『벽암록(碧巖錄)』
을 만들었다. 무문혜개(無門慧開; 1183-1260)는 고칙공안 48칙을 모아 평창(評唱)과 송
(頌)을 붙여 『무문관(無門關)』을 저술하였다. 『벽암록』과 『무문관』은 임제종(臨濟宗)의 공
안집들이다. 한편, 굉지정각(宏智正覺; 1091-1157)이 화두 100칙에 송(頌)한 것에 만송행
수(萬松行秀; 1165-1246)가 평창을 붙여 간행한 『종용록(從容錄)』은 조동종(曹洞宗)의 종
풍을 거양한 공안집이다. 우리나라의 공안집으로는 고려시대 진각혜심(眞覺慧諶; 1178-
1234)이 고칙 1463칙을 모아 편찬한 『선문염송(禪門拈頌)』이 있다.

¹⁶⁴ 일깨우지 않는다면, 곧 눈먼 사람이 손에서 지팡이를 놓쳐 버리는 것과 같아서 한 걸음도 떼놓지 못합니다. 옛 스님이 도에 들어간 인연을 각 문파별로 분류하고는 말하기를 "이들 몇몇 칙(則)[165]은 도를 보는 안목(眼目)에 대한 이야기고, 이들 몇몇 칙은 소리와 색을 벗어난 이야기고, 이들 몇몇 칙은 분별심을 잊는 이야기다."라고 하면서, 빠짐없이 [166] 차례차례 고칙(古則)을 따라가며 두루 헤아리고 짐작하여 값을 매깁니다.[167]

近世叢林, 邪法橫生, 瞎衆生眼者, 不可勝數. 若不以古人公案擧覺提撕, 便如盲人放卻手中杖子, 一步也行不得. 將古德入道因緣各分門類云: "這幾則是道眼因緣, 這幾則是透聲色因緣, 這幾則是亡情因緣." 從頭依次第逐則搏量卜度, 下語商量.

---

164 거각(擧覺): 거(擧)나 거기(擧起)와 같은 뜻으로서, '말하다' '말해 주다' '제시하다' '제기하다'는 뜻이다. 그러나 일부러 거각(擧覺)이라고 쓴 것은 역시 각(覺)의 뜻을 부가하고 있다고 보아야 한다. 각(覺)은 '일깨우다' '깨우치다'는 뜻이므로 거각(擧覺)은 '일화 등을 말하여 일깨우다' '예를 들어 말하여 깨우쳐 주다' '공안이나 화두를 거론하여 일깨워 주다'는 뜻이다. 대혜는 거각(擧覺)을 항상 제시(提撕)와 더불어 사용하고 있는데, 제시는 '언급하다' '끄집어내어 말하다' '제기(提起)하다' '제출하다'는 뜻인 제(提)와 '일깨우다' '깨우치다'는 뜻인 시(撕)가 합성된 말로서 '(무엇을) 끄집어내어 말하여 일깨우다' '(무엇을) 제시하여 깨우쳐 주다'는 뜻이다. 이처럼 거각과 제시는 뜻이 동일하지만, 다수의 사례에서는 거각(擧覺)은 거(擧)와 동일하게 '말하다' '말해 주다' '언급하다'는 뜻이고, 제시(提撕)는 시(撕)와 동일하게 '일깨우다' '깨우치다' '말해 주어서 일깨우다'는 뜻이다. 김태완 『간화선 창시자의 선』 하권(침묵의 향기) 부록 「간화용어의 번역에 관하여」 참조.

165 고칙(古則): 칙(則)은 고칙공안(古則公案)을 헤아릴 때에 사용하는 단위. 칙(則)은 고칙(古則)으로서 공안(公案)과 같음.

166 종두(從頭): 하나하나. 모조리. 빠짐없이.

167 상량(商量): 값을 흥정하다. 값을 따지다. 값을 매기다.

비록 이러한 병통을 알아차린 자가 있어도, 불법(佛法)과 선(禪)이 문자언어(文字言語) 위에 있지 않다고 여기고서, 곧장 모든 것을 옆으로 밀쳐놓고[168] 차려져 있는[169] 죽과 밥을 게걸스레 먹고서, 검은산[170] 아래의 귀신굴 속에 꼼짝하지 않고[171] 앉아서, 묵묵히 늘 비춘다고 하고, 또 완전히 죽은 사람[172]과 같다고 하고, 또 부모가 낳기 이전의 일이라 하고, 또 공겁(空劫) 이전[173]의 일이라 하고, 또 위음나반[174]의 소식이라 합니다. 앉고 또 앉아서 엉덩이에 굳은살이 박혔는데도 전혀 움직이려 하지 않고, 공부가 끊어지지 않고[175] 순수하게 익어 간다고 하고, 다시 수많은 쓸데없이 주저리주저리 긴 말[176]들을 하여 하나하나[177] 도리를

---

168 발치(撥置) : ①옆으로 밀쳐놓다. ②(일부분을) 떼어 놓다. ③배치하다.

169 현성(現成) : ①마침 그 자리에 있다. ②이미 갖추어져 있다. 이미 만들어져 있다. ③간단하다. 용이하다. 힘이 들지 않다.

170 검은산 : 흑산(黑山)은 캄캄한 무명(無明)을 가리킨다.

171 퇴퇴지(堆堆地) : 꼼짝하지 않고. 움직이지 않고.

172 대사저인(大死底人) : 완전히 죽은 사람. 철저히 죽은 사람. 아주 죽은 사람.

173 공겁이전(空劫已前) : 위음왕불 이전과 같음. 위음왕불은 공겁(空劫) 때에 맨 처음 성불한 부처인데, 『조정사원(祖庭事苑)』에는 위음왕 이전은 실제이지(實際理地)를 밝힌 것이고, 위음왕 이후는 불사문중(佛事門中)을 밝힌 것이라 하였다. 결국 위음왕 이전 혹은 공겁 이전은 본유(本有)의 본래면목(本來面目)을 가리킨다.

174 위음나반(威音那畔) : 위음왕불 저쪽. 일체의 분별이 나오기 이전의 소식을 뜻하는데, '본래면목(本來面目)'이나 '위음왕이전(威音王已前)', '부모미생전(父母未生前)' 등과 같은 말이다. 위음(威音)은 위음왕불(威音王佛)을 가리킨다.

175 상차(相次) : ①이어가다. ②거의 -에 가깝다. ③즉시. 곧.

176 한언장어(閑言長語) : 쓸데없이 주저리주저리 길게 하는 말. 한언(閑言)은 쓸데없는 말, 장어(長語)는 길게 많이 하는 말.

177 종두(從頭) : 하나하나. 모조리. 빠짐없이.

지어 가치를 따져서[178] 한 번 전해 주고는 그것을 종지(宗旨)라고 부르나, 마음속은 여전히 새까맣게 어둡습니다.

본래 '나다 남이다' 하는 생각을 제거하려 하면 '나다 남이다' 하는 생각이 더욱 치성하게 일어나고, 본래 무명(無明)을 없애고자 하면 무명이 더욱 커지는데도 이러한 사실을 전혀 모르는 것입니다.

縱有識得此病者, 將謂佛法禪道不在文字語言上, 卽一切撥置, 嘖卻現成粥飯了, 堆堆地坐在黑山下鬼窟裏, 喚作默而常照, 又喚作如大死底人, 又喚作父母未生時事, 又喚作空劫已前事, 又喚作威音那畔消息. 坐來坐去, 坐得骨臀生胝, 都不敢轉動, 喚作工夫相次純熟, 卻將許多閑言長語從頭作道理商量, 傳授一徧, 謂之宗旨, 方寸中依舊黑漫漫地. 本要除人我, 人我愈高, 本要滅無明, 無明愈大, 殊不知此事.

오직 직접 밝히고 직접 깨달아야 비로소 끝나는 것입니다. 일언반구(一言半句)라도 말할 만한 것이 있기만 하면 기특하다는 견해를 내거나, 현묘하다는 견해를 내거나, 비밀스럽다는 견해를 내지만, 전할 수 있고 줄 수 있다고 하면 곧 바른 법이 아닙니다. 바른 법은 전할 수도 없고 줄 수도 없고, 오직 내가 깨닫고 그대가 깨달아 눈과 눈이 서로 마주하여 마음에서 마음으로 전함으로써 부처님과 조사의 지혜를 끊어짐 없이 이은 뒤에야, 자기의 마음으로 미루어 나머지를 헤아려[179] 중

---

178 상량(商量) : 시장에서 물건을 사고 팔 때에 저울로 달아 그 값을 따져 헤아리는 것을 말한다. 따지다. 상의하다. 의논하다. 상담하다. 이해하다. 값을 흥정하다. 값을 따지다. 값을 매기다. 헤아리다.

179 추기지여(推己之餘) : 자기의 마음으로 미루어 그 나머지를 헤아리다.

생의 모범이 되는[180] 것입니다. 그러므로 달마가 말한 "내가 원래 이 땅에 와서, 법을 전하여 어리석은 중생을 구제하였네. 하나의 꽃에 다섯 꽃잎이 열리니, 열매가 저절로 맺힌다."[181]는 것이 바로 이것입니다.

唯親證親悟, 始是究竟. 纔有一言半句, 作奇特解·玄妙解·祕密解, 可傳可授, 便不是正法. 正法無傳無授, 唯我證你證, 眼眼相對, 以心傳心, 令佛祖慧命相續不斷, 然後推己之餘, 爲物作則. 故達磨云: "吾本來茲土, 傳法救迷情. 一華開五葉, 結果自然成." 是也.

이른바 전한다는 법은 곧 마음법입니다. 마음법에는 전할 만한 모양이 없으니, 앞서 말한 '내가 깨닫고 그대가 깨닫는다'는 것이 바로 이것입니다. 만약 피차가 깨닫지 못하고 마음 밖에서 깨달음의 증거를 취한다면, 전해 줄 수 있는 현묘하고 기특한 종지(宗旨)가 있을 것입니다. 이렇게 되면 곧 나는 알지만 그대는 알지 못한다는 경박한 생각을 내는 일이 있어서 아견(我見)[182]을 키우게 될 것이니, 이들이 바로 여래(如來)께서 말씀하신 불쌍한 자들입니다.

所謂傳法者, 乃心法也. 心法無形段所傳者, 前所云我證你證底是也. 若彼此不證,

180　위물작칙(爲物作則) : 사물의 모범이 되다. 중생의 모범이 되다.

181　『경덕전등록』제3권 '제28조보리달마(第二十八祖菩提達磨)'에 나오는 게송.

182　아견(我見) : =신견(身見). 5가지 잘못된 견해 가운데 하나. 보통 '나'라고 부르는 것은 오온(五蘊)의 화합일 뿐, 오온 밖에 참으로 '나'라고 할 무엇이 없는데도, 오온 밖에 '나'가 따로 있는 줄로 잘못 아는 견해.

向心外取證, 則有宗旨玄妙奇特可傳可授. 便有我會你不會生輕薄想, 增長我見, 如來說爲可憐愍者.

저의 선(禪)에는 참여하기에 어렵다거나 쉽다거나 하는 차이가 없습니다. 선에 참여하는 사람이 고질병이 되기 이전에 삶과 죽음의 길을 끊어 버리기만 하면,[183] 곧장 부처도 의심하지 않고, 조사도 의심하지 않고, 삶도 의심하지 않고, 죽음도 의심하지 않을 것입니다. 쉽게 참여하거나 어렵게 참여하는 차이는 사람에게 달려 있지, 선의 일과는 관계가 없습니다.

妙喜禪無難參易參之異. 只要參禪人向未痾已前坐斷生死路頭, 直下不疑佛, 不疑祖, 不疑生, 不疑死. 難參易參, 差別在人, 不干禪事.

흔히 총명하고 영리한 사람은 신속한 효과를 구하여, 입 속에는 할 말이 있기를 바라고 눈앞에는 의지할 물건이 있기를 바랍니다만, 이 일을 얻는 것은 마치 살아 있는 사자가 몸을 되돌려 뛰는[184] 것과 같음을 전혀 모르는 것입니다.

---

183 지요(只要) : ①-하기만 하면 (된다). ②만약 -라면.
184 한로축괴사자교인(韓獹逐塊獅子咬人)과 같은 말. 사람이 흙덩이를 던지면, 한나라 개는 흙덩이를 쫓아가지만, 사자는 몸을 돌이켜 흙덩이를 던진 사람을 문다는 말. 개가 흙덩이를 쫓는다는 것은 헛되이 언구(言句)의 뜻에 집착하여 그 말이 가리키는 진실을 보지 못한다는 말.

往往聰明靈利漢多是求速效, 要口裏有可得說, 面前有可得憑仗, 殊不知此事得者
如生師子返擲.

자신의 일상생활 24시간 속에서 마치 수은(水銀)이 땅에 떨어져 큰
웅덩이에선 큰 원이 되고 작은 웅덩이에선 작은 원이 되듯, 적당히 배
분할[105] 필요도 없고, 조작에 의지하지도 않고, 저절로 활발하게 눈앞
에 늘 드러나 있습니다. 바로 이러한 때가 되면, 비로소 일숙각[186]이 말
한 "한 법도 보지 않으면 여래이니 바야흐로 관자재(觀自在)라고 일컬을
만하다."[187]에 들어맞을 수 있습니다.

在當人日用二六時中, 如水銀落地, 大底大圓, 小底小圓, 不用安排, 不假造作, 自
然活鱍鱍地常露現前. 正當恁麽時, 方始契得一宿覺所謂 "不見一法卽如來, 方得
名爲觀自在".

---

185 안배(按排) : =안배(安排). ①배치하다. 배분하다. ②마련하다. 준비하다. ③처리하다.
    꾸리다. ④일부러 적당히 배분하다.
186 일숙각(一宿覺) : 영가현각(永嘉玄覺; 665~713). 중국 당대(唐代) 스님. 영가는 출신 지
    명. 자는 명도(明道). 절강성 온주부 영가현 출신. 어려서 출가하여 삼장(三藏)을 두루 탐
    구했으며, 특히 천태지관(天台止觀)의 법문에 정통하였다고 한다. 좌계현랑(左谿玄朗)의
    권고로 무주현책(婺州玄策)과 함께 조계의 육조혜능(六祖慧能)을 찾아가 문답하여 인가
    를 받았고, 그날 혜능의 권고로 하룻밤 묵었는데, 이 때문에 일숙각(一宿覺)이라는 별명
    을 얻었다. 다음 날 하산하여 온주(溫州)로 돌아와 법회(法會)를 여니, 배우는 사람들이
    구름처럼 모여들었다. 당(唐) 예종(睿宗) 선천(先天) 2년에 입적하였다. 시호는 무상대사
    (無相大師). 저술로는 「증도가(證道歌)」와 「영가집(永嘉集)」이 있다.
187 「경덕전등록」 제30권에 나오는 '영가진각대사증도가(永嘉眞覺大師證道歌)'의 한 구절.

만약 아직 이와 같지 못하다면, 우선 잠시 이렇게 총명하게 도리를 말하는 것을 한쪽으로 밀쳐놓고, 도리어 더듬어 찾지[188] 못하는 곳, 맛이 없는 곳에서, 한번 더듬어 찾아 보고 씹어 맛을 보십시오.[189] 더듬어 찾고 또 더듬어 찾고, 맛보고 또 맛보고 하다가, 문득 맛이 없는 곳에서 혀가 잘 돌아가지 않고,[190] 더듬어 찾지 못하는 곳에서 잡을 곳을 잃어버리면,[191] 비로소 조주 노인의 "출가(出家)하기 이전에는 깨달음에 부림을 당했는데, 출가한 뒤에는 깨달음을 부릴 수 있다."[192]는 말을 알게 될 것입니다.

苟未能如是, 且暫將這作聰明說道理底置在一邊, 卻向沒撈摸處, 沒滋味處, 試撈摸咬嚼看. 撈摸來撈摸去, 咬嚼來咬嚼去, 忽然向沒滋味處咬著舌頭, 沒撈摸處打失鼻孔, 方知趙州老人道: "未出家時, 被菩提使, 出家後, 使得菩提."

이렇게 되면, 어떤 때는 한 줄기 풀[193]을 집어서 장육금신(丈六金身)[194]을 만들고, 어떤 때는 장육금신을 가지고 다시 한 줄기 풀을 만드는 묘

---

188 노모(撈摸) : (물속에서 물건을) 더듬어 찾다.

189 교작(咬嚼) : ①구걸하다. 애걸하다. 간청하다. ②잘 씹다. 음미하다.

190 교설두(咬舌頭) : ①혀를 깨물다. ②혀가 잘 돌아가지 않다.

191 타실비공(打失鼻孔) : ①코를 잃어버리다. 근거를 놓치다. ②잡을 곳을 잃다. 의지할 곳을 잃어버리다.

192 『고존숙어록』 제13권 「조주진제선사어록(趙州眞際禪師語錄)」에 나오는 조주의 말.

193 풀 : 번뇌망상.

194 장육금신(丈六金身) : 일장(一丈) 육척(六尺)이라는 뜻으로 보통 화신불(化身佛) 즉 석가모니의 신장(身長). 금신(金身)은 황금색의 몸으로 불신(佛身)을 가리킴. 장육금신은 불신(佛身)이라는 말이니, 불법(佛法)을 가리킨다.

용(妙用)이 있습니다. 건립하는 것도 나에게 달려 있고, 쓸어버리는 것
도 나에게 달려 있고, 도리(道理)를 말하는 것도 나에게 달려 있고, 도
리를 말하지 않는 것도 나에게 달려 있으니, 내가 법왕이 되어서 법에
서 자재(自在)합니다. 말을 하면 여러 가지[195]가 있으나, 말을 하지 않으
면 아무것도 없습니다. 이와 같이 자재하게 되면, 어디에 가든 스스로
만족하지[196] 않을 수 있겠습니까?

有時拈一莖草作丈六金身, 有時將丈六金身卻作一莖草用. 建立亦在我, 掃蕩亦在
我, 說道理亦在我, 不說道理亦在我, 我爲法王, 於法自在. 說卽有若干, 不說卽無
若干. 得如是自在了, 何適而不自得?

범어(梵語) 반야(般若)는 번역하면 지혜(智慧)입니다. 아직 반야에 밝지
못하여 탐욕과 분노[197]와 어리석음이 있는 것이고, 아직 반야에 밝지
못하여 중생에게 악독한 해를 끼치는 것입니다. 이러한 일들을 행하는
것은 반야와는 반대 방향으로 가는 일이니, 어찌 지혜가 있다고 하겠
습니까? 저는 평소에 주위의 선(禪)을 공부하는 사람들에게[198] 말하기
를, "깨닫기만 하면 일상생활에서 인연에 응하는 곳이 수월해질 것이
니, 그때 곧 자기에게 힘이 생기는 것이며, 힘이 생기면 무한히 수월해
지며, 수월해지면 무한한 힘이 생긴다."고 합니다. 많이들 말하는 것을

---

195 약간(若干) : 여러. 여러 가지. 다양한.
196 자득(自得) : 스스로 만족하다.
197 진에(瞋恚) : 분노. 성냄.
198 개중인(箇中人) : 관계자.

흔히 들어 보면,[199] 도리어 사주(泗州) 사람이 대성(大聖)을 보는[200] 것 같지만, 제가 이렇게 말하는 것이 바로 평소의 저의 삶[201]임을 전혀 모릅니다.[202] 믿지 못하는 자가 있을까 염려하여, 세 번 네 번 말해 주고 일깨워 주며 진흙을 묻히고 물에 젖는[203] 일을 마다하지 않은 것은, 제가 일찍이 가출하여 방탕한 나그네 생활을 해 본 적이 있기 때문에 나그

---

199 견설(見說) : 들은 바에 의하면. -라고 듣고 있다. -라고 말하는 것을 듣다. =견도(見道).

200 사주인견대성(泗州人見大聖) : 사주(泗州) 사람이 대성을 본다는 말. 대성(大聖)은 승가대사(僧伽大師)를 가리킨다. 사주 사람이 대성을 본다는 말의 뜻은, 온갖 재난에서 벗어난다 혹은 장애가 사라지고 평화로워진다는 것이다. 이 말은 승가대사를 숭배하는 승가신앙(僧伽信仰)과 관련이 있다. 승가대사는 사후에 관음보살(觀音菩薩)의 화현으로 여겨져서 수많은 설화가 생겨났는데, 질병을 퇴치하거나 홍수를 물러가게 하거나, 적의 침입을 저지하거나 하는 등으로 현세의 사람들을 재난으로부터 구원하는 일을 하였다. 승가대사는 우리나라에서는 약사보살(藥師菩薩)로 여겨지기도 하였다. 여기에 대한 자세한 논의는 김태완 『간화선 창시자의 선』하권(침묵의 향기) 부록에 있는 '사주사람이 대성을 본다는 말의 뜻에 관하여'를 참조하기 바람.

201 행리처(行履處) : 행(行)은 궁행(躬行)을, 리(履)는 실천을 의미한다. 행주좌와(行住坐臥) · 어묵동정(語默動靜) · 끽다끽반(喫茶喫飯) 등으로 기거동작(起居動作)하는 일체의 행위를 가리키거나, 행위가 남긴 실적(實績)이나 자취를 가리킨다. 행적(行蹟). 삶. 생활.

202 사람들은 부처님을 만나서 특별한 구원을 얻는 듯이 말하지만, 알고 보면 일상의 삶 그대로가 본래면목일 뿐, 따로 불법이라고 할 것은 없다는 사실은 모르고 있다.

203 타니대수(拖泥帶水) : 진흙을 묻히고 물에 젖는다는 뜻인 타니대수(拖泥帶水)는 선가(禪家)에서 가르침을 펼 때, 곧바로 재빠르게 가리켜 주지 않고 말로 설명하고 자세히 일러주는 경우를 가리키는 말이다. 진흙에 들어가고 물에 들어간다는 뜻인 입니입수(入泥入水)라 하기도 하고, 진흙과 섞이고 물과 섞인다는 뜻인 화니화수(和泥和水)라 하기도 한다. 가르침을 펼치려면 법을 세우고 말로 가리키지 않을 수 없으니 이렇게 말하지만, 이것은 반드시 비난받을 일만은 아니니, 노파심이 간절한 자비를 베푸는 것이기 때문이다. 그러므로 가르침은 언제나 자기가 맞을 몽둥이를 짊어지고 나서는 일이라고 하는 것이다. 타니섭수(拖泥涉水)라고도 한다.

네를 특별히 가엾게 여기기[204] 때문일 뿐입니다.

梵語般若, 此云智慧. 未有明般若而有貪欲瞋恚癡者, 未有明般若而毒害衆生者. 作如此等事底, 與般若背馳, 焉得謂之有智慧? 妙喜尋常爲箇中人說: "纔覺日用應緣處省力, 時便是當人得力處, 得力處省無限力, 省力處得無限力." 往往見說得多了, 卻似泗州人見大聖, 殊不知妙喜恁麽說, 正是平昔行履處. 恐有信不及者, 不免再四提撕擧覺, 拕泥帶水, 蓋曾爲浪子偏憐客爾.

---

204 증위탕자편련객(曾爲蕩子偏憐客) : 일찍이 가출하여 방탕한 나그네 생활을 해 보았기 때문에 나그네를 특별히 불쌍히 여긴다. 『법화경』「신해품(信解品)」의 빈궁한 아들의 이야기가 배경이 되어 있다.

3. 지통 거사[205]에게 보임

예로부터 모든 성인은 전해 주는 말이 없었고, 다만 마음에서 마음으로 전한다고만 말했을 뿐입니다. 요사이는 흔히 스승에게서 이어받고 배워서 이해함에, 이 마음을 등지고 언어로써 전해 주고는 그것을 일러 종지(宗旨)라고 합니다. 남의 스승이 된 자의 눈이 이미 바르지 못하고, 배우는 자 또한 확고한 뜻 없이 성급히 선을 알려고 하며, 공(空)이 아니라 말할 것이 있다고 주장하려 합니다. 이와 같으면서도 마음 바탕이 열려 통하여 마지막 안락한 곳에 도달하려 하니, 역시 어렵지 않겠습니까?

示智通居士(黃提宮伯成)

從上諸聖無言語傳授, 只說以心傳心而已. 今時多是師承學解, 背卻此心, 以語言傳授, 謂之宗旨. 爲人師者, 眼旣不正, 而學者又無決定志, 急欲會禪, 圖口不空有可說耳. 欲得心地開通, 到究竟安樂之處, 不亦難乎?

옛 스님이 말했습니다.

"문자(文字)에서 뜻을 제거할 수 있고, 뜻에서 문자를 제거할 수 있다. 뜻과 문자가 서로 뒤쫓는 것, 이것이 두려운 것이다."

다시 말했습니다.

---

205 지통거사(智通居士) : (원주: 黃提宮伯成) 황(黃)은 성(姓), 제궁(提宮)은 벼슬 이름, 백성(伯成)은 자(字)..

94

"뜻 속에서 문자에 머물지 않고, 문자 속에서 뜻에 머물지 않는다."[206]

古德云: "句能剗意, 意能剗句. 意句交馳, 是爲可畏." 又云: "意中不停句, 句中不停意."

예컨대 초경[207]이 나산[208]에게 물었습니다.[209]

"암두[210] 화상이 말한 '이러하고 이러하며, 이러하지 않고 이러하지 않다.'[211]는 것의 뜻이 무엇입니까?"

---

206 『연등회요』제23권에 나오는 복주나산도한선사(福州羅山道閑禪師)의 말.

207 초경(招慶) : 초경도광(招慶道匡). 청원(靑原) 문하 7세손으로서, 장경혜릉(長慶慧稜) 선사의 제자인 천주(泉州) 초경원(招慶院) 도광(道匡) 선사(禪師).

208 나산(羅山) : 나산도한(羅山道閑). 오대(五代) 경의 사람. 청원(靑原)의 아래. 암두전활(巖頭全豁)의 법사(法嗣). 복건성의 장계(長谿) 출신. 속성은 진(陳) 씨. 귀산(龜山)에서 출가. 구족계를 받고 나서 여러 지방으로 두루 돌아다녔다. 석상경제(石霜慶諸)에게 알현하여 법을 묻고, 그 뒤 암두전활을 찾아가 공부하여 안심(安心)을 얻었다. 후에 청량산(淸凉山)에서 돌아다니다가 민왕(閩王)이 그의 법미(法味)에 감화되어 복주(복건성)의 나산(羅山)에 청하고 법보선사(法寶禪師)라고 호(號)하였다.

209 『연등회요』제23권. '복주나산도한선사(福州羅山道閑禪師)'에 나오는 대화.

210 암두(巖頭) : 암두전활(巖頭全豁).

211 "이러하고 이러하며, 이러하지 않고 이러하지 않다."는 긍정과 긍정, 부정과 부정의 문장은 무엇을 뜻할까? 이 말의 뜻을 알려면 법계의 본성에 대한 안목을 가져야 한다. 안목을 갖추는 것은 각자의 몫이다. 여기에선 역자의 안목으로 풀이한다. 긍정은 분별을 긍정하는 것이고, 부정은 분별을 부정하는 것이다. 예컨대 색(色)과 공(空)을 가지고 말하면, '이러하고 이러하다'는 '색이 공이고 공이 색이다'라는 말이고, '이러하지 않고 이러하지 않다'는 '색이 공이라는 것이 아니고 공이 색이라는 것이 아니다'는 말이다. 다시 말해, '이러하고 이러하다'는 중생과 부처, 미혹함과 깨달음, 세간과 출세간, 분별과 분별을 벗어남,

95

나산이 이에 불렀습니다.

"대사(大師)!"

초경이 응답하니 나산이 말했습니다.

"둘 다 밝기도 하고, 둘 다 어둡기도 하다."

초경은 곧 절을 하고서 물러갔는데, 삼 일 뒤에 다시 와서 물었습니다.

"지난날 스님의 뜻은 무엇입니까?"

나산이 말했습니다.

"나는 정성을 다하여²¹² 그대에게 다 말했다."

초경이 말했습니다.

"대사께선 손에 횃불을 쥐고 길을 가시는군요."

나산이 말했습니다.

"만약 그렇다면, 그대가 의문 나는 곳을 물어보라."

초경이 말했습니다.

"무엇이 둘 다 밝기도 하고 둘 다 어둡기도 한 것입니까?"

세간법과 불법, 속제(俗諦)와 진제(眞諦)의 둘을 분별하여 말하는 것이고, '이러하지 않고 이러하지 않다'는 이러한 모든 분별을 부정하는 불가사의(不可思議)의 미묘법문(微妙法門)인 불이중도(不二中道)를 가리킨다. 불가사의한 불이중도가 법계의 본성이지만, 분별 속에 있는 중생을 위하여 방편으로 세간과 출세간을 구분하여 말할 필요도 있는 것이다. 비록 방편으로 분별하여 말하더라도 세계의 본성이 그렇게 나누어져 있는 것은 아니고, 본성은 어떻게도 말할 수 없는 불가사의한 불이중도인 것이다. 아래에 초경이 말한 "둘 다 밝기도 하고, 둘 다 어둡기도 하다."는 말이나, 나산이 말한 "함께 살고 또 함께 죽는다."라는 말도 동일한 취지의 말이다.

212　진정(盡情) : 마음껏 하고 싶은 바를 다하다. 정성을 다하다.

나산이 말했습니다.

"함께 살고 또 함께 죽는다."

초경은 다시 절을 하고 나갔습니다. 뒷날 어떤 스님이 나산에게 물었습니다.

"함께 살기는 하지만 함께 죽지 않는 때는 어떻습니까?"

나산이 말했습니다.

"마치 소에 뿔이 없는 것과 같다."[213]

다시 물었습니다.

"함께 살고 또 함께 죽는 때는 어떻습니까?"

나산이 말했습니다.

"호랑이에게 뿔이 달린 것과 같다."[214]

위로부터 내려온 일을 밝히려 한다면, 마땅히 이 한 개 이야기를 늘[215] 염두에 두어야 합니다. 그러나 일부러[216] 파고들어서는 안 됩니다. 일부러 파고들면 곧 어긋납니다.

---

213 "함께 살기만 하고 함께 죽지는 않는다."는 말은 분별만 알고 불가사의한 중도는 알지 못한다는 뜻이니, 지혜의 힘이 없다고 할 수 있다. 그러므로 소에게 싸움에 사용하는 무기인 뿔이 없다고 한 것이다.

214 불가사의한 불이중도의 본성에도 밝고 방편인 분별언어도 잘 안다면, 지혜를 갖춘 선지식이니 중생의 어리석음을 상대로 싸울 때에 쓸 좋은 무기를 갖춘 것과 같다. 그러므로 호랑이에게 이빨뿐만 아니라 뿔도 갖추어졌다고 한 것이다.

215 시시(時時) : ①때때로. 이따금. ②순간순간 지나가는 시간을 가리킨다. 순간순간 끊어짐 없이. ③늘. 항상.

216 착의(着意) : 일부러. 고의로. 의식적으로.

如招慶問羅山云: "巖頭和尙道: '恁麼恁麼, 不恁麼不恁麼.' 意旨如何?" 羅山遂喚 : "大師!" 招慶應諾, 山云: "雙明亦雙暗." 慶便作禮而去, 三日後, 復來問: "前日和尙 意旨如何?" 山云: "我盡情向汝道了也." 慶云: "大師是把火行." 山云: "若如是, 據你 疑處問將來." 慶云: "如何是雙明亦雙暗?" 山云: "同生亦同死." 慶又禮謝而去. 後又 僧問羅山 : "同生不同死時如何?" 山云: "如牛無角." 又問: "同生亦同死時如何?" 山 云: "如虎戴角." 欲了從上來事, 當以此段因緣時時在念. 然不得著意穿鑿. 穿鑿卽 錯.

이곳저곳에서 말하는 기이한 말과 현묘한 구절, 각 종사(宗師)의 자기 주장, 밀실에서 전하는 옛사람의 공안(公案) 등과 같은 부류들을 좋아하지 마십시오. 이러한 잡다한 독(毒)을 마음[217]속에 주워 모으면, 세세생생토록 집착하여 삶과 죽음의 언덕에서 빠져나오지 못하고, 비단 힘을 얻지 못할 뿐만 아니라 일상생활 역시 이러한 장애에 막히니 도를 보는 눈이 밝아질 수 없습니다. 옛사람께서 부득이하여, 당신들 배우는 사람들이 분별하여 아는 견해가 많아서 도(道)를 등지고 언어에

---

217 장식(藏識): 제8아뢰야식(阿賴耶識). 아뢰야식(阿賴耶識)은 범어 ālaya vijñāna의 번역이다. 무몰식(無沒識)·장식(藏識)이라 번역하고, 제8식·본식(本識)·택식(宅識) 등의 명칭이 있다. 진제삼장(眞諦三藏)은 이 식이 중생의 근본 심식(心識)으로 결코 없어지거나 잃어버릴 수 있는 것이 아니라는 뜻에서 무몰식(無沒識)이라 번역하고, 현장(玄奘)은 능장(能藏)·소장(所藏)·집장(執藏)의 세 뜻이 있으므로 장식(藏識)이라 번역하였다. 무몰식이란 제법을 유지하여 잃어버리지 않는다는 뜻이며, 장식이라 함은 제법이 전개되는 데 있어서 의지할 바탕이 되는 근본 마음이란 의미다. 또한 8식 가운데서 마지막에 두기 때문에 제8식이라 하고, 제법의 근본이기 때문에 본식이라 한다. 따라서 식 중에서도 식주(識主)라 하며, 마음 그 자체 혹은 마음의 밑바탕이라고 할 수 있다.

오염되는 것을 보시고, 이 까닭에 분별이라는 약으로써 당신들의 분별이라는 병을 치료하여, 당신들의 마음을 안락하게 하여 차별 없는 경계에 이르도록 하신 것입니다. 그런데 이제 도리어 분별인 언어를 특별하다고 여긴다면, 약에 집착하여 병이 되는 것이니, 가엾지 않을 수 있겠습니까?

莫愛諸方奇言妙句, 宗師各自主張, 密室傳授底古人公案之類. 此等雜毒, 收拾在藏識中, 劫劫生生取, 不出生死岸頭, 非獨不得力, 日用亦被此障礙, 道眼不得明徹. 古人不得已, 見汝學者差別知解多而背道泥語言, 故以差別之藥治汝差別之病, 令汝心地安樂到無差別境界. 今返以差別語言爲奇特, 執藥爲病, 可不悲夫?

옛 스님이 말했습니다.

"부처는 중생의 약이니, 중생에게 병이 있으면 이 약을 쓴다. 중생에게 병이 없는데도 이 약을 쓰면, 약이 도리어 병이 되는데, 어떤 병보다도 더 심한 병이 된다."[218]

앞에서 말한 '잡다한 독을 마음속에 주워 모으면 안 된다.'고 한 것역시 이러한 말입니다.

일상생활의 번뇌 속에서 여러 가지 뜻과 같지 않은 일들이 곧 중생의 병이고, 한순간 돌이켜 비추는 것이 곧 부처라는 약입니다. 만약 부처에 대해서도 중생에 대해서도 곧장 분별을 내지 않을 수 있으면, 병

---

218 누구의 말인지 알 수 없다.

이 나아서 약이 필요 없는 것이니, 비로소 방 거사[219]가 말한 "일상생활의 일에 다름이 없고, 오직 내 스스로 내키는 대로 어울린다.[220] 하나하나를 취하지도 버리지도 않고, 곳곳에서 어긋남이 없다."[221]에 들어맞을 것입니다.

古德云: "佛是衆生藥, 有衆生病卽用. 無衆生病用藥, 卽藥返爲病, 甚於有病者." 前所云: '雜毒不可收拾在藏識中.', 亦此之謂也. 日用塵勞中, 種種不如意事是衆生病, 一念回光返照是佛藥. 苟能於佛於衆生直下不生分別, 則病瘥藥除, 始契得龐公所謂 "日用事無別, 唯吾自偶諧. 頭頭非取捨, 處處勿張乖." 之語矣.

이 도를 배움에, 아직 들어갈 곳을 얻기 전에는 굉장히 어려운 것처럼 느껴지는데, 종사(宗師)가 거론하여 일깨워 주는 것을 듣고서는 더욱더 알기가 어렵다고 느낍니다. 대개 깨달음을 취하고 쉬기를 찾는 마음을 없애지 않으면, 도리어 이러한 마음이 장애가 됩니다. 이 마음이 쉬어져야만 비로소 어렵지도 않고 쉽지도 않음을 알게 되고, 또 종사가 전해 줄 수 있는 것도 아님을 알게 됩니다.

---

219 방 거사(龐居士) : 방온(龐蘊: ?-808). 당대(唐代)의 거사(居士). 마조도일의 문하에서 공부하였다. 자(字)는 도현(道玄). 호남성(湖南省) 형양(衡陽) 출신. 정원(貞元) 초(785년)에 석두희천을 찾아가 약간의 깨달음을 얻은 다음 마조도일에게 법을 물어서 확실하게 통달하여 자리가 잡혔다. 마조 문하에서 2년 동안 공부하였다. 일생을 거사로 마쳤지만, 견처(見處)가 분명하여 중국의 유마 거사(維摩居士)라 불렀다. 양주(楊州) 자사(刺史) 우적(于迪)이 편찬한 『방 거사어록(龐居士語錄)』 3권이 있다.

220 우해(偶諧) : 내키는 대로 어울리다.

221 『경덕전등록』 제8권 '양주거사방온(襄州居士龐蘊)'에 나오는 게송.

어리석어서 깨닫지 못한다고 아는 것이 큰 잘못이며, 어리석음을 쥐고서 깨달음을 기다리면 이 잘못이 더욱 크게 됩니다. 무슨 까닭일까요? 깨닫지 못했기 때문에 어리석은 것입니다. 어리석음을 쥐고서 깨달음을 기다리는 것이 곧 깨닫지 못한 가운데 더욱 깨닫지 못한 것이고, 어리석은 가운데 더욱 어리석은 것입니다. 이 두 겹의 관문을 반드시 돌파하고자 한다면, 일시에 놓아 버리십시오. 만약 놓지 못한다면, 어리석고 또 어리석고 깨닫고 또 깨달으며 영원한 시간을 지날 것이니, 어느 때에 쉬겠습니까?

學此道, 未得箇入頭處時, 覺得千難萬難, 聞宗師學覺, 愈覺難會. 蓋以取證求歇底心不除, 返被此作障礙. 此心纔歇, 方知非難非易, 亦非師家可以傳授. 知迷不悟是大錯, 執迷待悟, 其錯益大. 何以故? 爲不覺故迷. 執迷待悟乃不覺中又不覺, 迷中又迷. 決欲破此兩重關, 請一時放下著. 若放不下, 迷迷悟悟, 盡未來際, 何時休歇?

도를 배우는 사람이 일상생활에서 경계를 비우기는 쉬우나 마음을 비우기는 어렵습니다. 경계는 비워졌는데 마음이 비워지지 않으면 경계가 마음을 이기게 됩니다. 마음을 비우기만 하면 경계는 저절로 비워집니다. 만약 마음이 이미 비워졌는데도 다시 두 번째 생각을 일으켜서 경계를 비우고자 한다면, 이 마음이 아직 비워지지 않은 것이니 다시 경계에 침탈당합니다. 이 병을 없애지 않으면, 삶과 죽음에서 벗어날 길이 없습니다.[222] 보지도 못했습니까? 방 거사가 마조에게 이런

222 무유(無由) : =무종(無從). -할 길이 없다. 어쩔 도리가 없다.

게송을 보였습니다.

"온 세계의 사람들이 함께 모여서
각자 무위(無爲)를 배운다.
여기는 부처를 뽑는 과거장(科擧場)이니
마음이 비게 되면 급제하여 돌아간다네."[223]

學道人日用空境易而空心難. 境空而心不空, 心爲境所勝. 但空心而境自空矣. 若
心已空, 而更起第二念, 欲空其境, 則是此心未得空, 復爲境所奪. 此病不除, 生死
無由出離. 不見? 龐公呈馬祖偈云: "十方同聚會, 箇箇學無爲. 此是選佛場, 心空及
第歸."

이 마음이 이미 비었다면, 마음 밖에 다시 무슨 물건이 있다고 비울
수 있겠습니까? 생각해 보십시오! 근본을 얻기만 하면 말단은 근심하
지 마십시오. 이 마음을 비우는 것이 곧 근본입니다. 이미 근본을 얻었
다면, 여러 가지 언어, 여러 가지 지혜, 일상생활에서 사물에 반응하고
인연을 따르는 것, 뒤죽박죽이 된[224] 일들, 기쁨이나 분노, 좋아하거나
싫어함, 순조롭거나 거스르는 일 등이 모두 말단입니다. 인연을 따르
는 곳에서 스스로 깨달아 알[225] 수 있다면, 모자람도 없고 남음도 없습
니다.

---

223 『연등회요』제6권 '양주방온거사(襄州龐蘊居士)'에 이 게송이 나온다.
224 칠전팔도(七顚八倒) : 뒤죽박죽이 되다. 뒤범벅이 되다. 뒤얽혀 혼란스럽다.
225 각지(覺知) : ①깨달아 알다. ②느낌과 앎.

此心既空矣, 心外復有何物而可空耶? 思之! 但得本, 莫愁末. 空卻此心是本. 既得
本, 則種種語言, 種種智慧, 日用應物隨緣, 七顚八倒, 或喜或怒, 或好或惡, 或順或
逆, 皆末也. 於隨緣處能自覺知, 則無少無剩.

옛사람이 누가 문에 들어오면 곧 몽둥이를 휘두르고 고함을 내질렀
던 것은 오직 배우는 사람의 깨달음이[226] 재빠르지[227] 않을까 봐 염려했
기 때문이니, 하물며 시시콜콜[228] 사실을 말하고 이치를 말하고 그윽함
을 말하고 묘함을 말하면서 망상(妄想)의 수풀 속에서[229] 굴러다니는 것
을 용납하겠습니까?

요즈음은 이 도가 쇠미합니다. 높은 자리에 앉아서 남의 스승 노릇
하는 자가 다만 옛사람의 공안을 칭찬하기도 하고 비난하기도 하고 밀
실에서 전해 주기도 하는 것을 선(禪)[230]으로 여기기도 하고, 묵묵히 말
없는 것으로 위음나반이요 공겁이전(空劫已前)의 일로 삼는 것을 선으
로 여기기도 하고, 눈으로 보고 귀로 듣는 것으로써 거론하여 일깨워
주는 것을 선으로 여기기도 하고, 미쳐 날뛰는 헛된 행동으로 부싯돌
불이 일 듯이 번갯불이 일 듯이 말을 꺼내기만 하면 곧장 이해하고는

226 승당(承當) : 맡다. 담당하다. 받들어 지키다. 수긍하고 인정하다. 불조(佛祖)에게서 전
     해져 온 정법(正法)을 받아 지킨다는 뜻으로서, 종지(宗旨)를 깨달아 체득하는 것을 가리
     키는 말.
227 성조(性燥) : 재빠르다. 날카롭다. 확실하다.
228 도도달달(切切怛怛) : =도도(切切). =도달(切怛). =도달(刀咀). ①번거롭다. 말이 많다.
     수다스럽다. 시시콜콜하다. ②귀찮다. 지겹다. 싫증 나다.
229 초리(草裏) : 풀숲 속. 풀숲은 번뇌망상을 가리킴.
230 선도(禪道) : ①선(禪). 선종(禪宗). 선문(禪門). ②선(禪)의 깨달음.

모든 것을 싹 없애 버리는 것을 선으로 여기기도 합니다.

이와 같은 것들이 이미 잘못이라면, 다시 어떤 것이 진실한 것일까요? 만약 진실한 것이 있다면, 이런 것들과 어떻게 다를까요? 안목(眼目)을 갖춘 자라면 말을 꺼내기만 하면 곧 압니다.

古人入門便棒便喝, 唯恐學者承當不性燥, 況忉忉怛怛, 說事說理, 說玄說妙, 草裏輥耶? 近年已來, 此道衰微. 據高座爲人師者, 只以古人公案或褒或貶, 或密室傳授爲禪道者, 或以默然無言, 爲威音那畔空劫已前事爲禪道者, 或以眼見耳聞, 擧覺提撕爲禪道者, 或以猖狂妄行, 擊石火閃電光, 擧了便會了, 一切撥無爲禪道者. 如此等旣非, 卻那箇是著實處? 若有著實處, 則與此等何異? 具眼者擧起便知.

이 도(道)는 한량[231]이 없습니다. 세간의 번뇌망상도 한량이 없습니다. 다만 자기의 일상생활에서 가는 곳마다[232] 어떠한지를 살펴보십시오. 그러므로 『화엄경』에서 말했습니다.

"모든 세간에서 마음은 허공과 같아 오염됨이 없다. 모든 법의 진실한 모습을 두루 보고, 커다란 서원[233]을 내어 중생의 고통을 소멸시켜 영원히 대승(大乘)의 뜻과 원(願)을 싫어하여 내버리지 않고, 모든 견해

---

231 한제(限劑) : 한량(限量), 한계(限界).

232 소향(所向) : 가는 곳마다.

233 서원(誓願) : 반드시 목적을 이루려고 맹세함. 불보살에게는 반드시 총(總)서원·별(別)서원이 있으니, 총서원은 4홍서원(弘誓願)으로 모든 불·보살이 다 일으키는 것이고, 별서원은 아미타불의 48원, 약사여래의 12원과 같이 한 부처님에게만 국한한 서원.

를 소멸시켜 모든 보살의 평등한 행원(行願)[234]을 닦는다. "[235]

평등한 행원이라는 것은 곧 한량없는 마음이 가는 곳마다 장애가 없는 것입니다.

此道無限劑. 世間塵勞亦無限劑. 但看當人日用所向如何爾. 故『華嚴經』云: "於諸世間, 心如虛空, 無所染著, 普觀諸法眞實之相, 發大誓願, 滅衆生苦, 永不厭捨大乘志願, 滅一切見, 修諸菩薩平等行願." 所謂平等行願, 乃亦無限劑心, 所向處無障無礙是也.

세간의 일을 배움에는 마음을 쓰지 않으면 배움이 이루어지지 않습니다. 그러나 출세간의 법을 배움에는 당신이 마음을 쓰는 곳이 없어야 합니다. 마음을 써서 추구하려 하기만 하면, 천리만리 멀어져서 아무 관계가 없게 됩니다. 비록 이러하지만, 마음을 쓰는 곳이 없고, 더듬어 찾는 곳이 없고, 힘을 쓰는[236] 곳이 없을 때에 바로 힘을 쓰기에 딱 좋습니다.[237] 이렇게 말하는 것을 보고서 다시 뜻밖의 생각을 일으켜[238] 이렇게 말하진 마십시오. "이미 마음을 쓰지도 않고 더듬어 찾지도 않고 힘을 쓰지도 않는데, 다시 어떻게 향하여 다가갈[239] 것인가?"

---

234 행원(行願) : 몸으로 하는 행(行)과 마음으로 바라는 원(願). 곧 실천과 바람.

235 『화엄경』(80권 화엄) 제28권 「십회향품(十迴向品)」 제25-6.

236 착력(着力) : 힘을 쓰다. 힘을 내다.

237 정호(正好) : (시간, 위치, 수량, 정도가) 꼭 알맞다. 딱 좋다.

238 절외생지(節外生枝) : 뜻밖의 문제가 발생하다. 또 다른 사태가 발생하다. 뜻밖의 생각을 하다.

239 취향(趣向) : ①향하여 다가가다. ②하고 싶은 마음이 생기는 방향. 또는 그런 경향. 의

만약 이런 생각을 한다면, 더욱더 멀어져 관계가 없게 됩니다.

學世間事, 用心不到, 則學不成. 學出世間法, 無你用心處. 纔擬用心推求, 則千里

萬里沒交涉矣. 雖然如是, 無用心處, 無摸捒處, 無著力處, 正好著力. 莫見恁麼道,

又節外生枝云: "旣無用心, 無摸捒, 無著力, 卻如何趣向?" 若作此見, 轉沒交涉矣.

향. 지향. ③취미. 흥미. ④행방. 가는 방향. ⑤경로나 수단. ⑥마음이 그쪽으로 기울어지다.

4. 묘증 거사[240]에게 보임

세월은 재빠르고, 살고 죽는 일은 큽니다. 중생 세계에서 삶과 죽음을 따르는 일은 삼대나 좁쌀처럼 많아서, 한 차례 정리하고 나면 또 한 차례 다가옵니다. 만약 삶과 죽음이라는 두 글자를 집어 콧마루[241] 위에다 붙이고 번뇌를 끊지[242] 않는다면, 죽음[243]에 딱 마주쳐서는 손발을 허둥지둥하는 것이 마치 끓는 물속에 게를 집어넣을 때와 같을 것이니, 이때 비로소 후회한들 이미 늦은 것입니다. 만약 번뇌를 끊어 버리고자[244] 한다면, 지금부터 곧장 끊어 버리십시오.

示妙證居士(聶寺丞)

無常迅速, 生死事大. 衆生界中, 順生死底事, 如麻似栗, 撥整了一番, 又一番到來. 若不把生死兩字貼在鼻尖兒上作對治, 則直待臘月三十日手忙脚亂, 如落湯螃蟹時, 方始知悔則遲也. 若要直截, 請從而今便截斷.

---

240 묘증거사(妙證居士) : (원주: 섭사승(聶寺丞).) 섭(聶)은 성(姓), 사승(寺丞)은 관직명으로서 사관(寺官) 곧 내시(內侍)의 보좌(輔佐)나 속관(屬官).

241 비첨아(鼻尖兒) : 코끝. 콧마루. 비공(鼻孔)과 마찬가지로 본성(本性), 본래면목을 가리킨다.

242 대치(對治) : 깨달음의 지혜를 가지고 번뇌의 어리석음을 다스리다. 어리석음을 깨뜨려 끊다.

243 납월삼십일(臘月三十日) : 납월(臘月)은 섣달. 납월 30일은 일 년의 마지막 날인 섣달 그믐날이니, 곧 생의 마지막 날을 가리킨다.

244 직절(直截) : ①곧장. 단도직입적으로. 단순 명쾌하게. 시원시원하게. ②곧장 끊다. ③선종(禪宗)의 경절문(徑截門)을 가리킴.

세간의 법을 배우는 것은 분명하게 이해할 필요가 있습니다만, 출세간의 법을 배우는 것은 도리어 전혀 이해할 수 없어야 비로소 다가갈 몫이 있습니다. 이미 이해하지 못하는데, 다시 어떻게 다가갈까요? 다만 이렇게 탐구하여 밝히십시오.[245]

學世間法, 須要理會得分曉, 學出世間法, 卻全要理會不得, 方有趣向分. 旣理會不得, 卻如何趣向? 但恁麼究取.

부처는 중생의 세계에서 일을 마친 사람이고, 중생은 부처의 세계에서 일을 마치지 못한 사람입니다. 한결같기를 바란다면 다만 부처와 중생을 한꺼번에 놓아 버리십시오. 그러면 일을 마침도 없고 마치지 못함도 없습니다. 그러므로 옛 스님이 말했습니다.

"다만 일 위에서 일 없음에 통달할 뿐, 색깔을 보고 소리를 들음에 눈을 감고 귀를 막을 필요는 없다."[246]

佛是衆生界中了事漢, 衆生是佛界中不了事漢. 欲得一如, 但佛與衆生一時放下. 則無了無不了. 故古德云: "但於事上通無事, 見色聞聲不用聾."

한 승려가 조주에게 물었습니다.
"측백나무에도 불성이 있습니까?"

---

245 구취(究取): 탐구하여 밝히다.
246 『고존숙어록』 제46권 「저주낭야산각화상어록(滁州瑯琊山覺和尙語錄)」에서 낭야혜각(瑯琊慧覺)이 상당설법한 곳에 나오는 구절.

조주가 답했습니다.

"있다."

승려: "언제 깨달아 부처가 됩니까?"

조주: "허공이 땅에 떨어질 때가 되면."

승려: "허공은 언제 땅에 떨어집니까?"

조주: "측백나무가 깨달아 부처가 되면."[247]

이 이야기를 보고서 측백나무가 깨달아 부처가 되지 않는다는 생각을 해도 안 되고, 허공이 땅에 떨어지지 않는다는 생각을 해도 안 됩니다. 결국 어떻습니까? 허공이 땅에 떨어질 때 측백나무는 부처가 되고, 측백나무가 부처가 될 때 허공은 땅에 떨어집니다. 확실하니 잘 생각해 보십시오.

僧問趙州 : "柏樹子還有佛性也無?" 州云 : "有." 僧云 : "幾時成佛?" 州云 : "待虛空落地." 僧云 : "虛空幾時落地?" 州云 : "待柏樹子成佛." 看此話, 不得作柏樹子不成佛想, 虛空不落地想. 畢竟如何? 虛空落地時, 柏樹子成佛, 柏樹子成佛時, 虛空落地. 定也, 思之!

부처님은 일 없는 사람입니다. 세상에 49년 동안 머물면서 중생의 근성(根性)에 따라 병에 알맞은 약을 주셨으니, 권(權)과 실(實)[248] · 돈(頓)

---

247 『조당집』 제18권 '조주화상(趙州和尙)'에 나오는 문답.

248 권실(權實) : 수단인 방편(方便)을 권(權)이라 하고, 방편이 가리키는 진실(眞實)을 실(實)이라 한다.

과 점(漸)²⁴⁹·반자교(半字教)와 만자교(滿字教)²⁵⁰·편교(偏教)와 원교(圓教)²⁵¹ 등으로 일대장교(一大藏教)²⁵²를 말씀하셨지만, 이 모두가 일 없는 법입니다.

---

249 돈점(頓漸) : 또는 점돈(漸頓). 돈속(頓速)과 점차(漸次)의 뜻. 그 쓰임에 따라 의미가 다르다. 부처님이 설법한 형식에서 말하는 것과, 사상의 내용에서 말하는 것과, 수행의 과 정에서 말하는 것의 3종이 있다. ① 부처님 설법의 형식에서 말하면, 단박에 설법한『화엄경』은 돈(頓), 근기에 맞추어 점차로 말한『아함경』·『방등경』·『반야경』 등의 여러 경은 점(漸). ② 사상의 내용에서 말하면, 일정한 차례에 따르지 않고 바로 해탈을 얻는 방법을 말한 것을 돈교, 원칙적으로 차례를 밟아서 점차로 해탈케 하는 가르침을 점교. ③ 수행 의 과정에서 말하면, 돈교에 의지하여 속히 증오(證悟)를 얻는 것은 돈. 점교에 의지하여 수행해서 점차로 얕은 데서 깊은 데로 나아가는 것은 점. 앞의 것은 수행하는 점차와 경 과하는 시간을 말하지 않으나, 뒤의 것은 그 과정으로 7현(賢)·7성(聖)·52위(位)·3아 승지겁·백대겁 등을 말함.

250 반자교(半字教)와 만자교(滿字教) :『열반경』에서는 아버지가 어리석은 아들에게 먼저 반자(半字)를 가르치고 나중에 만자(滿字)를 가르친다고 하여, 반자를 소승(小乘)의 경전 에 비유하고, 만자를 대승(大乘)의 경전에 비유하였다. 반자(半字)라 함은 글자가 원만하 지 못한 것으로, 반자교를 소승의 가르침이 의리(義理)가 원만하지 못한 것에 비유하고, 대승의 가르침은 의리가 원만하여 글자가 완성된 것과 같으므로 만자교라 한다.『열반경』 의 번역자 담무참은 이에 의하여 부처님의 일대 교설을 반자·만자의 2교로 판별하여 소 승은 반자교, 대승은 만자교라 하였다.

251 편교(偏教)와 원교(圓教) : 편교(偏教)는 한편에 치우친 가르침, 곧 방편 수단으로 말한 권교(權教). 원교(圓教)는 치우침 없는 원만한 가르침.『화엄경(華嚴經)』에 "원만인연수다 라(圓滿因緣修多羅)" 또는 "원만경(圓滿經)"이란 말이 있는 데서 기인하였다.『화엄경(華嚴 經)』을 원교라 한 것은 북위(北魏)의 혜광(惠光)이 처음이다. 그 후 천태종, 화엄종 등 각 종파(宗派)의 교상판석(教相判釋)에 이러한 분류를 사용하여, 자기 종파가 의지하는 경전 을 원교에 배당하였다.

252 일대장교(一代藏教) : 경(經)·율(律)·론(論) 삼장(三藏)을 가리키는데, 일대시교(一 代時教)라고도 한다.

중생은 아득한 예로부터 분별심[253]에 의하여 헤매며 살아왔는데,[254] 헤매며 살고 있을 때는 전혀 깨달아 알지 못합니다. 그러므로 부처님은 반야의 회상(會上)에서 모든 법이 공(空)인 모습이라고 말씀하셨으니, 눈 · 귀 · 코 · 혀 · 몸 · 의식과 색깔 · 소리 · 냄새 · 맛 · 촉감 · 법들이 모두 공(空)으로서 헛되이 이름만 있을 뿐이라고 하셨습니다. 궁극적인 곳에 이르면 이름도 역시 공(空)이고, 나아가 공(空)도 또한 없습니다.

만약 사람이 예전부터 선근(善根)[255]의 혈통[256]이라면, 단지 얻을 수 없는 곳에서 분별심을 죽여 버리고, 바야흐로 석가 노인이 말한 "처음 녹야원[257]에서 마지막 발제하[258]에 이르기까지 단 한 마디도 말한 적이 없

253 심의식(心意識) : 심(心)은 범어 질다(質多)의 번역, 모여서 발생한다는(集起) 뜻. 의(意)는 범어 말나(末那)의 번역, 헤아려 생각한다는(思量) 뜻. 식(識)은 범어 비야남(毘若南)의 번역, 분별하여 알아차린다는(了別) 뜻. 분별심(分別心)을 말함.

254 유전(流轉) : 유(流)는 상속, 전(轉)은 헤매는 것. 우리들이 3계(界) 6도(度)에 태어나고 태어나서 그치지 않음. 윤회(輪廻)와 같은 뜻.

255 선근(善根) : 좋은 결과를 가져올 좋은 원인이란 뜻. 선행(善行)을 나무의 뿌리에 비유한 것. 착한 행업의 공덕 선근을 심으면 반드시 선과(善果)를 맺는다 함.

256 종성(種性) : 혈통. 가문. 씨족. =종성(種姓).

257 녹야원(鹿野苑) : 녹야원(鹿野園) · 선인론처(仙人論處) · 선인주처(仙人住處) · 선인타처(仙人墮處) · 선인녹원(仙人鹿園) · 선원(仙人園) · 선원(仙園) · 녹원(鹿苑) · 시녹림(施鹿林) · 녹림(鹿林)이라고도 씀. 석가모니께서 성도(成道)한 지 삼칠일(三七日) 뒤에 처음으로 법륜(法輪)을 굴리어 아야교진여(阿若憍陳如) 등 5비구를 제도한 곳. 중인도 바라내국 왕사성의 동북쪽에 있다. 지금 바라나시 시(市)의 북쪽에 있는 사르나트의 유적이 곧 녹야원 터이다.

258 발제하(拔提河) : 석존이 열반에 드신 쿠시나가라 주위에 있던 히란야바티 강을 말한다. Hiranyavati를 중국에서 시뢰나발제(尸賴拏拔提)라고 음역하였는데, 발제(拔提)는 그 축약형이고 또 강 이름이므로 발제하(拔提河)라고 하였음.

111

었다."²⁵⁹는 것이 진실한 말임을 알아볼 것입니다.

佛是無事底人, 住世四十九年, 隨衆生根性, 應病與藥, 權實頓漸, 半滿偏圓, 說一
大藏敎, 皆無事法也. 衆生無始時來爲心意識之所流轉, 流轉時渾不覺知. 故佛在
般若會上說諸法空相, 謂眼耳鼻舌身意, 色聲香味觸法皆空, 徒有名字而已. 到究
竟處, 名字亦空, 空亦不可得. 若人夙有善根種性, 只向不可得處死卻心意識, 方知
釋迦老子道: "始從鹿野苑, 終至跋提河, 於是二中間, 未嘗說一字." 是眞實語.

선(禪)은 고요한 곳에 있지도 않고, 시끄러운 곳에 있지도 않고, 생
각하여 분별하는 곳에 있지도 않고, 일상생활에서 인연에 응하는 곳에
있지도 않습니다. 비록 그러하지만, 고요한 곳·시끄러운 곳·생각하
여 분별하는 곳·일상생활에서 인연에 응하는 곳을 내버리고 참선(參
禪)해서는 절대로 안 됩니다. 문득 눈이 열리면, 전부 자기 집 속의 일
입니다.

禪不在靜處, 不在鬧處, 不在思量分別處, 不在日用應緣處. 然雖如是, 第一不得捨
卻靜處·鬧處·日用應緣處·思量分別處參. 忽然眼開, 都是自家屋裏事.

오늘날 사대부는 도(道)를 배움에 흔히 반걸음쯤 나아가다가 다시 반
걸음을 후퇴합니다. 세상의 일이 마음대로 되지 않으면 급하게 선(禪)

---

259 불일계숭(佛日契嵩; 1007-1072)이 쓴 「육조대사법보단경찬(六祖大師法寶壇經贊)」에 『열
반경』에서 인용한 것으로 이 문장이 나오지만, 지금 남아 있는 『열반경』에는 이런 문장이
없다. 『연등회요』 제1권에 같은 취지의 말이 나온다.

112

을 찾으려 하다가, 문득 세상의 일이 뜻대로 되면 곧 선을 찾는 것을
그만둡니다. 이것은 흔들림 없는 믿음이 없기 때문입니다. 선(禪)은 곧
반야의 다른 이름입니다. 산스크리트 어 반야는 번역하면 지혜입니다.
당사자에게 흔들림 없는 믿음이 없다면 또한 지혜도 없는 것이니, 삶
과 죽음에서 벗어나고자 하여도 불가능한 일입니다.

今時士大夫學道, 多是半進半退. 於世事上不如意, 則火急要參禪, 忽然世事遂意,
則便罷參. 爲無決定信故也. 禪乃般若之異名. 梵語般若, 此云智慧. 當人若無決定
信, 又無智慧, 欲出生死, 無有是處.

5. 무상 거사[260]에게 보임[261]

이 도(道)를 배우려 하면 모름지기 흔들림 없는 믿음을 갖추고서 순조로울 때나 어려울 때나 마음이 흔들리지 않아야만 비로소 앞으로 나아가게 됩니다.

부처님께서 말씀하셨습니다.[262]

"믿음이 있으면 번뇌의 뿌리를 영원히 없앨 수 있고, 믿음이 있으면 부처의 공덕으로 오로지 나아갈 수 있고, 믿음이 있으면 경계에 집착함이 없고, 모든 어려움을 멀리 벗어나 수월해진다."

또 말씀하셨습니다.

"믿음이 있으면 온갖 마귀의 길에서 벗어나 위없는 해탈의 길을 드러낼 수 있다."

이러한 말씀은 경전 가운데 분명히 있는 문장입니다. 부처님께서 어찌 사람들을 속이겠습니까? 만약 반은 밝고 반은 어둡고 반은 믿고 반은 믿지 못한다면, 경계에 접촉하고 인연을 만남에 마음에 의혹이 일어나 곧 경계에 마음이 집착하니, 이 도에서 결정적으로 의심이 없어지지도 못하고, 번뇌의 뿌리를 소멸하지도 못하고, 모든 어려움에서 멀리 벗어나지도 못합니다.

---

260 무상거사(無相居士) : (원주: 鄧直殿子立) 등(鄧)은 성(姓), 직전(直殿)은 벼슬 이름, 자립(子立)은 자(字).

261 1149년(61세)에 쓴 글.

262 아래의 두 구절은 『화엄경(80권)』 제14권 「현수품(賢首品)」 제12-1에 나오는 게송의 구절.

示無相居士(鄧直殿子立)

欲學此道, 須是具決定信, 逢逆順境, 心不動搖, 方有趣向分. 佛言: "信能永滅煩惱本, 信能專向佛功德, 信於境界無所著, 遠離諸難得無難." 又云: "信能超出衆魔路, 示現無上解脫道." 如上所說, 敎有明文. 佛豈欺人耶? 若半明半暗, 半信半不信, 則觸境遇緣, 心生疑惑, 乃是於境界心有所著, 不能於此道決定無疑, 滅煩惱本, 遠離諸難.

온갖 어려움이란, 흔들림 없는 믿음이 없기 때문에 자기의 몸과 마음이라는 마귀[263]에게 휘둘리는 것입니다. 만약 한순간 연기(緣起)할 뿐 생기지도 않고 사라지지도 않음이 분명해지면, 이 순간을 넘어서지 않고 즉시 마귀의 길에서 벗어납니다. 마귀의 길이라는 것도 다른 물건이 아니라 곧 이 마음에 어두운 것입니다. 이 마음 밖에서 헛되이 여러 차별되는 견해를 일으키면, 이 마음은 곧 차별되는 허망한 생각을 따라 흘러갑니다. 그 까닭에 마귀의 경계가 이루어집니다. 만약 곧장 이 마음이 확실히 본래 깨달아 있다는 것을 믿어 문득 모든 견해를 내버린다면, 이 마귀의 길이 곧 본인이 삶과 죽음에서 빠져나올 깨달음의 길인 것입니다.

諸難者, 爲無決定信, 被自己陰魔所撓. 若能一念緣起無生, 則不越此念, 卽時超出魔路. 所謂魔路亦非他物, 乃是昧卻此心. 於此心外妄生差別諸見, 而此心卽隨差

---

263 음마(陰魔) : 온마(蘊魔). 오음(五陰) 즉 오온(五蘊)이 화합하여 이루어진 것은 여러 가지의 고통을 낸다는 의미로 마(魔)라 함. 번뇌의 원인인 오온(五蘊)을 가리킴.

別妄念流轉. 故成就魔境. 若能直下信此心, 決定本來成佛, 頓亡諸見, 卽此魔路便
是當人出生死菩提路也.

참선(參禪)하는 사람이라면 경전의 가르침과 옛 스님들이 도(道)에 들
어간 인연을 살펴보고 다만 마음을 비워 버릴 뿐, 소리 내어 부르는 이
름과 언구(言句)의 뜻에서 현묘함을 찾거나 깨달아 들어감을 구하지는
말아야 합니다. 만약 이렇게 찾는 마음을 일으킨다면, 자기의 바른 지
혜[264]를 가로막아서 영원히 들어갈 곳이 없을 것입니다. 반산이 말하기
를 "비유하면 칼을 허공에 휘둘러 내던지되, 허공에 칼날이 닿는지 닿
지 않는지를 따지지 않는 것과 같다."[265]라고 하였으니, 소홀히 하면 안

---

264 정지견(正知見) : =정견(正見). ①올바른 견해(見解). 팔정도(八正道)의 하나. ②있는
     그대로 보는 지혜. ③자기 마음의 본성(實相)의 바로 보는 것. 걸림 없는 지혜. 단상이견
     (斷常二見)에 떨어지지 않고 불이중도(不二中道)에 통하는 지혜.
265 『경덕전등록』 제7권 '유주반산보적선사'(幽州盤山寶積禪師)에 다음 상당설법이 있다 :
     무릇 대도(大道)는 그 가운데가 없는데, 다시 무슨 앞과 뒤가 있으랴? 영원한 공(空)은 끝
     이 없으니, 무엇으로 헤아려 보겠는가? 공(空)이 이미 이와 같은데, 도(道)는 또 어떻게
     말하겠는가? 마음 달이 홀로 두루하니, 그 빛이 삼라만상을 다 삼킨다. 빛이 경계를 비추
     지 않으면, 경계도 있는 것이 아니다. 빛과 경계가 모두 사라지면, 다시 무슨 물건인가?
     선객(禪客)들이여, 비유하면 칼을 허공에 휘둘러 던짐에 허공에 칼날이 닿는지 닿지 않는
     지를 따지지 않는 것과 같다. 이것은 곧 허공에는 자취가 없으니 칼날이 상하지 않는 것
     이다. 만약 이와 같을 수 있다면, 마음 마음에 앎이 없고, 온 마음이 곧 부처요, 온 부처가
     곧 마음이다. 사람과 부처가 다름이 없으면 비로소 도(道)인 것이다.(夫大道無中, 復誰先
     後? 長空絶際, 何用稱量? 空旣如斯, 道復何說? 夫心月孤圓, 光呑萬象. 光非照境, 境亦非存. 光境俱
     亡, 復是何物? 禪德, 譬如擲劍揮空, 莫論及之不及. 斯乃空輪無跡, 劍刃無虧. 若能如是, 心心無知,
     全心卽佛, 全佛卽人. 人佛無異, 始爲道矣.) 공부하는 사람이 깨달아 이 속으로 들어오려면,
     마치 칼을 허공에 자유롭게 내던져 칼날이 허공에 닿는지 닿지 않는지를 따지지 않는 것
     처럼, 망회(忘懷)와 착의(著意) 같은 어떠한 분별이나 조작도 없이 그냥 마음놓고 내던져

됩니다.

參禪人, 看經教及古德入道因緣, 但虛卻心, 不用向聲名句義上, 求玄妙求悟入. 若起此心, 卽障卻自己正知見, 永劫無有入頭處. 盤山云: "譬如擲劍揮空, 莫論及之不及." 不可忽.

유마는 "법(法)은 눈·귀·코·혀·몸·의식의 육근(六根)을 넘어서 있다."[266]고 하였습니다. 이 법에 철저하고자 한다면 먼저 육근의 문 앞을 가려 막아 조금의 허물과 근심도 없도록 해야 합니다. 무엇이 허물과 근심일까요? 색깔·소리·냄새·촉감·맛·개념[267]에 부림을 당하여 이것들로부터 멀리 벗어나지 못하여, 경전의 가르침과 옛 스님의 말씀 위에서 지견(知見)을 구하고 이해를 찾는 것이 곧 허물과 근심입니다. 만약 경전의 가르침과 옛 스님이 도에 들어간 인연에서 두 번째 생각을 일으키지 않고 곧장 귀결점을 알 수 있다면, 자기의 경계와 남의 경계에서 뜻대로 되지 않음이 없고 자재하지 않음이 없을 것입니다.

놓아 버려야 한다.

266 『유마힐소설경』 「제자품(弟子品)」 제3에 나오는 구절. 앞뒤 구절은 다음과 같다. "법은 좋고 나쁨을 벗어났다. 법은 더할 수도 없고 덜 수도 없다. 법은 생겨나지도 사라지지도 않는다. 법은 돌아갈 곳이 없다. 법은 눈·귀·코·혀·몸·마음을 넘어서 있다. 법에는 높고 낮음이 없다. 법은 늘 머물러 움직이지 않는다. 법은 모든 관심수행(觀心修行)을 벗어나 있다."(法離好醜. 法無增損. 法無生滅. 法無所歸. 法過眼耳鼻舌身心. 法無高下. 法常住不動. 法離一切觀行.)

267 지각(知覺)하는 기관인 육근(六根)에 상대되는 지각되는 대상인 육경(六境).

淨名云: "法過眼耳鼻舌身意." 欲徹此法, 先須屏除六根門頭, 使無少過患. 何爲過
患? 被色聲香味觸法所轉, 而不能遠離, 於經敎及古德言句上求知見, 覓解會者是.
苟能於經敎及古德入道因緣中不起第二念, 直下知歸, 則於自境界他境界無不如
意, 無不自在者.

덕산[268]은 승려가 문에 들어오는 것을 보면 곧 방망이를 휘둘렀고,
임제[269]는 승려가 문에 들어오는 것을 보면 곧 고함을 질렀습니다. 이
것을 두고 여러 곳의 존숙(尊宿)들은 마주하여 꽉 쥐고서[270] 곧장 떠맡긴
[271] 것이라 합니다. 하지만 저는 이것을 가장 심하게 진흙을 묻히고 물
에 빠지는[272] 짓이라고 합니다. 비록 한 번의 몽둥이질과 한 번의 고함

---

268 덕산선감(德山宣鑑) : 780~865. 당대(唐代) 청원(青原) 문하 선승. 속성은 주(周) 씨다.
     율(律) 및 성상학(性相學)을 배웠으며, 『금강경(金剛經)』에 정통하여 '주금강(周金剛)'이
     라 일컬어졌다. 남방의 선(禪)을 논파하러 용담숭신(龍潭崇信)을 찾아갔다가 도리어 용담
     에게 감화를 받아 선으로 돌아섰고, 용담숭신(龍潭崇信)의 법을 이었다. 대중(大中: 847~
     859) 초에 무릉(武陵) 태수 설정망(薛廷望)의 청으로 무릉의 덕산(德山)에 주석하여 종풍
     (宗風)을 드날렸다.

269 임제의현(臨濟義玄; ?~867).

270 벽면제지(劈面提持) : 벽면(劈面)은 곧 대면(對面)한다는 뜻, 제지(提持)는 들고 있다,
     꽉 쥐고 있다는 뜻. 마주하여 꽉 쥐고 놓치지 않고 있다는 말.

271 분부(分付) : 맡기다, 당부하다.

272 타니대수(拖泥帶水) : 진흙을 묻히고 물에 젖는다는 뜻인 타니대수(拖泥帶水)는 선가
     (禪家)에서 가르침을 펼 때, 방편(方便)의 언어(言語)를 만들어 가르침을 펼침을 가리키
     는 말이다. 진흙에 들어가고 물에 들어간다는 뜻인 입니입수(入泥入水)라 하기도 하고, 진
     흙과 섞이고 물과 섞인다는 뜻인 화니화수(和泥和水)라 하기도 한다. 도는 본래 분별할
     수 없고 말할 수 없는데, 방편으로 어쩔 수 없이 말을 사용할 수밖에 없다는 것. 물에 빠진
     사람을 건지려면 자기도 물에 들어가야 하고, 진흙탕에 빠진 사람을 구하려면 자기도 진
     흙을 묻힐 수밖에 없다. 그러므로 타니대수는 중생을 구제하려는 자비를 가리키는 말이

에서 온몸으로 (법을) 짊어질 수 있다고 하여도 이미 대장부는 아니니, 그가 갑자기 끼얹은 한 바가지 더러운 물[273]을 뒤집어썼기 때문입니다. 하물며 한 번의 몽둥이질과 한 번의 고함에서 특별함을 찾고 묘한 이해를 찾는다면, 영리하지[274] 못한 가운데 더욱더 영리하지 못한 것입니다.

德山見僧入門便棒, 臨濟見僧入門便喝. 諸方尊宿喚作劈面提持, 直截分付. 妙喜喚作第一等拖泥帶水. 直饒向一棒一喝下全身擔荷得, 已不是丈夫漢, 被佗驀頭澆一杓惡水了也. 況於一棒一喝下求奇特, 覓妙會, 乃是不唧㗧中又不唧㗧者.

상근기가 도(道)를 들으면 마치 허공에 도장을 찍는 듯하고, 중근기가 도를 들으면 마치 물 위에 도장을 찍는 듯하고, 하근기가 도를 들으면 마치 진흙에 도장을 찍는 듯합니다.[275] 이 도장은 허공 · 물 · 진흙에

기는 하지만, 또한 언어문자의 방편을 사용하기 때문에 자기가 맞을 몽둥이를 짊어지고 나서는 일이라고도 하는 것이다. 타니섭수(拖泥涉水)라고도 한다.

273 법(法)이라는 헛된 이름의 방편을 의지하였기 때문에.

274 즐류(唧㗧) : 총명한. 영리한. 즐류(唧溜)라고도 씀.

275 인공인수인니(印空印水印泥) : 최초로 등장하는 곳은 『천성광등록(天聖廣燈錄)』제18권 '원주남원산초원선사(袁州南源山楚圓禪師)'의 다음 상당법어(上堂法語)이다. "조사의 마음 도장은 한 번 찍어서 허공에 찍고, 한 번 찍어서 물에 찍고, 한 번 찍어서 진흙에 찍는다. 지금 도장을 찍지 않은 자가 있느냐? 진실로 발아래에서 한마디 거꾸로 말해 보아라. 설사 그대들이 호방하고 분명하게 말할 수 있다고 하더라도, 결코 납승(衲僧)의 문하를 지나갈 수는 없다. 말해 보아라. 납승에게 어떤 뛰어난 곳이 있는가?"("祖師心印, 一印印空, 一印印水, 一印印泥. 如今還有印不着者麼? 誠向脚跟下, 倒道將一句來. 設汝道得偶儻分明, 第一不得行過衲僧門下. 且道. 衲僧有什麼長處?") 허공에 도장을 찍는 인공(印空)은 이름은 있으나 모습은 없으니 곧장 진실의 자리에 선 것이고, 물에 도장을 찍는 인수(印水)는 이름에

서 차별이 없습니다만, 근기가 상 · 중 · 하인 사람 때문에 차별이 있을
뿐입니다. 지금 이 도에 곧장 들어가고자 하시면, 도장을 때려 부순 뒤
에 와서 저와 만나 보십시오.

上士聞道, 如印印空, 中士聞道, 如印印水, 下士聞道, 如印印泥. 此印與空水泥無
差別, 因上中下之士, 故有差別耳. 如今欲徑入此道, 和印子擊碎, 然後來與妙喜相
見.

따라 모습이 드러나는 듯하다가 곧 사라지니 방편을 통하여 법을 가리키는 것이고, 진흙
에 도장을 찍는 인니(印泥)는 이름과 모습이 그대로 남아 있으니 뜻과 이치로 설명하고
이해하는 것이다. 불법(佛法)이라는 도장은 하나이나, 그 가르침을 받아들이는 사람이 각
자의 근기에 따라 세 가지로 바르게 받아들인다는 말이다.

6. 진여 도인에게 보임[276]

불타는 집[277]의 번뇌는 언제 끝날까? 하루라도 안락하면 곧 천만일 (千萬日)의 본보기[278]가 된다. 하루라도 마음이 치달려 찾지도 않고 허 망한 생각을 하지도 않고 모든 경계에 관여하지도 않는다면, 과거 · 현재 · 미래의 모든 부처님과 모든 큰 보살님과 곧장 들어맞아서 절충 할[279] 필요 없이[280] 저절로 하나가 된다. 세존께서 불타는 집의 비유[281]를

---

276 1145년(57세)에 쓴 글.

277 화택(火宅) : 『법화경』 7유(喩)의 하나인 화택유(火宅喩)에 나오는 말. 3계가 탐욕 등의 번뇌로 어지러운 것을 불타는 집에 비유한 것. 곧 고뇌가 가득찬 이 세계.

278 양자(樣子) : 본보기, 견본, 표본.

279 화회(和會) : 조화하다. 절충하다. 서로 모순된 듯한 경론(經論)을 하나로 통하게 해석 (解釋)함.

280 불착(不著) : =불용(不用), 불수(不須). ①할 필요 없다. ②할 수 없다. =용불착(用不 着).

281 화택유(火宅喩) : 법화칠유(法華七喩)의 하나. 『법화경』 「비유품」에 있다. 어느 마을에 자식 많고 나이 많은 억만장자가 있었다. 그는 넓고 큰 저택에 살고 있었는데 그 집은 이 미 낡아서 폐가처럼 황폐해 있었다. 새들이 집을 짓고 있었으며 뱀들도 서식하고 있었다. 큰 저택이지만 무슨 까닭인지 출입구는 오직 하나뿐이었다. 그런데 어느 날 이 집에 불이 나 순식간에 불바다가 되었다. 장자는 재빨리 문밖으로 뛰쳐나왔으나 그가 사랑하는 수 많은 아이들은 불이 난 것도 모르고 집 안에서 놀이에만 정신이 팔려 있었다. 아이들은 자기들의 몸에 닥쳐오는 위험을 알지 못하므로 피할 마음도 없었다. 아버지인 장자의 마 음은 안타깝기 짝이 없었다. "위험하니 빨리 밖으로 나오너라."고 밖에서 크게 소리쳤으 나, 아이들은 아버지의 말을 귀담아 들으려 하지 않았다. 그들은 불이 났다는 것이 무엇 이며, 불이 집을 태운다고 하는데 그 집이란 무엇인지, 또 불에 타서 죽는다는 것은 어떠 한 것인지를 전혀 알지 못했으므로, 그저 집 안에서 이리 뛰고 저리 뛰면서 문밖의 아버 지를 힐끔힐끔 쳐다보기만 할 뿐이었다. 장자인 아버지는 어떻게 해서라도 아이들을 구 해야겠다고 생각했으므로 아이들이 평소에 원했던 것을 이것 저것 생각한 끝에 "너희들

말씀하신 것이 바로 이 때문이다. 경전에서 말했다.

"이 집에는 오직 한 개의 문이 있는데, 그 문은 좁다. 아이들은 모두 어려서 말귀를 알아듣지도 못하고 놀이에 몰두하고 있다. 만약 불타는 지붕이 무너지기라도 한다면 불에 탈 것이니, 나는 마땅히 이 두려운 일을 말해야 한다."[282]

示眞如道人

火宅塵勞, 何時是了? 安樂得一日, 便是千萬日樣子也. 於一日中, 心不馳求, 不妄想, 不緣諸境, 便與三世諸佛諸大菩薩相契, 不著和會, 自然成一片矣. 世尊說火宅喩, 正爲此也. 經云: "是舍唯有一門, 而復狹小. 諸子幼稚, 未有所識, 戀著戲處. 或

이 항상 원하던 양(羊)이 끄는 수레, 사슴(鹿)이 끄는 수레, 소(牛)가 끄는 수레가 문밖에 있으니 빨리 밖으로 나와라."고 소리쳤다. 양이 끄는 수레와 사슴이 끄는 수레와 소가 끄는 수레는 모두 아이들이 꿈에서나 그리던 것들이었다. 아이들은 아버지의 말을 듣자 손에 가지고 놀던 장난감을 내던지고 앞을 다투어, 오직 하나뿐인 좁은 문을 통해 밖으로 나왔다. 그러나 그곳에는 아버지가 말한 양의 수레, 사슴의 수레, 소의 수레는 그림자도 없었다. 아버지는 아이들이 무사한 모습을 보고 안도의 숨을 쉬었으나 아이들은 이에 승복하지 않았다. "아버지가 거짓말을 하셨다."며 막무가내로 아버지에게 항의했다. 그러자 아버지는 약속한 양·사슴·소가 끄는 수레보다 더 크고 훌륭하며 날쌘, 흰 소(白牛)가 끄는 수레를 아이들에게 전부 나눠 주었으므로 아이들은 모두 만족했다. 이상이 장자화택(長者火宅), 삼거화택(三車火宅), 삼계화택(三界火宅)의 비유라고 불리는 것이다. 불난 집(火宅)은 3계(三界) 즉 사바 세계를, 아이들은 중생을, 장자는 부처님을 비유한 것이다. 양·사슴·소의 세 가지 수레는 각각 성문승·연각승·보살승인 3승을 비유한 것이며, 대백우거(大白牛車)는 1불승(一佛乘)에 비유한 것이다. 모든 부처님은 중생을 교화하는 방편으로 1불승을 3승으로 나누어 설한다고 하시며 앞의 「방편품」에서 설한 3승방편(三乘方便) 1승진실(一乘眞實)의 가르침을 밝히고 있는 것이다.
282 『묘법연화경』 제2권 「비유품(譬喩品)」 제3에 나오는 구절.

當墮落, 爲火所燒, 我當爲說, 怖畏之事."

경전에서 다 말하고 있다. "이 집에는 오직 한 개의 문이 있는데, 그 문은 좁다."는 것은 믿음이 좁다는 말이다. 불타는 집 속에서 지혜 없이 온갖 번뇌에 즐겨 집착하는 일을 즐겁게 여기고, 불타는 집에서 나와 탁 트인 땅에서 깨끗하고 묘한 즐거움 속에 자리 잡는 것을 믿지 않기 때문이다. 만약 그 불타는 집 속에서 (불타는 집을 벗어나는 일에 대하여) 믿음이 생겨 알게 되어서, 유치한 놀이에 즐겨 집착하지 않고 마음이 치달려 찾지도 않고 허망한 생각을 일으키지도 않고 모든 경계에 관여하지도 않는다면, 이 불타는 집의 번뇌가 곧 삼계에서 벗어나 해탈하는 곳이다.

其在經中. "是舍唯有一門, 而復狹小." 謂信根狹劣. 在火宅中, 無智慧而戀著塵勞之事爲樂, 不信有出火宅, 露地而坐淸淨妙樂故也. 若在其中, 信得及, 識得破, 不戀著幼稚戲處, 心不馳求, 不妄想, 不緣諸境, 卽此火宅塵勞, 便是解脫出三界之處.

왜 그럴까? 부처님께서 말씀하시지 않았느냐?
"모든 경계에 의지함도 없고 머묾도 없고 분별도 없고, 법계(法界)가 광대하게 펼쳐져 있음을 밝게 보고, 모든 세간과 모든 법이 평등하여 둘이 없음을 깨닫는다."[283]

---

283 『화엄경』(80권 화엄) 제31권 「십회향품(十迴向品)」 제25-9에 나오는 구절.

그러므로 원행지(遠行地)²⁸⁴의 보살은 스스로 행하는 지혜의 힘 때문에 모든 이승(二乘)의 위를 넘고 지나가서, 비록 부처의 경계(境界)를 얻어 간직하더라도 마구니의 경계에 머묾을 보여 주고, 비록 마구니의 도(道)를 뛰어넘더라도 마구니의 법을 드러내어 행하고, 비록 외도(外道)와 동일하게 행함을 보여 주더라도 불법을 버리지 않고, 비록 모든 세간의 일을 따름을 보여 주더라도 늘 모든 출세간의 법을 행하니, 이것이 곧 불타는 집 번뇌 속의 참된 방편이다.

何以故? 佛不云乎? : "於一切境無依無住, 無有分別, 明見法界廣大安立, 了諸世間及一切法平等無二." 故遠行地菩薩以自所行智慧力故, 出過一切二乘之上, 雖得佛境界藏, 而示住魔境界, 雖超魔道, 而現行魔法, 雖示同外道行, 而不捨佛法, 雖示隨順一切世間, 而常行一切出世間法, 此乃火宅塵勞中眞方便也.

반야를 배우는 사람이 이 방편을 버리고 세속의 번뇌를 따른다면, 반드시 마구니에게 사로잡힌다. 또 경계를 따르는 가운데 억지로 도리를 말하기를 번뇌가 곧 보리(菩提)이며 무명이 곧 큰 지혜라 하고, 걸음걸음에 업(業)²⁸⁵을 지으면서 입만 열면 공(空)을 말하고, 업의 힘에 끌려가면서 스스로를 꾸짖지는 않고 도리어 사람에게 인과(因果)를 내버리

---

284 원행지(遠行地) : 보살의 십지(十地) 가운데 제7지. 이 지(地)에 이르러 보살은 먼 세간
    (世間)과 삼승(三乘)에 관계된 유상(有相)의 행(行)을 벗어날 수 있다.
285 행유(行有) : 업유(業有)와 같다. 7유(有)의 하나. 업(業)을 말함. 몸·입·뜻으로 지은
    선악(善惡)의 행위(行爲)는 반드시 미래에 선악의 과보(果報)를 받게 되어 인과(因果)가
    어지럽지 않다는 뜻으로 유(有)라 함.

제[286] 하고는 곧 말하기를 "술 먹고 고기 먹는 것이 보리를 가로막지 않고, 도둑질하고 음행하는 것이 반야를 방해하지 않는다."고 말한다. 이러한 부류는 삿된 마구니의 악한 독(毒)이 그 마음 깊이 들어와도 전혀 알아차리지 못하니, 번뇌를 벗어나고자 하지만 마치 기름을 뿌려 불을 끄려는 것과 같으니 참으로 불쌍한 일이다.

學般若人, 捨此方便, 而隨順塵勞, 定爲魔所攝持. 又於隨順境中, 彊說道理, 謂煩惱卽菩提, 無明卽大智, 步步行有, 口口談空, 自不責業力所牽, 更敎人撥無因果, 便言: "飮酒食肉不礙菩提, 行盜行婬無妨般若." 如此之流, 邪魔惡毒入其心腑都不覺知, 欲出塵勞, 如潑油救火, 可不悲哉!

번뇌의 짝이 여래의 씨앗이다. 경전 가운데 분명한 글이 있다.

"비유하면, 높은 언덕 위에 연꽃이 나는 것이 아니라, 낮고 축축한 진흙 속에서 연꽃이 난다."[287]

불난 집의 번뇌에서 빠져나오지 못하고[288] 헤아릴 수 없는 고통을 겪고 있다가, 문득 고통 속에서 싫어하여 벗어나고자 하면 비로소 위없는 깨달음의 마음을 내는 것이니, 번뇌의 짝이 여래의 씨앗이 된다는 것은 바로 이것을 말한다.

---

286 발무(撥無) : 없애다. 쓸어 내버리다.

287 『유마힐소설경』「불도품(佛道品)」제8에 나오는 구절.

288 두출두몰(頭出頭沒) : 물에 빠져 머리가 나왔다 들어갔다 하며 물에서 빠져나오지 못하다. 생사의 바다에 빠져서 빠져나오지 못하다.

塵勞之儔爲如來種, 敎有明文: "譬如高原陸地不生蓮華, 卑濕淤泥乃生此華." 在火
宅塵勞中頭出頭沒, 受無量苦, 忽於苦中而生厭離, 始發無上菩提之心, 塵勞之儔
爲如來種, 正謂此也.

속인(俗人)이 도를 배우는 것과 출가한 사람은 매우 다르다. 출가한
사람은 어려서부터 번뇌의 세속을 멀리 떠나 부모가 맛있는 음식[289]을
주지도 않고 육친[290]은 당연히 버리고, 몸은 깨끗한 가람[291]에 머물면서
눈으로는 검붉은 색깔의 성상(聖像)[292]을 보며 생각생각이 도(道)에 있고
마음마음에 끊어짐이 없다. 보는 책은 불서(佛書) 아님이 없고, 행하는
일은 불사(佛事) 아님이 없다. 탐낼 만한 것은 보지 않고, 부처님의 금
계(禁戒)[293]를 받는다. 부처님이 칭찬하신 것은 곧 따라 행하고, 부처님
이 꾸짖으신 것은 감히 어긋나지 않는다. 찾아뵐 만한 눈 밝은 종사(宗
師)도 있고, 의논할 만한 좋은 선우(善友)[294]도 있다. 만일 오래된 번뇌를
아직 없애지 못하여 잠시라도 부처님의 율의(律儀)[295]를 어기면, 벌써 대
중에게 내쫓긴다. 속인이 이러한 것을 비교한다면, 만분의 일에도 미

---

289 감지(甘旨) : 맛있는 음식.

290 육친(六親) : 부모, 형제, 처자를 통틀어 이르는 말.

291 가람(伽藍) : 승가람마(僧伽藍摩, saṅghārāma)·승가람(僧伽藍)의 준말. 중원(衆園)이라
     번역. 여러 승려들이 한데 모여 불도를 수행하는 곳. 후세에는 건축물인 전당(殿堂)을 부
     르는 이름으로 되었음. 절의 통칭.

292 성상(聖像) : 불상(佛像)이나 보살상, 혹은 조사(祖師)의 조각상.

293 금계(禁戒) : 금지한 계법. 계율(戒律)과 같음.

294 선우(善友) : 도반(道伴). 함께 공부하는 동료.

295 율의(律儀) : 계율(戒律)을 말함. 부처님이 제정한 규모를 지켜 위의(威儀)를 엄정하게
     하는 율법.

치지 못한다.

俗人學道與出家兒迥然不同. 出家兒自小遠離塵勞, 父母不供甘旨, 六親固以棄離,

身居清淨伽藍, 目睹紺容聖相, 念念在道, 心心無間. 所觀底書, 無非佛書, 所行底

事, 無非佛事. 不見可欲, 受佛禁戒. 佛所讚者, 方敢依而行之, 佛所訶者, 不敢違犯.

有明眼宗師可以尋訪, 有良朋善友可以否決. 縱有習漏未除者, 暫時破佛律儀, 已

爲衆所擯斥. 以俗人較之, 萬不及一.

속인은 불타는 집 속에서 가고 · 머물고 · 앉고 · 눕고 하는 사이에
탐욕과 분노와 어리석음[296]을 벗으로 삼고 있으니, 행하는 일이나 보고
듣는 것이 악업(惡業) 아님이 없다. 그러나 만약 이러한 가운데 뚫고 지
나간다면,[297] 그 힘은 도리어 우리 출가한 사람보다도 백천만 억 배나
더 뛰어나다. 뚫고 지나가면 비로소 번뇌가 곧 보리요, 무명이 곧 큰
지혜라고 말할 수 있다. 본래 드넓고 고요하고 묘한 마음속은 깨끗하
고 두루 밝고 텅 비어서[298] 장애가 될 한 물건도 없다. 마치 커다란 허
공과 같아서 깨달음이라는 한마디도 여기에서는 바깥 물건인데, 하물
며 다시 경계니 번뇌니 은덕이니 자애니 하는 것들이 있어서 상대가
되겠느냐? 불타는 집 속에서 뚫고 지나간다면, 출가할 필요도 없다.[299]

---

296 번뇌의 속성인 이른바 탐진치(貪瞋癡) 삼독(三毒)이다.

297 철(徹) : 꿰뚫다. 관통하다. 치우다. 제거하다. 부수다. 무너뜨리다. 타(打)는 행위의 실
    행을 강조하는 접두사. 득(得)은 행위의 완성을 나타내는 조사.

298 탕연(蕩然) : 텅 빈. 싹 사라진. 완전히 없어진 모양.

299 불수(不須) : -할 필요 없다.

俗人在火宅中四威儀內與貪欲瞋恚癡爲伴侶, 所作所爲, 所聞所見, 無非惡業. 然
若能於此中打得徹, 其力卻勝我出家兒百千萬億倍. 打得徹了, 方可說煩惱卽菩提,
無明卽大智. 本來廣大寂滅妙心中, 淸淨圓明蕩然, 無一物可作障礙. 如太虛空一
般, 佛之一字亦是外物, 況更有塵勞煩惱恩愛作對待耶? 在火宅中打得徹了, 不須
求出家.

괴상하게 꾸미고, 모습을 바꾸고, 옷을 너덜너덜 해지게 하고, 천성
(天性)을 훼손하고, 제사를 중지하는 등의 행위를 하면, 이들을 일컬어
가르침 속의 죄인이라 한다. 부처님께선 사람들을 이렇게 가르치지 않
았다. 다만 이렇게 말씀하셨다.

"부처의 몸으로 깨달아 해탈했다면[300] 부처의 몸을 드러내어 법을 말
하고, 벼슬아치의 몸으로 깨달아 해탈하였다면 벼슬아치의 몸을 드러
내어 법을 말하고, 비구·비구니·우바새·우바이의 몸으로 깨달아
해탈하였다면 그러한 몸을 드러내어 법을 말한다."[301]

또 이렇게 말씀하셨다.

"먹고사는 직업이 모두 바른 도리를 따르니 실상(實相)과 어긋나지
않는다."[302]

---

300 득도(得度) : 도(度)는 범어 바라밀(波羅蜜, p ramit)을 번역한 말. 이 생사의 고해를 건
너 이상향인 열반에 이르는 것. 즉, 깨달아 해탈한 것.

301 『묘법연화경』「관세음보살보문품(觀世音菩薩普門品)」 제25에 나오는 내용을 요약 발췌
한 것.

302 이 구절은 『법화경』의 다음 내용의 취지를 요약한 것이다 : 만약 선남자 선여인이 여래
가 적멸한 뒤에 이 경(經)을 기억한다면, 또 읽거나 외우거나 설명하거나 베낀다면, 천이
백 억의 공덕을 얻을 것이다. 이러한 깨끗한 의식(意識)으로 한 게송이나 한 구절을 듣는

다만 본분[303]에 의지하고 그 깨달은 바를 따라 사람들을 교화하여, 함께 이 문으로 들어오는 것이 곧 부처님의 깊은 은혜에 보답하는 것이다.

造妖捏怪, 毀形壞服, 滅天性, 絶祭祀, 作名敎中罪人. 佛不敎人如此. 只說 : "應以佛身得度者, 卽現佛身而爲說法, 應以宰官身得度者, 卽現宰官身而爲說法, 乃至應以比丘比丘尼優婆塞優婆夷身得度者, 卽皆現之而爲說法." 又云: "治生産業, 皆順正理, 與實相不相違背." 但只依本分, 隨其所證, 化其同類, 同入此門, 便是報佛深恩也.

다만 순간순간 끊어지지 않게 하되, 깨닫고 깨닫지 못함에는 상관하지 마라. 이렇게 하면, 비록[304] 일찍이 반야와 인연이 없어서 금생에 뚫고 지나가지 못한다 하더라도, 죽을 때에 이르러 악업에 끌려가지는 않을 것이고, 하루 24시간 생활 속에서도 번뇌에 괴롭힘을 당하지 않

다면, 헤아릴 수 없고 끝없는 뜻에 통달할 것이다. 이러한 뜻을 이해한 뒤에 한 구절이나 한 게송을 말할 수 있으면, 한 달 넉 달 혹은 일 년이 되도록 그 뜻을 따라 말한 모든 법 모두가 실상과 어긋나지 않을 것이다. 만약 세속의 경서(經書)나 세속을 살면서 하는 말들이나 먹고사는 일들을 말하더라도, 모두 바른 법을 따를 것이다.(若善男子善女人, 如來滅後受持是經, 若讀若誦若解說若書寫, 得千二百意功德. 以是淸淨意根, 乃至聞一偈一句, 通達無量無邊之義. 解是義已, 能演說一句一偈, 至於一月四月乃至一歲, 諸所說法隨其義趣, 皆與實相不相違背. 若說俗間經書治世語言資生業等, 皆順正法.)(『묘법연화경 · 법사공덕품(法師功德品)』제19)

303　본분(本分) : 본래부터 부여받아 타고난 본성(本性). 실상(實相) 혹은 진여문(眞如門)이라 하며, 시간과 공간이 없는 불이(不二)의 세계.

304　변시(便是) : 비록 -이지만.

을 것이고, 후생에 다시 태어난다면 당장 쉽게[305] 누릴[306] 수 있을 것이다.

但念念不要間斷, 莫管得不得. 便是與般若無緣, 今生未打得徹, 臨命終時亦不被惡業所牽, 於日用二六時中亦不被塵勞所困, 後世出頭來亦得現成受用.

도(道)를 배우는 데에는 다른 방법이 없고, 깨달음을 모범으로 삼아야 한다. 금생에 만약 깨닫지 못하면 결국[307] 영원토록 늘 이 마음을 가지게 된다. 금생에 비록 깨닫지 못하더라도 또한 반야의 씨앗을 본성(本性)의 땅에 심어 놓는다면, 세세생생(世世生生) 악취(惡趣)에 떨어지지 않고, 사람의 몸을 잃지 않고, 삿된 견해를 가진 집안에 태어나지 않고, 마구니의 무리 속으로 들어가지 않을 것이다. 하물며 문득 마음꽃이 밝게 피어난다면 어떻겠느냐? 이러한 때가 되면, 과거 · 현재 · 미래의 모든 부처님께서 증명할 몫이 있으며[308] 모든 대조사(大祖師)께서 발디딜 곳이 없으니, 억지로 하는 것이 아니라 법이 이와 같기 때문이다.

---

305 현성(現成) : ①마침 그 자리에 있다. ②이미 갖추어져 있다. 이미 만들어져 있다. ③간단하다. 용이하다. 힘이 들지 않다.

306 수용(受用) : 누리다, 향유하다. 법을 얻어서 그 법을 누리고 향유한다는 말.

307 진애(儘崖) : ①마침내. 끝내. ②늘. ③최대한.

308 유분(有分) : ①몫이 있다. ②연분(緣分)이 있다. 인연(因緣)이 있다. ③정분(情分)이 있다.

學道無他術, 以悟爲則. 今生若不悟, 儘崖到盡未來際, 常存此心. 今生雖未悟, 亦種得般若種子在性地上, 世世不落惡趣, 生生不失人身, 不生邪見家, 不入魔軍類. 況忽然心華發明耶? 當此之時, 三世諸佛證明有分, 諸大祖師無處安著, 非是彊爲, 法如是故.

진여(眞如) 도인(道人)이 이 도를 배우고자 한다면, 단지 여기에 의지하여 공부하여라. 오래오래 하면 저절로 만날 것이다. 위와 같이 말한 것은 곧 한때의 병에 따라 약을 준 것일 뿐이다. 만약 법이 진실로 그렇다고 이해한다면, 도리어 옳지 않다. 옛사람이 말했다.

"달을 보았다면 손가락은 그만 보고, 집으로 돌아갔으면 길은 묻지 마라."[309]

眞如道人欲學此道, 但只依此做工夫. 久久自然撞著矣. 如上所說, 乃一期應病與藥耳. 若作實法會, 又卻不是也. 古人云: "見月休觀指, 歸家罷問程."

(여기까지 글을 쓰니, 흥(興)은 아직 끝나지 않았으나 종이가 벌써 다 되어서 우선 여기서 말을 멈추었다. 또 며칠이 지나 진여 도인이 다시 이 편지[310]에 이어서 감사의 말을 하면서 말했다.

"지난날 노사(老師)께서 흥이 아직 다하지 않았다고 하신 말씀을 들었는데, 다시 비단 위에다 꽃을 수놓아 주시기 바랍니다. 되겠습니까?"

---

309 『경덕전등록』 제30권 「단하화상완주음(丹霞和尙翫珠吟)」에 나오는 구절.
310 축(軸) : 두루마리로 된 서화(書畵)를 세는 단위. 여기에선 현재 쓰고 있는 이 편지를 가리킴.

내가 대답하였다.

"이미 말을 꺼냈으니 마다하지 않겠다."

다시 이에 이어서 말했다.)[311]

(寫至此, 興雖未已而紙已盡, 且截斷葛藤. 更數日, 眞如道人, 又連黏此軸來致謝曰: "聞前日老師興尙未已, 更望鋪華錦上, 不識可否?" 予應之曰: "已展不縮." 復爲續此 葛藤云:)

집으로 돌아왔으면 저절로 길은 묻지 않고, 참된 달을 보았으면 저절로 손가락은 보지 않는다. 부처님께서 일대장교를 말씀하심에 큰 비유가 삼천이요, 작은 비유가 팔백이며, 돈점(頓漸)[312]과 편원(偏圓)[313]과 권실(權實)[314]과 반만(半滿)[315]이 이 도리 아님이 없다. 유마 거사[316]가 말했다.

"뜻에 의지하고 말에 의지하지 않으며, 요의경(了義經)[317]에 의지하고

---

311 이 문단은 앞뒤의 편지를 이어 주는 주석에 해당한다.

312 돈점(頓漸) : 돈교(頓敎)와 점교(漸敎).

313 편원(偏圓) : 편교(偏敎)와 원교(圓敎).

314 권실(權實) : 방편(方便)과 실법(實法).

315 반만(半滿) : 반자교(半字敎)와 만자교(滿字敎).

316 정명(淨名) : 유마힐(維摩詰).

317 요의경(了義經) : 궁극적 진리를 분명하게 말한 경전. 대승에서 보면 소승은 다 불료의 경(不了義經)이다. 또한 대승경전과 소승경전 각각에서도 그 가운데 요의와 불료의를 나눈다. 의(義)는 의리(義理) 즉 도리(道理)로서 경전에서 가르치려는 불법(佛法)을 가리킨다.

불료의경(不了義經)에 의지하지 않는다."[318]

부처님께선 다만 말에 의지하여 뜻으로 들어가라고 말씀하셨고, 뜻에 의지하여 말로 들어가라고 말씀하시진 않았다. 선가(禪家)의 천차만별한 여러 말들 역시 이와 같다.

歸到家了, 自然不問程途, 見眞月了, 自然不看指頭矣. 佛說一大藏教, 大喩
三千, 小喩八百, 頓漸偏圓, 權實半滿, 無不是這[319]箇道理. 淨名云: "依於義不依
語, 依了義經不依不了義經." 佛只說因語入義, 不說因義入語. 禪家千差萬別,
種種言句亦如是.

오늘날 도를 배우는 사람에게는 승속(僧俗)을 막론하고 모두 두 가지 큰 병이 있다. 하나는 말과 문자를 많이 배워서 말과 문자 속에서 기이하고 특별한 생각을 내는 것이다. 또 하나는 달을 보고 손가락을 잊는 일을 하지 못하고 말과 문자에서 깨달아 들어가려 하다가 불법(佛法)과 선도(禪道)가 말과 문자 위에 있지 않다는 말을 듣고는 곧 말과 문자를 모조리 쓸어내 버리고, 한결같이 눈을 감고는 죽은 사람처럼 앉아서 "고요히 앉는다."[정좌(靜坐)]느니 "마음을 본다."[관심(觀心)]느니 "묵묵히 비춘다."[묵조(默照)]느니 하고 말하면서, 다시 이러한 삿된 견해로써 무식하고 어리석은 사람들을 꼬드겨 말하기를 "하루를 고요하게 지내면 곧 하루의 공부를 한 것이다."라고 하는 것이다. 안타깝다! 이들

318 『유마힐소설경』「법공양품(法供養品)」제13에 나오는 구절. 경전에는 두 구절 사이에 다음 구절이 들어 있다 : "지혜에 의지하고 지식에 의지하지 않는다."(依於智不依識)
319 '저(這)'는 궁내본과 덕부본에서는 모두 '차(遮)'로 되어 있다. 이하 동일.

모두가 귀신의 집 안에서 살아가는 것인 줄 전혀 모르고 있다. 이 두
가지 큰 병에서 벗어나야, 비로소 배움에 참여할 자격이 있다.

今時學道人, 不問僧俗, 皆有二種大病. 一種多學言句, 於言句中作奇特想. 一種不
能見月亡指, 於言句悟入, 而聞說佛法禪道不在言句上, 便盡撥棄, 一向閉眉合眼
做死模樣, 謂之靜坐觀心默照, 更以此邪見誘引無識庸流曰: "靜得一日, 便是一日
工夫." 苦哉! 殊不知盡是鬼家活計. 去得此二種大病, 始有參學分.

경(經)에서 말했다.

"중생이 하는 말에 집착하지 말지니
모두가 유위(有爲)[320]의 허망한 일이로다.
비록 언어의 길에 의지하지 않더라도
또한 말 없음에 집착하지도 말아야 한다."[321]

또 말했다.

"말을 보면 진실(眞實)[322]과

---

320 유위(有爲) : saṃskṛta. 위(爲)는 위작(爲作)·조작(造作)의 뜻. 분별하여 의도적으로 행
하고 조작하는 모든 일을 가리킨다.

321 『화엄경』(80권) 제24권 「십회향품(十迴向品)」 제25-2의 게송에 나오는 구절.

322 의(義) : 개념(槪念)으로서의 말의 뜻인 의미(意味)가 아니라, 그 말이 가리키고자 하는
근본적인 취지(趣旨)로서의 뜻인 의리(義理)를 말한다. 즉, 도리(道理), 사실(事實), 실제

134

다르다고 하지도 말고 다르지 않다고 하지도 마라.

진실을 보아도 말과

다르다고 하지도 말고 다르지 않다고 하지도 마라."[323]

만약 말이 진실과 다르다면, 말로 말미암아 진실을 분별하지는 못할 것이다. 그러나 말을 통하여 진실에 들어가는 것은 마치 등불이 색깔을 비추는 것과 같다.[324] 그러므로 "진실에 의지하고 말에 의지하지 않으며, 진실을 밝힌 경(經)[325]에 의지하고 진실을 밝히지 않은 경에 의지하지 않는다."고 한 것이다.

經云: "不著衆生所言說, 一切有爲虛妄事. 雖復不依言語道, 亦復不著無言說." 又云: "觀語與義, 非異非不異. 觀義與語, 亦復如是." 若語異義者, 則不因語辨義, 而以語入義, 如燈照色. 所以云: "依義不依語, 依了義經不依不了義經."

말과 침묵이라는 두 가지 병을 없애지 못하면 반드시 도에 장애물이

(實際), 진실(眞實)을 가리킨다.

323 『능가아발타라보경(楞伽阿跋多羅寶經)』제3권 「일체불어심품(一切佛語心品)」3에 나오는 구절.

324 등불이 켜지면 색깔이 드러나고 등불이 꺼지면 색깔이 사라지듯이, 말이 있으면 진실이 드러나고 말이 없으면 진실이 사라진다. 말이 진실을 좌우하므로 말이 근본이 되고 진실이 말단이 된다는 것. 이것은 본말(本末)이 전도된 것이다.

325 요의경(了義經) : 궁극적 진리를 모두 밝혀서 말한 경전. 대승에서 보면 소승은 다 불료의경(不了義經)이다. 또한 대승경전과 소승경전 각각에서도 그 가운데 요의와 불료의를 나눈다. 의(義)는 의리(義理) 즉 도리(道理)로서 경전에서 가르치려는 불법(佛法)을 가리킨다.

됨을 알아야 한다. 이것을 알아야 비로소 수행하여[326] 나아갈 자격이 있다. 무엇보다도 조심할 것은, 아는 것을 붙잡고 일로 삼고서 다시는 묘한 깨달음을 찾지 않으면서 남이 모르는 것을 나는 안다거나 남이 이해하지 못하는 것을 나는 이해한다고 해서는 안 된다. 아견(我見)[327]의 그물 속에 떨어져서 아상(我相)[328]에게 부림을 당하여 아직 만족스럽지 못한데도 만족스럽다는 생각을 한다면, 이 병은 더욱 무겁다. 말과 침묵이라는 이 두 가지 병은 뛰어난 의사라도 어찌해 볼 도리가 없다.[329] 이 병을 없애지 못하면 증상만(增上慢)[330]으로서 잘못된 견해를 지닌 사람이라고 한다.

語默二病不能除, 決定障道, 不可不知. 知得了, 始有進修趣向分. 第一莫把知得底爲事業, 更不求妙悟, 謂我知佗不知, 我會佗不會. 墮我見網中, 爲我相所使, 於未足中生滿足想, 此病尤重. 於語默二病, 良醫拱手. 此病不除, 謂之增上慢邪見人.

---

326 진수(進修) : 연수(練修)하다. 수행(修行)하다.
327 아견(我見) : =신견(身見). 5가지 잘못된 견해 가운데 하나. 보통 '나'라고 부르는 것은 오온(五蘊)의 화합일 뿐, 오온 밖에 참으로 '나'라고 할 무엇이 없는데도, 오온 밖에 '나'가 따로 있는 줄로 잘못 아는 견해.
328 아상(我相) : '나'라는 생각. '나'라는 개념.
329 공수(拱手) : 팔짱을 끼고 가만히 있음. 어찌해 볼 도리가 없음.
330 증상만(增上慢) : 훌륭한 교법(敎法)과 깨달음을 얻지 못하고서 얻었다고 생각하여 제가 잘난 체 하는 거만. 곧 자기 자신을 가치 이상으로 생각하는 일.
331 숙유영골(宿有靈骨, 夙有靈骨) : 영골(靈骨)은 영리하고 뛰어난 자질을 갖춘 사람. 전생부터 오랫동안 반야의 선근(善根)을 심은 결과로 영리하고 근기가 뛰어난 사람을 가리킨다.

오래도록 공부해 온 영리한 자[331]라야 비로소[332] 여기에 이르러 자신을 모두[333] 바꿀 수 있고,[334] 자신을 바꿀 수 있으면 사물도 바꿀 수 있다. 사물을 바꿀 수 있어야 바야흐로 진실을 밝힌 사람이라 한다. 이미 그 진실을 밝혔다면 이 마음도 밝힌 것이다. 이 마음을 밝혔다면 밝힌 곳에서 시험 삼아 미세하게 헤아려 보면 원래 밝힐 것이 없으니, 밝힐 것 없는 곳에서 벌떡[335] 일어나 곧장 가 버리는 것이다.[336]

어떤 때는 한 줄기 풀[337]을 집어 장육금신(丈六金身)[338]을 만들고 어떤 때는 장육금신을 다시 한 줄기 풀로 만들면서 여러 가지로 변화하여,[339] 모든 법을 이루기도 하고 모든 법을 부수기도 하며 뒤죽박죽 자유롭게 하여도[340] 모두 밝힐 것 없는 이 마음을 벗어나지 않는다.

除夙有靈骨, 方能到這裏得轉身一路, 旣能轉身, 卽能轉物. 旣能轉物, 方謂之了義

人. 旣了其義, 卽了此心. 旣了此心, 試於了處微細揣摩, 元無可了, 於無可了處剔

---

332 제(除)-방(方)- : 오직 -이어야 비로소 -. 오직 -해야 비로소 -.

333 일로(一路) : 함께. 모두.

334 전신(轉身) : 몸을 바꾸다, 미혹한 중생의 몸에서 부처의 몸으로 바꾸다. 미혹한 자신을 깨달은 사람으로 바꾸다.

335 척(剔) : (저돌적인 행동을 나타내는 의태어) 불쑥, 발딱, 확.

336 할 일을 끝냈다. 할 일이 없어졌다.

337 한 줄기 풀 : 풀은 망상(妄想)을 가리킴. 한 개 망상.

338 장육금신(丈六金身) : 일장(一丈) 육척(六尺)이라는 뜻으로 보통 화신불(化身佛) 즉 석가모니의 신장(身長). 금신(金身)은 황금색의 몸으로 불신(佛身)을 가리킴. 장육금신은 불신(佛身)이라는 말이니, 불법(佛法)을 가리킨다.

339 분별과 분별 없음을 자유자재하게 쓴다는 말. 분별과 분별 없음에 걸림 없다는 말.

340 칠전팔도(七顚八倒) : 뒤죽박죽이 되다. 뒤범벅이 되다. 뒤얽혀 혼란스럽다.

起便行. 有時拈一莖草作丈六金身, 有時將丈六金身卻作一莖草, 種種變化, 成就一切法, 毀壞一切法, 七顛八倒, 皆不出此無所了心.

바로 이러한 때는 여래선(如來禪)[341]도 아니고, 조사선(祖師禪)[342]도 아니고, 심성선(心性禪)[343]도 아니고, 묵조선(默照禪)[344]도 아니고, 방할선(棒喝

---

341 여래선(如來禪) : 여래청정선(如來淸淨禪)이라고도 한다. 『육조단경(六祖壇經)』에서는 "오는 곳도 없고 가는 곳도 없고 생(生)도 멸(滅)도 없는 것이 여래청정선(如來淸淨禪)이다."라 하였고, 백장회해(百丈懷海)는 "지금 이 땅에 선(禪)이 있다고 한다면 어떤 것입니까?"라는 물음에 대하여 "움직이지도 않고 좌선하지도 않는 것이 여래선(如來禪)이니 선(禪)이라는 생각도 떠났다."(『천성광등록(天聖廣燈錄)』 제9권)라고 답하였고, 『능가아발다라보경(楞伽阿跋多羅寶經)』에서는 소승과 대승의 여러 선법(禪法) 가운데 여래청정선이 최상이라고 하였고, 종밀은 『선원제전집도서(禪源諸詮集都序)』에서 외도선(外道禪)·범부선(凡夫禪)·소승선(小乘禪)·대승선(大乘禪)으로 여러 선법을 분류한 뒤, 여래청정선을 최상승선(最上乘禪)이라 하고 있다.

342 조사선(祖師禪) : 보리달마가 전하고, 육조혜능이 완성한 조사(祖師)의 선(禪). 조사선(祖師禪)과 여래선(如來禪)의 문제를 처음 들고 나온 사람은 앙산혜적(仰山慧寂)이다. 대나무에 돌멩이가 부딪치는 소리를 듣고 깨닫게 된 향엄지한(香嚴智閑)의 견처(見處)를 확인하기 위하여 앙산(仰山)이 향엄(香嚴)에게 견처를 보일 것을 요구하자 향엄은 다음과 같은 게송(偈頌)을 지었다. "지난해의 가난은 가난이 아니고, 올해의 가난이 비로소 가난이네. 지난해의 가난에는 오히려 송곳 꽂을 땅은 있었는데, 올해의 가난에는 송곳조차도 없네."(去年貧未是貧 今年貧始是貧 去年貧 猶有卓錐之地 今年貧 錐也無) 이에 앙산이, "여래선(如來禪)이라면 그대가 알았다고 할 수 있으나, 조사선(祖師禪)은 아직 꿈에도 보지 못했다."(如來禪許師弟會 祖師禪未夢見在)라고 말하자, 향엄은 다시 게송을 지었다. "나에게 하나의 기틀이 있으니, 눈을 깜짝여 그것을 드러내 보인다. 그래도 사람들이 알지 못하면, 다시 사미(沙彌)를 불러 보리라."(我有一機 瞬目視伊 若人不會 別喚沙彌) 앙산은 드디어 향엄이 조사선(祖師禪)을 알았다고 인정했다.(『오등회원』 제9권 '향엄지한선사')

343 심성선(心性禪) : 육조혜능이 "바람이 움직이는 것도 아니고 깃발이 움직이는 것도 아니고, 그대의 마음이 움직이는 것이다."라 한 것을 두고 심성선(心性禪)이라 부름.

344 묵조선(默照禪) : 조동종(曹洞宗)의 천동정각(天童正覺: 1091~1157)이 제창한 선. 굉지

138

禪)³⁴⁵도 아니고, 적멸선(寂滅禪)³⁴⁶도 아니고, 과두선(過頭禪)³⁴⁷도 아니고, 교외별전(敎外別傳)의 선(禪)도 아니고, 오가종파(五家宗派)³⁴⁸의 선도 아니고, 묘희(妙喜)³⁴⁹ 노인네가 제멋대로 말하는³⁵⁰ 선도 아니다. 이미 이와 같은 선이 아니라면, 결국 무엇일까? 여기에 이르러 다른 사람은 이해할 수 없다고 말하지 마라. 나 역시 스스로 이해할 수 있는 것은 없다. 진여 도인 스스로 살펴보길³⁵¹ 바라노라.

선(宏智禪)이라고도 한다. 좌선(坐禪)과 묵조(默照)를 지표로 하고 있다. 묵조선(默照禪)이라는 말은 대혜종고가 굉지정각의 선을 비판하면서 한 말. 굉지정각은 『묵조명(默照銘)』을 지어, 묵묵히 좌선(坐禪)하며 비추는 그대로가 곧 깨달음이요 지혜라고 주장하였다.

345 방할선(棒喝禪) : 몽둥이를 휘두르고 고함을 지르는 것이 곧 선이라는 견해.

346 적멸선(寂滅禪) : 적멸(寂滅)한 선정(禪定)에 들어가는 선. 번뇌망상의 불이 완전히 꺼진 적멸한 삼매(三昧)에 들어가는 선.

347 과두선(過頭禪) : 과두(過頭)는 '지나치다, 도를 넘다'는 뜻. 과두화(過頭話)는 도가 지나친 말, 허풍을 떠는 말. 지나치게 부풀려 허풍을 떨며 도리와 이치를 말하는 것을 선으로 삼고 있는 잘못된 선. 엉터리 선을 가리킴.

348 오가종파(五家宗派) : 당대(唐代)에 성립된 선종(禪宗)의 다섯 종파. 위앙종(潙仰宗), 운문종(雲門宗), 조동종(曹洞宗), 임제종(臨濟宗), 법안종(法眼宗).

349 묘희(妙喜) : 대혜종고의 자신의 호(號).

350 두찬(杜撰) : 제 나름으로 말하다, 제멋대로 말하다. 본래는 시문(詩文)이나 그 외의 저작에서 전고(典故)가 없는 것을 제멋대로 서술하는 것. 송대의 두묵(杜默)이 시를 지으면서 율(律)에 맞지 않게 많이 지었는데, 당시의 사람들이 법식에 맞지 않는 것을 '두찬'이라고 한 데서 시작되었다고 한다. 일설에는 도가(道家)의 책 5천여 권 중에 『도덕경』 2권을 제외하고는 모두 두광정(杜光庭)이 지은 것인데, 허황된 이야기가 많은 것을 이른다. 또 한(漢)의 전하(田何)가 역(易)에 통하여서 두릉(杜陵)을 따라 두전생(杜田生)이라고 일컬었지만, 그의 역학의 사승(師承)이 불분명한 것을 기롱하여 두전(杜田) 혹은 두원(杜園)이라고 말하였는데, 이것이 잘못 전해져서 비롯되었다고도 한다.

351 간취(看取) : 살펴보다. 보다. 보아라. 취(取)는 조사.

正當恁麼時, 不是如來禪, 不是祖師禪, 不是心性禪, 不是默照禪, 不是棒喝禪, 不是寂滅禪, 不是過頭禪, 不是教外別傳底禪, 不是五家宗派禪, 不是妙喜老漢杜撰底禪. 既非如上所說底禪, 畢竟是箇甚麼? 到這裏, 莫道別人理會不得. 妙喜老漢亦自理會不得. 眞如道人請自看取.

7. 공혜 도인에게 보임[352]

이 일을 떠맡으려 한다면 그야말로[353] 확고한 뜻을 갖추고서, 한 방망이 때리더라도 머리도 돌리지 않는 자라야 한다. 만약 반걸음 나아가고 반걸음 물러선다면, 믿는 듯하면서도 믿지 않는 것이다. 비록 들어갈 곳을 얻었다고 하더라도, 또한 커다란 화로에서 삶아 단련하는[354] 것을 꺼려서는 안 된다. 하물며 천차만별한 경계에서 주인 노릇 하고자 하는 경우야 어떻겠느냐? 나의 이러한 말은 마치 복잡한 시장에서 돌멩이를 내던지는 것과 같아서 붙잡아야 비로소 아는 것이니, 공혜(空慧) 도인(道人)은 의심하지 말아야 한다.

示空慧道人

擔荷此事, 直是具決定志, 一棒打不回頭底. 若半進半退, 似信不信. 縱得箇入頭處, 亦禁大鑪鞴烹鍜不得, 況欲向千差萬別處作主宰耶? 妙喜這般說話, 如在鬧市裏颺石頭, 著者方知, 空慧道人不須疑著.

문득 몸과 마음이 편안하고 고요해지면 반드시 노력하여야 하지, 곧

---

352 1145년(57세)에 쓴 글.

353 직시(直是) : 그야말로. 명백히. 다만. 오직.

354 노비팽단(鑪鞴烹鍜) : 노(鑪)는 화로, 비(鞴)는 풀무, 팽단(烹鍜)은 삶아서 불리다는 말. 풀무질하여 화로에서 쇠를 삶아 불리는 것. 대장간에서 쇠를 단련(鍛鍊)하는 것. 하(鍜)는 단(鍛)의 오기(誤記).

장 편안한 곳에 빠져³⁵⁵ 있어서는 안 된다. 경(經)의 가르침에서는 그것
을 일러 해탈의 깊은 구덩이는 두려워해야 할 곳이라고 하였다. 반드
시 물 위에 떠 있는 조롱박³⁵⁶처럼 빙글빙글³⁵⁷ 자유자재하여 구속받지
않고, 깨끗함에도 들어가고 더러움에도 들어가면서 가로막히지도 않
고 빠져들지도 않아야, 비로소 납승(衲僧)의 문하(門下)에 조금 가까울
자격이 있을 것이다. 만약 다만 울지 않는 어린아이를 안고 있는 듯이
해서야, 무슨 소용이 있겠느냐? 공혜는 잘 생각해 보아라!

乍得心身寧靜, 切須努力, 不得便向寧靜處揉根. 教中謂之解脫深坑可畏之處. 須
教轉轆轆如水上葫蘆, 自由自在, 不受拘牽, 入淨入穢, 不礙不沒, 方於衲僧門下有
少親近分. 若只抱得不哭孩兒, 有甚用處? 空慧思之!

대주³⁵⁸ 스님이 말했다.
"마음이 사물을 따르는 것이 삿된 것이고, 사물이 마음을 따르는 것
이 바른 것이다."³⁵⁹

---

355 타근(垜根) : =타근(揉根). 진흙에 발이 빠져 나아가지 못하다.

356 호로(葫蘆) : 조롱박, 표주박.

357 녹록(轆轆) : 덜컹덜컹.(수레바퀴가 돌아가는 소리) 빙글빙글.(걸림 없이 잘 돌아가는 모
습)

358 대주혜해(大珠慧海) : 당대(唐代) 선승. 속성은 주(朱) 씨. 산서성(山西省) 건주(建州)
출신. 절강성(浙江省) 월주(越州) 대운사(大雲寺)의 도지(道智) 화상에게 출가하였다. 마
조도일을 찾아서 깨달음을 얻고, 그의 법을 이었다. 저술로『돈오입도요문(頓悟入道要門)』
1권을 포함한『대주선사어록(大珠禪師語錄)』2권이 있다.

359 『경덕전등록』제6권 '월주대주혜해선사(越州大珠慧海禪師)'에 나오는 대주혜해(大珠慧
海)의 말.

비록 병에 응하여 일시적으로 약을 쓴다고 하여도, 과녁을 세워 화살을 불러들이는[360] 꼴을 면하지 못한다. 그러나 지금 아직 깨닫지 못한 자가 이 말을 듣고서 의문을 가지지 않는다면, 대주는 공연히 노파심(老婆心)을 허비한 것일 것이다. 이미 깨달은 자가 이 말을 듣고서 의문이 일어나지 않는다면, 마음과 사물이 모두 쓸데없는 것들[361]일 것이다. 결국 어떻느냐? 밤길 가는 것을 허락하지 않더라도, 날 샐 녘[362]에는 꼭 도달해야 한다.[363]

大珠和尙云: "心逐物爲邪, 物從心爲正." 雖一期應病與藥, 未免垜生招箭. 而今未了底聞此語而不疑, 則大珠空費老婆心. 已了底聞此語而不疑, 則心與物俱是剩法. 畢竟如何? 不許夜行, 投明要到.

---

360 타생초전(垜生招箭) : 과녁을 세워 화살을 불러들이다. 답을 들으려고 질문을 던지다. 자업자득(自業自得)이다.

361 잉법(剩法) : 쓸데없는 법. 쓸데없이 덧붙이는 법. 사족(蛇足).

362 투명(投明) : 새벽녘. 날 샐 녘.

363 『경덕전등록』 제13권 '여주풍혈연소선사(汝州風穴延沼禪師)'에 이런 대화가 있다 : 묻는다. "백 가지에 밝고 천 가지에 알맞은 때는 어떻습니까?" 연소가 말했다. "밤길 가는 것을 허락하지 않더라도, 날 샐 녘에는 도달해야 한다."(問: "百了千當時如何?" 師曰: "不許夜行, 投明須到.") 또 『불과원오선사백암록』 제5권 41칙에는 투자대동(投子大同)의 말이라고 소개되어 있다 : 조주(趙州)가 투자(投子)에게 물었다. "완전히 죽은 사람이 다시 살아날 때는 어떻습니까?" 투자가 말했다. "밤길 가는 것을 허락하지 않더라도, 날 샐 녘에는 도달해야 한다."(趙州問投子 : "大死底人卻活時如何?" 投子云: "不許夜行, 投明須到.") '밤길 가는 것을 허락하지 않더라도 날 샐 녘에는 도달해야 한다'는 말은 깨달음이 아무도 모르게 불가사의하게 일어나는 일임을 말하는 것. 공개적으로는 분별심을 가로막아서 마음이 갈 길을 가로막지만, 바로 그렇게 막힌 곳에서 불가사의하게 장벽이 사라지는 체험을 한다.

이미 흥미가 있다면, "개에게는 불성이 없다."는 화두를 남몰래[364] 느긋이[365] 일깨우면 된다.[366] 만약 이러한 일은 안다고 하면서 곧 쉬어 버린다면, 나는 이 사람을 지혜의 눈이 아직 밝지 못하다고 말한다. 내가 비록 평지풍파(平地風波)를 일으키는 것과 같겠지만, 역시 설봉이 말한 것을 벗어나지 않는다.[367]

既有箇趣向, "狗子無佛性."話, 冷地裏驀提撕則箇. 若道知是般事便休, 我說此人智眼未明在. 妙喜雖似平地起風雷, 然亦不出雪峰道底.

오통(五通) 선인(仙人)이 부처님께 물었다.

"부처님께는 육신통(六神通)이 있다 하는데, 저에게는 오신통(五神通)[368]이 있습니다. 어떤 것이 저 하나의 신통입니까?"

---

364 냉지(冷地) : ①(부)남몰래. ②(명)춥고 후미진 곳. 어두운 곳.

365 만(謾) : 느긋하게. 느릿느릿. 느긋이.

366 즉개(則箇) : 뿐이다. (-하면) 그만이다. 그 정도로 좋다. (보통 문장 끝에 쓰여, 그 정도로 목적이 달성되는 것으로 좋다는 뜻을 나타냄.) =자개(子箇), 지개(之箇), 지개(只箇).

367 설봉도저(雪峰道底) : =야시설봉도저(也是雪峰道底). 설봉도저(也是雪峰道底)는 '(역시) 설봉이 말한 것이다.' '(역시) 설봉이 이미 말한 것이다.'라는 뜻으로서, 당송(唐宋) 시대 선사들이 상투적으로 사용한 말인데, 이런 뜻이 아닌가 한다 : 어떤 새롭고 그럴듯한 말을 하더라도 이미 알려진 말이다.

368 오신통(五神通) : 5통(通), 5신변(神變)이라고도 함. 5종의 불가사의하고 자재하고 묘한 작용. 천안통(天眼通)·천이통(天耳通)·숙명통(宿命通)·타심통(他心通)·신족통(神足通)을 말함. 천안통(天眼通)은 지상세계와 하늘세계와 땅밑 지옥의 모든 모습을 막힘없이 보는 눈, 천이통(天耳通)은 지상세계와 하늘세계와 땅밑 지옥의 모든 소리를 막힘없이 듣는 귀, 숙명통(宿命通)은 과거 전생(前生)의 운명을 아는 것, 타심통(他心通)은 타인의 마음을 아는 것, 신족통(神足通)은 어디든 자유롭게 갈 수 있는 능력이라는 뜻. 이 오신통

부처님께서 이에 오통 선인을 부르시니, 오통 선인이 "예!" 하고 답했다. 부처님께서 말씀하셨다.

"이 하나의 신통을 그대는 나에게 묻느냐?"[369]

오늘날 진흙 덩이를 가지고 노는 한 무리는 흔히 이 하나의 신통에서 저울눈[370]을 잘못 읽는다.[371]

五通仙人問佛 : "佛有六通, 我有五通, 如何是那一通?" 佛遂召五通仙人, 五通仙人應諾. 佛云: "那一通, 汝問我?" 今時有一種弄泥團, 往往多在那一通處錯認定盤星.

국사(國師)가 시자(侍者)를 세 번 부른 이야기,[372] 서암이 주인공을 부

은 누구든 수행을 통하여 얻을 수 있는 능력으로서 외도(外道)와 불도(佛道)를 구분할 수 없는 것이다. 불도에만 있는 신통은 곧 누진통(漏盡通)이니, 누진통은 번뇌망상을 완전히 소멸하여 막힘없이 자유롭게 세계의 실상을 보고 모든 미혹(迷惑)에서 해탈하는 능력이다. 부처의 신통은 누진통이다.

369 『연등회요』 제1권에 나오는 대화.

370 정반성(定盤星) : 반성(盤星)은 저울 눈금, 정반성(定盤星)은 눈금을 정하는 기점이 되는 첫 번째 눈금이다. 표준이나 기준점을 나타낸다.

371 저울눈의 기점이 되는 0점에서 숫자를 읽는다는 것이니, 불이중도에서 분별에 떨어진다는 말.

372 『경덕전등록』 제5권 '서경광택사혜충국사(西京光宅寺慧忠國師)'에 다음의 이야기가 나온다 : 하루는 시자를 불렀는데, 시자가 "예!" 하고 대답하였다. 이와 같이 세 번을 부르고, 세 번을 모두 답하자, 국사(國師)가 말했다. "내가 너를 저버리는 줄 알았는데, 도리어 네가 나를 저버리는구나."(一日喚侍者, 侍者應諾. 如是三召, 皆應諾, 師曰: "將謂吾孤負汝, 却是汝孤負吾.")

른 이야기,[373] 목주의 담판한(擔板漢) 이야기,[374] 투자의 칠통(漆桶) 이야기,[375] 설봉의 공 굴리는 이야기,[376] 풍혈의 부처 이야기[377] 등에서 보면

---

373 서암(瑞巖)은 방장실(方丈室)에 있으면서 늘 스스로 "주인공아!" 하고 부르고는 스스로 "예!" 하고 답하고, 다시 스스로 "또랑또랑 깨어 있어라." 하고 "예!" 하고 답하고, 다시 스스로 "뒷날 다른 때에 남에게 속지 말아라." 하고 "예! 예!" 하고 답하곤 하였다.(瑞巖和尙居常在丈室中自喚云. "主人公." 又自應云. "喏!" "惺惺著." 又自應云. "喏!" "他時後日莫受人謾." 又自應云. "喏喏!")(『오등회원』 제7권 '대주서암사언선사(台州瑞巖師彥禪師)')

374 『경덕전등록』 제12권 '목주진존숙(睦州陳尊宿)'에 다음의 내용이 있다 : 진존숙은 보통 혹시 납승(衲僧)이 찾아오는 것을 보면 문을 닫아걸어 버리고, 혹시 강승(講僧)을 보면 "좌주(座主)!" 하고 부르고는, 그 승려가 "예!" 하고 답하면, "판대기 짊어진 놈이로군." 하고 말하곤 했다.(師尋常 或見衲僧來卽閉門, 或見講僧乃召云: "座主!", 其僧諾, 師云: "擔板漢") 담판한(擔板漢)은 '널판대기를 짊어진 놈'이란 뜻인데, 널판대기를 어깨에 짊어지면 앞만 보고 뒤를 돌아보지 못하기 때문에, 하나는 알고 둘은 모르는 자를 일컫는다.

375 『경덕전등록』 제15권 '서주투자산대동선사(舒州投子山大同禪師)'에 다음 이야기가 나온다 : 하루는 설봉(雪峰)이 투자(投子)를 따라 용면암(龍眠庵)의 주지를 만나러 가는데, 설봉이 물었다. "용면으로 가는 길은 어디로 갑니까?" 투자는 주장자로 앞쪽을 가리켰다. 설봉이 물었다. "동쪽으로 갑니까? 서쪽으로 갑니까?" 투자가 말했다. "칠통(漆桶)아!"(一日 雪峰隨師, 訪龍眠庵主, 雪峰問: "龍眠路向什麼處去?" 師以拄杖指前面. 雪峰曰: "東邊去? 西邊去?" 師曰: "漆桶!") 칠통(漆桶)은 가구에 칠하는 새까만 옻나무의 진액을 넣은 통. 아주 까맣고, 또는 아주 캄캄하여 아무것도 알 수 없다는 뜻. 불법에 대해 아무것도 모르는 안목(眼目)이 없는 승려를 매도하는 말. 무안자(無眼者). 바보 같은 사람.

376 『오등회원』 제7권 '복주설봉의존선사(福州雪峰義存禪師)'에 다음의 내용이 있다 : 현사(玄沙)가 설봉에게 물었다. "저는 지금 큰 작용을 하였습니다. 스님은 어떻습니까?" 설봉이 3개의 나무공을 일시에 던졌다. 현사가 패(牌)를 때리는 시늉을 하자(공을 굴려 패를 넘어뜨리는 놀이) 설봉이 말했다. "그대가 직접 영산(靈山)에 있어야 비로소 이와 같을 것이다." 현사가 말했다. "역시 자신의 일입니다."(玄沙謂師曰: "某甲如今大用去. 和尙作麼生?" 師將三箇木毬一時抛出. 沙作斫牌勢, 師曰: "你親在靈山方得如此." 沙曰: "也是自家事.") 『경덕전등록』에는 이 내용이 없다.

377 『경덕전등록』 제13권 '여주풍혈연소선사(汝州風穴延沼禪師)'에 소개되어 있는 불(佛)에 관한 대화는 다음과 같은 4개이다 : ① 물었다. "무엇이 부처입니까?" 풍혈이 말했다. "무

이 여섯 분의 노고추(老古錐)[378]에게는 각자 깨달음이 없다.[379] 내가 이렇게 말하는 것은 마치 막대기를 휘둘러 달을 치려는 것처럼 보이겠지만, 구경꾼이 본다면 분수 밖의 일이라고 여기지는 않을 것이다.[380]

國師三喚侍者話, 瑞巖喚主人公話, 睦州擔板漢話, 投子漆桶話, 雪峰輥毬話, 風穴佛話, 這六箇老古錐各欠悟在. 妙喜恁麼道, 大似掉棒打月, 旁觀看之, 不爲分外.

엇이 부처가 아니냐?" 물었다. "현묘한 말씀을 아직 알지 못하겠습니다. 스님께서 곧장 가리켜 주십시오." 풍혈이 말했다. "집이 해문(海門: 절강성(浙江省) 황엄현(黃嚴縣))의 섬에 있으면, 해가 제일 먼저 비춘다."(問: "如何是佛?" 師曰: "如何不是佛?" 問: "未曉玄言, 請師直指." 師曰: "家住海門洲, 扶桑最先照.") ② 물었다. "무엇이 부처입니까?" 풍혈이 말했다. "윙윙 부는 바람 속에 나무말을 묶을 줄이 없고, 뿔을 숨긴 진흙소가 아프게 채찍질 당하는구나."(問: "如何是佛?" 師曰: "嘶風木馬緣無絆, 背角泥牛痛下鞭.") ③ 물었다. "무엇이 부처입니까?" 풍혈이 말했다. "다른 사람이 듣도록 하지 말아라."(問: "如何是佛?" 師曰: "勿使異人聞.") ④ 물었다. "무엇이 부처입니까?" 풍혈이 말했다. "장림산(杖林山) 아래의 대나무 채찍이로다."(『대당서역기(大唐西域記)』에서 말한다. "옛날 마갈타국에 어떤 바라문이 있었는데, 석가모니 불신(佛身)의 키가 육장(六丈)이라는 소문을 듣고는 늘 의심을 품고서 믿지 않았다. 이윽고 육장(六丈) 길이의 죽장(竹杖)을 가지고 불신(佛身)을 재 보려고 마음먹었으나, 늘 죽장의 끝이 육장(六丈)을 넘어섰다. 이와 같이 더욱 높게 자라서 멈추지를 않자, 드디어 죽장을 내버렸다. 그 죽장이 땅에 뿌리를 박고 자랐는데, 지금 무성한 대숲을 이루어 산과 골짜기를 뒤덮고 있다.")(問: "如何是佛?" 師曰: "杖林山下竹筋鞭."(『西域記』云: "昔摩竭陀國有婆羅門, 聞釋迦佛身長丈六, 常懷疑惑未之信也. 乃以丈六竹杖, 欲量佛身, 恒於杖端出過丈六. 如是增高莫能窮實. 遂投杖而去. 因植根焉, 今竹林脩茂被山滿谷.))

378 노고추(老古錐): 익숙하게 사용해서 끝이 둥글게 된 송곳. 기봉(機鋒)은 예리하지 않지만 원숙한 사가(師家)의 살아 있는 솜씨를 가리키는 말. 또는 친애하는 정을 담아 노사가(老師家)를 부르는 호칭.

379 깨달음이라는 정해진 무엇을 가지고 있지 않다.

380 나의 안목을 알아주는 사람도 있을 것이다.

8. 확연 거사[381]에게 보임

세간의 일을 배움에는 입으로 따지고 마음으로 생각하는 것에 전적으로 의지합니다만, 출세간의 법을 배움에는 입으로 따지고 마음으로 생각한다면 더욱 멀어집니다. 부처님께서 말씀하셨습니다.

"이 법은 생각으로 헤아리고 분별하여 알 수 있는 것이 아니다."[382]

영가 대사가 말했습니다.

"법의 재산을 축내고 공덕을 소멸시킴이, 이 분별심[383]에서 말미암지 않음이 없다."[384]

대개 분별심이 곧 생각으로 헤아리고 분별하는 본거지입니다.

示廓然居士(謝機宜)

學世間法, 全仗口議心思, 學出世間法, 用口議心思則遠矣. 佛不云乎? : "是法非思量分別之所能解." 永嘉云: "損法財, 滅功德, 莫不由茲心意識." 蓋心意識乃思量分別之窟宅也.

이 대사인연을 확실히 떠맡고자 한다면, 맹렬히 심혈을 기울여[385] 쉽

---

381 확연거사(廓然居士) : (원주: 謝機宜) 사(謝)는 성(姓), 기의(機宜)는 벼슬 이름..

382 『묘법연화경』「방편품(方便品)」제2에 나오는 구절.

383 심의식(心意識) : 심(心)은 범어 질다(質多)의 번역, 모여서 발생한다는[集起] 뜻. 의(意)는 범어 말나(末那)의 번역, 헤아려 생각한다는[思量] 뜻. 식(識)은 범어 비야남(毘若南)의 번역, 분별하여 알아차린다는[了別] 뜻. 분별심(分別心)을 말함.

384 『경덕전등록』제30권 '영가진각대사증도가(永嘉眞覺大師證道歌)'의 한 구절.

385 착정채(着精彩) : 마음을 쓰다. 주의를 기울이다. 심혈을 기울이다. 노력하다. 애쓰다.

게 찾아오지만 쉽게 떠나지 않는[386] 삶과 죽음이라는 마귀의 뿌리를 한 칼에 베어 버려야, 곧 철두철미한 때입니다. 바로 이러한 때에 비로소 입으로 따지고 마음으로 생각하는 것을 걸림 없이 쓸 수 있습니다.

무슨 까닭일까요? 제8식(識)을 이미 제거하였다면, 삶과 죽음이라는 마귀가 깃들 곳이 없기 때문입니다. 삶과 죽음이라는 마귀가 깃들 곳이 없다면 생각으로 헤아리고 분별하는 것이 모두 반야의 묘한 지혜이니, 또다시 나를 가로막는 것은 털끝만큼도 없습니다. 그러므로 말했습니다.

"법의 앞뒤를 보고 지혜로 분별하여 옳고 그름을 살펴 결정하면, 법의 도장과 어긋나지 않는다."[387]

決欲荷擔此段大事因緣, 請猛著精彩, 把這箇來爲先鋒去爲殿後底生死魔根, 一刀
斫斷, 便是徹頭時節. 正當恁麼時, 方用得口議心思著. 何以故? 第八識旣除, 則生
死魔無處棲泊. 生死魔無棲泊處, 則思量分別底, 渾是般若妙智, 更無毫髮許爲我
作障. 所以道: "觀法先後, 以智分別, 是非審定, 不違法印."

이러한 경지에 이르고 나면, 마음껏[388] 총명함을 드러내어 마음껏 도

주의하다. 조심하다.

386 내위선봉거위전후(來爲先鋒去爲殿後): 앞장서 왔다가 뒤처져 가다. 올 때는 앞장서고,
  갈 때는 뒤처진다. 쉽게 찾아오지만 쉽게 떠나지는 않는. 전후(殿後)는 대열에서의 후미
  (後尾).

387 『화엄경』(80권) 제18권 「명법품(明法品)」 제18에 나오는 구절.

388   진(儘): 마음껏.(마음대로 하게 하다. 자유에 내맡기다.)

리를 말하여도 모두가 완전히 사라진 열반(涅槃)이요, 더이상 없는 마지막 진실이요, 완전히 벗어난 해탈의 경계이지 다시 다른 물건이 아닙니다. 그러므로 반산[389] 스님이 말한 "모든 마음이 곧 부처이고, 모든 부처가 곧 사람이다."[390]가 옳은 말입니다. 아직 이와 같지 못하면, 마땅히[391] 가고·머물고·앉고·누움에 분별심이 기회[392]를 얻도록 해서는 안 됩니다. 이렇게 오래오래 익어 가면, 저절로 애써 배척할[393] 필요가 없게[394] 됩니다. 잘 생각하십시오!

得到這箇田地了, 儘作聰明, 儘說道理, 皆是大寂滅·大究竟·大解脫境界, 更非佗物. 故盤山云 "全心卽佛, 全佛卽人" 是也. 未得如是, 直須行住坐臥勿令心意識得其便. 久久純熟, 自然不著用力排遣矣. 思之!

방 거사가 하루는 초가집 속에 홀로 앉아 있다가 갑자기 말했습니다.

"어렵고도 어렵구나! 열 섬의 참깨[395]를 나뭇가지에 발라 붙이는 것과 같도다."

---

389 반산(盤山) : 유주(幽州)의 반산보적(盤山寶積; 생몰연대 미상). 마조도일의 법을 이은 제자.

390 『경덕전등록』 제7권 '유주반산보적선사(幽州盤山寶積禪師)'에 나오는 반산보적의 말.

391 직수(直須) : 반드시, 마땅히. (-해야 한다)

392 편(便) : 기회.

393 배견(排遣) : 배척하다. 배제하다. 축출하다.

394 불착(不著) : -할 필요 없다. -할 수 없다. =불용(不用), 불수(不須).

395 유마(油麻) : 참깨. =호마(胡麻), 지마(芝麻).

방 거사의 부인이 그 말을 듣고는 이어서 말했습니다.

"쉽고도 쉽구나! 온갖 풀잎 위에 조사(祖師)의 뜻이로다."

방 거사의 딸 영조가 말했습니다.

"어렵지도 않고, 쉽지도 않구나! 배고프면 밥 먹고, 피곤하면 잠잔다."[396]

제가 말합니다.

"이 세 사람은 같이 가면서도 같은 걸음걸이는 아니고, 같이 얻었으면서 같이 잃지는 않았다."[397]

龐居士一日在草菴中獨坐, 驀地云: "難! 難! 十碩油麻樹上攤." 龐婆聞得, 接聲云: "易! 易! 百草頭上祖師意." 女子靈照云: "也不難, 也不易! 飢來喫飯, 困來睡." 妙喜曰: "此三人, 同行不同步, 同得不同失."

만약 분별심을 가지고 두루 헤아려[398] 짐작한다면, 세 사람의 귀결점[399]을 보지 못할 뿐만 아니라, 24시간 속에서 또한 스스로 자기의 본지풍광[400]을 어둡게 하여 본래면목을 보지 못하고, 어렵고 · 쉽고 · 어렵

---

396 『방 거사어록(龐居士語錄)』에 나오는 대화.

397 같은 길을 같은 걸음걸이로 가면서, 다만 한순간 다른 생각을 했을 뿐이다.

398 박량(搏量) : 박량(博量)과 같음. 두루 헤아리다.

399 낙착처(落着處) : 돌아가는 곳. 귀착(歸着)되는 곳. 귀결처(歸結處). 귀결점(歸結點). 요지(要旨). =낙처(落處).

400 본지풍광(本地風光) : 본분사(本分事), 본래면목과 같은 말로서 곧 견성처(見性處)를 가리키고, 본성(本性), 자성(自性), 불성(佛性), 본심(本心) 등과도 같은 말이다.

지도 않고 쉽지도 않다는 말에 붙잡혀 끌려 다니며 자유를 얻지 못할 것입니다. 자유를 얻고자 한다면, 이 세 사람이 말한 것을 한마디로 만들어 보십시오. 제가 이미 진흙에 빠지고 물에 젖으며 설명[401]을 다 하였습니다.

若以心意識搏量卜度, 非獨不見三人落著處, 十二時中亦自昧卻自己本地風光, 不見本來面目, 未免被難·易·不難易牽挽, 不得自在. 欲得自在, 請將此三人道底, 作一句看. 妙喜已是抯泥帶水下註脚了也.

옛 스님이 말했습니다.

"긍정하는 마음만 갖추면, 결코 속이지[402] 않을 것이다."[403]

다만 스스로 믿지 않는 것이 염려스러울 뿐입니다. 일상생활 속 인연을 만나는 곳에서 바깥의 경계에 마음을 빼앗겨 순일(純一)하게 공부하지 못하면, 끊어져 틈이 생깁니다. 끊어져 틈이 생길 때는 마음의 어

---

401 주각(註脚) : 풀이하여 따로 한마디 언급하는 말. 본문의 어떤 부분을 설명하거나 보충하기 위하여 본문의 아래쪽에 따로 베푼 풀이. 주각(注脚). 각주(脚註·脚注).

402 잠(賺) : 속이다. 이익을 얻다. 이윤을 남기다.

403 『위산경책(潙山警策)』에 나오는 구절. 『위산경책주(潙山警策註)』에서는 "이 한 개 배움은 가장 현묘하니, 수긍하는 마음만 갖춘다면 결코 속이지 않을 것이다."(此之一學, 最妙最玄, 但辦肯心, 必不相賺.)란 구절을 이렇게 주석하고 있다. "조사가 서쪽에서 와 곧장 사람의 마음을 가리켜 본성을 보아 깨닫도록 하고 범부를 벗어나 성인이 됨에 결코 잘못되지 않도록 하였다. 다만 염려하는 것은, 배우는 자가 기꺼이 주의를 기울이지 않고 마음을 두기도 하고 두지 않기도 하고 나아가기도 하고 물러나기도 한다면 깨달아 들어갈 수 없다는 것이다."(祖師西來, 直指人心, 見性成佛, 超凡入聖, 決定不誤. 唯恐學者, 不肯留心, 如存如亡, 或進或退, 則不可造入.)

지러움을 면하지 못합니다만, 바로 마음이 어지러울 때가 도리어 좋은 때이기도 합니다. 부처님이 말씀하셨습니다.

"언제나 허망한 생각을 일으키지 않고
모든 허망한 마음 역시 없애지 않는다.
허망한 생각의 경계에 머물면서 깨달아 앎을 더하지 않고
깨달아 앎이 없이는 진실을 판단하지 않는다."[404]

이것이 곧 이 도리입니다. 이 도리는 남에게 말해 줄 수 없고, 오직 깨달아 밝힌 자만이 말을 꺼내면 곧 귀결점을 압니다.

古德有言: "但辦肯心, 必不相賺." 只恐當人信不及. 於日用應緣處, 被外境所奪, 不能純一做工夫, 則成間斷. 當間斷時, 未免方寸擾擾, 正擾擾時, 却是箇好底時節. 佛言: "居一切時不起妄念, 於諸妄心亦不息滅. 住妄想境不加了知, 於無了知不辨眞實." 便是這箇道理也. 這箇道理, 說似人不得, 唯證悟者, 擧起便知落處.

양(梁) 무제(武帝)가 달마에게 물었습니다.
"짐은 절을 짓고 스님을 출가시킨 것이 헤아릴 수 없이 많습니다. 무슨 공덕이 있습니까?"
달마가 말했습니다.
"공덕이 없습니다."

---

404 『원각경(圓覺經)』에 나오는 구절.

무제가 물었습니다.

"어찌하여 공덕이 없습니까?"

달마가 말했습니다.

"그것은 다만 인간세계와 하늘나라[405]에 태어나는 조그만 과보(果報)를 낳는 번뇌[406]의 원인일 뿐입니다. 마치 그림자가 모습을 따르는 것과 같으니, 비록 있지만 진실이 아닙니다."

무제가 말했습니다.

"무엇이 참된 공덕입니까?"

달마가 답했습니다.

"깨끗한 지혜는 묘하고 두루하지만, 바탕은 본래 텅 비고 고요합니다. 이러한 공덕은 세속에서 찾지 못합니다."

무제가 비로소 물었습니다.

"무엇이 성스러운 진리[407]의 첫째 뜻입니까?"

달마가 답했습니다.

"텅 비어서[408] 성스러울 것이 없습니다."

무제가 물었습니다.

---

405 인천(人天) : 인간세계와 하늘세계에 사는 사람과 신령 등 여러 중생들.

406 유루(有漏) : ↔ 무루(無漏). 루(漏)는 누설(漏泄)된다는 뜻. 마음이 눈·귀·코·혀·몸·의식 등 6가지 지각기관을 통하여 밖으로 새어 나가서 대상을 좇아 헤매는 것. 곧 번뇌(煩惱)를 가리킴. 사제(四諦) 가운데 고제(苦諦)·집제(集諦)를 유루라 함.

407 성제(聖諦) : ↔속제(俗諦). 제일의제(第一義諦)·진제(眞諦)·승의제(勝義諦)라고도 한다. 열반·진여·실상(實相)·중도(中道)·법계(法界)·진공(眞空) 등 깊고 묘한 진리를 말한다. 이 진리는 모든 법 가운데 제일이라는 뜻에서 제일의제(第一義諦)라고 한다.

408 확연(廓然) : 확 트이다. 텅 비다.

"짐을 대하는 자는 누구인가?"

달마가 말했습니다.

"알지 못합니다."

무제가 통하지 못하자, 달마는 양자강을 넘어 위(魏)나라로 갔습니다.[409]

지금 찬된 공덕을 알려고 하면 따로 찾을 필요 없이[410] 다만 알지 못하는 곳에서 깨달아야[411] 합니다. 만약 "알지 못한다."는 이 한마디를 뚫고 지나간다면,[412] 일생 배우는 일은 끝납니다.

梁武帝問達磨 : "朕造寺度僧不可勝數. 有何功德?" 達磨曰: "無功德." 帝曰: "云何無功德?" 達磨曰: "此但人天小果, 有漏之因. 如影之隨形, 雖有而非實." 曰: "如何是眞功德?" 答曰: "淨智妙圓, 體自空寂. 如是功德, 不以世求." 帝始問: "如何是聖諦第一義?" 答曰: "廓然無聖." 曰: "對朕者誰?" 答曰: "不識." 帝不契, 達磨遂渡江之魏. 如今要見眞功德, 不用別求, 只向不識處薦取. 若透得此二字, 一生參學事畢.

조사(祖師)가 말했습니다.

"마음은 온갖 경계를 따라 옮겨 가는데

409 『조당집』 제2권 '보리달마(菩提達摩)', 『경덕전등록』 제3권 '제28조 보리달마(菩提達磨)'
에 나오는 내용.

410 불용(不用) : ①할 필요 없다. ②하지 마라. ③듣지 않다. 따르지 않다.

411 천취(薦取) : 알아차리다. 깨닫다. =천득(薦得).

412 투득(透得) : 돌파하여 벗어남. 뚫고 지나가다. =투탈(透脫).

옮겨 가는 곳이 참으로 그윽하도다.

흐름을 따라 본성을 알아차리면

기쁨도 없고 근심도 없다."[413]

진실로 이 마음에 통한다면, 안으로 밝혀내는 사람이 있음을 보지 못하고, 밖으로 밝혀지는 법이 있음을 보지 못합니다. 조사가 말한 옮겨 가는 곳과 흐름을 따르는 것은 모두 헤매는 것입니다. 이 마음을 밖에서 밝히려 하면, 정해진 범위만큼[414] 나아갈 뿐입니다. 부처님이 말씀하신 일대장교(一大藏教)의 크게는 3천 가지 비유와 작게는 8백 가지 비유가 다만 정해진 범위를 말씀하신 문자일 뿐입니다. 만약 여래에게 진실로 이러한 일이 있다고 한다면, 불법승(佛法僧)[415]을 비방하는 짓입니다.

祖師云: "心隨萬境轉, 轉處實能幽. 隨流認得性, 無喜亦無憂." 眞實契此心者, 內不見有能證之人, 外不見有所證之法. 祖師說箇轉處與隨流皆爲迷. 此心向外取證之者, 赴箇程限耳. 佛說一大藏教, 大喻三千, 小喻八百, 只是說程限底文字而已. 若謂如來實有恁麽事, 則是謗佛法僧.

413 『경덕전등록』제2권에 나오는 제22조 마나라(摩拏羅)의 게송.

414 정한(程限) : 한계. 일정한 격식과 제한. 정해진 범위.

415 불법승(佛法僧) : 3보(寶)라 하니, 우주의 진리를 깨달은 불타(佛陀), 불타가 진리를 가르치기 위해 말씀하신 교법(敎法), 교법을 따라 수행하는 승려(僧侶)를 아울러 일컫는 말.

마음의 불꽃이 활활 타올라 밝게 빛나며 멈추지 않으니, 탐욕과 분노와 어리석음[416]이 잇달아 일어나 마치 쇠사슬처럼 이어져 끊어짐이 없습니다. 만약 맹렬한 뜻과 기백이 없다면, 날이 가고 달이 가면서 오래 젖어 들어 모르는 사이에 오온(五蘊)의 마귀에게 사로잡히게 됩니다. 만약 한순간이라도 연기(緣起)와 무생(無生)[417]이 분명할 수 있다면, 탐진치(貪瞋癡) 삼독(三毒)을 떠나지 않고 도리어 마왕(魔王)의 도장을 사용하여 모든 마구니의 무리들을 몰아 법을 보호하는 선신(善神)으로 만들 것입니다. 이것은 억지로 하는 일이 아니라, 법이 그와 같기 때문입니다.

---

416 이른바 탐욕(貪欲) · 진에(瞋恚) · 우치(愚癡)의 삼독(三毒)이다. 삼독은 중생을 해롭게 하는 악의 근원을 말하며 삼불선근(三不善根), 삼화(三火) · 삼구(三垢)라고도 한다.

417 연기(緣起)와 무생(無生) : 연기가 곧 무생이요, 무생이 곧 연기라는 세계의 실상을 가리키는 말. 삼라만상의 모든 법은 다만 인연하여 일어날 뿐, 진실로 생겨나거나 사라지는 것은 없다는 것이 법의 실상이다. 세계는 이것과 저것이 구분되고, 이것과 저것이 생겨나고 사라지는 것처럼 보이나, 실상은 생겨나고 사라지는 이것과 저것에 그러한 자성(自性)이 없다. 마치 꿈속에 장면을 보듯이, 이것과 저것이 생겨나고 사라지는 것처럼 보이지만, 생겨나고 사라지는 이것과 저것은 없다는 것이 세계의 실상이다. 이것이 따로 있고 저것이 따로 있는 것처럼 보이나, 실상은 이것과 저것은 서로 의지하여 동시에 일어나고 동시에 사라지는 연기(緣起)하는 법일 뿐이다. "이것이 있으므로 저것이 있고, 이것이 없으면 저것도 없다. 이것이 생겨나면 저것도 생겨나고, 이것이 사라지면 저것도 사라진다." 혹은 "생겨나고 사라지는 이것과 저것이 보이지만, 생겨나고 사라지는 이것과 저것은 없다."라고 하는 연기법(緣起法)이 세계의 실상을 나타내는 말이다. 생겨나고 사라지는 모습이 보이지만, 실상은 생겨나는 것도 없고 사라지는 것도 없다는 무생법인(無生法忍) 또한 연기법을 달리 표현한 말이다. 『반야심경』에서 "모든 법은 공(空)인 모습이니, 생겨나지도 않고 사라지지도 않고, 늘어나지도 않고 줄어들지도 않고, 더럽지도 않고 깨끗하지도 않다."고 하는 것 역시, 연기(緣起)와 무생(無生)을 말하는 것이다.

心火熾然, 熠熠不息, 貪欲瞋恚癡, 繼之如鉤鎖連環, 相續不斷. 若無猛烈志氣, 日月浸久, 不覺被五陰魔所攝持. 若能一念緣起無生, 不離貪欲瞋恚癡, 倒用魔王印, 驅諸魔侶以爲護法善神. 且非彊爲, 法如是故.

그러므로 『유마경』에 말했습니다.

"부처님은 증상만인(增上慢人)을 위하여 음욕과 분노와 어리석음을 떠나 해탈하라고 말씀하실 뿐이다. 만약 증상만이 없는 자라면, 부처님께선 음욕과 분노와 어리석음의 자성(自性)이 곧 해탈이라고 말씀하신다."[418]

증상만은 대천제[419] · 패선근[420] · 비기중생[421]이라고도 하는데, 불승(佛乘)[422]을 믿지 않고 삶과 죽음의 언덕에 기대어 있는 자입니다. 이와 같은 무리들은 비록 믿지 않겠지만, 그러나 역시 평등한 법에 부족하거나 모자람은 없습니다.

故『淨名』云: "佛爲增上慢人, 說離婬怒癡爲解脫耳. 若無增上慢者, 佛說婬怒癡性

---

418 『유마힐소설경』「관중생품(觀衆生品)」제7에 나오는 천녀(天女)의 말.

419 대천제(大闡提) : 매우 심한 천제(闡提). 천제는 일천제(一闡提)를 가리킴. 일천제는 icchantika의 음역. 일천저가(一闡底柯) · 일천제가(一闡提伽) · 일전가(一顚迦)라고도 음역함. 줄여서 천제라고 함. 단선근(斷善根) · 신불구족(信不具足)이라 번역하며, 깨달을 가능성이 없는 이를 뜻함.

420 패선근(敗善根) : 깨달음을 이루는 바탕이 되는 좋은 뿌리를 부수다는 뜻.

421 비기중생(非器衆生) : 법(法)을 담을 만한 그릇이 못되는 중생.

422 불승(佛乘) : 승(乘)은 실어 옮긴다는 뜻. 중생들을 싣고 깨달음의 결과에 이르게 하는 가르침. 부처님이 말씀하신 교법(敎法)을 가리키는 말.

卽是解脫." 增上慢, 謂大闡提·敗善根·非器衆生, 不信有佛乘, 生死岸頭可憑可仗
者. 如此輩人雖不信, 然亦於平等法無所欠少.

방 거사가 마조 대사에게 물었습니다.

"예컨대 근육이나 뼈도 없는 물이 만 섬을 싣는 배를 띄우는 것과 같
을 때는 어떻습니까?"

마조가 말했습니다.

"나의 여기에는 물도 없고 배도 없는데, 다시 무슨 근육과 뼈를 말합
니까?"[423]

방 거사는 이 말을 듣고서 문득 모든 인연을 쉬었습니다.

이윽고 남악으로 돌아가 석두를 만났습니다. 하루는 석두가 거사에
게 물었습니다.

"저를 찾아온 이래로 일상생활이 어떻습니까?"

거사가 말했습니다.

"저에게 일상생활을 물으신다면, 정말[424] 입을 열 곳이 없습니다."

석두가 말했습니다.

"당신이 그러함을 알고서, 비로소 당신에게 물은 것입니다."

거사가 드디어 게송을 하나 지었습니다.

"일상생활에 다른 것은 없고

---

423 『경덕전등록』 제6권 '강서도일선사(江西道一禪師)'에 나오는 대화.

424 직시(直是) : 그야말로. 전혀. 정말. 실로. 차라리. 아예. 솔직하게. 숨김없이. 명백히.

오직 나 스스로 내키는 대로 어울린다.[425]

하나하나의 일을 취하지도 버리지도 않고

곳곳에서 어긋남[426]이 없다.

붉은색과 보라색을 누가 이름 지었는가?

언덕과 산에는 한 점의 티끌먼지[427]도 없네.

신통(神通)과 묘용(妙用)이

물 긷고 땔나무 나르는 일이로다."[428]

龐居士問馬大師云:"如水無筋骨, 能勝萬斛舟時, 如何?" 祖云:"我這裏無水亦無

舟, 更說甚麼筋骨?" 居士於言下頓息諸緣. 遂回南嶽見石頭和尙. 一日, 石頭問居

士:"自見老僧後, 日用事作麼生?" 居士云:"若問某甲日用事, 直是無開口處." 頭

云:"知子恁麼, 方始問子." 居士遂述一偈曰:

"日用事無別, 唯吾自偶諧.

頭頭非取捨, 處處勿張乖.

朱紫誰爲號? 丘山絶點埃.

神通幷妙用, 運水及搬柴."

---

425 우해(偶諧) : 내키는 대로 어울리다.

426 장괴(張乖) : 어긋남.

427 티끌먼지 : 번뇌망상.

428 『경덕전등록』 제8권 '양주거사방온(襄州居士龐蘊)'에 나오는 내용. 『경덕전등록』이나 『오
    등회원』에는 방 거사가 석두를 먼저 만나고 뒤에 마조를 찾은 것으로 되어 있다.

이것이 세속의 선비가 선(禪)을 찾는 본보기[429]입니다. 이 일을 반드시 끝내려고 한다면, 이 방 거사를 본보기로 삼으십시오. 그가 대장부라면, 나도 어찌 그렇지 않겠습니까? 소홀히 하지 마시고, 열심히 열심히 하십시오.

這箇是俗士中參禪樣子. 決欲究竟此事, 請依此老法式. 彼旣丈夫, 我寧不爾? 不可忽, 勉之! 勉之!

---

429 양자(樣子) : ①본보기. 견본. 표본. ②모양. ③태도. ④형세.

9. 각공 거사[430]에게 보임[431]

"이 도(道)[432]를 가지고 이 백성을 깨우친다."[433]는 것이 유학자의 일입니다. 우리 부처님 역시 말씀하셨습니다.

"성각(性覺)[434]은 묘하면서도 밝고, 본각(本覺)[435]은 밝으면서도 묘하다."[436]

부처님(佛)은 깨달음(覺)입니다. 이미 스스로 깨달았고, 이 깨달음을 가지고 모든 어리석은 중생을 깨우치기 때문에 대각(大覺)이라고 합니다. 또 덕산[437]이 말했습니다.

---

430 각공거사(覺空居士) : (원주: 唐通判) 당(唐)은 성(姓), 통판(通判)은 벼슬 이름.

431 1154년(66세)에 쓴 글.

432 사도(斯道) : 유가(儒家)의 도(道). 인의(仁義)의 도.

433 『맹자(孟子)』「만장(萬章)」상(上)에 나오는 구절.

434 성각(性覺) : 자성(自性) 자체가 곧 깨달음이다. 진여자성(眞如自性) 스스로가 다른 것을 말미암지 않고 스스로 깨달아 스스로 밝으므로 이렇게 말함.

435 본각(本覺) : ↔시각(始覺). 본래 갖추어져 있는 깨달음. 온갖 유정(有情)과 무정(無情)의 자성(自性)의 본체로서 갖추어져 있는 여래장(如來藏)인 진여(眞如). 이에 대하여 시각(始覺)은 이 본각이 공부를 통하여 비로소 드러나는 것을 가리킨다.

436 『수능엄경』제4권에 나오는 구절.

437 덕산선감(德山宣鑑; 780~865) : 당대(唐代) 청원(靑原) 문하의 선승. 사천성(四川省) 검남(劍南) 사람으로, 속성은 주(周) 씨다. 율(律) 및 성상(性相)을 배웠으며, 『금강경(金剛經)』에 정통하여 '주금강(周金剛)'이라 일컬어졌다. 남방의 용담숭신(龍潭崇信) 선사를 찾아 선(禪)을 논파하러 갔다가 도리어 용담에게 가르침을 받아 선으로 돌아섰고, 용담숭신(龍潭崇信)의 법을 이었다.

438 문공추향(捫空追響) : 허공을 쓰다듬고 소리를 쫓아가다. 쓸데없는 짓을 하다. 허망한 짓을 하다.

"허공을 쓰다듬고 메아리를 쫓아가는 짓은[438]

그대의 심신(心神)을 피곤하게 할 뿐이다.

꿈에서 깨어나면 잘못을 깨닫지만

깨어남 역시 깨어남이 아니다."[439]

示覺空居士(唐通判)

"以斯道覺斯民." 儒者之事也. 吾佛亦曰: "性覺妙明, 本覺明妙." 又佛者, 覺也. 旣已
自覺, 而以此覺覺諸群迷, 故曰大覺. 又德山曰: "捫空追響, 勞汝心神. 夢覺覺非, 覺
亦非覺."

언거[440] 도우(道友)께선 유교와 불교를 모두 배웠으나, 어느 쪽으로
치우치지 않은 까닭에 이러한 뜻을 취하여, 그 머무는 곳의 이름을 각
헌(覺軒)이라 지었습니다. 이 편지[441]를 보내어 법어(法語)를 요구하였는
데, 다시 글의 마지막에 그것을 부탁하며 말했습니다.

"각헌의 뜻은, 크게 신통한 주문(呪文)이요, 크게 밝은 주문이요, 위
없는 주문이요, 같은 것이 없는 주문입니다."

언거께서는 이미 이 뜻을 알고 있으니, 크게 신통하고 · 크게 밝고 ·

---

439 『경덕전등록』 제15권 '낭주덕산선감선사(朗州德山宣鑒禪師)'에 나오는 덕산선감(德
   山宣鑒)의 임종게(臨終偈). 마지막 구절은 여기 인용문과는 달리 "결국 무슨 일이 있는
   가?"(竟有何事)로 되어 있다. 『조당집』 제5권 '덕산화상(德山和尙)'에는 "깨어난다고 무슨
   일이 있는가?"(覺有何事)로 되어 있다.

440 각공거사(覺空居士)의 자(字)가 언거(彦擧)이다.

441 축(軸) : 그림이나 글씨를 쓴 두루마리. 여기에서는 서찰(書札).

위없고·같은 것이 없을 뿐이지, 다시 내가 거듭 설명할 필요가 뭐 있겠습니까? 그러나 언거의 뜻은 이 뜻을 밝혀서 스스로 깨닫고자 할 뿐만 아니라, 아마도 이 뜻을 가지고 모든 깨닫지 못한 자들을 깨닫게 하도록 하려는 것 같으니, 법을 널리 베푸는 것은 역시 불보살의 마음 씀씀이입니다. 나는 그 뜻을 기뻐한 까닭에 곧장 붓을 놀려 그것을 보여주었습니다.

彦擧道友, 儒釋俱學, 而不偏故, 取是義而名其所居曰覺軒. 以此軸來求法語, 仍書尾囑之曰: "覺軒之義, 是大神咒, 是大明咒, 是無上咒, 是無等等咒." 彦擧旣知是義, 大神·大明·無上·無等等矣, 又何必妙喜再下註脚? 然彦擧之意, 非獨欲發明是義以自覺而已, 蓋因是義以覺諸未覺者, 法施之普亦佛菩薩之用心也. 予嘉其志, 故直書以示之.

무릇 이 각헌(覺軒)에 오르는 자라면 응당 그 뜻을 볼 것이니, 마땅히 그 집(헌(軒))은 없어야 할 것입니다. 만약 집을 가지고 뜻으로 삼는다면, 그 뜻을 깨닫지 못했을 뿐만 아니라, 그 집도 보지 못한 것입니다. 집과 뜻이 모두 없고 깨달은 마음이 홀로 밝아야, 비로소 깨달음(각(覺))이라고 말할 만합니다. 깨달음의 뜻은 깊고도 아득하니 말로써 다할 수 없어, 이에 게송(偈頌)으로 말합니다.

비움을 깨닫고 깨달음을 비우고 깨달음을 비움도 비우고
깨달음을 깨닫고 비움을 비우니 비움 역시 비움이로다.

끝없이 좋은 소식을 알고자 하는가?

모두[442] 이 집[헌(軒)] 속에 있을 뿐이라네.

붓 가는 대로 생각 가는 대로 한 번 휘둘러 분부[443]에 겨우 응답합니다.[444]

凡登是軒者, 當見其義而亡軒可也. 苟執軒以爲義, 則非獨不了其義, 而亦未睹其

軒也. 軒義俱亡, 覺心獨朗, 始可與言覺也矣. 覺義深遠, 言不能盡, 繼之以偈曰:

覺空空覺空空覺, 覺覺空空空亦空.

欲識無窮好消息, 都盧只在此軒中.

信筆信意一揮, 以塞來命而已.

442 도로(都盧) : 모두. 전부.

443 내명(來命) : 하명(下命). 분부.

444 새(塞) : (가득)채우다. 틀어막다.

10. 신유 황 현위[445]에게 보임

나와 여시(如是) 노인은 평소 서로 만난 적이 없다가[446] 소흥 병자년[447] 늦은 봄에 유천의 강정[448]에서 만났는데, 한 번 보고는 곧 뜻이 통하였습니다. 말과 표정 속에서 비록 서로 주고받은 것은 없으나, 마음으로는 이미 허락하였습니다. 역사(驛舍)로 돌아와서 서로의 심경을 토로해 보니 마치 부절(符節)을 합한 것처럼 딱 들어맞았습니다. 깨달음을 경험한 사람의 눈이 옛사람에 못지않음을 스스로 축하하고, 또 반야사(般若社)[449] 속에서 한 사람 영리한 사내를 얻으니 이 큰 법의 깃발[450]을 붙들어 세울 만함을 기뻐하고, 이 큰 법의 횃불을 밝혀 우리 가문(家門)을 안팎에서 보호함을 기뻐하였습니다.

示新喻黃縣尉

---

445 현위(縣尉)는 벼슬 이름. 성(姓)은 황(黃), 자는 원수(元綬), 여시거사(如是居士)라고 불린다.

446 소매평석(素昧平昔) : 평소 서로 만난 일이 없다. 일면식(一面識)도 없다. =소매평생(素昧平生), 소매생평(素昧生平), 소불상식(素不相識).

447 소흥(紹興) 병자년(丙子年) : 남송(南宋) 고종(高宗) 소흥(紹興) 26년인 1156년. 대혜가 68세 때이다.

448 강정(江亭) : 강가의 정자(亭子). 정자의 이름(호북성(湖北省) 강릉현(江陵縣)의 현성(縣城) 남쪽 장강(長江) 기슭에 있는 정자의 이름).

449 사(社) : 불교 신앙과 공부를 위하여 사람들이 모여 만든 결사(結社).

450 법당(法幢) : 법의 깃발. 법을 상징하는 말. 묘법이 높은 것이 마치 깃발(당(幢))이 우뚝 솟은 것과 같으므로 법당이라 함. 또는 용맹한 장군이 기를 세우는 것 같이 불·보살이 법을 설하여 마군(魔軍)을 항복시키고 승리를 거둠에 비유.

妙喜與如是老人素昧平昔, 紹興丙子暮春, 邂逅渝川江亭, 一見便得之. 詞色之間
雖未相酬酢, 而心已許之. 旣而來驛舍, 吐露若合符契. 自慶驗人之眼不讓古人, 又
喜般若社中得一箇英靈漢, 可以扶此大法幢, 然此大法炬, 爲吾家內外護.

다음 날 함께 현령으로[451]로 부임하여 식사를 하였는데, 식사가 끝나
고 다시 앉아 고요히 재계[452]하였습니다. 여시 노인이 품은 뜻을 모두
드러내니 한 글자 한 구절이 모두 적절하여,[453] 오늘날 사대부들이 말
하는 이른바 구고자선(口鼓子禪)[454]과는 같지 않았습니다. 꿈을 한번 말

---

451 읍재(邑宰) : 현령(縣令). =읍후(邑侯), 읍존(邑尊), 읍령(邑令).

452 재계(齋戒) : 식사와 행동하는 것을 삼가고, 몸과 마음을 깨끗하게 함. 팔재계(八齋戒)
의 준말. 팔재계란 팔관재계(八關齋戒) · 팔계재(八戒齋) · 팔계(八戒) · 팔지재법(八支齋
法) · 팔소응리(八所應離)라고도 하는데, 재가자가 하루 동안 받아 지키는 여덟 가지 계
율. 중생을 죽이지 마라 · 훔치지 마라 · 음행하지 마라 · 거짓말하지 마라 · 술 먹지 마
라 · 꽃다발 쓰거나 향 바르고 노래하고 풍류를 즐기지 말며 가서 구경하지 마라 · 높고
넓고 큰 잘 꾸민 평상에 앉지 마라 · 때 아닌 때에 먹지 마라의 8계. 이 가운데 제8은 재,
나머지 일곱은 계. 또는 6번째 항목을 꽃다발로 꾸미거나 장식물로 꾸미지 마라 · 노래하
고 춤추며 풍류를 즐기지 마라의 둘로 나누어서 8계와 1재를 말한다고도 함. 관(關)은 금
지한다는 뜻.

453 낙착(落著) : ①결말. 귀결. ②행방. ③나올 곳. 의지할 곳. ④확실하다. 적절하다. 착실하
다. ⑤돌아오다. 귀결되다. 떨어지다.

454 구고자선(口鼓子禪) : 고자(鼓子)는 북. 북 치는 것처럼 시끄럽게 입을 놀려 옛 공안을
한 마디씩 서로 주고 받으며 하나하나 따지고 설명하는 행위를 선이라고 하는 무리를 비
판한 말이다. 『감산노인몽유집(憨山老人夢遊集)』 제17권 '답담복지(答談復之)'에 "만약 요
즈음의 구고자선(口鼓子禪)을 본받아서 다만 시끄럽게 말하기만 하고 실제(實際)를 추구
하지 않는다면, 어찌 자기의 신령함을 저버리는 것이 아니랴?"(若效當世口鼓子禪, 但資說
鈴, 不究實際, 豈不孤負己靈哉?)라는 말이 있고, 또 『여산연종보감염불정행(廬山蓮宗寶鑑念
佛正行)』 제6권 '정업도량(淨業道場)'에 "다시 인도말과 중국말로써 걸핏하면 이것은 옳고
저것은 틀렸다고 하고, 불경(佛經)과 밀전(密傳)을 망령되이 이해하여 가르침을 거짓되게

167

한다면, 삼세(三世)의 모든 부처님이 꿈을 말씀하시고 육대(六代)의 조사도 꿈을 말씀하시고 천하에 뛰어난 노스님도 꿈을 말씀하시고 지금 저와 여시 노인도 꿈속에서 꿈을 말하고 있음을 여기에 이르러야 비로소 믿습니다. 문득 그릇을 헤아릴 수 없는 대장부[455]가 꿈속에서 깨어나면, 삼세의 모든 부처님이 말씀하신 것이 꿈이 아니고 육대의 조사가 말씀하신 것이 꿈이 아니고 천하의 뛰어난 노스님이 말씀하신 것이 꿈이 아님을 바야흐로 믿게 됩니다. 왜 그럴까요? 꿈과 깸이 하나요, 말과 침묵이 하나요, 말함과 말하지 않음이 하나이기 때문입니다. 그러므로 말했습니다.

"둘은 하나로 말미암아 있으나
하나 역시 지키고 있지 마라.
한 개 마음이 생기지 않으면
만 가지 법에 허물이 없다."[456]

次日同赴任宰飯, 飯罷復坐兀齋. 如是老人盡發所蘊, 字字句句皆有落著, 不似今時士大夫說世之所謂口鼓子禪. 因說夢一巡, 到這裏, 方信三世諸佛說夢, 六代祖

하고, 입을 북 치듯이 놀려서 문자를 논하고, 나를 따지고 남을 따지고 높음을 말하고 낮음을 말한다."(更又胡言漢語動輒是此非他, 妄解佛經密傳僞敎, 打口鼓子弄葛藤頭, 爭我爭人論高論下.)라는 말이 있다.

455　몰량대인(沒量大人) : 헤아릴 수 없이 큰 사람이라는 말이니, 철저하게 깨달아서 범부의 분별이나 헤아림을 넘어선 사람을 가리킨다.

456　『경덕전등록』 제30권 '삼조승찬대사신심명(三祖僧璨大師信心銘)'에 나오는 구절.

師說夢, 天下老和尚說夢, 卽今妙喜與如是老人又在夢中說夢. 忽然有箇沒量大漢
夢裏覺來, 方信三世諸佛所說者不是夢, 六代祖師所說者不是夢, 天下老和尚所說
者不是夢. 何以故? 夢與覺一, 語與默一, 說與無說一. 所以云: "二由一有, 一亦莫
守. 一心不生, 萬法無咎."

이와 같은 법은 말해도 역시 이와 같고, 침묵해도 역시 이와 같고,
삼세의 모든 부처님 역시 이와 같고, 육대의 조사들 역시 이와 같고,
천하의 뛰어난 노스님들 역시 이와 같고, 제가 지금 여시 노인과 함께
말하는 것 역시 이와 같고, 깨달아 경험한 것 역시 이와 같습니다. 여
시 노인이 마땅히 이와 같이 받아들이고, 이와 같이 실천하고, 이와 같
은 사람과 더불어 이와 같은 일을 말하고, 아직 깨닫지 못한 자를 이와
같은 경계로 들어오게 하여 함께 부처님의 은혜를 갚고, 이와 같은 법
을 중생의 세계 속에 끊임없이 이어지게 한다면, 여시 노인은 헛되이
꿈을 말하는 것이 아니고, 저도 헛되이 증명하는 것이 아닙니다. 말해
보십시오. 무엇이 헛되지 않게 증명한 도리입니까? 잘 알겠습니까? 이
와 같고, 이와 같습니다! 어흠![457] 일단 말[458]을 그만둡니다.

---

457 돌(咄) : ①떽! 떽끼! 꾸짖는 소리. 호통 치는 소리. ②허! 어허! 쯧쯧! 탄식 또는 놀람을
     나타내는 소리.
458 갈등(葛藤) : 칡과 등넝쿨이 얽혀 있음. 선(禪)에서는 분별망상(分別妄想), 망상번뇌(妄
     想煩惱), 혹은 분별(分別)된 개념(槪念)인 언어문자(言語文字)를 가리킴. 언어문자는 학인
     을 지도하는 수단이지만, 동시에 학인을 묶어서 공부를 막는 장애가 되므로 갈등이라고
     한다.

如是之法, 說亦如是, 默亦如是, 三世諸佛亦如是, 六代祖師亦如是, 天下老和尚亦如是, 妙喜卽今與如是老人所說者亦如是, 所證者亦如是. 如是老人當如是受用, 如是修行, 與如是人說如是事, 令未得者得入如是境界, 同報佛恩, 使如是之法, 衆生界中相續不斷, 則如是老人不虛說夢, 妙喜老漢不虛證明矣. 且道. 如何是不虛證明底道理? 還委悉麼? 如是! 如是! 咄! 且截斷葛藤.

11. 나 지현[459]에게 보임[460]

총명하고 날카로운 슬기를 가진 선비들이 흔히 자기가 발 딛고 있는 곳에서[461] 이 일을 놓칩니다.[462] 대개 총명하고 날카로운 슬기를 가진 자는 이치의 길에 능통하여, 누군가 이 속의 일[463]을 말하는[464] 것을 듣자마자 곧장 분별심을 가지고 이해해[465] 버리지만, 진실한 곳에 뿌리를 내릴 때가 되면 새까맣게 어두워서 갈 곳[466]을 모르고, 도리어 평소의 분별심으로 배운 것을 가지고 인증[467]하여 입으로 말하려 하고, 마음속에서 생각하고 헤아려서 억지로 짜맞추어 분명히 밝히려 하니, 조상신이 끼치는 재앙[468]은 결코 밖에서 들어오는 것이 아님[469]을 전혀 모르는

---

459 나지현(羅知縣) : (원주: 孟弼) 나(羅)는 성(姓), 지현(知縣)은 현의 우두머리인 현령(縣令), 자(字)는 맹필(孟弼).

460 1156년(68세)에 쓴 글.

461 근각하(根脚下) : 근각(根脚)은 각근(脚根), 각근(脚跟)과 같이 발바닥을 가리킨다. 근각하(根脚下)는 발밑이라는 뜻으로서 누구나 자리 잡고 서 있는 자신의 근본(根本)을 가리키는 말이다.

462 차과(蹉過) : ①과오. 허물. 잘못. 실패. ②(기회를) 놓치다. 스치고 지나가다. 실패하다.

463 개중사(箇中事) : 그 속 사정.

464 거착(擧著) : 말하다. 거(擧)와 같음. 착(著)은 동사 뒤에 붙어서 완료나 조건을 나타내는 조사.

465 영람(領覽) : 깨닫다. 이해하다. 납득하다. =영회(領會).

466 하락(下落) : 결말. 행방. 간 곳. 떨어지다.

467 인증(引證) : 과거의 예를 인용하여 증명하다.

468 가친작수(家親作祟) : 가친(家親)은 죽은 조상. 작수(作祟)는 귀신이 재앙을 입힌다는 뜻. 죽은 조상이 자손에게 재앙을 입힌다는 뜻.

469 자기 마음의 분별심이 자기 마음을 괴롭히는 번뇌를 일으킨다는 말.

것입니다. 그러므로 영가가 말했습니다.

"법(法)의 재산에 손해를 끼치고 공덕을 없애는 것은 이 분별심에서 말미암지 않음이 없다."[470]

示羅知縣(孟弼)

聰明利智之士, 往往多於根脚下蹉過此事. 蓋聰明利智者, 理路通, 纔聞人擧著箇中事, 便將心意識領覽了, 及乎根著實頭處, 黑漫漫地不知下落, 卻將平昔心意識學得底引證, 要口頭說得到, 心裏思量計較得底彊差排, 要敎分曉. 殊不知家親作祟, 決定不從外來. 故永嘉有言: "損法財滅功德, 莫不由玆心意識."

이로써 보건대, 분별심이 도를 가로막는 것은 독사나 맹호(猛虎)보다 더 심합니다. 왜 그럴까요? 독사나 맹호는 오히려 회피할 수 있기 때문입니다. 총명하고 날카로운 슬기를 가진 선비는 분별심을 의지처[471]로 삼고서 가고 · 머물고 · 앉고 · 눕는 가운데 잠시라도 분별심과 응하지 않음이 없으니, 날이 가고 달이 갈수록 모르는 사이에 분별심과 한덩이가 됩니다. 또 한 덩이가 되려 하지 않더라도 애초부터 이 한 개 길로만 익숙해 왔기 때문에, 비록 문득[472] 통하여 분별심에서 멀리 떠나려고 하여도 역시 불가능합니다. 그러므로 "독사나 맹호는 오히려 회피할 수 있으나, 분별심은 참으로 그대가 회피할 곳이 없다."고 하는 것입니다.

---

470 『경덕전등록』 제30권 '영가진각대사증도가(永嘉眞覺大師證道歌)'의 한 구절.

471 굴택(窟宅) : 거처. 집. 의지처.

472 사(乍) : 문득.

以是觀之, 心意識之障道, 甚於毒蛇猛虎. 何以故? 毒蛇猛虎尚可回避. 聰明利智之

士, 以心意識爲窟宅, 行住坐臥, 未嘗頃刻不與之相酬酢, 日久月深, 不知不覺與之

打作一塊. 亦不是要作一塊, 爲無始時來行得這一路子熟, 雖乍識得破, 欲相遠離,

亦不可得. 故曰: "毒蛇猛虎尚可回避, 而心意識眞是無你回避處."

오직[473] 오래도록 공부해 온 영리한 자라야 비로소 지금의 일상생활
에서 물샐틈없이 장악하고서[474] 주인공 노릇을 하다가, 통하게 되면 곧
장 한칼로 두 동강을 내어 그 자리에서 즉시 지속해 갈 것이니,[475] 일부
러 마음을 내어 깨달음을 기다릴[476] 필요도 없고, 또 언제 깨달을지를
헤아릴 필요도 없습니다. 다만 앞선 성인들께서 꾸짖으신 것에 대해
선, 마치 독사나 맹호를 피하듯 하고 독충(毒蟲)이 있는 곳을 지나듯이
하여, 한 방울의 물도 입에 들어오지 못하게 해야 합니다. 그런 뒤에
다시 삼교(三敎)[477]의 성인들이 칭찬한 것에 대해선, 차 마실 때도 밥 먹
을 때도, 즐거울 때도 성날 때도, 친구와 만날 때도 어른을 모실 때도
아내와 아이들과 함께 있을 때도, 갈 때도 머물 때도 앉을 때도 누울

---

473 제시(除是) : (이것을) 제외하고는. (이것이) 아니라면. = 제비(除非). 다만 -함으로써만
    이 비로소. 오직 -해야 비로소. -아니고는. -하지 않고서는.

474 파주(把住) : 물샐틈없이 지키다. 제압하다. 장악하다.

475 종각근하주장거(從脚跟下做將去) : 종각근하(從脚跟下)는 '그 자리에서, 당장, 바로, 지
    금'이라는 뜻이고, 장거(將去)는 지속성(持續性)을 나타내는 조사. 그 자리에서 즉시 지속
    해 가다.

476 장심등오(將心等悟) : 일부러 마음을 내어 깨달음을 기다리다. 의도적으로 깨달음을 기
    다리다. 존심등오(存心等悟)와 같은 뜻으로서 삿된 공부임.

477 삼교(三敎) : 불교(佛敎), 유교(儒敎), 도교(道敎).

때도, 경계를 대하고 인연을 만남에 좋을 때도 싫을 때도, 어두운 방안에 홀로 있을 때도, 잠깐이라도 끊어지게 해서는 안 됩니다. 만약 이와 같이 공부하는 데에도 도업(道業)이 성취되지 않는다면, 삼교의 성인들이 모두 헛된 말을 하는 사람들일 것입니다.

除是夙有靈骨, 於日用現行處把得住, 作得主, 識得破, 直下一刀兩段, 便從脚跟下做將去, 不必將心等悟, 亦不須計較得在何時. 但將先聖所訶者, 如避毒蛇猛虎, 如經蠱毒之鄕, 滴水莫敎入口. 然後卻以三敎聖人所讚者, 茶裏飯裏, 喜時怒時, 與朋友相酬酢時, 侍奉尊長時, 與妻兒聚會時, 行時住時坐時臥時, 觸境遇緣, 或好或惡時, 獨居暗室時, 不得須臾間斷. 若如此做工夫, 道業不成辦, 三敎聖人皆是妄語人矣.

사대부들은 평소 구경(九經)[478] 십칠사(十七史)[479] 속에서 놀면서, 흥망(興亡)과 치란(治亂), 순역(順逆)과 정사(正邪)에 대해서 모르는 것이 한 가지도 없고 이해하지 못하는 것이 한 가지도 없습니다. 옛날 일이든 오

---

478 구경(九經) : 중국(中國) 고래(古來)의 아홉 가지 경서(經書). 『주역(周易)』, 『시전(詩傳)』, 『서전(書傳)』, 『예기(禮記)』, 『춘추(春秋)』, 『효경(孝經)』, 『논어(論語)』, 『맹자(孟子)』, 『주례(周禮)』.

479 십칠사(十七史) : 한대(漢代)에 간행된 『사기(史記)』 이후 송대(宋代)까지의 중국의 정사(正史)를 기록한 17종의 역사서. 『사기(史記)』, 『한서(漢書)』, 『후한서(後漢書)』, 『삼국지(三國志)』(여기까지를 전사사(前四史)라 함), 『진서(晉書)』, 『송서(宋書)』, 『남제서(南齊書)』, 『양서(梁書)』, 『진서(陳書)』, 『위서(魏書)』, 『북제서(北齊書)』, 『주서(周書)』, 『수서(隋書)』(여기까지를 십삼사(十三史)라 함), 『남사(南史)』, 『북사(北史)』, 『신당서(新唐書)』, 『신오대사(新五代史)』 이상 17종의 역사서.

늘날 일이든 다 알고 다 이해합니다. 모르는 것이 한 가지라도 있고 이해하지 못하는 것이 한 가지라도 있으면, 곧 남에게 배운 것이 적고 아는 것이 없는 자라는 말을 남에게 듣습니다. 타인의 집안일은 모조리 다 알고, 모조리 다 보고, 모조리 다 이해합니다. 붓을 들어 문장을 쓸 때는 병에서 물을 쏟아 붓듯이 옛날 일을 끌어오고 현재의 일을 끌어와 거리낌 없는 아름다운 마음과 고운 말씨로, 마음속에서도 충분히 헤아리고 입으로도 분명히 말합니다. 타인의 행동거지[480], 타인의 어려운 일과 순조로운 일, 타인의 바른 행위와 삿된 행동 등에 대해서는 하나하나 그 결말[481]을 알고, 하나하나 가리켜 비판함에 털끝만 한 어긋남[482]도 없습니다.

士大夫平昔在九經十七史內娛嬉, 興亡治亂, 或逆或順, 或正或邪, 無有一事不知, 無有一事不會. 或古或今, 知盡會盡. 有一事不知, 一事不會, 便被人喚作寡聞, 無見識漢. 佗人屋裏事盡知得, 盡見得, 盡識得. 下筆做文章時, 如▩注水, 引古牽今, 不妨錦心繡口, 心裏也思量得到, 口頭亦說得分曉. 佗人行履處, 佗人逆順處, 佗人邪正處, 一一知得下落, 一一指摘得, 無纖毫透漏.

---

480 행리처(行李處) : 행리(行李)에서 행(行)은 궁행(躬行)을, 리(李)는 곧 리(履)와 같아 실천을 의미한다. 행주좌와(行住坐臥) · 어묵동정(語默動靜) · 끽다끽반(喫茶喫飯) 등으로 기거동작(起居動作)하는 일체의 행위를 가리키거나, 행위가 남긴 실적(實績)이나 자취를 가리킨다. 행적(行蹟). 삶. 생활.

481 하락(下落) : 결말. 행방. 간 곳. 떨어지다.

482 투루(透漏) : ①뚫고 새 나가다. 드러나다. 폭로되다. 허점이 드러나다. ②어긋남. 허점(虛點). 허물.

175

그러나 그에게 차분히 "그대가 아직 장 씨나 황 씨나 이 씨나 등 씨 집안에 자식으로 태어나지[483] 않았을 때는 어디에서 목숨을 보전하였던가?"[484] 하고 물어보면, 즉시 총명을 발휘하여 도리를 말하며, 나를 따지고 남을 따지고, 무명에 내맡기고 업식(業識)을 부려서 타인을 점검하니, 어찌 "삿됨과 바름 · 좋음과 싫음을 분별할 줄 아는 이것은 죽은 뒤에[485] 다시 어디로 가는가?"가 아니겠습니까?[486] 온 곳을 알지 못하면 태어나는 일이 큰일이고, 갈 곳을 알지 못하면 죽는 일이 큰일입니다. 무상(無常)한 세월은 재빨리 흘러가고 태어나고 죽는 일이 큰 것이 바로 이 조그만 도리입니다. 유자(儒者) 역시 말합니다.

"살고 죽는 일이 또한 크다."[487]

돌로 만든 사람의 머리를 막대기로 때리듯이 진실한 일에 대하여 시끄럽게[488] 따지고 의논해 보아도, 섣달 그믐날[489]이 되어 죽음[490]이 다가

---

483 탁생(託生) : 어머니의 태에 의탁하는 것. 형체가 구비되어 태어나는 것. 또 극락세계에서 연꽃에 의탁하여 태어남.

484 안신입명(安身立命) : 몸을 편안히 하고 목숨을 보존하다.

485 백년후(百年後) : 사후(死後). 죽은 뒤.

486 불시(不是) : 기불시(豈不是) 즉 '어찌 -가 아니랴?'라는 뜻. 아무리 도리를 잘 설명하여도 여전히 동일한 문제가 남는다는 뜻.

487 『장자(莊子)』「내편(內篇)」'제5덕충부(德充符)'에서 중니(仲尼) 즉 공자(孔子)의 말이라고 소개되어 있는 구절.

488 박박(噗噗) : 와글와글, 여러 소리가 시끄러움.

489 납월삼십일(臘月三十日) : 납월(臘月)은 섣달. 납월 30일은 일 년의 마지막 날인 섣달 그믐날이니, 곧 생의 마지막 날을 가리킨다.

490 무상살귀(無常殺鬼) : 무상(無常)은 덧없는 삶을 말하고, 살귀(殺鬼)는 사람의 목숨을 빼앗는 귀신인 저승사자를 가리킨다.

오면 그대는 할 말이 없을 것입니다.[491]

及乎緩緩地問他 : "你未託生張黃李鄧家作兒子時, 在甚麽處安身立命?" 卽今作聰
明說道理, 爭人爭我, 縱無明, 使業識, 檢點佗人, 不是"能分別邪正好惡底, 百年後
卻向甚麽處去?" 旣不知來處, 卽是生大, 旣不知去處, 卽是死大. 無常迅速, 生死事
大, 便是這些道理也. 儒者亦云 : "死生亦大矣!" 棒打石人頭, 嚗嚗論實事, 臘月三十
日, 無常殺鬼到來, 不取你口頭辨.

"분노를 옮기지 않고, 허물을 반복하지 않는다."[492]며 공자는 유독 안
회만을 칭찬하였습니다. 성인(聖人)에게는 분노가 없다고 하니 분노가
없다면 혈기에 끌려다니지 않고, 성인에게는 허물이 없다고 하니 허물
이 없다면 바른 생각[493]만이 홀로 드러날 것입니다.[494] 바른 생각만 홀로
드러난다면 한 덩어리를 이룰 것이고,[495] 한 덩어리를 이루면 둘이 아
닙니다. 삿되고 잘못된 생각이 바른 생각을 범하기만 하면 둘이 됩니
다. 둘이 되면 그 허물이 어찌 둘에 그치겠습니까? 분노를 옮기지 않

---

491 직역은 "그대의 입을 처리하지 못할 것이다."이다.

492 『논어』 「옹야(雍也)」에서 공자가 안회를 회상하며 한 말.

493 정념(正念) : 8정도(正道)의 하나. 잘못된 분별을 버리고 법의 진실한 자성(自性)을 생
     각하는 것. 『기신론』에선 "마음이 흩어지면 끌어 모아서 정념에 머물러야 한다."라 하였고,
     혜원(慧遠)의 『관경소(觀經疏)』에선 "모습을 버리고 진실에 들어가는 것이 곧 정념이다."
     라고 하였다.

494 독탈(獨脫) : ①홀로 남달리 뛰어나다. 홀로 남달리 뛰어난 사람. ②모든 속박에서 벗어
     나 홀로 자유롭다. 깨달음의 경지.

495 성일편(成一片) : 한 덩어리가 되다. 한데 뭉치다.(주로 감정이나 생각이 융합되는 것을
     가리킨다) 타성일편(打成一片)이라고도 한다.

고 허물을 반복하지 않는다는 뜻은 이와 같을 뿐이니, 현묘하고 특별하다고 생각할 필요는 없습니다.

"不遷怒, 不貳過." 孔子獨稱顔回. 謂聖人無怒, 無怒則不爲血氣所遷, 謂聖人無過, 無過則正念獨脫. 正念獨脫則成一片, 成一片則不二矣. 邪非之念纔干正, 則打作兩橛. 作兩橛則其過豈止二而已? 不遷怒, 不貳過之義, 如是而已, 不必作玄妙奇特商量.

사대부가 선왕(先王)의 도(道)⁴⁹⁶를 배우는 것은 다만 마음씨를 바르게 하는 것일 뿐입니다. 마음씨가 바르면 삿되고 잘못된 것에 저절로 관계하지 않습니다. 삿되고 잘못된 것에 관계하지 않으면, 매일 생활하는 곳에서 저절로 하나하나 위에서 밝고 사물사물 위에서 드러날 것입니다. 마음씨가 근본이고 문장과 학문은 말단인데도 요즈음의 학자들은 흔히 근본을 버리고 말단을 좇으며, 문장을 찾아 멋진 구절을 베끼고⁴⁹⁷ 화려하고 교묘한 말을 배우는 것을 뛰어난 것으로 여기고, 성인(聖人)의 경술(經術)⁴⁹⁸을 쓸데없는 말이라고 여기니 슬프지 않을 수 없습니다! 맹자가 말한 "근본을 헤아리지 않고 말단을 가지런히 하려 한

---

496 '선왕지도(先王之道)'는 『논어』「학이(學而)」에 나오는 유자(有子)의 말. 원래 유교는 늘 선왕(先王)의 도(道)를 찬양하고 요(堯)·순(舜)·우(禹)·탕(湯)·문(文)·무왕(武王)을 성왕(聖王)으로 우러르며, 공자 가르침의 연원(淵源)은 이들 성왕에게 있다고 보았다.

497 심장적구(尋章摘句) : 책을 읽고 멋진 구절만 깊은 이해도 없이 베끼다.

498 경술(經術) : 경학(經學). 중국의 경서(經書), 즉 유가(儒家) 고전의 해석학. 경서에는 고대의 성인·현인의 정신이 담겨 있다고 믿고 그것을 터득하는 것을 종국적 목표로 삼는 것이 경학이며, 중국 철학·중국 문학의 기초이다.

다면, 조그만 나무 토막을 높은 누각보다도 더 높게 할 수 있을 것이다."[499]가 바로 이것입니다.

士大夫學先王之道, 止是正心術而已. 心術旣正, 則邪非自不相干. 邪非旣不相干, 則日用應緣處自然頭頭上明, 物物上顯. 心術是本, 文章學問是末, 近代學者多棄 本逐末, 尋章摘句, 學華言巧語以相勝, 而以聖人經術爲無用之言, 可不悲夫! 孟子 所謂: "不揣其本, 而欲齊其末, 方寸之木, 可使高於岑樓." 是也.

맹필은 바야흐로 나이가 한창때[500]이지만, 문득 깨닫고 나면[501] 번뇌와 악업을 짓는 마음을 회피할 수 있을 것입니다. 삶과 죽음에서 벗어나는 것을 배우려고 오래전에 덕(德)의 뿌리를 심어 놓지 않았다면 이와 같을 수 없을 것입니다. 확실한 믿음을 가지고 물샐틈없이 지키고[502] 주인공 노릇을 하며 언제나 삶과 죽음을 염두에 둔다면, 참으로 불 속에서 피는 연꽃과 같이 희유한 일입니다.[503] 이미 생사의 일을 염두에 두었다면, 마음씨가 바른 것입니다. 마음씨가 이미 바르면, 일상생활

---

499 『맹자』 「고자(告子)」 하(下)에 나오는 맹자의 말.

500 정성(鼎盛) : 바야흐로 한창 흥성하다. 한창나이.

501 별지(瞥地)는 '문득 깨닫다.'는 돈오(頓悟)를 뜻하고, 득조(得早)에서 득(得)은 시간이 벌써 지났다는 뜻이고, 조(早) 역시 시간이 이미 지났다는 뜻으로서, 득조(得早)는 이경(已經), 과료(過了)와 같이 시간이 지났음을 나타내는 조사.

502 파득주(把得住) : 물샐틈없이 지키다. 제압하다. 장악하다. =파주(把住), 파정(把定).

503 『유마힐소설경』 「불도품(佛道品)」 제8에 다음의 구절이 있다. "오욕(五欲)을 받아들이면서도 또한 선(禪)을 행하여 시끄러운 마구니의 마음이 기회를 얻도록 하지 않는다면, 불속에서 연꽃이 피는 것처럼 희유(希有)하다고 할 만하다."(示受於五欲, 亦復現行禪, 令魔心 憒亂, 不能得其便, 火中生蓮華, 是可謂希有.)

에서 인연을 만날 때에 애써 물리칠 필요가 없습니다.[504] 이미 애써 물리칠 필요가 없다면, 삿된 잘못은 없습니다. 삿된 잘못이 없다면, 바른 생각이 홀로 뚜렷합니다. 바른 생각이 홀로 뚜렷하면, 이치가 사실을 따라 변화합니다. 이치가 사실을 따라 변화하면, 사실은 이치를 얻어 융통합니다. 사실이 이치를 얻어 융통하면, 힘이 들지 않습니다.[505] 힘이 들지 않음을 느낄 때가 곧 이 도(道)를 배움에 힘을 얻는 곳입니다.

孟弸正是春秋鼎盛之時, 瞥地得早, 能回作塵勞惡業底心. 要學出生死法, 非夙植德本, 則不能如是. 信得及, 把得住, 作得主宰, 時時以生死在念, 眞火中蓮華也. 旣以生死事在念, 則心術已正. 心術旣正, 則日用應緣時不著用力排遣. 旣不著排遣, 則無邪非. 無邪非, 則正念獨脫. 正念獨脫, 則理隨事變. 理隨事變, 則事得理融. 事得理融, 則省力. 纔覺省力時, 便是學此道得力處也.

힘을 얻게 되면 무한히 힘이 들지 않게 되고, 힘이 들지 않는 곳에서 무한한 힘을 얻습니다. 이와 같이 될 때 분별심은 억누를 필요 없이 저절로 고요해집니다.[506] 비록 이와 같다고 하더라도, 절대로 말없이 침묵하는 곳에 떨어져 있어서는 안 됩니다. 이 병을 없애지 못하면, 분별심이 아직 멈추지 않았을 때와 다름이 없습니다. 그러므로 석가모니[507]

---

504 불착(不著) : -할 필요 없다. -할 수 없다. =불용(不用), 불수(不須).

505 생력(省力) : 힘을 덜다. 수월하다. 수고롭지 않다. 힘들지 않다.

506 첩첩지(怗怗地) : 조용한. 고요한.

507 황면노자(黃面老子) : 석가모니. 황면(黃面), 황두(黃頭)라고 약칭. 석가의 탄생지인 카필라 성의 카필라가 황색(黃色)이라는 뜻이므로, 이와 같이 말한다. 석가의 씨족명인 고

께서는 말씀하셨습니다.

"중생이 말하는 것을 취하지 말지니
모두가 유위의 허망한 일이로다.
비록 다시는 말의 길에 의지하지 않더라도
또한 말 없음에 머물러도 안 된다."[508]

말 없는 곳에 머물기만 하면, 곧 묵조라는 삿된 선(禪)[509]에 홀리게[510]
됩니다. 앞에서 말한 "독사와 맹호는 오히려 회피할 수 있으나, 분별심
은 막기가 어렵다."는 것이 바로 이러한 도리입니다.

得力處省無限力, 省力處得無限力. 得如此時, 心意識不須按捺, 自然怗怗地矣. 雖
然如是, 切忌墮在無言無說處. 此病不除, 與心意識未寧時無異. 所以黃面老子云:
"不取衆生所言說, 一切有爲虛妄事. 雖復不依言語道, 亦復不著無言說." 纔住在無
言說處, 則被默照邪禪幻惑矣. 前所云: "毒蛇猛虎尙可回避, 心意識難防." 便是這
簡道理也.

오타마를 붙여 황면구담(黃面瞿曇)이라고도 한다.
508 『화엄경』(80권) 제24권 「십회향품(十迴向品)」 제25-2에 나오는 게송.
509 묵조사선(默照邪禪) : 묵묵히 비춘다고 하는 삿된 선(禪). 대혜종고는 조동종의 천동정
    각(天童正覺)이 제창한 묵조선(默照禪)을 삿된 선이라고 하여 언제나 묵조사선(默照邪禪)
    이라고 부른다.
510 환혹(幻惑) : 홀리다. 미혹(迷惑)되다. 현혹(眩惑)되다.

일상생활에서 인연을 따를 때 그 인연을 옆으로 밀쳐놓아 버리고[511] 고요한 곳을 얻으면 곧 고요하겠지만, 잡생각이 일어날 때는 다만 화두를 거론하십시오.[512] 대개 화두는 큰 불덩어리와 같아서, 모기나 파리나 땅강아지나 개미같이 작고 보잘것없는 것들이 들러붙을 수 없습니다.[513] 화두를 거론하고 또 거론하여[514] 날이 가고 달이 가면, 문득 마음은 갈 곳이 없어져 자기도 모르는 사이에 단번에 확 깨달을 것입니다.[515] 바로 이러한 때는 삶도 남에게 물을 필요가 없고, 죽음도 남에게 물을 필요가 없고, 삶도 아니고 죽음도 아닌 것도 남에게 물을 필요가

---

511 발치(撥置) : 옆으로 밀쳐놓다.

512 거화(擧話) : 고인(古人)의 화두(話頭)를 꺼내어 거론(擧論)하는 것.

513 조그마한 망상도 용납하지 않는다는 뜻.

514 -내(來) -거(去) : -하고 또 -하다. 같은 동사 또는 같은 뜻을 가진 2개의 동사 뒤에 붙어서 동작이 끊임없이 반복됨을 나타냄.

515 분지일발(噴地一發) : 깨달음을 체험하는 순간을 표현하는 말. 단번에 확 깨닫다. 확 하고 단번에 통하다. 확 한 번 뚫리다. 앗 하고 한 번 열리다. 사용되는 형태는 분지일하(噴地一下), 분지일발(噴地一發), 화지일하(閉地一下), 화지일성(閉地一聲), 폭지일성(爆地一聲) 등이 있다. 분(噴)은 '뿜다.' '뿜어내다.'는 뜻이고, 화(閉)는 '놀라서 별안간 소리를 내지르다.'는 뜻으로서 돌(咄)과 같고, 폭(爆)은 '폭발하다.' '터지다.'는 뜻이다. 모두 어떤 상황을 나타내는 말이다. 접미사 지(地)는 어떤 상황을 나타내는 단어에 붙어 동사, 형용사를 수식하는 부사를 만든다. 그러므로 분지(噴地)는 '확 뿜어내듯이.' 화지(閉地)는 '앗 소리 지르듯이.' 폭지(爆地)는 '펑 터지듯이.'라는 정도의 뜻이 된다. 한편 일하(一下)는 '단번에 내려놓다.' 일발(一發)은 '단번에 쏘다.' 일성(一聲)은 '단번에 소리 지르다.'는 뜻으로서, 문득 일이 이루어진다는 뜻이다. 따라서 분지일하(噴地一下)는 '확 뿜어내듯이 단번에 내려놓다.' 분지일발(噴地一發)은 '확 뿜어내듯이 단번에 쏘다.' 화지일하(閉地一下)는 '앗 소리 지르듯이 단번에 내려놓다.' 화지일성(閉地一聲)은 '앗 하고 고함치듯이 단번에 소리 지르다.' 폭지일성(爆地一聲)은 '펑 하고 터지듯이 단번에 소리 지르다.'는 정도의 뜻이 되겠지만, 이 모두는 깨달음의 체험이 별안간 단번에 이루어짐을 나타내는 말이다.

없고, 이와 같이 말하는 것도 남에게 물을 필요가 없고, 이와 같은 말을 받아들이는 것도 남에게 물을 필요가 없습니다. 마치 사람이 밥을 먹을 때에 배부를 때까지 먹으면 저절로 먹고 싶은 생각을 내지 않는 것과 같습니다.

日用隨緣時, 撥置了, 得靜處便靜, 雜念起時, 但擧話頭. 蓋話頭如大火聚, 不容蚊蚋螻蟻所泊. 擧來擧去, 日月浸久, 忽然心無所之, 不覺噴地一發. 當恁麽時, 生也不著問人, 死也不著問人, 不生不死底也不著問人, 作如是說者也不著問人, 受如是說者也不著問人. 如人喫飯, 喫到飽足處, 自不生思食想矣.

이런저런 온갖 말과 둘러 말하고 질러 말하는 것들은 다만 나맹필[516]의 의문이 부서지지 않았기 때문입니다. 뒷날 문득 비틀거리며 걷다가 우연히 코를 밟게 되면,[517] 제가 시시콜콜 쏟아 놓은 더러운 여러 말[518]은 도리어 어디에 가져다 놓을까요?[519] 제가 스스로 말합니다.

"땅으로 말미암아 넘어지면 땅을 붙잡고 일어난다. 일어나고 넘어지는 것은 사람에게 달려 있으니, 결국 이 한 조각 땅과는 상관없는 일이다."[520]

---

516 나맹필(羅孟弼) : 이 법어를 받는 나지현(羅知縣)의 이름.

517 실각답착비공(失脚踏着鼻孔) : 비틀거리며 걷다가 우연히 코를 밟다. 헤매다가 우연히 본래면목에 발을 딛다.

518 악구(惡口) : 악랄한 말. 욕설.

519 안착(安着) : 안치(安置)하다. 용납하다.

520 땅은 곧 심지(心地) 즉 마음을 가리킨다. 마음은 언제나 하나의 마음인데 사람이 스스로 어리석기도 하고 지혜롭기도 하다.

여기까지 쓰고 보니 한 두루마리[521]의 종이가 다 되었군요. 우선 여기서 말을 그칩니다.

千說萬說, 曲說直說, 只爲羅孟弼疑情不破. 佗時後日驀然失脚踏著鼻孔, 妙喜忉忉怛怛寫許多惡口, 卻向甚處安著? 妙喜自云: "因地而倒, 因地而起. 起倒在人, 畢竟不干這一片田地事." 寫至此, 一軸紙已盡. 且截斷葛藤.

---

521 축(軸) : 두루마리로 된 서화(書畵)를 세는 단위.

12. 악수 웅 사부[522]에게 보임

 오늘날 사대부들이 흔히 이 도(道)를 배우고자 하지만, 마음이 순일
하지 못하다면 잡다한 독(毒)이 마음으로 들어오는 병이 있게 됩니다.
잡다한 독이 마음으로 들어오면, 곳곳마다 가로막힙니다.[523] 곳곳마다
가로막히면, 아견(我見)이 자랍니다. 아견이 자라면, 눈 가득 귀 가득
다만 남의 허물만을 보고 들으며, 뒤로 물러나 잠시 자신을 점검해 볼
줄은 전혀 모릅니다. 날마다[524] 침상에서 내려와 "남을 이롭게 하고 자
기를 이롭게 할 어떤 일이 있는가?" 하고 점검할 수 있다면, 그를 지혜
있는 사람이라고 할 만합니다.

示鄂守熊祠部(叔雅)

近世士大夫多欲學此道, 而心不純一者, 病在雜毒入心. 雜毒旣入其心, 則觸途成
滯. 觸途成滯, 則我見增長. 我見增長, 則滿眼滿耳只見他人過失, 殊不能退步略自
檢察看. 逐日下得床來, "有甚利他利己之事?" 能如是檢察者, 謂之有智慧人.

 조주가 말했습니다.

---

522 악수(鄂守) 웅사부(熊祠部) : (원주: 叔雅) 악수(鄂守)는 악저(鄂渚)의 우두머리란 말이
고, 웅(熊)은 성(姓), 사부(祠部)는 관직 이름. 웅사군(熊使君)이라고도 하는데, 사군(使
君)은 주(州), 군(郡)의 장관을 통칭하던 말. 악저(鄂渚)는 호북성(湖北省) 무창현(武昌縣)
서강(西江)에 있는 지명. 숙아(叔雅)는 자(字)..
523 촉도성체(觸途成滯) : 어디서든지 막히다. 곳곳에서 막히다. 촉도(觸途)는 '곳곳마다, 어
디서든지'라는 뜻.
524 축일(逐日) : 날마다. 매일매일.

"나는 날마다 죽 먹고 밥 먹는 두 때에 잡다하게 마음을 쓰는 것을 제외하고는, 그밖에 다시 잡다하게 마음을 쓰는 곳은 없다."[525]

말해 보십시오. 이 노인네는 어디에 머물러 있습니까?[526] 만약 여기에서 그의 본래 모습[527]을 알아본다면, 비로소 가는 것도 선(禪)이고, 앉는 것도 선이고, 말하고 침묵하고 움직이고 고요함에 스스로 태연하다고[528] 말할 수 있을 것입니다. 아직 이와 같지 못하다면, 마땅히 순간순간 자기의 발밑[529]으로 물러나 자세히 끝까지 찾아보아야[530] 합니다. 내가 타인의 좋음과 나쁨과 장점과 단점을 알 수 있는 것은 평범한 것인가, 성스러운 것인가? 있는 것인가, 없는 것인가?

찾아보고 또 찾아보아서 찾아볼 만한 것이 없는 곳에 이르러 마치 쥐가 쇠뿔 속으로 들어간 것과 같다가 문득[531] 슬그머니[532] 마음이 사라

---

525 『오등회원(五燈會元)』제4권 '조주종심선사(趙州從諗禪師)'에 다음과 같은 조주의 말이
    나온다 : "형제들이여, 오래 서 있지 마라. 따질 일이 있느냐? 일이 없으면 의발을 내려놓
    고 앉아서 궁리(窮理)하라. 나는 행각(行脚)할 때에 죽을 먹고 밥을 먹는 두 때에만 마음
    을 시끄럽게 썼고, 그 외에는 달리 쓸 마음이 없었다. 만약 이와 같지 못하다면, 아직 아주
    멀리 있는 것이다."(兄弟莫久立. 有事商量? 無事向衣缽下坐窮理好. 老僧行脚時, 除二時粥飯是
    雜用心處, 除外更無別用心處. 若不如是, 大遠在.)

526 착도(着到) : -에 도달한 채로 있다. -에 머물러 있다.

527 면목(面目) : 얼굴 생김새. 용모. 몰골. 태도. 입장. 경향. 체면. 낯. 본분. 천성. 정체(正
    體).

528 안연(安然) : ①무사하다. 무고하다. ②태연하다. 마음을 놓다.

529 각근하(脚跟下) : =각하(脚下). 발밑. 본바탕. 본래면목.

530 추궁(推窮) : 궁극(窮極)을 찾다. 마지막 진실을 찾다. 끝까지 찾아보다.

531 맥지(驀地) : 갑자기. 돌연. 문득. =맥연(驀然).

532 투(偸) : 남몰래. 슬그머니. 가만히. 살짝.

지면, 여기가 바로 자신이 완전히 손을 놓고[533] 집으로 돌아가 편안히
앉을 곳입니다.

趙州云: "老僧逐日除二時粥飯是雜用心, 餘外更無雜用心處." 且道. 這[534]老漢
在甚處著到? 若於這裏識得他面目, 始可說行亦禪, 坐亦禪, 語默動靜體安然.
未能如是, 當時時退步向自己脚跟下 子細推窮. 我能知他人好惡長短底, 是凡
是聖? 是有是無? 推窮來推窮去, 到無可推窮處, 如老鼠入牛角, 蓦地偸心絶, 則
便是當人四楞塌地, 歸家穩坐處.

내가 마지못해 이러한 쓸데없는 말을 하지만, 일 마친 사람의 입장
에서 본다면 바로 좋고 나쁨도 알지 못하고 똥오줌을 뿌리는 짓입니
다. 문득 살가죽 밑에 피가 흐르는 살아 있는 사람을 만나 한 대 아프
게 두들겨 맞아도, 그를 이상하게 여기지 못할 것입니다. 지금은 그런
사람이 없어서 이 늙은이가 거리낌 없이 제멋대로 어지럽게 말하지만,
이미 좋고 나쁨을 알지도 못하고 진흙탕 속에서 흙을 씻어 내는 짓을
하면서 약간의 맛없는 말을 하고 있습니다. 그러나 무엇보다도 내가
말하는 곳에서 이해하면 안 되니, 이것이 사대부가 총명하게 되는 첫
번째 뜻입니다.

妙喜不得已說這惡口, 於了事漢分上看來, 正是不識好惡, 撒屎撒尿. 忽然撞著箇

---

533 사릉탑지(四楞塌地) : 네 활개를 땅에 던지고, 두 손을 땅에 짚고 꿇어 엎드려. 붙잡거
나 의지함이 전혀 없이. 완전히 손을 놓고. =사릉착지(四楞着地).
534 '저(這)'는 궁내본에서는 모두 '차(遮)'로 되어 있다. 뜻은 동일.

皮下有血底, 爛椎一頓也怪他不得. 今旣無其人, 不妨敎這漢恣意亂說, 已是不識好惡, 不免向泥裏洗土, 說些沒滋味話. 然第一不得向我說處會, 此是士大夫作聰明底第一義也.

　세간법과 출세간법은 하나라고 말할 수도 없고, 둘이라고 말할 수도 없고, 있다고 말할 수도 없고, 없다고 말할 수도 없습니다. 하나·둘· 있다· 없다를 마음[535]에서는 독약이라 하기도 하고 제호[536]라 하기도 합니다. 제호와 독약은 본래 자성(自性)[537]이 없고, 하나니 둘이니 있느니 없느니 하는 견해를 짓는 자에게 병에 응하여 약을 처방한 것일 뿐입니다.

　마음은 커다란 허공에 비유되고, 하나·둘· 있다· 없다는 해·달· 낮·밤에 비유됩니다. 밤에 어두울 때도 허공은 어두운 적이 없었고, 낮에 밝을 때도 허공은 밝은 적이 없었습니다. 해·달·낮·밤이 스스로 서로 힘써 겨룸은,[538] 마치 하나·둘· 있다· 없다는 견해가 서로 힘쓰고 서로 겨루는 것과 같지만, 마음에서는 다름이 없습니다. 만약[539] 영리한 사람이 이러한 더러운 물을 뒤집어쓰지 않고 한순간이 연기(緣

535　광명장(光明藏) : 밝음이 저장된 창고라는 뜻. 『사익경(思益經)』에 "여래의 몸은 한량없는 광명장이다."라고 하였음. 무명(無明)을 타파할 밝음을 본래 가지고 있는 마음을 가리킨다. 여래장(如來藏)과 같은 뜻의 말.

536　제호(醍醐) : 다섯 가지 맛[유(乳)· 낙(酪)· 생소(生酥)· 숙소(宿酥)· 제호(醍醐)]의 하나. 우유를 정제한 유제품으로 맛이 최고라고 일컬어진다.

537　자성(自性) : 그 자체 독립적으로 존재하는 고유한 본성.

538　경탈(傾奪) : 힘을 기울여 다투다. 힘써 겨루다.

539　가중(可中) : 만일. 만약.

起)요 무생(無生)[540]이라면, 단지 이렇게 서로 다투고 서로 겨루는 것이 모두 본인이 매일매일 누리는 집안일입니다. 앞서 말한 제호와 독약이 바로 이것입니다.

世間出世間法, 不得言一, 不得言二, 不得言有, 不得言無. 一二有無, 於光明藏中亦謂之毒藥, 亦謂之醍醐. 醍醐毒藥, 本無自性, 作一二有無之見者, 對病醫方耳. 光明藏喻太虛空, 一二有無喻日月晝夜. 夜暗時, 太虛空未嘗暗, 晝明時, 太虛空未嘗明. 日月晝夜自相傾奪, 如一二有無之見相傾相奪, 於光明藏無異. 可中有箇英靈漢, 不受這般惡水潑, 一念緣起無生, 只這相傾相奪底, 皆是當人逐日受用底家事. 前所云醍醐毒藥是也.

---

540 연기(緣起)와 무생(無生) : 세계의 실상을 가리키는 말. 삼라만상의 모든 법은 다만 인연하여 일어날 뿐, 진실로 생겨나거나 사라지는 것은 없다는 것이 법의 실상이다. 세계는 이것과 저것이 구분되고 이것과 저것이 생겨나고 사라지는 것처럼 보이나, 실상은 생겨나고 사라지는 이것과 저것의 자성(自性)은 없다. 마치 꿈속에 장면을 보듯이 이것과 저것이 생겨나고 사라지는 것처럼 보이지만, 생겨나고 사라지는 이것과 저것은 없는 것이 세계의 실상이다. 이것이 따로 있고 저것이 따로 있는 것처럼 보이나, 실상은 이것과 저것은 서로 의지하여 동시에 일어나고 동시에 사라지는 연기(緣起)하는 법일 뿐이다. "이것이 있으므로 저것이 있고, 이것이 없으면 저것도 없다. 이것이 생겨나면 저것도 생겨나고, 이것이 사라지면 저것도 사라진다." 혹은 "생겨나고 사라지는 이것과 저것이 보이지만, 생겨나고 사라지는 이것과 저것은 없다."라고 하는 연기법(緣起法)이 세계의 실상은 나타내는 말이다. 생겨나고 사라지는 모습이 보이지만, 실상은 생겨나는 것도 없고 사라지는 것도 없다는 무생법인(無生法忍) 또한 연기법을 달리 표현한 말이다. 『반야심경』에서 "모든 법은 공(空)인 모습이니, 생겨나지도 않고 사라지지도 않고, 늘어나지도 않고 줄어들지도 않고, 더럽지도 않고 깨끗하지도 않다."고 하는 것 역시, 연기(緣起)와 무생(無生)을 말하는 것이다.

사대부들은 이 도를 배움에 흔히 빠른 효과를 바라고서, 종사가 아직 입을 열기도 전에 벌써 분별심을 가지고 이해해 버립니다. 그러나 천천히 뿌리를 내림[541]에 이르러서는 끓는 솥 안에 던져진 게와 같아서,[542] 손발을 이리저리 바삐 휘두르지만 해결책을 찾을[543] 곳이 없습니다. 염라대왕을 만나 쇠몽둥이 맛을 보고 뜨거운 쇠구슬을 삼킬 자가 곧 이렇게 이해하고서 빠른 효과를 구하는 이들이고 다른 사람이 아님을, 이들은 전혀 알지 못하는 것입니다. 이른바 어렵게 얻어서 도리어 잃는 것이요, 세밀하게 힘쓸수록 더욱 거칠어지는 것이니, 여래께서 말씀하신 불쌍한 사람인 것입니다. 요즈음의 사대부 천만 명 가운데 이러한 병이 없는 자는 한 사람이나 반 사람을 찾기도 어렵습니다.

士大夫學此道, 多求速效, 宗師未開口時, 早將心意識領解了也. 及乎緩緩地根著, 一似落湯螃蟹, 手忙脚亂, 無討頭處. 殊不知閻家老子面前受鐵棒, 吞熱鐵圓者, 便是這領解求速效者, 更不是別人. 所謂希得返失, 務精益麤, 如來說爲可憐愍者. 近世士大夫, 千萬人中覓一箇半箇無此病者, 了不可得.

소흥 병자년[544] 가을에 악저를 지나가다가 웅사군 숙아를 뜻밖에 다시 만났습니다. 웅사군은 한 번 만나자 속에 있는 것을 남김없이 말하

---

541 근착(根着) : 뿌리를 내리다. 뿌리를 내리고 사는 곳. 발을 딛다.

542 일사(一似) : =일여(一如). -와 똑같다.

543 토두(討頭) : =토두비(討頭鼻). 일의 관건(關鍵)을 찾다. 사리(事理)의 열쇠를 찾다. 사건의 해결책을 찾다.

544 소흥(紹興) 26년(1156년). 대혜 나이 68세.

여[545] 곧 이 도(道)로써 서로 의기투합하였습니다만, 도리어 한 발 물러나 확고한 곳에[546] 머물며 말과 행동이 일치하니, 경솔한[547] 자들이 억지로 알고 억지로 이해하고 억지로 깨닫는[548] 것과는 같지 않았습니다. 반드시[549] 옛사람이 발 디딘 진실한 곳에 이르러 부처님을 의심하지 않고 공자를 의심하지 않고 노자를 의심하지 않게 된 연후에, 노자·공자·부처님의 본래면목[550]에 기대어 자신의 할 말을 하여야[551] 참된 용맹정진이요 장부의 할 일을 다하는[552] 것입니다.

紹興丙子秋, 經由鄂渚邂逅近熊使君叔雅, 一見傾倒, 便以此道相契, 却能退步向實頭處著到, 如說而行, 不似泛泛者, 彊知彊會彊領略. 直要到古人脚蹋實地處, 不疑佛, 不疑孔子, 不疑老君, 然後借老君·孔子·佛鼻孔, 要自出氣, 眞勇猛精進, 勝丈夫

---

545 경도(傾倒) : 속에 있는 것을 남김없이 말하다.

546 실두처(實頭處) : 확고한 곳. 견고한 곳. 진실한 곳.

547 범범(泛泛) : 평범한. 피상적인. 천박한. 얕은. 경솔한.

548 영략(領略) : (체험으로) 이해하다. 깨닫다. 감지하다. 음미하다.

549 직요(直要) : 반드시 -해야만 한다.

550 비공(鼻孔) : 코. 콧구멍. 비공(鼻孔)은 글자 그대로는 콧구멍이라는 뜻이지만, 콧구멍을 포함한 코 전체를 가리키는 말이다. 파비(把鼻)라는 말이 손잡이를 붙잡는다는 뜻이듯이 코는 손잡이를 뜻하거나, 혹은 비조(鼻祖)라고 하듯이 근원이나 시초를 가리키는 뜻이 있다. 선승들의 어록에서 비공(鼻孔)이라는 말은 근원이나 시초라는 뜻으로서 우리의 본래면목을 가리킨다. 예컨대, 『경덕전등록』에 나오는 "부모가 아직 낳지 않았을 때 코는 어디에 있는가?(父母未生時鼻孔在什麽處)" 혹은 "납승이라면 모름지기 바로 납승의 코를 밝혀내야 한다.(衲僧直須明取衲僧鼻孔)" 등의 말에서 코(鼻孔)는 본래면목을 가리킨다.

551 출기(出氣) : ①화풀이를 하다. 분노를 발설시키다. ②숨 쉬다. ③탄식하다. ④기백(氣魄)을 드러내다. ⑤할 말을 하다.

552 승(勝) : 다하다.

191

所爲.

맹렬히 마음을 기울여[553] 노력하여 나아가십시오. 말하는 곳과 행하
는 곳은 이미 잘못됨이 없으나, 다만 단번에 확 깨닫지 못하고 있을 뿐
입니다. 만약 나아감만 있고 물러남은 없어서 하루 24시간 속에 인연
을 만나는 곳에서 끊어짐이 없다면, 단번에 확 깨닫는 것 역시 어렵
지 않습니다. 그러나 단번에 확 깨닫는 곳에 마음을 두고 있으면 절대
로 안 됩니다. 만약 이런 마음을 가지면, 이런 마음이 도리어 길을 막
아 버립니다. 다만 일상생활 속 인연에 응하는 곳에서 어둡지 않다면,
날이 가고 달이 가면서 저절로 하나가 될 것입니다. 어떤 것이 인연에
응하는 곳일까요? 기뻐할 때, 성낼 때, 공사(公事)를 판단할 때, 손님을
접대할 때, 처자(妻子)와 함께할 때, 마음으로 선악을 생각할 때, 경계
를 만나고 인연을 만날 때 등이 모두 단번에 확 깨닫는 때입니다. 반드
시 잊지 마시기 바랍니다!

願猛著精彩, 努力向前. 說處行處已不錯, 但少噴地一下而已. 若有進無退, 日用
二六時中應緣處不間斷, 則噴地一下亦不難. 然第一不得存心在噴地一下處. 若有
此心, 則被此心障卻路頭矣. 但於日用應緣處不昧, 則日月浸久, 自然打成一片. 何
者爲應緣處? 喜時怒時, 判斷公事時, 與賓客相酬酢時, 與妻子聚會時, 心思善惡
時, 觸境遇緣時, 皆是噴地一發時節. 千萬記取! 千萬記取!

---

553 착정채(着精彩) : ①정신을 가다듬다. ②주의를 기울이다. 심혈을 기울이다. 노력하다.
애쓰다. ③주의하다. 조심하다.

세간의 감정이나 생각이 일어날 때 힘을 써서 배척할 필요는 없습니다. 앞날에 이미 말씀드렸습니다만,[554] 다만 한 승려가 조주에게 "개에게도 불성이 있습니까?" 하고 물으니 조주가 "없다."〔무(無)〕고 한 것만 거론하십시오. 이 한 글자〔무(無)〕를 거론하기만 하면, 세간의 감정이나 생각은 저절로 고요해질 것입니다.[555] 이런저런 많은 말의 유래가 서로 다르더라도, 천 마디 만 마디 말이 다만 이 작은 도리일 뿐입니다. 문득 "없다."는 글자 위에서 목숨을 잃어버린다면, 이 작은 도리 역시 눈속의 꽃[556]입니다.

世間情念起時, 不必用力排遣. 前日已曾上聞, 但只擧僧問趙州: "狗子還有佛性也無?" 州云: "無." 纔擧起這一字, 世間情念自怗怗地矣. 多言復多語, 由來返相誤, 千說萬說, 只是這些子道理. 驀然於無字上絶卻性命, 這些道理亦是眼中花.

---

554 상문(上聞) : 윗사람에게 알리다. =상청(上聽).

555 첩첩지(怗怗地) : 조용한. 고요한.

556 안중화(眼中華) : =공화(空華), 허화(虛華), 허공화(虛空華). 헛꽃, 허공꽃이라고도 한다. 눈병이 났을 경우, 혹은 눈을 세게 비비거나 눈에 충격이 주어지면 눈앞에서 한순간 꽃 모양의 환상이 번쩍번쩍 나타났다 사라지는 것이 보이는데, 이렇게 헛되이 나타났다 사라지는 모습을 헛꽃, 안중화라고 한다. 분별망상을 가리킴.

13. 서 제형[557]에게 보임[558]

　이 일은 푸른 하늘에 빛나는 태양과 같아서, 밝고 깨끗하고, 변하지
도 않고 움직이지도 않고, 줄어들지도 않고 늘어나지도 않으며, 모든
사람 각자의 일상생활 속 인연에 응하는 곳 하나하나 위에서 밝고, 사
물사물 위에서 드러나며, 붙잡아도 얻어지지 않고, 버려도 늘 있으며,
드넓게 확 트여 막힘이 없고, 또렷하면서도 텅 비었으며, 마치 물 위에
조롱박[559]을 띄워 놓은 듯이 구속할[560] 수도 없고 얽어맬 수도 없습니다.
예부터 덕 있는 선비가 이것을 얻으면 삶과 죽음의 바다에서 출몰하면
서 모든 것을 사용하되[561] 모자람도 없고 남음도 없어서 삶과 죽음이라
는 번뇌[562]의 모습을 보지 못하니, 마치 전단[563]나무를 쪼개면 하나하나
의 조각들이 모두 전단나무인 것과 같습니다.

557　서제형(徐提刑) : (원주: 敦濟) 서(徐)는 성(姓), 제형(提刑)은 벼슬 이름, 돈제(敦濟)는
　　　자(字).

558　1156년(68세)에 쓴 글.

559　호로(葫蘆) : 조롱박. 표주박.

560　구견(拘牽) : 속박하다. 구속하다. 얽어매다.

561　수용(受用) : ①누리다. 향유하다. 법을 얻어서 그 법을 누리고 향유한다는 말. ②이익
　　　을 얻다. ③운용하다. 사용하다. ④(부정문에서) 편하다. 안락하다. 기분이 좋다.

562　진로(塵勞) : 번뇌를 이르는 말. 진(塵)은 육진(六塵), 노(勞)는 노권(勞倦). 객관세계인
　　　6진의 경계를 따라 마음의 번뇌가 일어나 피곤해지므로 번뇌를 진로(塵勞)라 함.

563　전단(栴檀) : candana. 전단(栴檀)·전단나(栴檀娜)·전탄나(栴彈那)라고 음역. 여약(與
　　　藥)이라 번역. 향나무 이름. 상록수로, 보통 6-10미터의 크기, 향기를 머금고 있어서 조각
　　　도 하고, 뿌리와 함께 가루를 만들어 향으로 쓰거나, 향유를 만들기도 한다. 인도의 남쪽
　　　데칸 고원 지방에서 많이 난다.

示徐提刑(敦濟)

此事如靑天白日, 皎然淸淨, 不變不動, 無減無增, 各各當人日用應緣處, 頭頭上明,
物物上顯, 取之不得, 捨之常存, 蕩蕩無礙, 了了空虛, 如水上放葫蘆, 拘牽他不得,
惹絆他不得. 古來有道之士得之, 向生死海內頭出頭沒, 全體受用, 無欠無餘, 不見
有生死塵勞之狀, 如析栴檀, 片片皆是.

무엇을 가지고 삶과 죽음이라는 번뇌라고 하겠습니까? 삶과 죽음
이라는 번뇌가 어디에서 일어나겠습니까? 원인을 거두어 결실을 맺을
때[564] 도리어 어디에 머물겠습니까? 이미 머물 곳이 없다면, 부처도 환
상(幻想)이고, 법도 환상이고, 삼계(三界)[565] · 이십오유(二十五有)[566] · 십이
처(十二處)[567] · 십팔계(十八界)[568]가 텅 비었습니다. 이러한 곳에 이르면

---

564 삶을 다하고 죽음을 맞이한 때.

565 삼계(三界) : 아직 해탈하지 못한 중생(衆生)의 정신세계를 셋으로 분류한 것. 욕계(欲
界) · 색계(色界) · 무색계(無色界). 욕계는 욕망에 사로잡힌 중생이 거주하는 세계. 색계
는 욕망은 초월하였지만 물질적 조건[色]에 사로잡힌 수행자의 세계. 무색계는 욕망도 물
질적 조건도 초월하고 순수한 의식(意識)만을 지닌 수행자의 세계.

566 이십오유(二十五有) : 유(有)는 존재(存在)란 뜻. 중생이 삶과 죽음으로 돌고도는 존재
를 25종으로 나눈 것. ①4악취(지옥 · 아귀 · 축생 · 아수라). ②4주(동불바제 · 남염부주 · 서
구야니 · 복울단월). ③6욕천(사왕천 · 도리천 · 야마천 · 도솔천 · 화락천 · 타화자재천). ④
색계(초선천 · 범왕천 · 제2선천 · 제3선천 · 제4선천 · 무상천 · 5나함천). ⑤무색계(공무변처
천 · 식무변처천 · 무소유처천 · 비상비비상처천). 이를 줄여서 3계(界)와 6도(道)라 함.

567 십이처(十二處) : 눈 · 귀 · 코 · 혀 · 몸 · 의식(意識)의 6근(根)과 그 대상인 색깔 · 소
리 · 냄새 · 맛 · 촉감 · 삼라만상의 6경(境). 이 6근과 6경이 접촉하여 온갖 의식이 일어남.

568 십팔계(十八界) : 십팔계란 우리가 경험하는 세계를 설명하기 위하여 만든 이론. 지각
기관인 안이비설신의(眼耳鼻舌身意)의 육근(六根)과 각 지각기관의 지각대상인 색성향
미촉법(色聲香味觸法)의 육경(六境)과 각각의 지각기관과 지각대상의 접촉에 의하여 생

부처라는 한 글자도 머물 곳이 없습니다. 부처라는 한 글자도 오히려 머물 곳이 없는데, 진여니 불성이니 보리니 열반이니 하는 것들은 어디에 있겠습니까? 그러므로 부대사[569]가 말했습니다. "사람들이 모든 것이 사라져서 아무것도 없다는 견해[570]를 낼까 봐 염려하여, 방편으로 우선 헛된 이름을 세운 것이다."[571]

將甚麼作生死塵勞? 生死塵勞從甚麼處起? 收因結果時卻向甚麼處著? 旣無著處, 則佛是幻, 法是幻, 三界·二十五有·十二處·十八界, 空蕩蕩地. 到得這箇田地, 佛之一字亦無著處. 佛之一字尙無著處, 眞如·佛性·菩提·涅槃, 何處有也? 故傳大士有言: "恐人生斷見, 權且立虛名."

기는 안식(眼識) · 이식(耳識) · 비식(鼻識) · 설식(舌識) · 신식(身識) · 의식(意識)의 육식(六識)으로 구성되어 있다.

569 부대사(傅大士) : 497-569. 중국 양(梁)나라 말의 거사(居士). 497년 무주(婺州)에서 출생하였다. 성은 부(傅)이며 이름은 흡(翕), 자는 현풍(玄風)이다. 부대사라는 별칭 이외에 쌍림대사(雙林大師), 동양거사(東陽居士), 선혜대사(善慧大士)라고도 한다. 24세에 숭두타(嵩頭陀)에게 감동받아 송산(松山)에 숨어 살며 수행하였다. 쌍림수(雙林樹) 아래에서 깨달음을 얻었으며, 거침없는 수행으로 출가자와 재가자들로부터 존경을 받았다. 특히 양무제(梁武帝)를 귀의시켜 중국 불교 발전에 기여하였다. 말년에는 종산(鐘山) 정림사(定林寺)에 머물렀다.

570 단견(斷見) : 만법은 무상(無常)하게 생멸변화하고 사람도 죽으면 몸과 마음이 모두 없어져 버린다고 주장하는 견해(見解). 만법의 실상은 영원히 변치 않아서 이 몸도 죽었다가는 다시 태어나서 끝없이 지속된다고 주장하는 상견(常見)과 더불어 단상이견(斷常二見) 혹은 단상사견(斷常邪見)이라고 한다.

571 『양조부대사송금강경(梁朝傅大士頌金剛經)』 '여리실견분제오(如理實見分第五)'의 미륵송(彌勒頌)에 나오는 구절.

도를 배우는 사람이 이것을 알지 못하면, 한결같이 옛사람이 도에 들어간 인연 위에서 현묘함을 찾고 특별함을 찾고 이해하려 하면서, 달을 보고 손가락을 잊는 일이나 곧장 단칼에 두 동강 내는 일을 할 수 없게 됩니다. 이것이 바로 영가[572]가 말한 "빈주먹의 손가락 위에서 진실로 무엇이 있다는 견해를 내고, 육근과 육경의 경계 속에서 헛되이

---

572 영가현각(永嘉玄覺) : 665-713. 중국 당대(唐代) 스님. 영가는 출신 지명. 자는 명도(明道). 절강성 온주부 영가현 출신. 어려서 출가하여 삼장(三藏)을 두루 탐구했으며, 특히 천태지관(天台止觀)의 법문에 정통하였다고 한다. 좌계현랑(左谿玄朗)의 권고로 무주현책(婺州玄策)과 함께 조계의 육조혜능을 찾아가 문답하여 인가를 받았고, 그날 혜능의 권고로 하룻밤 묵었는데 이 때문에 일숙각(一宿覺)이라는 별명을 얻었다. 다음 날 하산하여 온주(溫州)로 돌아와 법회(法會)를 여니 배우는 사람들이 구름처럼 모여들었다. 당(唐) 예종(睿宗) 선천(先天) 2년에 입적하였다. 시호는 무상대사(無相大師). 저술로는 「증도가(證道歌)」와 「영가집(永嘉集)」이 있다.

573 공권지상생실해(空拳指上生實解) : 영가현각(永嘉玄覺)의 「증도가(證道歌)」에 나오는 구절. 앞뒤의 구절은 다음과 같다. "이승(二乘)은 정진(精進)하나 도심(道心)이 없고, /외도(外道)는 총명하나 지혜가 없다. /어리석고 또 어리석어서, /빈주먹의 손가락 위에서 진실하다는 견해를 낸다. /손가락을 붙잡고 달이라고 여겨 잘못 애를 쓰니, /육근과 육경 속에서 헛되이 괴상한 짓만 한다. / 한 법도 보지 않으면 곧 여래(如來)이니, /비로소 관자재(觀自在)라 일컬을 만하다." 공권(空拳) 즉 빈주먹이란 무언가를 쥐고 있는 듯이 쥐고 있는 빈주먹을 가리킨다. 이 빈주먹은 불교의 가르침을 믿지 않는 어리석은 범부에게 불도(佛道)라는 무엇인가 중요한 진리가 있는 듯이 보여 주는 것으로서 불교를 믿고 공부하게 만드는 방편설(方便說)을 가리킨다. 어리석은 범부에게는 처음에 불도니 불법(佛法)이니 마음이니 하는 물건이 있는 것처럼 말하여 범부가 불교의 가르침을 믿어서 그 물건을 찾도록 이끌어 들이는 방편이 곧 빈주먹이다. 확고한 믿음을 갖추고 진실하게 공부에 임하게 되면 결국 그런 이름에 해당하는 물건이 따로 있지 않다는 사실을 깨닫게 되니 불교의 모든 가르침의 말씀은 빈주먹인 것이다. 「금강경」에서 법(法)이라는 이름에 해당하는 물건을 따로 얻을 수 없다고 말하는 것이 곧 이것을 가리킨다. 「열반경」에서 우는 아이를 달래기 위하여 누른 낙엽을 돈이라고 속여 쥐어 준다는 황엽(黃葉)의 비유와 함께 공권(空拳)은 경전(經典)이라는 방편(方便)의 말씀을 가리킨다. 그러므로 빈주먹의 손가락 위

괴상한 짓을 한다."[573]는 것입니다. 오온[574] · 십이처 · 십팔계 · 이십오
유라는 번뇌 속에 망령되이 스스로 사로잡혀 있으니, 여래가 말씀하신
불쌍한 사람입니다.

學道人理會不得, 一向去古人入道因緣上求玄求妙, 求奇特, 覓解會, 不能見月亡
指, 直下一刀兩段. 永嘉所謂: "空拳指上生實解, 根境法中虛捏怪". 於五蘊·十二處·
十八界·二十五有塵勞中妄自囚執, 如來說爲可憐愍者.

보지도 못했습니까? 암두 스님이 말했습니다.
"그대가 다만 하고자 함도 없고 의지함도 없으면 곧 부처[575]다."
모두가[576] 다만 부모가 낳은 한 개 살덩이니, 한순간이라도 숨을 들
이쉬지 못하면 곧 남의 손에 맡겨집니다. 이 살덩이 밖에 다시 무엇이
있습니까? 무엇을 붙잡아야 특별하고 현묘해지겠습니까? 무엇을 붙잡
아야 깨달음과 열반을 이루겠습니까? 무엇을 붙잡아야 진여불성(眞如

에서 진실하다는 견해를 낸다는 것은 곧 방편의 말씀인 경전의 언구(言句)에 무슨 진리
  가 있는 듯이 헤아리고 찾는 알음알이를 가리킨다.
574 오온(五蘊) : 5취온(取蘊) · 5음(陰) · 5중(衆) · 5취(聚)라고도 함. 온(蘊)은 모아 쌓은
  것. 곧 화합하여 모인 것. 무릇 생멸하고 변화하는 것을 종류대로 모아서 5종으로 구별. 경
  험세계를 5가지로 분류한 것. ①색온(色蘊); 스스로 변화하고 또 다른 것을 장애하는 지
  수화풍(地水火風)의 사대(四大). ②수온(受蘊); 고(苦) · 락(樂) · 불고불락(不苦不樂)을 느
  끼는 것. ③상온(想蘊); 외계(外界)의 사물을 마음속에 받아들이고, 그것을 생각하는 것.
  ④행온(行蘊); 의지에 따라 실행하는 것. ⑤식온(識蘊); 인식(認識)하고 분별하는 것.
575 능인(能仁) : 석가(釋迦, śakya) 혹은 석가모니(釋迦牟尼, śakyamuni)의 한문 번역.
576 도래(都來) : ①전부. 모두. ②도합. 전부 합하여.

佛性)⁵⁷⁷을 이루겠습니까?

不見? 巖頭和尙有言: "汝但無欲無依, 便是能仁." 都來只有一箇父母所生底肉塊
子, 一點氣不來, 便屬他人所管. 肉塊子外, 更有甚麽? 把甚麽作奇特玄妙? 把甚麽
作菩提涅槃? 把甚麽作眞如佛性?

사대부들은 이 일의 끝을 보고자 하면서도 애초 그 참됨에 뿌리박지를 않고, 다만⁵⁷⁸ 옛사람의 공안 위에서 지식과 이해를 구하려 합니다. 비록⁵⁷⁹ 그렇게 하여 일대장교(一大藏敎)를 남김없이 알고 모조리 이해하였다고 하여도, 섣달 그믐날 죽음이 찾아올 때는 하나도 쓸모가 없습니다. 또 어떤 부류는 선지식이 이와 같은 일을 말하는 것을 듣기만 하면, 분별심을 가지고 두루 헤아리고 짐작하여⁵⁸⁰ 말합니다. "만약 이와 같다면, 공(空)에 떨어지지 않을까?"

사대부들은 열이면 열 모두 이런 견해를 드러냅니다. 나는 마지못해 그들에게 말합니다. "그대가 아직 공(空)을 얻지도 못했는데, 무슨 두려움이 있는가? 마치 배가 아직 뒤집어지지도 않았는데, 먼저 물속으로 뛰어들려는 것과 같구나." 그가 그래도 알아차리지 못하는 것을 보면,

---

577 진여불성(眞如佛性) : 참되고 변함없는 깨달음의 본성. 곧 불이중도(不二中道)인 법계
(法界)의 실상.

578 지관(只管) : 단지. 오로지. 다만. 다만 -만 돌보다.

579 직요(直饒) : 비록 -라고 하여도. 설사 -라고 하여도.

580 박량(搏量)은 두루 헤아리는 것이고, 복탁(卜度)은 짐작하고 추측하는 것.

199

구업(口業)을 아끼지 않고 다시 한 번 말해[581] 줍니다. "이렇게 공에 떨어질까 봐 두려워하는 이것도 공이냐?"

士大夫要究竟此事, 初不本其實, 只管要於古人公案上求知求解. 直饒爾知盡解盡一大藏敎, 臘月三十日生死到來時, 一點也使不著. 又有一種, 纔聞知識說如是事, 又將心意識搏量卜度云: "若如此, 則莫落空否?" 士大夫十箇有五雙作這般見解. 妙喜不得已向他道: "爾未曾得空, 何怕之有? 如船未翻, 先要跳入水去." 見伊不領略, 不惜口業, 又爲打葛藤一上云: "只這怕落空底, 還空得也無?"

그대의 눈이 만약 공이 아니라면, 어떻게 색깔을 봅니까? 귀가 만약 공이 아니라면, 어떻게 소리를 듣습니까? 코가 만약 공이 아니라면, 어떻게 냄새를 맡습니까? 혀가 만약 공이 아니라면, 어떻게 맛을 봅니까? 몸이 만약 공이 아니라면, 어떻게 촉감을 느낍니까? 의식이 만약 공이 아니라면, 어떻게 삼라만상을 분별합니까?

爾眼若不空, 將甚麽觀色? 耳若不空, 將甚麽聽聲? 鼻若不空, 將甚麽知香臭? 舌若不空, 將甚麽嘗味? 身若不空, 將甚麽覺觸? 意若不空, 將甚麽分別萬法?

부처님께서 말씀하시지 않았습니까?
"눈·귀·코·혀·몸·의식도 없고, 색깔·소리·냄새·맛·촉

감 · 법도 없다."[582]

나아가 십이처 · 십팔계 · 이십오유, 또 성문[583] · 연각[584] · 보살 · 부처 및 부처가 말한 법, 또 보리[585] · 열반 · 진여[586] · 불성 및 이 법을 말하는 자, 이 법을 듣는 자, 이와 같이 말하는 자, 이와 같은 말을 듣는 자, 이 모두가 없습니다.

佛不云乎? "無眼耳鼻舌身意, 無色聲香味觸法." 乃至十二處·十八界·二十五有, 乃至聲聞·緣覺·菩薩·佛及佛所說之法, 菩提·涅槃·眞如·佛性及說此法者, 聽此法者, 作如是說者, 受如是說者, 皆悉無有.

이와 같이 되면, 공(空)이라고 하겠습니까? 공이 아니라고 하겠습니까? 부처라고 하겠습니까? 보살이라고 하겠습니까? 성문이라고 하겠습니까? 연각이라고 하겠습니까? 보리열반이라고 하겠습니까? 진여불성이라고 하겠습니까? 스스로 총명하고 영리하여 남에게 속지 않는

---

582 『반야심경』의 한 구절.

583 성문(聲聞) : 원래의 뜻은 석가모니의 음성을 들은 불제자를 말함. 대승불교에 상대하여 말할 때는 성문은 곧 소승불교를 가리킨다. 그 의미는 부처님의 가르침에 의지하여 사성제(四聖諦)의 이치를 이해하고, 차례차례 수행의 단계를 거쳐 아라한이 되기를 바라는 수행자이다.

584 연각(緣覺) : pratyeka-buddha. 벽지불(辟支佛)이라 음역. 부처님의 교화에 의하지 않고 홀로 깨달음에 도달한 성자. 독각(獨覺)이라고도 함. 연각(緣覺) · 인연각(因緣覺)이라 하는 것은 12인연의 이치를 관찰하여 홀로 깨달았다는 뜻.

585 보리(菩提) : bodhi. 도(道) · 지(智) · 각(覺)이라 번역. 깨달음.

586 진여(眞如) : 진실하고 변함없다는 뜻. 만법(萬法)의 실상을 가리키는 말.

다고 생각하신다면,[587] 한번 여기에서 판별해[588] 보십시오. 만약 판별해 낸다면, 초암(草菴)에 머물면서도[589] 다시 문밖에 있을 것입니다. 만약 판별하지 못한다면, 절대로 입을 열어 과장된[590] 말은 하지 마십시오.

得如是了, 喚作空耶? 喚作不空耶? 喚作佛耶? 喚作菩薩耶? 喚作聲聞耶? 喚作緣覺耶? 喚作菩提涅槃耶? 喚作眞如佛性耶? 道我聰明靈利不受人謾, 試向這裏定當看. 若定當得出, 止宿草菴, 且在門外, 若定當不出, 切忌開大口, 說過頭話.

대장부가 반드시 이 한 개 대사인연을 끝내고자 한다면, 먼저 체면을 확실히[591] 내던져 버리고[592] 정신을 바짝 차려서[593] 인정(人情)을 따르지 말고, 자기가 평소에 의심하던 곳을 염두에 두고서,[594] 늘 마치[595] 남에게 백만 꾸러미의 엽전을 빚져서[596] 재촉을 받아도[597] 갚을 물건이 없는 것과 같이하여 치욕을 당할까 봐 겁을 내면, 급할 일이 없는데도 급

---

587 도(道) : 알다. 이해하다. 예상하다. 추측하다. 생각하다.

588 정당(定當) : 판별하다. 판단하다.

589 지숙(止宿) : 숙박하다. 머물다.

590 과두(過頭) : 지나치다. 도를 넘다.

591 성조(性燥) : 재빠르다. 날카롭다. 확실하다.

592 타파면피(打破面皮) : 안면을 몰수하다. 체면을 차리지 않다. 인정으로 흐르지 않다.

593 수기척량골(竪起脊梁骨) : 등을 곧추세우다. 등을 반듯하게 펴다. 정신을 차려 큰일을 떠맡다.

594 첩재액두상(貼在額頭上) : 염두(念頭)에 두다. 잊지 않다.

595 일사(一似) : =일여(一如). -와 똑같다.

596 흠료(欠了) : 모자람. 부족함.

597 추색(追索) : 재촉하다.

하고, 바쁠 일이 없는데도 바쁘고, 큰일이 없는데도 크게 된 이 한 개 일에서 비로소 나아갈 몫이 있게 됩니다.

大丈夫漢決欲究竟此一段大事因緣, 一等打破面皮性燥, 堅起脊梁骨, 莫順人情, 把自家平昔所疑處貼在額頭上, 常時一似欠了人萬百貫錢, 被人追索, 無物可償, 生怕被人恥辱, 無急得急, 無忙得忙, 無大得大, 底一件事, 方有趣向分.

만약 나는 구경(九經)·십칠사(十七史)·제자백가(諸子百家) 및 고금의 흥망(興亡)과 치란(治亂)까지 세간의 문자는 알지 못하는 것이 없고 이 해하지 못하는 것이 없지만 단지 선(禪) 하나를 알고자 하고 이해하고 자 하나 본래 삿됨과 바름을 구별하는 눈이 없다고 하다가, 문득 한 사 람 제멋대로 말하는[598] 선객(禪客)을 만나 그가 여우처럼 알랑거리며[599] 마치 서너 집 사는 시골에서 군대의 암호를 전하듯이[600] 입에서 귀로 전해 준다면, 그것을 일러 과두선(過頭禪)이라 하고, 또 구고자선(口鼓子禪)이라고도 합니다.

그들은 저 옛사람들이 남긴 찌꺼기[601]를 하나하나 차례대로 서로 점

---

598 두찬(杜撰) : 제 나름으로 말하다. 제멋대로 말하다. 본래는 시문(詩文)이나 그 외의 저 작에서 전고(典故)가 없는 것을 제멋대로 서술하는 것.

599 호미(狐媚) : 여우처럼 알랑거려 남을 홀리다. 남을 속이다.

600 여삼가촌리전구령(如三家村裏傳口令) : 서너 집 사는 시골에서 군대의 암호를 전하는 것처럼, 비밀로 할 것도 없는 것을 비밀스럽게 전해 주다. 구령(口令)은 군대의 암호(暗號).

601 조박(糟粕) : 찌꺼기. 쓸모없는 것.

검하는데,[602] 한마디씩 주고받다가 마지막에 내가 한마디라도 더 많이 할 때는 곧 내가 이겨서 선(禪)을 얻었다고[603] 하면서 결코 물러서려 하지 않으며, 삶과 죽음의 일을 염두에 두고서 기꺼이 스스로를 의심하려 들지 않고 즐겨 남을 의심합니다. 한 사람의 사대부라도 이 일을 알고자 한다는 말을 듣기만 하면 먼저 한없는 의심을 일으키고는, 그는 좋은 벼슬[604]을 하기를 바라고 또 목소리와 얼굴빛도 좋으니 어떻게 이 일을 수행하겠는가 하고 말합니다.

若道我世間文字, 至於九經·十七史·諸子百家, 古今興亡治亂, 無有不知無有不會, 只有禪一般, 我也要知, 我也要會, 自無辨邪正底眼, 驀地撞著一枚杜撰禪和, 被他狐媚, 如三家村裏傳口令, 口耳傳授, 謂之過頭禪, 亦謂之口鼓子禪. 把他古人糟粕遞相印證, 一句來一句去, 末後我多得一句時, 便喚作贏得禪了也, 殊不肯退步, 以生死事在念, 不肯自疑, 愛疑他人. 纔聞有箇士大夫要理會這事, 先起無限疑了也, 謂渠要做美官, 又有聲色之好, 如何辦得這般事?

이와 같은 자들이 곳곳에 흔하게 있지만,[605] 아직 끝내지 못한 일 하나를 진실로 일로 삼는[606] 사람은 한 사람도 없습니다. 낮 세 때 밤 세

---

602 인증(印證) : 검증하다. 증명하다. 점검하다.
603 영득(贏得) : 이기다. 얻다. 이익을 남기다.
604 미관(美官) : 지위가 높고 봉록도 두둑한 좋은 벼슬.
605 비비개시(比比皆是) : 곳곳에 있다. 흔해 빠졌다. 매우 많다.
606 파주(把做) : -로 삼다. -로 여기다.

때,[607] 쉼 없이 부지런히 일할 때,[608] 차 마시고 밥 먹을 때, 기쁠 때나 성
날 때, 깨끗한 곳이나 더러운 곳, 처자식과 함께 있는[609] 곳, 손님을 접
대하는 곳, 관청의 일을 처리하는 곳, 집안의 시집장가가는 일을 처리
하는 곳, 이 모든 때와 장소가 (끝내지 못한 일 하나를 자신에게) 일깨워 주
고 말해 주는 공부를 하기에 가장 좋은 때입니다.

似這般底, 比比皆是, 無一人眞實把做一件未了底事. 晝三夜三, 孜孜矻矻, 茶裏飯
裏, 喜時怒時, 淨處穢處, 妻兒聚頭處, 與賓客相酬酢處, 辦公家職事處, 了私門婚
嫁處, 都是第一等做工夫提撕擧覺底時節.

옛날 이문화[610] 도위가 부귀한 가운데 선(禪)을 찾아 철두철미하게 크

---

607 주삼야삼(晝三夜三) : ①선원(禪院)에서 하루에 밤낮으로 6번 행하는 일. 주삼(晝三)
은 순당(巡堂; 승당(僧堂)을 돌아다니는 것) · 방선(放禪; 좌선(坐禪)을 쉬는 것) · 행선(行
禪; 승당 주위를 산책하는 것)을 말하고, 야삼(夜三)은 조석예불(朝夕禮佛) · 취침(就寢) · 기
침(起寢)을 말한다. ②주삼시(晝三時)와 야삼시(夜三時). 초일(初日; 오전) · 중일(中日; 정
오) · 후일(後日; 오후)이 주삼시이고, 초야(初夜; 초저녁) · 중야(中夜; 한밤) · 후야(後夜; 새
벽)가 야삼시이다.

608 자자골골(孜孜矻矻) : 자자(孜孜)는 부지런한 모습, 혹은 자세한 모습. 골골(矻矻)은 게
으르지 않고 부지런하고 열심인 모습.

609 취두(聚頭) : 모이다. 모여 한 덩이가 되다. 만나다.

610 이문화(李文和) : 부마도위(駙馬都尉) 이준욱(李遵勖). 석문자조(石門慈照; 965−1032)
의 문하에서 공부하여 깨달았다. 부마도위(駙馬都尉)인 이준욱(李遵勖)이 곡은온총(谷隱
蘊聰; 석문자조)을 찾아가 출가하는 일에 관하여 물었는데, 온총은 최공(崔公)과 조공(趙
公)이 경산도흠(徑山道欽)에게 "저희들이 지금 출가하고 싶은데 되겠습니까?" 하고 묻자,
도흠(道欽)이 "출가는 대장부가 하는 일이지 장군과 재상이 할 수 있는 일이 아닙니다."라
고 답한 일을 들려주었다. 이 말을 듣고서 이준욱은 크게 깨달았다. 『오등회원』 제12권 '부

게 깨달았고, 양문공[611]이 선을 찾았을 때는 한림원[612]의 관리였고, 장무진[613] 거사가 선을 찾았을 때는 강서(江西)의 전운사(轉運使) 직을 수행하고 있었습니다. 이 세 분의 거사가 곧 세간의 모습을 부수지 않고 실상을 말하는 모범입니다. 이들이 어떻게 처자식을 버리고 관직을 떠나 풀뿌리를 먹으며 괴로운 모습으로 못난 뜻을 가지고, 시끄러움을 피하며 고요함을 찾은 뒤에 말라빠진 선(禪)[614]과 귀신굴 속으로 들어가 망상을 부려서 비로소 도를 깨달았겠습니까?

마도위이준욱거사(駙馬都尉李遵勗居士)'에 실려 있다. 1036년에 『천성광등록(天聖廣燈錄)』(전30권)을 저술하였다.

611 양문공(楊文公) : 974-1020. 양억(楊億). 송대(宋代) 거사(居士). 이름은 억(億), 자(字)는 대년(大年). 복건성 건주(建州) 출신. 송(宋)의 저명한 관리로서 여주(汝州)에서 광혜원련(廣慧元璉)을 만나 선(禪)을 공부하였다. 오래 공부한 끝에 수산성념(首山省念)을 만나 깨닫고는 예리한 선풍(禪風)을 드날렸다. 이유(李維), 왕노(王瑤) 등과 함께 『경덕전등록(景德傳燈錄)』을 재정(裁定)하고, 그 서문을 썼다. 또 왕흠약(王欽若)과 함께 『책부원구(冊府元龜)』도 엮었다.

612 한림원(翰林院) : 중국에서 8세기에 설립된 고급 학문연구기관. 중국에서 황실의 문서 작성을 담당하고, 고위관료가 되기 위해서는 반드시 과거시험을 거쳐야 했다. 한림원은 이 시험의 기본이 되는 유교경전을 연구한 곳이다. 이 기관을 처음 설립한 이는 당나라 현종(玄宗 : 712-756 재위)이었다.

613 장무진(張無盡) : 무진거사(無盡居士) 장상영(張商英). 1043-1121. 도솔종열(兜率從悅; 1044-1091)의 문하에서 공부한 거사(居士). 보통 무진거사(無盡居士)라 부른다. 자는 천각(天覺), 호는 문충(文忠)이다. 촉(蜀: 四川省)의 신진(新津) 사람으로, 19세 때 과거에 응시하여 중책을 두루 역임하였으며, 재상까지 지냈다. 소식(蘇軾)과 교유가 있었고, 또 선종(禪宗)의 황룡파(黃龍派) 선승들과도 사귀었는데, 특히 원오극근(圜悟克勤)과는 밀접한 관계를 맺었다. 선에 심취하여 깊이 이해하였으므로 무진거사라 불리었다.

614 고선(枯禪) : 말라 버린 선(禪). 죽은 선. 활발히 살아 있는 선이 아니라, 격식과 관념에 빠진 죽은 선.

昔李文和都尉在富貴叢中參得禪, 大徹大悟, 楊文公參得禪時, 身居翰苑, 張無盡 參得禪時, 作江西轉運使. 只這三大老, 便是箇不壞世間相而談實相底樣子也. 又 何曾須要去妻拏, 休官罷職, 咬菜根, 苦形劣志, 避喧求靜, 然後入枯禪鬼窟裏作妄 想方得悟道來?

보지도 못했습니까? 방 거사가 노래하였습니다.

"다만 스스로 만물에 마음을 두지 않기만 하면
만물에 늘 둘러싸여 있더라도 무슨 거리낄 일이 있으랴?
무쇠소는 사자의 울음소리를 두려워하지 않으니
마치 나무인형이 꽃과 새를 구경하는 것과 같다.
나무인형에게는 본래 스스로 감정이 없으니
꽃이나 새를 보더라도 놀라지 않는다.
마음과 경계의 여여(如如)함이 단지 이러하기만 하면
무엇 때문에 깨달음이 이루어지지 않는다고 염려하랴?"[615]

不見? 龐居士有言: "但自無心於萬物, 何妨萬物常圍遶? 鐵牛不怕師子吼, 恰似木 人見花鳥. 木人本體自無情, 花鳥逢人亦不驚. 心境如如只這是, 何慮菩提道不成?"

세속의 번뇌[616] 속에서 삶과 죽음의 일을 잊지 않을 수만 있다면, 비

---

615 『방 거사어록』 하권(下卷) 「방 거사시(龐居士詩)」 가운데 '칠언(七言)'에 나오는 구절.
616 진로(塵勞) : 번뇌의 다른 이름. 두 가지 뜻이 있다. ①진은 6진, 노는 노권(勞倦). 객관 세계인 6진의 경계를 따라 마음의 번뇌가 일어나서 피곤해지므로 번뇌를 진로라 함. ②진

록 아직 칠통[617]을 부수지는 못했더라도 역시 지혜의 씨앗[618]을 깊이 심은 것이니, 다음 세상에 태어나 마음의 힘을 덜게 될 것이고, 또한 악취(惡趣)[619] 속으로 흘러 들어가지 않을 것이고, 탐내고 물드는 번뇌를 크게 물리치고 다시 해탈을 찾지 않을 것이니, 이 일은 경솔히 해서는 안 되고 우선 믿고 공경하는 곳으로 돌아가야 한다고 합니다. 이와 같은 견해는 헤아릴 수 없이 많습니다.

在世俗塵勞中能不忘生死事, 雖未卽打破漆桶, 然亦種得般若種智之深, 異世出頭來, 亦省心力, 亦不至流落惡趣中, 大勝耽染塵勞, 不求脫離, 謂此事不可容易, 且作歸向信敬處. 似此見解者, 不可勝數.

사대부는 도를 배우더라도 우리 출가한 사람들과는 크게 다릅니다. 출가자는 부모에게 맛있는 음식[620]을 드리지도 않고 친척들과도 확실

은 오심(汚心), 노는 근고(勤苦). 번뇌는 마음을 어지럽게 하여 우리로 하여금 괴롭고 애쓰게 하므로 진로라 함.

617 칠통(漆桶) : 칠통(漆桶)은 가구에 칠하는 새까만 옻나무의 진액을 넣은 통. 아주 까맣고, 또는 아주 캄캄하여 아무것도 알 수 없다는 뜻. ①불법에 대해 아무것도 모르는 안목(眼目) 없는 승려를 매도하는 말. 무안자(無眼者). 바보 같은 사람. ②타파칠통(打破漆桶)이라고 할 때에 칠통(漆桶)은 앞을 가로막은 은산철벽(銀山鐵壁)이나 사방을 가로막은 금강권(金剛圈)과 같은 말. 의단(疑團)과도 같은 말.

618 반야종지(般若種智) : 반야의 씨앗. 지혜의 씨앗. 깨달음의 씨앗.

619 악취(惡趣) : =악도(惡道). 나쁜 일을 지은 탓으로 장차 태어날 곳. 업을 지어 윤회하는 길. 지옥·아수라·축생·아귀·인간·천상 등 여섯 가지 윤회의 길. 지옥·아귀·축생을 특히 삼악도(三惡道)라 하여 악도 중에서도 가장 나쁜 길이라고 한다.

620 감지(甘旨) : 맛있는 음식.

하게 이별하여, 한 개 물병과 한 개 발우에 의지할 뿐이니, 생활 속 인연을 만나는 곳에 여러 가지 도를 가로막는 원수가 없고, 한마음 한뜻으로 이 일을 몸소 파고들 뿐입니다. 사대부들은 눈을 뜰 때나 눈을 감을 때나 도를 방해하는 원수 아닌 것이 없습니다. 만약 지혜가 있는 자라면, 다만 이 원수 속에서 공부해야 하니, 유마힐이 말한 "번뇌와 짝하는 것이 곧 여래의 씨앗이다."[621]가 바로 이것입니다.

士大夫學道, 與我出家兒大不同. 出家兒, 父母不供甘旨, 六親固以棄離, 一瓶一缽, 日用應緣處, 無許多障道底冤家, 一心一意體究此事而已. 士大夫開眼合眼處, 無非障道底冤魂. 若是箇有智慧者, 只就裏許做工夫, 淨名所謂: "塵勞之儔爲如來種".

또 사람들이 세간의 모습을 부수고 진실한 모습을 찾을까 봐 염려하여, 다시 한 개 비유를 말했습니다.

"비유하면, 마치 높은 언덕 위에는 연꽃이 나지 않고, 낮고 습한 진흙 속에서 연꽃이 나는 것과 같다."[622]

만약 이 진흙 속에서 양문공·이문화·장무진 3분의 노인처럼 뚫고 벗어난다면, 그 힘은 우리 출가자들보다도 20배는 클 것입니다. 왜 그럴까요? 우리 출가자는 밖에서 들어오는 것이지만[623] 사대부는 안에서

---

621 『유마힐소설경』「불도품(佛道品)」제8에 있는 구절.

622 출처는 앞과 같음.

623 출가자는 먼저 밖의 행동을 여법(如法)하게 하고(계율을 지키고), 다음으로 안의 마음을 여법하게 한다(깨달음을 얻는다)는 말.

나가는 것인데,[624] 밖에서 들어오는 것은 그 힘이 약하고 안에서 나가는 것은 그 힘이 강하기 때문입니다. 강한 것은 어긋나는 정도가 심하나 몸을 돌려 빠져나오는[625] 힘이 있고, 약한 것은 어긋나는 정도는 가벼우나 몸을 돌려 빠져나오는 힘은 부족합니다. 비록 힘에 강함과 약함이 있으나, 어긋나기는 매한가지입니다.

怕人壞世間相而求實相, 又說簡喩云: "譬如高原陸地不生蓮華, 卑濕淤泥乃生此華." 若就裏許, 如楊文公·李文和·張無盡三大老打得透, 其力勝我出家兒二十倍. 何以故? 我出家兒在外打入, 士大夫在內打出, 在外打入者其力弱, 在內打出者其力彊. 彊者謂所乖處重而轉處有力, 弱者謂所乖處輕而轉處少力. 雖力有彊弱, 而所乖則一也.

방외(方外)[626]의 도우(道友)인 서돈제는 나의 30년 전 이문(夷門)[627]의 옛 친구[628]인데 한번 다시 만나자 곧 이 도(道)를 서로 기약하였습니다. 동생이신 돈립과 함께 때때로 원오 선사(先師)가 계셨던 곳으로 찾아와 이 일을 북돋우고 불러일으키며, 섣달 그믐날 육신이 흩어질 때는 이

---

624 재가자는 밖의 행동은 계율에 크게 매이지 않고, 오로지 내면의 공부에만 몰두한다는 말.

625 전처(轉處) : =전신처(轉身處). ①자신을 자재하게 굴려서 어떤 장애에도 걸리지 않다. ②선사의 자유자재한 솜씨. ③미혹에서 빠져나오는 것. 미혹한 중생의 몸에서 부처의 몸으로 바꾸는 것.

626 방외(方外) : 속세를 떠난 곳. 세상 밖.

627 이문(夷門) : 하남성(河南省)에 있는 송나라 수도 개봉(開封)의 다른 이름.

628 도구(道舊) : 불교에서 옛 친구, 오랜 벗을 가리키는 말.

한 개 일[629]에 결말[630]이 있기를 꼭 바랐으니, 다른 사람들이 이야깃거리[631]나 제공하려는 것과는 다릅니다.

方外道友徐敦濟, 乃妙喜三十年前夷門道舊, 纔一邂逅, 便以此道相期. 與令弟敦立, 時時來圜悟先師處激揚箇事, 決欲臘月三十日四大分散時, 要得這一著子有下落, 非如他人要資談柄.

소흥[632] 초 내가 경산에 머물며 오문에서 탁발[633]할 때 다시 한 번 만났습니다. 다시 20년 뒤 악저에서 만나니, 이 편지로써 가리켜 주기를 원했습니다. 마음대로[634] 붓을 한 번 휘둘러 여기에 이르기까지 앞 부분에 무슨 말을 했는지도 알지 못하겠는데, 두루마리 한 면이 벌써 다 되었습니다. 이런저런 온갖 말과 곧은 말과 굽은 말이 모두 다만 서돈제가 삶과 죽음에 관한 의심을 아직 없애지 못했기 때문이니, 다만 의심을 없애지 못한 곳에서 한 개 화두를 살펴보십시오.[635]

---

629 일착자(一着子) : (바둑에서) 한 수 두다. 손을 한 번 쓰다. 한 번 행동하다.

630 하락(下落) : ①결말. ②행방. 간 곳. ③떨어지다.

631 담병(談柄) : 이야깃거리, 화제(話題).

632 소흥(紹興) : 남송(南宋) 1대 황제인 고종(高宗)의 연호. 1131년에서 1162년까지 32년간이다.

633 지발(持鉢) : =탁발(托鉢). 스님이 발우(鉢盂)를 가지고 걸식하는 것.

634 신의(信意) : 마음대로 하다. 임의로 하다.

635 간개화두(看箇話頭) : =간화(看話). 간화(看話)란 화두(話頭)를 살펴본다는 말. 대혜가 간화선(看話禪)에서 화두를 취급하는 자세를 말한 단어들은 간(看)과 더불어 거(擧)·거각(擧覺)·제시(提撕)·여지시애(與之廝崖)·애장거(崖將去)·참(參)·처포(覷捕) 등의 용어들이 같은 문맥에서 화두를 공부하는 방식으로서 동시에 언급되고 있다. 이로써 본

한 승려가 조주에게 물었습니다. "개에게도 불성이 있습니까?" 조주
가 말했습니다. "없다!" 이 화두를 가고·머물고·앉고·누울 때 다만
순간순간 (자신에게) 말해 주십시오.[636] 갑자기 단번에 확 깨달으면, 비
로소 부모가 낳은 코[637]가 다만 얼굴 위에 있음[638]을 알 것입니다. 노력
하고 노력하십시오!

紹興初, 予住徑山, 因持鉢吳門, 再得一見. 又二十年, 復在鄂渚相遇, 因以此軸求

다면 이들 용어 모두는 간화(看話)라는 동일한 행위를 가리키는 말들이다. 거(擧)와 거각
(擧覺)은 '자기에게 화두를 말해 줌'으로써 '화두를 살펴보는' 것이다. 이 경우 때로는 입
을 열어 소리 내어 말할 경우도 있을 것이고, 때로는 입을 다물고 마음속으로 말할 경우
도 있을 것이다. 제시(提撕)는 '자기에게 화두를 일깨워 주고, 화두에 주의를 환기시켜 줌'
으로써 '화두를 살펴보는' 것이다. 여지시애(與之澌崖)와 애장거(崖將去)는 '화두와 맞붙어
서 물러남 없이 버팀'으로써 '화두를 살펴보는' 것이다. 이처럼 화두를 자기에게 말해 주
고, 화두를 자기에게 일깨워 주고, 화두와 맞붙어 물러나지 않고 버티면서 화두를 살펴보
는 일이 곧 간화(看話)이다. 참(參)은 '화두를 보는 일에 참여하라'는 뜻이다. 처포(覰捕)는
'화두의 취지를 살펴보며 찾아라'는 뜻이다. 우리나라의 간화선(看話禪)에서는 '화두를 살
펴본다'고 하지 않고, '화두를 든다'고 말한다. 여기에서 '든다'는 거(擧)·거각(擧覺)·제
시(提撕)를 번역한 것인데 정확한 번역이 아니다. 이 간화(看話) 및 그와 관련된 용어들의
정확한 번역에 관해서는 김태완『간화선 창시자의 선』하권(침묵의 향기) 부록「간화용어
의 번역에 관하여」참조.
636 제철(提掇) : '제시(提示)하다.' '(의견이나 안건 따위를) 내어놓다.' 거(擧), 거기(擧起)와
     같은 말로서 간화선(看話禪)에서 '화두(話頭)를 제철(提掇)하라'고 할 때는 '화두를 자신에
     게 말해 주라'는 뜻이다. 김태완『간화선 창시자의 선』하권(침묵의 향기) 부록「간화용어
     의 번역에 관하여」참조.
637 비공(鼻孔) : 코. 콧구멍. 선승들의 어록에서 비공(鼻孔)이라는 말은 근원이나 시초라는
     뜻으로서 우리의 본래면목을 가리킨다. 부모가 낳은 코란 타고난 본성인 본래면목을 가
     리킨다.
638 본성은 본래부터 언제나 스스로에게 갖추어져 있다.

指示. 信意一揮寫至此, 不知前面所說何事, 面一軸已終. 千說萬說, 直說曲說, 只是爲徐敦濟生死疑根未拔, 只教就未拔處看箇話頭. 僧問趙州: "狗子還有佛性也無?" 州云: "無." 行住坐臥, 但時時提掇. 驀然噴地一發, 方知父母所生鼻孔只在面上. 勉之! 勉之!

14. 포 교수[639]에게 보임[640]

　모든 부처님이 세상에 나오시고 조사가 서쪽에서 오신 것은 중생의 근기에 맞추어 그때그때 응한 것일 뿐입니다. 진실을 말하자면, 말씀도 없고, 보여 줌도 없고, 들음도 없고, 얻음도 없습니다. 그러므로 암두는 말했습니다.

　"만약 진실한 법이라는 것으로 사람을 얽어맨다면, 보시[641]를 받는다고 말해서는 안 되니, 흙 한 줌도 받을 자격이 없기 때문이다."[642]

　이로써 본다면, 모든 부처님과 모든 조사 역시 다만 법을 증명하는 주인공 노릇을 할 뿐입니다.

示鮑教授(夢符)

諸佛出世, 祖師西來, 隨衆生根器所宜, 應箇時節而已. 據實而論, 無說無示, 無聞無得. 故巖頭有言: "若以實法繫綴人, 莫道受他信施, 只土亦銷不得." 以是觀之, 諸佛諸祖亦只作得箇證明底主人耳.

　보지 못했습니까? 사리불이 문수사리에게 물었습니다.

　"모든 부처님이신 여래께선 법계를 깨닫지 못했습니까?"

639　포교수(鮑教授) : (원주 : 夢符). 포(鮑)는 성, 교수(敎授)는 벼슬 이름, 몽부(夢符)는 자(字).

640　1157년(69세)에 쓴 글.

641　신시(信施) : 재가 신자가 불법승(佛法僧) 삼보에게 보시하는 물건.

642　출처를 알 수 없다.

문수가 답했습니다.

"모든 부처님도 오히려 있을 수 없는데, 어떻게 부처님이 법계를 깨닫겠습니까? 법계도 오히려 있을 수 없는데, 어떻게 법계가 모든 부처님에게 깨달아지겠습니까?"[643]

不見? 舍利弗問文殊師利曰: "諸佛如來不覺法界耶?" 文殊答曰: "諸佛尚不可得, 云何有佛而覺法界? 法界尚不可得, 云何法界爲諸佛所覺?"

이와 같다면, 스승이 있음도 보지 못하고, 제자가 있음도 보지 못하고, 법을 말하는 자가 있음도 보지 못하고, 법을 듣는 자가 있음도 보지 못하고, 이와 같은 뜻을 말하는 자가 있음도 보지 못하고, 이와 같은 뜻을 받아들이는 자가 있음도 보지 못하고, 문수도 없고, 사리불도 없고, 모든 부처님도 없고, 조사도 없고, 모든 부처님이 깨달은 법계도 없고, 모든 부처님이 법계를 깨닫는 일도 없고, 포 거사도 있은 적이 없고, 이 두루마리 편지도 온 곳이 없고, 나도 붓을 잡고 글을 쓴[644] 적이 없습니다.

如是則亦不見有師, 亦不見有弟子, 亦不見有說法者, 亦不見有聽法者, 亦不見有說如是義者, 亦不見有受如是義者, 亦無文殊, 亦無舍利弗, 亦無諸佛, 亦無祖師, 亦無法界爲諸佛所覺, 亦無諸佛而覺法界, 亦不曾有鮑居士, 此軸子亦無來處, 妙

---

643 『문수사리소설반야바라밀경(文殊師利所說般若波羅蜜經)』에 나오는 구절.
644 인필행묵(引筆行墨) : 붓을 잡고 글을 쓰다.

喜亦不曾引筆行墨.

이미 일체가 전부 있은 적이 없다면, 지금 수다스럽게[645] 말하는 이런[646] 심한 말[647]들은 도리어 어디에다 적절하게 놓아두겠습니까?[648] 쯧쯧![649] 만약 놓아둘 곳이 있다면, (이 말들도) 있는 것이니, 포 거사는 단지 이렇게만 보십시오. 이렇게 보는 것을 일러 바로 본다고 하고 이와 다르게 보는 것을 일러 삿되게 본다고 하니, 만일[650] 여전히 삿되고 바른 견해를 낼 수 있다고 하더라도 저를 괴이하게 여길 수는 없을 것입니다.

既是一切皆不曾有, 卽今切切怛怛, 一絡索惡口却安頓在甚麼處? 咄! 若有安頓處, 則有也, 鮑居士但恁麼觀. 作是觀者, 名爲正觀, 作他觀者, 名爲邪觀, 如或尙作邪正見, 也怪妙喜不得.

---

645 도도달달(切切怛怛) : =도도(切切). =도달(切怛). =도달(刀怛). ①번거롭다. 말이 많다. 수다스럽다. 시시콜콜하다. ②귀찮다. 지겹다. 싫증 나다.

646 일락색(一絡索) : 한 줄의 예화(例話). 일련(一連)의 예화. 일련의 일.

647 악구(惡口) : 악랄한 말. 욕설.

648 안돈(安頓) : 적절하게 배치하다. 안착하다. 안정시키다.

649 돌(咄) : 쯧쯧(탄식하는 소리). 떽기(꾸짖는 소리).

650 여혹(如或) : ①마치. 꼭. ②만일 -라면. 만일 -가 있다면. ③만일. 만약.

15. 묘정 거사[651]에게 보임[652]

　이 한 개 대사인연이 결코 남에게서 얻지 못하는 것임을 알았다면, 바깥의 경계를 버리고 순간순간 자기의 발밑에서 추궁(推窮)해야 딱 좋습니다.[653] 추궁하고 또 추궁하여서 안으로 추궁할 줄 아는 마음을 보지 못하고 밖으로 추궁할 경계를 보지 못하여, 벌거벗은 듯이 깨끗하고 물로 씻은 듯이 말끔하여[654] 붙잡을 만한 것이 없다면, 마치 물 위에 떠 있는 조롱박이 건드리는 사람이 없어서 늘 걸림이 없고 속박될[655] 수도 없고 얽어매일[656] 수도 없고 밀면 곧 움직이고 손을 대면 곧 돌아가는 것과 같습니다. 이와 같이 자재하고 이와 같이 문득 벗어나고 이와 같이 신령스럽고 성스럽다면, 온갖 성인과 같은 길을 가지 않고, 납승(衲僧)에게 의지하지[657] 않으며, 곧장 부처와 조사에게 호령할 수 있지만 부처와 조사가 그에게 호령할 수는 없습니다.

示妙淨居士(趙觀使師重)

651　묘정거사(妙淨居士) : (원주 : 趙觀使師重) 묘정(妙淨)은 법호(法號), 조(趙)는 성(姓), 관사(觀使)는 벼슬 이름, 사중(師重)은 자(字).

652　1157년(69세)에 쓴 글.

653　변호(便好) : 꼭 알맞다. 마침 형편에 알맞다. 마침 좋다.

654　정나라(淨倮倮) : 벌거벗은 듯이 깨끗하다. 깨달음을 얻은 뒤 모든 구속에서 벗어난 자유로운 상태. 적쇄쇄(赤灑灑)와 같은 뜻. 정나나적쇄쇄(淨倮倮赤灑灑)라고 함께 쓰기도 한다. 정나라(淨裸裸), 정나라(淨躶躶)라 쓰기도 함.

655　구견(拘牽) : 속박하다. 구속하다. 얽어매다.

656　야반(惹絆) : 얽어매다. 구속하다.

657　차차(借借) : ①의지하다. 빌리다. ②질펀하다. 낭자하다.

旣已知有此段大事因緣決定不從人得, 則便好頓捨外塵, 時時向自己脚跟下推窮.
推來推去, 內不見有能推之心, 外不見有所推之境, 淨裸裸, 赤灑灑, 沒可把, 如水
上放葫蘆, 無人動著, 常蕩蕩地, 拘牽他不得, 惹絆他不得, 撥著便動, 觸著便轉. 如
是自在, 如是瞥脫, 如是靈聖, 不與千聖同途, 不與衲僧借借, 直能號令佛祖, 佛祖
號令他不得.

자신이 이러한 일을 안다면, 맹렬히 심혈을 기울여[658] 백척 높이의
장대 끝에서 재빨리 한 발 내딛기에 딱 알맞습니다. 만약 이 한 발을
내딛는다면, 선재(善財) 동자가 보현의 털구멍 세계 속에서 한 걸음 내
디뎌 말할 수 없고 헤아릴 수 없는 불국토와 티끌같이 무수한 수효의
세계를 지나가는 것[659]과 다름이 없습니다. 이와 같이 나아가 영원한

---

658 착정채(着精彩) : 마음을 쓰다. 주의를 기울이다. 심혈을 기울이다. 노력하다. 애쓰다.
    주의하다. 조심하다.

659 보현의 털구멍 국토를 언급하는 『화엄경』의 부분은 다음과 같다 : 그때 선재 동자가 보
    현보살의 몸을 보니, 신체의 마디마디에 있는 하나하나의 털구멍 속에 모두 말할 수 없이
    많고 바다같이 넓은 부처님의 세계가 있고, 그 하나하나의 세계에는 모두 모든 부처님이
    세계에 나타나 있고 큰 보살의 무리가 둘러싸고 있었다. 다시 그 모든 세계를 보니, 여러
    가지로 세워져 있고 여러 가지 모습이고 여러 가지로 꾸며져 있고 여러 가지 커다란 산
    (山)이 둘러싸고 있고 여러 가지 색깔의 구름이 하늘을 뒤덮고 있는데, 온갖 종류의 부처
    가 나타나 온갖 종류의 법을 펼치고 있지만, 이와 같은 일들이 제각각 같지가 않았다. 다
    시 보현(普賢)을 보니, 하나하나의 세계 속에서 모든 부처님의 세계를 드러내었는데, 티
    끌 같은 숫자이 화신불(化身佛)이 구름처럼 모든 세계를 둘러싸고서 중생을 교화(敎化)
    하여 위없이 바르고 평등한 깨달음으로 향하도록 하고 있었다. 그때 선재 동자가 다시 보
    현의 몸속에 있는 자신을 보니, 시방(十方)의 모든 세계에서 중생을 교화하고 있었다. 다
    시 선재 동자는 부처님 세계의 티끌같이 많은 모든 선지식에게 다가가서 선근(善根)을
    얻었지만, 그 지혜의 빛은 보현보살이 얻은 선근과 비교해 보면, 백분의 일, 천분의 일, 십

만분의 일, 백천억분의 일에도 미치지 못하며, 숫자로서는 비유조차도 할 수 없을 지경이었다. 선재 동자가 처음 발심하여 보현보살을 만나기까지 그 사이에 들어간 모든 부처님의 세계에 비하여, 지금 보현의 한 개 털구멍 속에서 한순간 들어간 모든 부처님의 세계가 더 많음은 말할 수도 없는 부처님 세계의 티끌 같은 숫자의 배나 되었다. 한 개 털구멍이 그런 것처럼, 모든 털구멍 역시 그러하였다. 선재 동자가 보현보살의 털구멍 세계 속에서 한 걸음 나아가니, 말할 수도 없이 많은 부처님 세계에 있는 티끌만큼 많은 숫자의 세계를 지나갔다. 이와 같이 영원히 나아가지만, 여전히 한 털구멍 속 세계의 차례, 세계에 간직함, 세계의 차별, 세계에 두루 들어감, 세계의 이루어짐, 세계의 부서짐, 세계를 꾸밈 등에 끝이 있음을 알 수도 없었다. 또한 바다 같은 부처님 세계의 차례, 부처님 세계의 간직함, 부처님 세계의 차별, 부처님 세계에 두루 들어감, 부처님 세계의 생성, 부처님 세계의 소멸 등에 끝이 있음을 알 수 없었다. 또한 중생의 세계에 들어가 중생의 근기를 알고 모든 중생을 교화하여 조복(調伏)시키는 지혜, 보살이 머물고 있는 깊고 깊은 자재(自在), 보살이 들어가는 모든 지위(地位)와 모든 길이 이처럼 바다와 같이 드넓어 끝이 있음을 알 수 없었다. 선재 동자는 보현보살의 털구멍 세계 속에서 한 세계에서 한 겁(劫)을 지나며 이와 같이 나아가기도 하고, 나아가 말할 수 없이 많은 부처님 세계 속의 티끌같이 무한한 숫자의 겁을 지나면서 이와 같이 나아가기도 하였다. 또한 이 세계에서 사라지지 않고 저 세계에 나타나면서, 순간순간 끝없는 세계를 두루 다니며 중생을 교화하여 위없이 바르고 평등한 깨달음으로 향하도록 하였다. 바로 그때에 선재 동자는 보현보살의 모든 행원(行願)의 바다를 차례차례 얻어, 보현과 같고 모든 부처와 같았다. 또 하나의 몸이 모든 세계에 가득 차 세계와 같고, 나아감과 같고, 바른 깨달음과 같고, 신통과 같고, 법바퀴와 같고, 말솜씨와 같고, 언어와 같고, 음성과 같고, 두려움 없는 힘과 같고, 부처님이 머무는 곳과 같고, 커다란 자비와 같고, 불가사의한 해탈자재와 모두 같았다.(爾時, 善財童子, 觀普賢菩薩身, 相好肢節, 一一毛孔中, 皆有不可說不可說佛刹海, 一一刹海, 皆有諸佛, 出興于世, 大菩薩衆, 所共圍遶. 又復見彼一切刹海, 種種建立, 種種形狀, 種種莊嚴, 種種大山周匝圍遶, 種種色雲彌覆虛空, 種種佛興演種種法, 如是等事, 各各不同. 又見普賢於一一世界海中, 出一切佛刹微塵數佛化身雲, 周遍十方一切世界, 敎化衆生, 令向阿耨多羅三藐三菩提. 時善財童子, 又見自身, 在普賢身內, 十方一切諸世界中, 敎化衆生. 又善財童子, 親近佛刹微塵數諸善知識, 所得善根, 智慧光明, 比見普賢菩薩所得善根, 百分不及一, 千分不及一, 百千分不及一, 百千億分, 乃至算數譬諭, 亦不能及是. 善財童子, 從初發心, 乃至得見普賢菩薩, 於其中間, 所入一切諸佛刹海, 今於普賢一毛孔中, 一念所入諸佛刹海, 過前, 不可說不可說佛刹微塵數倍. 如一毛孔, 一切毛孔, 悉亦如是. 善財童子, 於普賢菩薩毛孔刹中, 行一步, 過不可說不可說佛刹微塵數世界. 如是而行, 盡未來劫, 猶不能知一毛孔中刹海次第, 刹海藏, 刹海差別, 刹海普入, 刹海成, 刹海壞, 刹海莊嚴, 所有邊

219

세월이 지나도 한 개 털구멍 속 세계[660]의 차례 · 세계의 저장 · 세계의
차별 · 세계의 두루 들어감 · 세계의 이루어짐 · 세계의 파괴 · 세계의
장엄[661] 등에 끝이 있음을 여전히 알지 못합니다. 이와 같은 경계 역시
밖으로 마음을 일으켜서 일부러[662] 닦아 깨달아 얻는 것이 아니라, 다
만 자신의 발아래에 본래 갖추어져 있는 도리일 뿐입니다.

當人知是般事, 便好猛著精彩, 向百尺竿頭快進一步. 如進得這一步, 則不異善財
童子於普賢毛孔刹中行一步, 過不可說不可說佛刹微塵數世界. 如是而行, 盡未來
劫猶不能知一毛孔中刹海次第·刹海藏·刹海差別·刹海普入·刹海成·刹海壞·刹海莊
嚴 所有邊際. 似這般境界, 亦不是外邊起心用意修證得來, 只是當人脚跟下本來具
足底道理耳.

際. 亦不能知佛海次第, 佛海藏, 佛海差別, 佛海普入, 佛海生, 佛海滅, 所有邊際. 亦不能知菩薩衆海
次第, 菩薩衆海藏, 菩薩衆海差別, 菩薩衆海普入, 菩薩衆海集, 菩薩衆海散, 所有邊際. 亦不能知入
衆生界, 知衆生根, 教化調伏諸衆生智, 菩薩所住甚深自在, 菩薩所入諸地諸道, 如是等海所有邊際.
善財童子, 於普賢菩薩毛孔刹中, 或於一刹經於一劫, 如是而行, 乃至或有經不可說不可說佛刹微
塵數劫, 如是而行. 亦不於此刹沒, 於彼刹現, 念念周遍無邊刹海, 教化衆生, 令向阿耨多羅三藐三菩
提. 當是之時, 善財童子, 則次第得普賢菩薩諸行願海, 與普賢等, 與諸佛等, 一身充滿一切世界, 刹
等行等正覺等神通等, 法輪等辯才等, 言辭等音聲等, 力無畏等, 佛所住等, 大慈悲等, 不可思議, 解
脫自在, 悉皆同等.)(『화엄경』(80권) 제80권 「입법계품」 제39-21)

660 찰해(刹海) : 세계. 찰(刹)은 kṣetra의 음역으로서 토지, 육지라는 뜻. 찰해(刹海)는 육해
(陸海) 즉 육지와 바다라는 뜻으로 세계를 말한다.
661 장엄(莊嚴) : ①건립하다. 배열하다. 배치하다. ②장식하다. 좋고 아름다운 것으로 국토
를 꾸미고, 훌륭한 공덕을 쌓아 몸을 장식하고, 향과 꽃들을 부처님께 올려 장식하는 일.
662 용의(用意) : 마음을 쓰다. 신경을 쓰다.

220

보지도 못했습니까? 덕산 스님이 말했습니다.

"그대들이 다만 마음에 일이 없고 일에 마음이 없기만 하면, 텅 비었으면서도 신령스럽고 텅 비었으면서도 묘하다. 만약 털끝만큼이라도 근본과 지말을 말하도록 용납한다면, 모든 것이 스스로 속이는 짓이다. 무슨 까닭인가? 털끝만큼이라도 생각에 묶이면, 삼도[663]에 떨어질 원인인 업(業)[664]이고, 문득 분별심[665]이 생기면 영원토록 얽어맬 굴레이기 때문이다. 성인이라는 이름과 범부라는 명칭이 모두 헛된 소리고, 뛰어난 모습과 못난 모습이 모두 헛된 모습이다. 그대들이 그런 것들을 구하고자 한다면 해를 입지 않겠는가? 그것들을 싫어한다고 해도 역시 큰 재앙이 될 것이다."[666] 이렇게 말하여 돌사람의 머리를 몽둥이로 때리니 와글와글[667] 시끄럽게 사실을 따집니다.[668]

不見? 德山和尙有言: "汝但無事於心, 無心於事, 則虛而靈, 空而妙. 若毛端許言之本末者, 皆爲自欺. 何故? 毫釐繫念, 三塗業因, 瞥爾情生, 萬劫羈鎖. 聖名凡號, 盡是虛聲, 殊相劣形, 皆爲幻色. 汝欲求之, 得無累乎? 及其厭之, 又成大患." 恁麽說

---

663 삼도(三塗) : 화도(火塗:지옥)·혈도(血塗:축생)·도도(刀塗:아귀)의 삼악도(三惡道).

664 업인(業因) : 또는 인업(因業). 고락(苦樂)의 과보를 받을 원인인 선악의 행위.

665 정(情) : 식정(識情). 정식(情識). 분별의식. 분별심.

666 『경덕전등록』 제15권 '낭주덕산선감선사(朗州德山宣鑒禪師)'에 나오는 상당법어(上堂法語). 앞과 뒤에 다음의 구절이 생략되어 있다. "자기에게 일이 없으면 헛되이 구하지 마라. 헛되이 구하여 얻는다고 하여도 역시 얻은 것이 아니다."(於己無事則勿妄求. 妄求而得亦非得也.) … "마침내 이익될 것이 없다."(終而無益)

667 박박(嘍嘍) : 와글와글. 여러 소리가 시끄러움.

668 이 문장은 앞뒤 문맥으로 보아 잘못 들어간 문장으로 여겨진다.

話, 棒打石人頭, 嘮嘮論實事.

앞에서 말한 "안으로 추궁할 줄 아는 마음을 보지 못하고 밖으로 추궁할 경계를 보지 못한다."는 것이 곧 이 도리입니다. 이 도리를 경계[669] 위에서 보면 병이 되고, 만약 의식으로 헤아리고 추측한다면 더욱 멀어집니다. 그 까닭에 석가모니는 『법화경』을 말씀하신 곳에서는 다만 8세 되는 한 소녀를 제도했을 뿐이고,[670] 『화엄경』을 말씀하신 곳에서는 한 사람 동자를 제도했을 뿐이고,[671] 『열반경』을 말씀하신 곳에서는 한 사람 도살꾼을 제도했을 뿐입니다.[672] 저 세 사람이 성불(成佛)하

---

669 사(事) : 도리(道理)와 상대되는 현상(現象), 경계.

670 『법화경(法華經)』「제바달다품」에 있는 용녀성불(龍女成佛) 이야기. 사갈라 용왕의 딸은 나이 겨우 8세이지만 지혜가 숙성하였다. 문수보살의 교화로 제법실상(諸法實相)의 진리를 깨닫고, 석가부처님께 와서 변신하여 남자가 되어서, 보살행을 수행한 뒤, 남방 무구세계에 가서 성불하였다고 한다.

671 『화엄경』「입법계품」에 나오는 선재 동자가 성불한 이야기. 선재 동자(善財童子)는 53선지식을 두루 찾아뵙고, 맨 나중에 보현보살을 만나서 10대원(大願)을 듣고, 아미타불 국토에 왕생하여 입법계(入法界)의 지원(志願)을 채웠다 함.

672 『대반열반경(大般涅槃經)』에 나오는 광액(廣額) 도살꾼 이야기. 제19권 「범행품(梵行品)」8-5에서는, "바라나국에 있는 백정은 이름이 광액(廣額)이었는데, 매일 헤아릴 수 없이 많은 양을 죽였다. 사리불(舍利弗)을 보고는 즉시 팔계(八戒)를 받고, 하룻밤 하루낮이 지나서는 이 인연으로 목숨이 다하여 북방 천왕(天王)인 비사문(毘沙門)의 아들이 되었다."(波羅奈國有屠兒 名曰廣額 於日日中 殺無量羊 見舍利弗卽受八戒 經一日一夜 以是因緣命終 得爲北方天王毘沙門子)고 히었고, 또 제26권 「광명편조고귀넉왕보살품(光明遍照高貴德王菩薩品)」제10-6에서는 "백정 집안의 아들은 늘 악업을 짓다가 나를 본 까닭에 즉시 악업을 버리고 번뇌에서 벗어났다."(屠家之子常修惡業以見我故卽便捨離)고 하였다. 이에 대하여 이통현(李通玄) 장자(長者)가 지은 『신화엄경론(新華嚴經論)』제2권에서는 『열반경』에서 천제(闡提)에게는 불성(佛性)이 없다는 주장을 파괴한 까닭에 백정인 광액(廣額)으로

222

는 모습을 보건대, 또 무슨 바깥에서 깨달음을 얻어 애써 닦고 배운 적이 있겠습니까? 부처님 역시 단지 이렇게 말씀하셨습니다.

"내가 이제 그대들을 위하여 이 일을 보임[673]할 것이니, 끝내 헛되지 않을 것이다."[674]

다만 그대들을 위하여 보임한다고 말씀했을 뿐, 전할 만한 법이 있으니 그대들로 하여금 밖에서 애써 찾은 연후에 성불하게 한다고는 말씀하시지 않았습니다.

前所云: "內不見有能推之心, 外不見有所推之境." 便是這箇道理也. 這箇道理向事上覷則疾, 若向意根下思量卜度, 則轉疏轉遠矣. 所以釋迦老子, 在法華會上只度得箇八歲底女人, 華嚴會上只度得箇童子, 涅槃會上只度得箇屠兒. 看他這三箇成佛底樣子, 又何曾向外取證, 辛勤修學來? 佛亦只言: "我今爲汝保任此事, 終不虛也." 只說爲他保任而已, 且不說有法可傳, 令汝向外馳求, 然後成佛.

다행히 이러한 모범[675]이 있으니, 무슨 까닭에 믿지 않겠습니까? 만약 참으로 곧장 믿을 수 있어서 밖에서 애써 찾지 않고 또한 마음속에서 깨달음을 취하지도 않는다면, 하루 온종일 24시간 발길 닿는 곳마

하여금 현겁(賢劫)에 정각(正覺)을 이루도록 하였다."(涅槃經 破闡提之無佛性故 令屠兒廣額賢劫之中而成正覺)라고 하였다.

673 보임(保任) : 보호임지(保護任持)의 준말. 보호하여 떠맡아 가지고 있다는 말. 깨달음을 얻으면 얻은 깨달음에 머물러 물러남이 없이 잘 유지하여 깨달음에 익숙하게 되어야 하는 것을 가리키는 말이다.

674 『묘법연화경』제2권 「비유품(譬喩品)」제3에 나오는 말.

675 체격(體格) : ①체격. ②양식. 격식. 모범.

다 해탈일 것입니다. 왜 그럴까요? 이미 밖에서 애써 찾지 않는다면 속마음이 고요해지고, 이미 마음속에서 깨달음을 취하지 않는다면 바깥 경계가 평온하고 한가롭기 때문입니다. 그러므로 조사가 말했습니다.

"인연 되는 경계에는 좋고 나쁨이 없고, 좋고 나쁨은 마음에서 일어난다. 마음이 만약 억지로 이름을 붙이지 않는다면, 허망한 분별심이 어디에서 일어나겠는가? 허망한 분별심이 이미 일어나지 않으면, 참마음이 자유롭게[676] 두루 안다."[677]

안의 마음과 밖의 경계가 다만 한 개 같은 일임을 마땅히 아시고, 절대로 둘로 나누어 보지 마십시오.

幸有如此體格, 何故不信? 苟能直下信得及, 不向外馳求, 亦不於心內取證, 則二六時中隨處解脫. 何以故? 旣不向外馳求, 則內心寂靜, 旣不於心內取證, 則外境幽閑. 故祖師云: "境緣無好醜, 好醜起於心. 心若不彊名, 妄情從何起? 妄情旣不起, 眞心任遍知." 當知內心外境只是一事, 切忌作兩般看.

위산이 앙산에게 물었습니다.

"묘하고 맑고 밝은 마음을 너는 어떻게 아느냐?"

앙산이 말했습니다.

"산과 강과 대지요, 해와 달과 별입니다."

---

676 임(任) : 마음대로. 제멋대로. 자유롭게.
677 『경덕전등록』 제4권 '제1세법융선사(第一世法融禪師)'에 나오는 구절.

위산: "너는 단지 그 경계만 얻었구나."

앙산: "스님께선 아까 무엇을 물으셨습니까?"

위산: "묘하고 맑고 밝은 마음!"

앙산: "경계를 말씀하셨습니까?"

위산: "좋다! 좋다!"[678]

記得潙山問仰山: "妙淨明心, 子作麼生會?" 仰山云: "山河大地, 日月星辰." 潙山云:

"汝只得其事." 仰山云: "和尚適來問甚麼?" 潙山云: "妙淨明心!" 仰山云: "喚作事得

麼?" 潙山云: "如是! 如是!"

관사(觀使) 사중(師重)께선 부귀한 집안에 태어났으나 부귀의 노예가
되지 않고 오래도록 덕의 뿌리를 심었던 까닭에, 자연히 이 불가사의
한 일[679]이 삶과 죽음의 바다를 건널 배로 삼을 만하고 의지할 지팡이
로 삼을 만함을 알았습니다. 그 까닭에 늘 세속에서 물러나 기꺼이 발
아래를 추구(推究)하였으니, 이에 도호(道號)를 묘정(妙淨) 거사라고 붙였
습니다. 사중께선 노력하십시오! 가고 · 머물고 · 앉고 · 눕고 · 제멋대
로[680] 엎어지고 넘어지더라도[681] 묘하고 맑고 밝은 마음이라는 뜻을 잊

---

678 어풍원신(語風圓信)과 곽응지(郭凝之)가 편집한 『담주위산영우선사어록(潭州潙山靈祐
    禪師語錄)』에 나오는 대화.

679 불법(佛法)을 가리킨다.

680 조차(造次) : ①급작스럽다. 황망하다. 다급하다. ②경솔하다. 덤벙대다. ③품행. 언행.
    ④빠르다. 급하다. ⑤마음대로. 좋을 대로. 형편 닿는 대로. 함부로. 제멋대로(하다).

681 전패(顚沛) : 넘어지다. 엎어지고 자빠지다.

어버려서는 안 됩니다.

觀使師重身生富貴之家, 不爲富貴囚執, 而夙植德本, 自然知有此段不可思議事,
可以於生死岸頭爲舟爲航, 爲憑爲仗. 故時時退步, 肯向脚跟下推究, 乃爲立道號
曰妙淨居士. 師重勉之! 行住坐臥, 造次顚沛, 不可忘了妙淨明心之義.

허망한 생각이 일어날 때는 애써 배척할 필요 없이 다만 "한 승려가
조주에게 물었다. '개에게도 불성이 있습니까?' 조주가 말했다. '없다.'"
를 거론하십시오. 거론하고 또 거론하면 이렇게 화두를 거론하는 것도
볼 수 없고, 이렇게 볼 수 없음을 아는 것도 볼 수 없습니다. 그런 뒤에
는 이러한 말도 받아들일 것이 없습니다. 문득 받아들일 것 없는 곳에
서 자기도 모르게 크게 소리 내어 웃으면, 한번 순시(巡視)하는[682] 때가
곧 집으로 돌아가 편안히 앉는 곳입니다. 이런저런 여러 말은 도리어
심신을 괴롭히니,[683] 딱 끊어 버리십시오.

妄念起時不必用力排遣, 只擧 "僧問趙州: '狗子還有佛性也無?' 州云: '無.'" 擧來擧
去, 和這擧話底亦不見有, 只這知不見有底亦不見有. 然後此語亦無所受. 驀地於
無所受處不覺失聲大笑, 一巡時便是歸家穩坐處也. 多言多語, 返相鈍置, 且截斷
葛藤.

---

682 사중(師重)의 관직이 관사(觀使) 즉 관찰사(觀察使)임을 염두에 두고 한 말.
683 둔치(鈍置) : (심신을) 괴롭히다. 놀리다. 속이다. 조롱하다. 농락하다.

16. 여 기의[684]에게 보임[685]

이분은 세간 유위법의 허망하고 진실하지 않은 도리를 알고서 경계와 인연이 문득 앞에 닥쳐오더라도 따라가지를 않으니, 그렇다면 그가 콧구멍[686]을 뚫어 낼 것은 확실합니다. 대개 아득한 예부터 익숙한 곳은 매우 익숙하고 낯선 곳은 매우 낯설어서, 비록 잠시 알아차려도 마침내 도(道)의 힘이 저 업(業)의 힘을 이겨내지 못합니다. 어느 것이 업의 힘일까요? 익숙한 곳이 업의 힘입니다. 어느 것이 도의 힘일까요? 낯선 곳이 도의 힘입니다. 그러나 도의 힘과 업의 힘에 본래 정해진 한도는 없고, 다만 일상생활에서 행하는[687] 곳을 살펴보면 단지 어두움과 어둡지 않음이 있을 뿐입니다.

示呂機宜(舜元)

是人知得世間有爲虛妄不實底道理, 及至對境遇緣, 驀地撞在面前, 不隨他去, 則

684　여기의(呂機宜) : (원주 : 舜元) 여(呂)는 성(姓), 기의(機宜)는 벼슬 이름, 순원(舜元)은 자(字).

685　1157년(69세)에 쓴 글.

686　비공(鼻孔) : 코. 콧구멍. 비공(鼻孔)은 글자 그대로는 콧구멍이라는 뜻이지만, 콧구멍을 포함한 코 전체를 가리키는 말이다. 파비(把鼻)라는 말이 손잡이를 붙잡는다는 뜻이듯이 코는 손잡이를 뜻하거나, 혹은 비조(鼻祖)라고 하듯이 근원이나 시초를 가리키는 뜻이 있다. 선승들의 어록에서 비공(鼻孔)이라는 말은 근원이나 시초라는 뜻으로서 우리의 본래면목을 가리킨다. 예컨대, 『경덕전등록』에 나오는 "부모가 아직 낳지 않았을 때 코는 어디에 있는가?(父母未生時鼻孔在什麼處)" 혹은 "납승이라면 모름지기 바로 납승의 코를 밝혀내야 한다.(衲僧直須明取衲僧鼻孔)" 등의 말에서 코(鼻孔)는 본래면목을 가리킨다.

687　일용현행(日用現行) : 일상생활에서 행하는.

被伊穿卻鼻孔定也. 蓋無始時來, 熟處太熟, 生處太生, 雖暫識得破, 終是道力, 不能勝他業力. 且那箇是業力? 熟處是. 那箇是道力? 生處是. 然道力業力本無定度, 但看日用現行處, 只有一箇昧與不昧耳.

도의 힘에 어두우면 업의 힘이 우세해지고, 업의 힘이 우세하면 곳곳에서 막히고,[688] 곳곳에서 막히면 곳곳에서 오염되고, 곳곳에서 오염되면 고통을 즐거움으로 여기게 됩니다. 그러므로 석가모니가 부루나[689] 존자에게 말했습니다.

"그대가 색(色)과 공(空)을 가지고 여래장(如來藏)에서 힘써 다투면, 여래장은 그에 따라 색과 공이 되어 법계에 두루한다. 이 까닭에 그 속에서 바람은 움직이고 허공은 맑고 해는 밝고 구름은 어두우며, 중생은 어리석게 번민하면서 깨달음을 등지고 경계와 합한다. 그 까닭에 번뇌[690]가 나타나니 세간의 모습이 있게 된다."[691]

이것이 바로 도의 힘에 어두워서 업의 힘이 우세해지는 것입니다.

---

688 촉도성체(觸途成滯) : 어디서든지 막히다. 곳곳에서 막히다. 촉도(觸途)는 '곳곳마다, 어디서든지'라는 뜻.

689 만자자(滿慈子) : 부루나(富樓那)를 가리킨다. 인도 교살라국 사람으로, 바라문 출신이다. 대단히 총명하여 어려서 오명(五明)을 통달하였고, 속세를 싫어하여 입산 수도하였다. 석가모니가 성도하여 녹야원에서 설법하는 걸 듣고 벗들과 함께 석가모니에게 귀의하여 아라한과를 얻었다. 말솜씨가 훌륭하여 불제자 가운데 설법제일로 알려졌다. 만자(滿慈)라고도 한다.

690 진로(塵勞) : 번뇌의 다른 이름. 진은 육진(六塵; =육경(六境)), 노는 노권(勞倦). 객관세계인 육진(六塵)의 경계를 따라 마음의 번뇌가 일어나서 피곤하게 되므로 번뇌를 진로라 함.

691 『수능엄경』 제4권에 있는 내용.

昧卻道力, 則被業力勝卻, 業力勝, 則觸途成滯, 觸途成滯, 則處處染著, 處處染著, 則以苦爲樂. 故釋迦老子謂滿慈子曰: "汝以色空, 相傾相奪於如來藏, 而如來藏隨爲色空周遍法界. 是故於中風動空澄日明雲暗, 衆生迷悶背覺合塵. 故發塵勞有世間相." 這箇是昧道力而被業力勝者.

석가모니가 또 말했습니다.

"나는 묘하고 밝고 사라지지도 않고 생겨나지도 않음으로써 여래장에 합하니, 여래장은 오직 묘한 깨달음의 밝음으로 법계를 두루 비춘다. 이 까닭에 그 속에서는 하나가 헤아릴 수 없이 많음이고 헤아릴 수 없이 많음이 하나이며, 작은 것 속에서 큰 것이 나타나고 큰 것 속에서 작은 것이 나타나며, 도량(道場)에서 움직이지 않고 온 우주에 두루하며, 몸은 온 우주의 다함 없는 허공을 품고 있으며, 한 개 털끝에서 부처님의 세계[692]를 드러내고, 티끌 속에 앉아서 큰 법바퀴를 굴린다."[693]

이것이 곧 현재 행하는 곳에서 어둡지 않아 도의 힘이 업의 힘을 넘어서는 것입니다.

釋迦老子又曰: "我以妙明不滅不生合如來藏, 而如來藏唯妙覺明圓照法界. 是故於中一爲無量, 無量爲一, 小中現大, 大中現小, 不動道場, 遍十方界, 身含十方無盡虛空, 於一毛端現寶王刹, 坐微塵裏轉大法輪." 這箇是現行處不昧, 道力而勝業力者.

---

692 보왕찰(寶王刹): 부처님의 국토, 즉 불국토(佛國土). 보왕(寶王)은 부처님.
693 『수능엄경』 제4권에 있는 내용.

그러나 이 두 곳은 모두 허망함으로 돌아갑니다. 만약 업의 힘을 버리고 도의 힘에 집착한다면, 나는 이 사람이 모든 부처님은 방편을 베풀어 자유로이[694] 법을 말한다는 사실을 이해하지 못한다고 할 것입니다. 왜 그럴까요? 보지 못했습니까? 석가모니가 말했습니다.

"만약 법이라는 생각[695]을 취하면 나 · 사람 · 중생 · 수명(壽命)에 집착한다. 만약 법이 아니라고 생각한다면, 나 · 사람 · 중생 · 수명에 집착한다. 이 까닭에 법이라고 생각하지도 말아야 하고, 법이 아니라고 생각하지도 말아야 한다."[696]

앞서 말한 "도의 힘과 업의 힘에는 본래 정해진 한도가 없다."가 바로 이것입니다.

然兩處皆歸虛妄. 若捨業力而執著道力, 則我說是人不會諸佛方便, 隨宜說法. 何以故? 不見? 釋迦老子曰: "若取法相, 卽著我·人·衆生·壽者. 若取非法相, 卽著我·人·衆生·壽者. 是故不應取法, 不應取非法." 前所云: "道力業力本無定度." 是也.

만약 지혜를 가진 대장부라면 도의 힘을 빌려 무기[697]로 삼아 업의 힘을 제거하지만, 업의 힘이 제거되고 나면 도 역시 허망한 것입니다.

---

694 수의(隨宜) : 마음대로. 좋을 대로. 자유로이. 함부로. 제멋대로 (하다).
695 상(相)은 상(想)으로도 번역되며, 산스크리트는 saṃjñā 이다. 이것은 '이해, 지식, 생각, 개념, 이름'이라는 뜻이다.
696 구마라집 역 『금강경』 「6. 정신희유분(正信希有分)」에 나오는 구절.
697 기장(器仗) : 무기(武器).

그러므로 말했습니다. "단지 거짓 이름을 가지고 중생을 인도한다." [698] 아직 깨닫지 못했을 때는 천 가지가 어렵고 만 가지가 어렵지만, 깨닫게 되면 무슨 어려움과 쉬움이 있겠습니까? 방 거사가 말했습니다.

"범부의 지혜는 협소하여
쉽고 어려움이 있다고 헛되이 말한다.
모습을 떠나 허공과 같으면
모두가 부처님의 지혜와 들어맞는다.
계(戒)의 모습 역시 허공과 같지만
어리석은 사람이 스스로 지킨다.
병의 뿌리를 기꺼이 뽑아내지 않으면
다만 꽃핀 가지를 가지고 놀 뿐이라네." [699]

병의 뿌리를 알고 싶은가요? 다른 것이 아니라, 바로 어려움과 쉬움을 붙잡고서 허망하게 취하고 버리고 하는 것입니다. 이 병의 뿌리를 완전히 뽑아내지 못하면, 삶과 죽음의 바다에서 떴다 가라앉았다 하면서 전혀[700] 빠져나올[701] 때가 없습니다.

若是有智慧丈夫兒, 借道力爲器仗, 攘除業力, 業力旣除, 道亦虛妄. 所以道: "但以

---

698 『묘법연화경』「방편품」제2의 게송에 나오는 구절.
699 『방 거사어록』하권(下卷)「방 거사시(龐居士詩)」에 나오는 시(詩).
700 직시(直是) : 그야말로. 전혀. 정말. 실로.
701 출두(出頭) : 곤경에서 빠져나오다.

假名字, 引導於衆生." 未識得破時, 千難萬難, 識得破後, 有甚難易? 龐居士曰: "凡夫智量狹, 妄說有難易. 離相如虛空, 盡契諸佛智. 戒相亦如空, 迷人自作持. 病根不肯拔, 只是弄花枝." 要識病根麼? 不是別物, 只是箇執難執易, 妄生取捨者. 這箇病根拔不盡, 生死海裏浮沈, 直是無出頭時.

옛날 장졸 수재[702]는 존숙(尊宿)이 병의 근원을 가리켜주자 마자 곧 이렇게 말할 줄 알았습니다.

"번뇌를 끊으면 병이 더욱 더하고
진여를 좇아가는 것 역시 삿되다.
세간의 인연을 따라도 장애가 없고
열반과 생사가 함께 헛꽃이라네."

---

702 장졸수재(張拙秀才) : 장졸상공(張拙相公)이라고도 한다. 선월(禪月) 대사(大師)의 권유로 석상경저(石霜慶諸; 807~888)를 찾아갔는데, 석상(石霜)이 물었다. "수재(秀才)는 성이 무엇이요?" "성은 장(張)이고 이름은 졸(拙)입니다." "교(巧; 솜씨 좋음)를 찾아도 오히려 찾을 수가 없는데, 졸(拙; 솜씨 없음)이 스스로 어디서 오는가?" 상공(相公)이 홀연 깨달은 바가 있어서, 이윽고 게송을 지어 드렸다. "광명은 고요히 비추어 항하사 세계에 두루하고, 범부와 성인과 모든 중생이 나의 집에 함께 있네. 한 생각이 일어나지 않으면 전체가 드러나지만, 육근이 움직이면 바로 구름에 막힌다. 번뇌를 끊으면 병이 더욱 더하고, 진여를 좇아가는 것 역시 삿되다. 세간의 인연을 따라도 장애가 없고, 열반과 생사가 함께 헛꽃이라네."(光明寂照遍河沙 凡聖含靈共我家 一念不生全體現 六根纔動被雲遮 斷除煩惱重增病 趣向眞如亦是邪 隨順世緣無罣礙 涅槃生死等空花)(『오등회원』 제6권)

703 직절(直截) : ①곧장. 단도직입적으로. 단순 명쾌하게. 시원시원하게. ②곧장 끊다.

곧장 끝내고자[703] 한다면, 부처와 조사도 의심하지 말고, 삶과 죽음도 의심하지 말고, 다만 늘 마음속을 텅 비게 하고,[704] 일이 닥치면 즉각즉각[705] 옆으로 밀쳐놓으십시오.[706] 그리하여 마치 물이 고요히 머물러 있는 것과 같고 거울이 밝은 것과 같아서, 좋거나 싫거나 예쁘거나 추한 것이 다가오더라도 털끝만큼도 피하지 않고 마음 없음을 확실히 알면, 저절로 경계가 불가사의해집니다.

昔張拙秀才纔被尊宿點著病源, 便解道:"斷除煩惱重增病, 趣向眞如亦是邪. 隨順世緣無罣礙, 涅槃生死是空花." 要得直截, 不疑佛祖, 不疑死生, 但常放敎方寸虛豁豁地, 事來則隨時撥置. 如水之定, 如鑑之明, 好惡姸醜到來, 逃一毫不得, 信知無心, 自然境界不可思議.

요즈음 총림에는 일종의 삿된 선(禪)이 있어서 병을 붙잡고 약으로 여깁니다. 이들은 스스로 깨달은 곳이 없어서, 깨달음을 만들어진 것이라 여기고, 깨달음을 사람을 이끄는 말씀이라 여기고, 깨달음을 두 번째[707]에 떨어진 것이라 여기고, 깨달음을 지엽말단의 일이라 여깁니다. 자기가 깨달은 곳이 없으니 남의 깨달음도 믿지 않습니다. 덮어놓

---

704 방교(放敎) : 시키다. -하게 하다. =사(使), 령(令).
705 수시(隨時) : ①언제나. 때를 가리지 않고. ②제때에. 그때그때. 즉각즉각.
706 발치(撥置) : 옆으로 밀쳐놓다.
707 두 번째 : 분별로 인식하는 세속을 가리킨다. 첫 번째는 분별을 벗어난 불이(不二)의 실상을 가리킨다. 첫 번째는 제일의제(第一義諦)라고도 하고, 두 번째는 제이의문(第二義門)이라고도 한다.

고 오로지[708] 텅 비고 고요하고 우둔하게 앎이 없는 것을 위음나반[709] 공겁이전[710]의 일이라고 합니다. 매일 두 끼의 밥을 게걸스레 먹고는 어떤 일도 이해하지 못하고 줄곧[711] 입을 꽉 다물고[712] 앉아 있으면서, 그것을 일러 쉬고 또 쉰다고 합니다. 입을 열어 말을 하기만 하면 곧 금시(今時)[713]에 떨어졌다고 하고, 또 자손 쪽의 일이라고 합니다. 이러한 검은산 아래의 귀신굴 속을 지극한 법칙으로 여기고, 또 조상이 애초부터 이 문을 나서지 않았다고 합니다. 이들은 자기가 어리석은데도 도리어 타인을 어리석게 여기니, 석가모니가 말한 어떤 사람이 스스로 자기의 귀를 막고는 큰 소리로 외치면서 남이 듣지 않기를 바라는 비유와 꼭 같습니다. 이런 무리는 이름하여 가련하고 불쌍한 자들입니다.

---

708 일미(一味) : 그저. 단순히. 줄곧. 덮어놓고. 오로지. 어디까지나.(부정적 문맥에서 사용)

709 위음나반(威音那畔) : 위음왕불(威音王佛)이 세상에 나오기 이전. 나반(那畔)은 저쪽이라는 뜻. 과거장엄겁(過去莊嚴劫)의 최초불을 위음왕불이라 함. 부모미생전(父母未生前), 천지미분전(天地未分前)이란 말과 같이 태초(太初)를 표시하는 말.

710 공겁이전(空劫已前) : 위음나반(威音那畔), 위음왕불(威音王佛) 이전과 같은 뜻. 위음왕불은 공겁(空劫) 때에 맨 처음 성불한 부처인데, 『조정사원(祖庭事苑)』에는 위음왕 이전은 실제이지(實際理地)를 밝힌 것이고, 위음왕 이후는 불사문중(佛事門中)을 밝힌 것이라 하였다. 위음왕 이전 혹은 공겁 이전은 본유(本有)의 본래면목을 가리킨다.

711 일향(一向) : (이전부터 오늘까지) 줄곧. 내내. 본래. 원래.

712 취로도지(嘴盧都地) : 입을 꽉 다물고. 입을 꽉 다물어 입술이 뾰족 나온 모습.

713 금시(今時) : ↔본분(本分). 금시(今時)는 바로 지금 현재 눈앞에 펼쳐지는 온갖 경험세계로서, 망상(妄相) 혹은 생멸문(生滅門)이라 하며, 시간과 공간이 분별되는 세계. 본분은 본래부터 부여 받아 타고난 본성으로서, 실상(實相) 혹은 진여문(眞如門)이라 하며, 시간과 공간이 없는 불이(不二)의 세계. 금시와 본분을 나누어 말하는 것도 역시 하나의 방편일 뿐, 진실로 금시와 본분이 따로 있는 것은 아니다.

近世叢林有一種邪禪, 執病爲藥. 自不曾有證悟處, 而以悟爲建立, 以悟爲接引之詞, 以悟爲落第二頭, 以悟爲枝葉邊事. 自己旣不曾有證悟之處, 亦不信他人有證悟者. 一味以空寂頑然無知, 喚作威音那畔空劫已前事. 逐日噇卻兩頓飯, 事事不理會, 一向嘴盧都地打坐, 謂之休去歇去. 纔涉語言, 便喚作落今時, 亦謂之兒孫邊事. 將這黑山下鬼窟裏底爲極則, 亦謂之祖父從來不出門. 以己之愚, 返愚他人, 釋迦老子所謂, 譬如有人, 自塞其耳, 高聲大叫, 求人不聞. 此輩名爲可憐愍者.

어떤 부류의 사대부는 처음부터[714] 이러한 잡독(雜毒)에 심식(心識)이 중독되어, 비록 참되고 바른 선지식이 본분의 말을 해 주는 것을 들어도 도리어 이 말이 틀렸다고 여깁니다. 이러한 무리는 바로 세상에서 말하는 호귀[715]에 걸린 사람과 같아서, 그것이 자기의 목숨을 해치는데도 불구하고 도리어 그것을 불러들이면서도 전혀 알아차리지 못하고 있습니다.

有一種士大夫, 末上被這般雜毒入在心識中, 縱遇眞正善知識與說本分話, 返以爲非. 此輩正如世之所謂虎鬼者, 不獨被伊害卻性命, 又返爲之用, 殊不知覺.

오직[716] 오래전에 원력(願力)을 가지고서, 늘 태어날 때 어디에서 왔는지 알지 못하고 죽을 때 어디로 가는지 알지 못하는 이 두 개 일을

---

714 말상(末上) : 먼저. 최초. 처음.

715 호귀(虎鬼) : 민속, 풍수, 점복(占卜) 등에서 말하는, 집안에 사람이 죽는 흉한 일을 일으키는 귀신.

716 제비(除非) : 다만 -함으로써만이 비로소. 오직 -해야 비로소. -아니고는. -하지 않고서는.

235

콧마루에 걸어 놓고, 차 마실 때나 밥 먹을 때나 고요한 곳에서나 시끄
러운 곳에서나, 순간순간 부지런히[717] 언제나 마치 백만 관(貫)의 돈을
빚진[718] 사람이 갚을 길이 없어서 가슴속의 번민을 회피하지 못하여 살
수도 없고 죽을 수도 없는 것과 같아야 합니다. 바로 이러한 때에 좋으
니 나쁘니 하는 길이 즉시[719] 끊어집니다. 이와 같음을 느낄 때에 바로
힘을 내기에 좋으니, 다만 여기에서 이 화두를 살펴보십시오. 어떤 승
려가 조주에게 물었다. "개에게도 불성이 있습니까?" 조주가 말했다.
"없다."

除非夙有願力, 常以生不知來處, 死不知去處二事, 貼在鼻孔尖上, 茶裏飯裏, 靜處
鬧處, 念念孜孜, 常似欠卻人萬百貫錢債, 無所從出, 心胸煩悶, 回避無門, 求生不
得, 求死不得. 當恁麼時, 善惡路頭相次絶也. 覺得如此時, 正好著力, 只就這裏看
箇話頭. 僧問趙州 : "狗子還有佛性也無?" 州云: "無."

화두를 살펴볼 때는 이리저리 헤아려서도[720] 안 되고, 해석해서도 안
되고, 분명히 밝히려 해서도 안 되고, 입을 여는 곳에서 받아들여서도
안 되고, 말을 꺼내는 곳에서 도리를 만들어서도 안 되고, 텅 비고 고
요한 곳에 떨어져 있어서도 안 되고, 의도적으로 깨달음을 기다려서도

---

717 자자(孜孜) : 부지런한 모습, 혹은 자세한 모습.
718 흠채(欠債) : 빚지다.
719 상차(相次) : 즉시. 곧.
720 박량(博量) : 널리 헤아리다. 두루 헤아리다.

안 되고, 종사(宗師)가 말하는 곳에서 이해해서도[721] 안 되고, 일 없이 편안한 곳에 빠져 있어서도[722] 안 됩니다.

다만 가고 · 머물고 · 앉고 · 눕고 하는 일상생활 속에서 순간순간 "개에게도 불성이 있습니까?" "없다."를 자신에게 일깨워 주십시오. 일깨워 주는 것이 익숙해져서, 입으로 따질 수도 없고 마음으로 생각할 수도 없어서 마음속이 안절부절못하여[723] 마치 무쇠로 만든 말뚝을 물어뜯듯이 맛이 없을 때에 절대로 물러나지 마십시오. 이러한 때가 되면 도리어 좋은 소식입니다.

보지 못했습니까? 옛 스님이 말했습니다.

"부처님이 모든 법을 말씀하심은 모든 마음을 제도하기 위함이다. 나에게는 어떤 마음도 없으니 모든 법이 무슨 소용이랴?"[724]

조사의 문하만 이와 같은 것이 아니라, 부처님이 말씀하신 일대장교[725]가 모두 이러한 도리입니다.

看時, 不用博量, 不用註解, 不用要得分曉, 不用向開口處承當, 不用向擧起處作道

721 영략(領略) : (체험으로) 이해하다. 깨닫다. 감지하다. 음미하다.

722 도재무사갑리(掉在無事甲裏) : 일 없이 편안한 곳에 빠져들어 가 있다. =양재무사갑리 (颺在無事甲裏).

723 칠상팔하(七上八下) : (마음이) 초조하다. 혼란하다. 불안하다. 어수선하다. 두근거리다. 안절부절못하다. 십오개적통타수칠상팔하(十五個吊桶打水七上八下)에서 온 말. 이것은 15개의 두레박으로 물을 긷는데 일곱 개는 올라가고 여덟 개는 내려간다는 뜻.

724 황벽(黃檗)의 『전심법요(傳心法要)』에 조사(祖師)의 말이라고 인용되어 있으나, 누구의 말인지는 알 수 없다.

725 일대장교(一代藏敎) : 경(經) · 율(律) · 론(論) 삼장(三藏)을 가리키는데, 일대시교(一代時敎)라고도 한다.

理, 不用墮在空寂處, 不用將心等悟, 不用向宗師說處領略, 不用掉在無事甲裏. 但

行住坐臥時時提撕. "狗子還有佛性也無?" "無." 提撕得熟, 口議心思不及, 方寸裏

七上八下, 如咬生鐵橛, 沒滋味時, 切莫退志. 得如此時, 卻是箇好底消息. 不見? 古

德有言: "佛說一切法, 爲度一切心. 我無一切心, 何用一切法?" 非但祖師門下如是,

佛說一大藏敎, 盡是這般道理.

   중생의 악업의 장애는 무거워서, 매일 침상에서 내려오면 곧 분별심
이 어지러이 일어나며, 명성과 이익을 생각하고 남이니 나니 하는 생
각을 짊어지니, 허망한 생각을 진실하게 여기며 거꾸로 뒤집어집니다.
이와 같이 아침부터 저녁까지 마치 쇠사슬의 고리가 연이어서 끊어짐
이 없듯이 하여도 전혀 싫어하거나 미워하지 않습니다. 문득 한 생각
이 일어나면, 이 문중[726]에 있으면서도 일부러[727] 헤아려 곧장 자기가 이
해하기를 바랍니다. 분별심을 처리하지[728] 못하면 곧 번뇌가 생깁니다.
번뇌를 얼른 그치려고 하지만 어떤[729] 유래가 있다고 하겠습니까? 이와
같은 자가 셀 수도 없습니다.

   衆生惡業障重, 逐日下得床來, 便心識紛飛, 思量名利, 擔卻人我, 妄想顚倒. 從旦
   至暮, 如鉤鎖連環, 相續不斷, 都不厭惡. 乍起一念, 向此箇門中, 著意思量, 便要我

---

726 선종(禪宗)의 문중(門中).

727 착의(着意) : 일부러. 고의로. 의식적으로.

728 안배(按排) : ①안배(安排). 배치하다. 배분하다. ②마련하다. 준비하다. ③처리하다. 꾸
    리다.

729 착심(着甚) : 어찌하여(=여하(如何)). 무엇 때문에(=위심마(爲什麼)).

會. 心意識安排不到, 便生煩惱. 早要罷休, 有著甚來由之說? 如此者不可勝數.

순원(舜元) 도우는 그렇지 아니하여, 이미 번뇌에 싸인[730] 사바세계의 여러 가지 허망한 일들을 알고서, 한마음 한뜻으로 자기의 발밑[731]을 알려고 합니다. 태어날 때는 어디에서 왔습니까? 죽을 때는 어디로 갑니까? 이미 온 곳을 알지 못하고 또 갈 곳을 알지 못한다면, 지금 또렷이 홀로 밝아 사람들에게 옳고 그름을 분별해 주고 좋고 나쁨을 구별해 주는 것은 확실히 있습니까, 없습니까? 진실합니까, 허망합니까? 곧장 사람이 물을 마셔서 그 차고 따뜻함을 스스로 아는 것과 같을 때까지 기다리면서 남의 말에 끌려다니지 않고 있다가 문득 단번에 확깨달아 마지막 안락하고 크게 쉬는 곳에 이르면, 비로소 스스로 수긍할 것입니다.

舜元道友卽不然, 旣知缺減界中種種虛妄, 一心一意向自己脚跟下理會. 生從何處來? 死向何處去? 旣不知來處, 又不知去處, 現今歷歷孤明, 與人分是非, 別好醜底, 決定是有是無? 是眞實是虛妄? 直待到如人飮水, 冷煖自知, 不向他人口頭受處分, 忽然噴地一發, 到究竟安樂大休大歇處, 方始自肯.

이렇게 두루마리[732]를 보내어 가르침을 요구하기에 붓을 집어 손 가

---

730 결감(缺減) : 모자라고 결핍되어 있다는 뜻으로, 번뇌에 싸인 사바세계(娑婆世界)를 가리킨다.

731 각근하(脚跟下) : =각하(脚下). 발 밑. 서 있는 곳. 본바탕. 본래면목.

732 축(軸) : 두루마리로 된 서화(書畵)를 세는 단위. 순원(舜元)이 빈 두루마리 종이를 보

는 대로 한 번 휘두르니 이윽고 한 무더기 언어문자가 되었군요. 그렇다면 일은 홀로 일어나지 않고 일어날 때는 반드시 까닭이 있습니다. 만약 한결같이 말로만 이해한다면, 다시 어떻게 되겠습니까? 보지 못했습니까? 옛날 자호[733] 화상이 말했습니다.

"조사가 서쪽에서 오셨어도 다만 겨울에는 춥고, 여름에는 더우며, 밤에는 어둡고, 낮에는 밝다. 단지 그대들이 헛되이 뜻 없는 곳에서 뜻을 세우고 일 없는 곳에서 일을 만들고 안팎 없는 곳에서 억지로 안팎을 나누고, 동쪽 서쪽이 없는 곳에서 거짓으로 동쪽과 서쪽을 말하는 까닭에, 사마타[734]를 밝게 해내지 못하고, 육근과 육경에서 자유롭지 못한 것이다."[735]

以此軸來求指示, 掇筆信手一揮, 遂成一段葛藤. 然則事不孤起, 起必有由. 若一向作葛藤會, 又爭得? 不見? 昔日子胡和尙有言:"祖師西來, 也只箇冬寒夏熱, 夜暗日明. 只爲爾徒無意立意, 無事生事, 無內外彊作內外, 無東西謾說東西, 所以奢摩不能明了, 以至根境不能自由."

내어 대혜에게 가르침을 적어 줄 것을 부탁한 것이다.

733 남전보원(南泉普願)의 제자인 구주(衢州) 자호산(子湖山) 신력(神力) 선사. 자호(子胡)가 아니라 자호(子湖)이다.

734 사마타(奢摩他): samatha. 지(止)·지식(止息)·적정(寂靜)·능멸(能滅)이라 번역. 우리의 마음 가운데 일어나는 망념(妄念)을 쉬고, 마음을 한 곳에 머무는 것. 사마(奢摩)는 곧 사마타(奢摩他).

735 『고존숙어록』 제12권 「구주자호산제일대신력선사어록(衢州子湖山第一代神力禪師語錄)」에 나오는 상당법어(上堂法語).

이로써 평가해 보면, 순원은 일찍이 제[736]가 있는 곳으로 와서 법어(法語)를 구한 적이 없고, 저는 원래 한 글자도 쓴 적이 없고, 겨울에는 춥고 여름에는 더운 것과 밤에는 어둡고 낮에는 밝은 것과 안과 밖과 중간과 동서남북이 원래 털끝만큼도 바뀌거나 많아지거나 적어진 적이 없습니다. 왜 그럴까요? 우리 선종에는 해 줄 말이 없고, 남에게 줄 한 법도 없기 때문입니다. 이미 남에게 줄 한 법도 없다면, 지금 쓰고 있는 글은 무슨 말입니까? 겨울에는 춥고 여름에는 더운 것과 안과 밖과 중간은 또 무엇입니까? 동서남북이 일찍이 털끝만큼도 바뀐 적이 없는 것은 또 무엇입니까? 떼끼![737]

以是評量, 舜元不曾來妙喜處求法語, 妙喜元不曾寫一字, 冬寒夏熱, 夜暗日明, 內外中間, 東西南北, 元不曾移易增減一絲毫許. 何以故? 我宗無語句, 亦無一法與人. 旣無一法與人, 卽今寫底是箇甚麽說? 冬寒夏熱, 內外中間者, 又是箇甚麽? 東西南北不曾移易一絲毫者, 又是箇甚麽? 咄!

있음도 있을 수 없고, 없음도 있을 수 없고, 겨울에는 춥고 여름에는 더움도 있을 수 없고, 안과 밖과 중간도 있을 수 없고, 이렇게 말하는 것도 있을 수 없고, 이런 말을 듣는 것도 있을 수 없고, 한 개 털끝도 있을 수 없고, 순원도 있을 수 없고, 저도 있을 수 없고, 있을 수 없음도 있을 수 없으니, 있을 수 없는 가운데 이렇게 있습니다.

---

736 묘희(妙喜) : 대혜종고 자신의 호(號).

737 돌(咄) : ①떽! 떼끼! 꾸짖는 소리. 호통 치는 소리. ②허! 어허! 쯧쯧! 탄식 또는 놀람을 나타내는 소리.

有也不可得, 無也不可得, 冬寒夏熱也不可得, 内外中間也不可得, 作如是說者亦
不可得, 受如是說者亦不可得, 一絲毫亦不可得, 舜元亦不可得, 妙喜亦不可得, 不
可得亦不可得, 不可得中只麼得.

순원은 여기에 이르러 어떻게 공부[738]해야 할까요? 다만 이 어떻게
공부하는 것도 둘 곳이 없게 된 연후에는 이 말 역시 받아들이지 못합
니다. 이 말을 이미 받아들이지 못하면, 저는 결코 말한 것이 없으며,
순원도 결코 들은 것이 없습니다. 말 없는 곳이 참으로 말하는 곳이며,
듣지 않는 것이 참으로 듣는 것입니다. 이와 같다면 제가 곧 순원이고,
순원이 곧 저여서, 저와 순원은 둘이 아니고 둘로 나누어질 수도 없고,

---

738 참(參) : 지금은 일반적으로 '참구(參究)한다'라고 표현하는 경우가 많지만, 당송(唐宋)
시대의 선승(禪僧)들은 주로 '참(參)'이라고 하였지 '참구(參究)'라는 표현은 거의 사용하
지 않았다. 당시의 문헌을 조사해 보면, '참구(參究)'라는 말은 『조당집』 0번, 『경덕전등록』
1번, 『천성광등록』 0번, 『오등회원』 4번(南嶽下十三世부터 나타남), 『분양무덕선사어록』 0
번, 『황룡혜남선사어록』 0번, 『양기방회화상어록』 0번, 『법연선사어록』 0번, 『원오불과선사
어록』 2번, 『대혜어록』 1번 등으로 거의 사용되지 않았고, 화두(話頭) 혹은 선(禪)을 공부
하라는 의미에서 했던 말은 주로 '참(參)'이라는 표현이었다. 참(參)에는 '(어떤 것, 일, 행사
에)참여하다.'와 '(윗사람을)만나뵙다.'의 두 가지 의미가 있다. 참선(參禪; 선에 참여하다),
참구(參究; 탐구에 참여하다), 참학(參學; 배움에 참여하다), 참상(參詳; 자세히 밝힘에 참여하
다), 참당(參堂; 법당의 법회에 참여하다) 등의 단어에서는 '참여하다'(동참(同參)하다)는 뜻
으로 사용되었고, 참례(參禮; 만나뵙고 인사하다), 참견(參見; 만나뵙다), 참문(參問; 만나뵙
고 묻다), 자참(咨參; 물어보려고 찾아뵙다), 내참(來參; 와서 만나뵙다) 등의 단어에서는 '만
나뵙다'는 뜻으로 사용되었다. 여기에선 '선에 참여하다' '배움에 참여하다'는 뜻으로서 '공
부하다'는 정도의 말. 김태완 『간화선 창시자의 선』 하권(침묵의 향기) 부록 「간화용어의
번역에 관하여」 참조.

242

다르지 않고 끊어지지 않습니다. 그러므로 가주의 대상[739]이 황련[740]을 먹으니, 섬부의 철우[741]가 입 안 가득 쓴맛을 봅니다. 쓴니까, 쓰지 않습니까? 분명하게 보려 하나 볼 수 없구나. 어흠!

舜元到這裏合作麼生參? 只這作麼生參亦無著處, 然後此語亦不受. 此語既不受, 妙喜決定無說, 舜元決定無聞. 無說處是眞說, 無聞處是眞聞. 如是則妙喜卽是舜元, 舜元卽是妙喜, 妙喜舜元無二無二分, 無別無斷. 故嘉州大像喫黃連, 陝府鐵牛滿口苦. 苦不苦? 分明見, 沒可睹. 咄!

---

739 가주(嘉州)의 대상(大像) : 가주(嘉州)는 지금의 사천성(四川省) 낙산(樂山), 가주의 대상(大像)이란 곧 낙산대불(樂山大佛)이다.

740 황련(黃連) : 깽깽이풀. 중국 원산의 약용 풀. 줄기와 땅속줄기의 단면이 짙은 황색인데서 붙여진 이름이다. 맛이 쓰다.

741 섬부(陝府)의 철우(鐵牛) : 하남성(河南省) 섬부(陝府; 섬현(陝縣))에 있는, 황하(黃河)의 수호신으로서 주조된 거대한 무쇠소이다. 머리는 하남(河南)에, 꼬리는 하북(河北)에 있다고 하며, 통행하는 사람은 이것에 물을 뿌리고 제사를 지낸다고 한다. 역량이 탁월한 사람을 비유한다.

17. 쾌연 거사[742]에게 보임[743]

쾌연(快然) 거사 나종약[744]께선 소흥 정축[745] 3월에 일부러[746] 무산(鄭山)으로 찾아와 저를 만났습니다. 이분은 이 한 개 대사인연의 끝을 밝히고자 하여, 여러 번 대중을 따라 실중(室中)으로 들어와[747] 솜씨를 내보이고 이해한 것을 뽐냈으나 모두 미치지 못하였습니다.[748] 문득 하루는 얼굴에 기쁨을 억제하지 못하였는데,[749] 이분이 대롱의 구멍으로 표범을 보듯이[750] 언뜻 부분을 보았음을 알았습니다. 이분은 몸도 마음도 바꾸고서, 비록 끄집어내지는 않았지만 소매 속에는 벌써 게송을 넣고 있었습니다.

示快然居士(羅知縣)

快然居士羅宗約, 紹興丁丑暮春, 得得來鄭山, 見妙喜. 欲究竟此段大事因緣, 屢隨

---

742 쾌연거사(快然居士) : (원주 : 羅知縣) 쾌연(快然)은 법호(法號), 나(羅)는 성(姓), 지현 (知縣; 현(縣)의 수령)은 벼슬 이름.

743 1157년(69세)에 쓴 글.

744 종약(宗約)은 자(字)이다.

745 소흥(紹興) 27년인 1157년.

746 득득(得得) : 특히, 일부러.

747 입실(入室) : 학인이 방장이나 조실의 방에 들어가 공부를 점검받는 것.

748 열하(列下) : 뒷줄이 있다. 성적이 남보다 못하다. =열후(列後).

749 희현미우(喜見眉宇) : 기쁨이 눈썹 언저리에 드러나다. 희색이 만면하다. 억제할 수 없는 기쁨이 얼굴에 나타나다. =희현어색(喜見於色), 희형우색(喜形于色).

750 관중규표(管中窺豹) : 대롱의 구멍을 통해 표범을 보다. 대롱의 구멍을 통해 표범을 보면 표범 전체가 보이지 않고 그 반점만 보인다. 일부분만 보고서 전체를 헤아린다는 말. =관중규표가견일반(管中窺豹可見一斑), 일반규표(一斑窺豹).

衆到室中呈伎倆, 逞解會, 都與列下. 忽一日, 喜見眉宇, 知渠管中窺豹. 轉身動腦, 袖間已有頌子, 雖未拈出.

나는 즉시 마음의 회전축[751]을 돌려 방향을 바꾸었는데,[752] 이분은 비록 분별과 언어[753]의 소굴에서 말끔하게[754] 벗어나지는 못했지만, 도리어 밥은 쌀로 만들고 보릿가루는 보리 속에 있음은 알고 있었습니다. 바로 힘을 쏟기에 좋은 때였는데, 갑자기 작별하며 말했습니다. "급히 집으로 돌아가 딸을 시집보내야 합니다." 그러고는 이 두루마리를 보내와 공부하는 도리를 알려 달라고 청하였습니다.

妙喜卽時與撥轉關捩子, 渠雖未能赤骨髏地跳出葛藤窠, 然卻知得飯是米做, 麵在麥裏. 正好著力之際, 驀來相別云: "要急歸嫁女." 以此軸來乞做工夫底道理.

---

751 관려자(關捩子) : 마음의 회전축. ①기관의 회전축. 스스로 이리저리 돌아가는 기관(機關)의 회전축. 실상도 보고 망상도 보며 다양하게 움직이는 마음을 가리킴. ②관건(關鍵). 문의 빗장. 요처(要處). 이리저리 돌아가므로 역순(逆順)의 관려자라 한다. 관려자(關捩子)라고도 쓴다.

752 발전(撥轉) : 돌리다. 방향을 바꾸다.

753 갈등(葛藤) : 칡과 등넝쿨이 얽혀 있음. 선(禪)에서는 분별(分別)된 개념(概念)인 언어문자(言語文字), 혹은 분별망상(分別妄想), 망상번뇌(妄想煩惱)를 가리킴. 언어문자는 학인을 지도하는 수단이지만, 동시에 학인을 묶어서 공부를 막는 장애가 되므로 갈등이라고 한다.

754 적골력지(赤骨 [骨+歷] 地) : 벌거벗고서. 활짝 드러내고서. 말끔하게. 적골력지(赤骨力地)라고도 씀. 적골력(赤骨力)은 ①벌거벗다. 벌거벗은 몸. ②활짝 드러내다. 조금도 감춤이 없다는 말. ③깨끗이. 말끔하게. =적골립(赤骨立), 적골력(赤骨髏), 적골률(赤骨律)이라고도 쓴다.

옛날 방 거사가 말했습니다.

"아들이 있어도 장가보내지 않고
딸이 있어도 시집보내지 않는다.
가족 모두가 단란하게 모여
함께 무생화[755]를 말한다네."[756]

昔龐居士有言: "有男不婚, 有女不嫁. 大家團圞頭, 共說無生話."

뒷날 원풍[757] 연간에 무위(無爲) 거사라고 불린 한 선비가 있었는데,
성은 양(楊) 씨요 이름은 걸(傑)이고 자(字)는 차공(次公)이었습니다.[758] 그
는 일찍이 선배들을 찾아다니며 선종의 문중에서 진실로 힘을 얻었습
니다. 그가 방 거사의 이 게송에 화답하여 게송을 지은 적이 있습니다.

---

755 무생화(無生話) : 무생(無生) 즉 불생불멸(不生不滅)인 공(空)에 관한 이야기. 불교의
    진리에 관한 이야기.
756 『경덕전등록』 제8권 '양주거사방온(襄州居士龐蘊)'에 나오는 방 거사의 게송.
757 원풍(元豐) : 북송(北宋) 6대 임금인 신종(神宗)의 연호. 1078-1085년 사이.
758 양걸(楊傑) : 자(字)는 차공(次公) 혹은 무위인(無爲人). 호는 무위거사(無爲居士). 어
    려서 과거에 급제하여 관직이 상서주객낭중(尙書主客郎中)에 이르렀다. 불법(佛法)을 숭
    상하여 여러 노숙(老宿)들을 찾아다니다가, 만년에 천의의회(天衣義懷; 993-1064) 선사
    (禪師)를 만나 방 거사의 기어(機語)들을 참구(參究)하였다. 뒤에 태산(泰山)에서 제사를
    모시는데, 어느 날 아침 닭 소리에 해를 쳐다보는데 마치 쟁반이 솟아오르는 것과 같음을
    보고는 홀연 크게 깨달았다. 마조, 백장, 황벽, 임제 등 4선사의 어록을 모은 『사가어록(四
    家語錄)』에 서문을 썼다.

"사내아이가 크면 장가를 가야 하고
계집아이가 장성하면 시집을 가야 한다.
어느 사이에 공부를 찾았기에
또 무생화(無生話)를 말하는가?"[759]

後來元豐間有箇士人, 謂之無爲居士, 姓楊名傑字次公. 嘗參前輩, 於宗門中有眞
實得力處. 曾和龐公此偈云: "男大須婚, 女長須嫁. 討甚間工夫, 更說無生話?"

이 두 사람 속한(俗漢)은 저 온 우주에 늘 머물러 있는 한 조각 땅뙈기를 관청에서 등기[760]한 것이 아니라, 각자가 경계를 나누어 "내가 안다."라고 말하며 언제나 부처님 없는 곳에서 스스로 최고라고 자부하였습니다.[761] 당시에 또 한 사람 못마땅하게 여긴 사람이 있었으니, 해인신[762] 선사라고 하는 분입니다. 그때 선사는 소주(蘇州)의 정혜원(定慧院)에 머물렀는데, 무위 거사의 이 게송을 보고서 역시 한 개 게송을 지었습니다.

"나에게는 장가갈 아들놈이 없고
또 시집보낼 딸년도 없다네.

---

759 『가태보등록(嘉泰普燈錄)』 제22권 '예부양걸거사(禮部楊傑居士)'에 나오는 게송.

760 인계(印契) : 관인(官印)이 찍힌 부동산 등기필증.

761 칭존(稱尊) : 스스로 제일이라고 여기다. 최고라고 자칭하다.

762 해인초신(海印超信) : 송대(宋代) 선승. 임제종(臨濟宗) 문하. 낭야혜각(瑯琊慧覺)의 법을 이었고, 소주(蘇州:江蘇省) 정혜원(定慧院)에 주석하였다.

피곤하면 곧 잠을 청하니
누가 무생화에 관여하겠는가?"

這⁷⁶³兩箇俗漢子, 將他十方常住一片田地, 不向官中印契, 各自分彊列界, 道:
"我知有." 而時時向無佛處稱尊. 當時亦有箇不平底, 謂之海印信禪師. 時住蘇
州定慧, 因見無爲此偈, 亦有一偈曰: "我無男婚, 亦無女嫁. 困來便打眠, 誰管無
生話?"

이 세 분의 노인네가 말한 이 세 개의 게송은 쾌연 거사께서 눈을 뜨
고 있을 때도 뚜렷이 드러나고, 눈을 감고 있을 때도 뚜렷이 드러나고,
눈을 뜨지도 감지도 않을 때도 뚜렷이 드러납니다. 저는 다만 남몰래⁷⁶⁴
볼 수 있을 뿐입니다. 보는 것이라면 없지 않으나, 결국 쾌연 거사께선
눈을 뜬 곳에 머물러 있습니까?⁷⁶⁵ 눈을 감은 곳에 머물러 있습니까?
눈을 뜨지도 않고 감지도 않은 곳에 머물러 있습니까? 만약 눈을 뜬
곳에 머물러 있다면, 방 거사가 친 함정⁷⁶⁶에 빠진 것입니다. 눈을 감은
곳에 머물러 있다면, 무위 거사가 만든 함정에 빠진 것입니다. 눈을 감
지도 않고 뜨지도 않은 곳에 머물러 있다면, 해인 선사가 파 놓은 함정
에 빠진 것입니다.

---

763 '저(這)'는 궁내본에서는 모두 '차(遮)'로 되어 있다. 뜻은 동일.

764 냉지(冷地) : (부) 남몰래.

765 착도(著到) : -에 도달한 채로 있다. -에 머물러 있다.

766 권괴(圈㽞) : =권궤(圈匱). 얽어맴. 속박. 올가미. 함정.

這三箇老漢說此三偈, 快然居士開眼也著, 合眼也著, 不開不合也著. 妙喜只得冷地看. 看則不無, 畢竟快然居士向開眼處著到耶? 合眼處著到耶? 不開不合處著到耶? 若在開眼處著到, 則落在龐公圈饋裏. 在合眼處著到, 則落在楊無爲圈饋裏. 在不開不合處著到, 則落在海印禪師圈饋裏.

쾌연 거사는 이렇게 말하는 것을 들으면, 틀림없이 어느 것도 아니라고 말할 것입니다. 만약 어느 것도 아니라 하면, 다시 제가 친 함정에 빠집니다. 세 노인네가 친 함정에서 빠져나오려 하면 오히려 쉽습니다만, 제가 쳐 놓은 함정에서 빠져나오려 하면 어려울 것입니다. 쾌연 거사께선 결국 어떻게 빠져나가겠습니까? 연평으로 돌아가 따님을 시집보낸 뒤에 다시 느긋하게 오시면 설명해 드리겠습니다.

快然見恁麼說, 定道總不恁麼. 若總不恁麼, 又落在妙喜圈饋裏. 要出三老圈饋易, 要出妙喜圈饋則難. 快然畢竟如何出得? 待歸延平嫁了女, 卻緩緩地來, 爲你說破.

옛 스님의 게송 한 수가 생각나서 끝에 덧붙여 적습니다. 쾌연 거사께서 도중에서 오도가도 못하지[767] 않기를 바라는[768] 것 역시 저의 노파심이 간절한 것일 뿐입니다. 게송은 이렇습니다.

"도를 배우는 것은 나무를 비벼 불을 일으키는 것과 같아

---

767 타근(拕根) : =타근(拕根). 진흙에 발이 빠져 나아가지 못하다. 빠져서 붙잡혀 있다.
768 서기(庶幾) : -를 바라다.

연기가 나는 것을 보면 멈추지 말아야 한다.

불꽃[769]이 나타나기를 곧장 기다려

불을 얻어 집으로 돌아가야 비로소 끝마치는[770] 것이다."[771]

因記得古德一偈, 併書其後. 庶幾快然不在中途探根, 亦老婆心之切耳. 偈曰: "學
道如鑽火, 逢煙且莫休. 直待金星現, 歸家始到頭."

다시 한 개 질문이 있으니, 어디가 쾌연 거사께서 돌아가실 집입니
까? 만약 이 한 개 질문을 뚫고 벗어난다면,[772] 아들이 장가들고 딸이
시집가는 것이 모두 이 속에 있습니다. 만약 아직 돌아갈 집을 모른다
면, 업식(業識)이 아득히 펼쳐져 마음껏[773] 밖으로만 내달릴 것이니, 역
시 저를 이상하게 여길 수도 없을 것입니다.

更有一箇問頭, 且那裏是快然歸底家? 若透得這一問, 男婚女嫁都在裏許. 若未識
得家, 且業識茫茫儘在外邊走, 亦怪妙喜不得.

---

769 금성(金星) : 번쩍이는 불꽃.

770 도두(到頭) : 정점에 이르다. 맨 끝에 도달하다. 결말이 나다. 끝나다.

771 『가태보등록』제1권 '담주신정홍인신사(潭州神鼎洪諲禪師)'에 보면 이 게송을 용아(龍
牙) 화상 혹은 금봉(金峰) 화상의 게송이라 하고 있다.

772 투득(透得) : 돌파하여 벗어남. 뚫고 지나가다. 깨달음을 가로막는 장애를 뚫고 벗어나
깨달음에 이른다는 말. =투탈(透脫), 투과(透過), 투출(透出), 투취(透取).

773 진(儘) : 마음껏. (마음대로 하게 하다. 자유에 내맡기다.)

18. 묘심 거사[774]에게 보임[775]

이 일을 반드시 끝내고자 한다면, 마땅히 지금까지의 총명함, 도리를 말함, 문자언어로 기억해 둠, 분별심 안에서 두루 헤아림 등을 다른 세계로 날려 버리고, 털끝만큼도 마음속에 놓아두지 말고 깨끗이 쓸어 버린 뒤, 분별심으로 생각할 수 없는 곳에서 한 걸음 나아가 보십시오. 만약 이 한 걸음을 나아간다면, 곧 선재 동자가 보현의 털구멍 세계 속에서 한 걸음 나아가 말할 수 없이 많은 부처님의 세계와 티끌처럼 많은 세계를 지나가는 것과 같습니다.[776]

示妙心居士(孫通判長文)

決欲究竟此事, 應是從前作聰明, 說道理, 文字語言上記持, 於心意識內計較搏量得底, 颺在他方世界, 都不得有絲毫頭許頓在胸中, 掃除得淨盡也, 然後向心思意想不及處試進一步看. 若進得這一步, 便如善財童子於普賢毛孔刹中行一步, 過不可說不可說佛刹微塵數世界.

이와 같이 나아가 영원한 세월이 지나도 여전히 한 개 털구멍 속 세계[777]의 차례 · 세계의 저장 · 세계의 차별 · 세계의 두루 들어감 · 세계

---

774 묘심거사(妙心居士) : (원주 : 孫通判長文) 묘심(妙心)은 법호(法號), 손(孫)은 성(姓), 통판(通判)은 벼슬 이름, 장문(長文)은 자(字).

775 1157년(69세)에 쓴 글.

776 『화엄경』(80권) 제80권 「입법계품」 제39-21에 나오는 내용.

777 찰해(刹海) : 세계. 찰(刹)은 ksetra의 음역으로서 토지, 육지라는 뜻. 찰해(刹海)는 육해

251

의 이루어짐 · 세계의 파괴 · 세계의 장엄[778] 등에 끝이 있음을 알지 못합니다. 또한 부처님 세계[779]의 차례 · 부처님 세계의 저장 · 부처님 세계의 차별 · 부처님 세계의 두루 들어감 · 부처님 세계의 생성 · 부처님 세계의 소멸에 끝이 있음도 알지 못합니다. 또한 보살들 세계의 차례 · 보살들 세계의 저장 · 보살들 세계의 차별 · 보살들 세계의 두루 들어감 · 보살들 세계의 모임 · 보살들 세계의 흩어짐에 끝이 있음도 알지 못합니다. 또한 중생의 귀신 세계와 중생의 뿌리 속으로 들어가 모든 중생의 지혜를 교화(敎化)하여 조복(調伏)시킴과 보살이 머무는 매우 깊고 자재한 세계와 보살이 들어가는 모든 지위와 모든 길 등 이와 같이 가없는 세계에 끝이 있음도 알지 못합니다.

如是而行, 盡未來劫猶不能知, 一毛孔中刹海次第·刹海藏·刹海差別·刹海普入·刹海成·刹海壞·刹海莊嚴, 所有邊際. 亦不能知, 佛海次第·佛海藏·佛海差別·佛海普入·佛海生·佛海滅, 所有邊際. 亦不能知, 菩薩衆海次第·菩薩衆海藏·菩薩衆海差別·菩薩衆海普入·菩薩衆海集·菩薩衆海散, 所有邊際. 亦不能知, 入衆生鬼界衆生根, 敎化調伏諸衆生智, 菩薩所住甚深自在, 菩薩所入諸地諸道, 如是等海所有邊際.

생각 없고 조작 없음에 이와 같은 공덕(功德)이 있음을 참으로 알아

(陸海) 즉 육지와 바다라는 뜻으로 세계를 말한다.

778 장엄(莊嚴) : ①세우다. 배열하다. 배치하다. ②장식하다. 좋고 아름다운 것으로 국토를 꾸미고, 훌륭한 공덕을 쌓아 몸을 장식하고, 향과 꽃들을 부처님께 올려 장식하는 일.

779 불해(佛海) : 부처님 세계의 광대함을 바다에 비유한 말.

야 합니다. 이 한 걸음은 비록 나아가기 어렵다고 하지만, 만약 오래전 부터 선근(善根)의 씨앗을 심었다면 다만 믿을 수 있는 곳을 보십시오. 보고 또 보아 안으로 머묾이 없고 밖으로 인연에 응함[780]이 없다면, 자기도 모르게 망상의 포대기를 잃어버릴 것입니다. 바로 이러한 때에 비로소 방 거사의 다음 말이 속이지도 않고 헛되지도 않은 진실한 말임을 알게 됩니다.

"생각 없는 청량사[781]
오온이 텅 빈 오대산.[782]
경계를 대하는 마음에는 더러움이 없고
분별하는 마음은 불 꺼진 재라네.
묘한 이치가 그 속에 나타나면
우담바라[783]가 허공 속에 피어난 것이라네.
구함 없음이 참된 법의 눈이요
모습을 떠나면 곧 여래로다.

---

780 반연(攀緣) : 인연을 붙잡다. 인연에 응하다. 인연을 대하다. 대하고 있는 인연.

781 이 시(詩)는 오대산(五臺山)에 있는 청량사(淸凉寺)를 읊은 시다. 오대산은 청량산(淸涼山)이라고도 한다.

782 오대산(五臺山)의 다섯 봉우리를 오온(五蘊)에 비유하였다.

783 우담바라(優曇婆羅, Udumbara) : 인도에서 전륜성왕(轉輪聖王)이 나타날 때 이 꽃이 핀다는 가상의 식물이다. 3천 년 만에 한 번 꽃이 핀다는 신령스러운 꽃으로 매우 드물고 희귀하다는 비유로 쓰이고 있다. 『대반야바라밀다경(大般若波羅蜜多經)』 제171권에서는 "여래의 묘음을 듣는 것은 회유한 것으로 우담바라와 같다."고 하였고, 『법화경(法華經)』 제1권 「방편품」에서는 "모든 부처님의 지혜는 끝이 없어 적은 지혜로는 알 수 없으며 마치 우담바라가 때가 되어야 피는 것과 같다."고 하였다.

만약 이와 같이 배울 수 있다면
반드시 삼재[784]에서 벗어나리."[785]

이것은 참된 말이고 진실한 말이며, 속이는 말이 아니고 헛된 말이
아닙니다.

信知無念無作, 有如是功德. 這一步雖曰難進, 若夙曾種得善根種子, 只向信得及
處看. 看來看去, 內無所住, 外無所緣, 不覺不知打失布袋. 當恁麼時, 方知龐居士
道: "無念淸涼寺, 蘊空眞五臺. 對境心無垢, 當情心死灰. 妙理於中現, 優曇空裏開.
無求眞法眼, 離相卽如來. 若能如是學, 不動出三災." 是眞語實語, 不誑不妄.

그러나 비록 이와 같더라도, 이러한 말을 듣고서 곧 조작함이 없고
행함이 없는 곳에서 눈을 감고서 죽은 듯한 모양을 지으며 묵묵히 늘
비춘다고 해서는 안 됩니다. 원숭이[786]를 묶은 밧줄을 꽉 쥐고서 놈이
날뛸까 봐 두려워한다면, 이런 사람은 옛 스님이 말씀하신 허무[787]에
떨어진 외도(外道)이며 혼백이 흩어지지 않은 시체입니다. 참으로 마음
의 삶과 죽음을 끊고 마음의 더러운 때를 씻고 마음에 가득한 삿된 생

---

784 삼재(三災) : 인도에서 세월을 계산할 적에 산수로 미칠 수 없는 긴 세월을 겁(劫)이라
하고, 그 겁말(劫末)에 일어나는 세 가지 재해(災害). 이에 소삼재(도병재 · 질병재 · 기근
재), 대삼재(화재 · 수재 · 풍재)의 구별이 있음.
785 『방 거사어록』중권(中卷)「방 거사시(龐居士詩)」에 나오는 시(詩).
786 호손(猢猻) : 원숭이. 잠시도 가만 있지 못하고 이리저리 헤매는 중생의 마음을 비유함.
787 공망(空亡) : 텅 비고 아무것도 없음. 허무(虛無).

각을 제거하려 한다면, 반드시 이 원숭이를 한 방망이에 때려죽여야만
합니다. 만약 한결같이 원숭이를 묶은 줄을 꽉 붙잡고서 일부러 조복
시키려 한다면, 이 사람은 집착이 지나쳐서[788] 참으로 불쌍한 사람이라
고 나는 말합니다. 바른 눈으로 본다면, 이들은 모두 하늘의 마귀[789]요,
외도요, 도깨비[790]요, 요정(妖精)이지, 우리 불교 집안의 사람이 아닙니
다.

然雖如是, 莫見恁麽道, 便向無作無爲處閉眉合眼做死模樣, 謂之默而常照. 硬捉
住箇獼猻繩子, 怕他勃跳, 古德喚作落空亡外道, 魂不散死人. 眞實要絶心生死, 浣
心垢濁, 伐心稠林, 須是把這獼猻子一棒打殺始得. 若一向緊緊地把定繩頭, 將心
調伏, 我說是人執之失度, 眞可憐愍. 正眼觀之, 盡是天魔外道, 魍魎妖精, 非吾眷
屬.

이 일의 핵심[791]을 성취하려면[792] 무쇠를 녹여 만든 자여야 떠맡을[793]

---

788 실도(失度) : 정도를 넘어서다. 적당함을 잃어버리다. 지나치다.

789 천마(天魔) : 천자마(天子魔). 또는 마천·마왕(魔王). 욕계의 꼭대기에 있는 제6천의
    주인으로 파순(波旬)이라는 이름으로 경에 등장함. 수행하는 사람을 보면 자기네 권속들
    을 없애고 궁전을 파괴할 것이라 생각하고, 마군을 이끌어 수행하는 이를 시끄럽게 하며
    정도를 방해하므로 천마라 한다. 부처님이 보리수 아래 앉아 수도할 때에 천마가 와서 성
    도를 방해하려 하였으나, 부처님이 자정(慈定)에 들어 항복받았다고 함.

790 망량(魍魎) : 도깨비.

791 혼강(渾綱) : 대강(大綱). 요점(要點). 핵심.

792 타취(打就) : ①나아가다. ②좇다. 따르다. ③이루다.

793 담하(擔荷) : 짐을 지다. 책임을 지다. 떠맡다.

수 있습니다. 그러나 떠맡을 마음이 있다면 잘못입니다.[794] 옛사람은 그대들이 길을 잃은 것을 보고서 마지못해 그대들을 위하여 길을 가리키는 주인 노릇을 했을 뿐이니, 역시 전해 줄 만한 선도(禪道)나 불법(佛法)은 없습니다. 전해 줄 것이 있다고 말하기만 하면, 곧 삿된 법입니다. 왜 그럴까요? 보지도 못했습니까? 『금강경』에서 말했습니다. "만약 여래에게 말할 만한 법이 있다고 한다면 부처를 비방하는 것이니, 이 사람은 내가 말한 뜻을 이해하지 못한 것이다."[795] 또 말했습니다. "법도 오히려 버려야만 하는데, 하물며 법이 아닌 것이랴?"[796]

此事要得渾鋼打就, 生鐵鑄成底擔荷. 若有心擔荷, 則又蹉過也. 古人不得已, 見你迷卻路, 爲你作箇指路頭主人而已, 亦無禪道佛法可以傳授. 纔說有傳有授, 便是邪法. 何以故? 不見? 『金剛經』中道: "若言如來有所說法, 卽爲謗佛, 是人不解我所說義." 又云: "法尙應捨, 何況非法?"

진실로 말한다면, 진여불성[797]을 말하고 보리열반[798]을 말하고 이치를 말하고 사실[799]을 말하고 삿됨을 말하고 바름을 말하는 것은 모두 법이

---

794 차과(蹉過) : ①과오. 허물. 잘못. 실패. ②(기회를)놓치다. 스치고 지나가다. 실패하다.
795 『금강경』 제29 위의적정분(威儀寂靜分)에 나오는 구절.
796 『금강경』 제6 정신희유분(正信希有分)에 나오는 구절.
797 진여불성(眞如佛性) : 참되고 변함없는 깨달음인 본성. 곧 불이중도(不二中道)인 법계의 실상.
798 보리열반(菩提涅槃) : 보리(菩提)는 깨달음을 뜻하는 bodhi의 음역(音譯), 열반(涅槃)은 깨달아서 모든 번뇌망상이 사라진 적멸(寂滅)을 뜻하는 nirvāna의 음역.
799 이사(理事) : 이(理)와 사(事)를 아울러 일컫는 말. 이(理)는 불가사의한 본질. 사(事)는

아닙니다. 그런데 어찌 다시 전해 줄 수 있는 현묘(玄妙)함이 있다고 말할 수 있겠습니까? 보지도 못했습니까? 옛 스님이 말했습니다. "도를 배운다고 말하면, 벌써 방편으로 이끄는[800] 말일 뿐이다."[801] 다시 어떻게 그대들로 하여금 모형을 본떠서 따라 그리도록[802] 하고 일부러[803] 찾아다니게[804] 한 적이 있겠습니까? 그러므로 말했습니다. "분별심을 가지고 현묘한 근본을 배우려 하면, 서쪽으로 가려 하면서 도리어 동쪽을 향하는 것과 같은 모습이다."[805] 임제가 말했습니다. "그대들이 다만 순간순간 찾아다니는 마음을 쉬기만 하면, 석가모니와 다르지 않을 것이다."[806] 칠지보살(七地菩薩)은 부처님의 지혜로운 마음을 찾아 아직 쉬지를 못하고 있으니, 그를 일러 법진번뇌[807]라고 합니다.

著實而論, 說眞如佛性, 說菩提涅槃, 說理說事, 說邪說正, 盡是非法. 那堪更說

분별되는 현상.

800 접인(接引) : 종사(宗師)가 방편(方便)을 써서 학인(學人)을 가르쳐 이끄는 것.

801 『사가어록(四家語錄)』 제4권 「전심법요(傳心法要)」에 나오는 구절.

802 기모화양(起模畫樣) : 기모(起模)는 모형(模型)을 뜨는 것, 화양(畫樣)은 그림의 본 혹은 본떠서 그리는 것. 모형을 본떠서 따라 그리다.

803 특지(特地) : 일부러.

804 치구(馳求) : 찾아서 다니다. 찾아 헤매다.

805 『경덕전등록』 제16권 '균주구봉도건선사(筠州九峰道虔禪師)'에는 단지 고인(古人)의 말로 인용되어 있으나, 『연등회요』 제22권 '균주구봉도건선사'에는 동산(洞山)의 말이라고 인용하고 있다.

806 『사가어록』, 「임제록」, '시중(示衆)'에 나오는 말.

807 법진번뇌(法塵煩惱) : 법을 경계로 삼아 집착하여 법이 도리어 번뇌가 되는 것. 법에 집착하는 것. 얻을 법이 따로 있다고 여겨서 법에 집착하면 법이 도리어 번뇌가 된다.

有玄有妙可以傳可以授乎? 不見? 先德有言: "說箇學道, 早是接引之辭[808]耳."
又何曾敎你起模畫樣, 特地馳求來? 所以云: "擬將心意學玄宗, 狀似西行卻向
東." 臨濟云: "你但歇得念念馳求心, 則與釋迦老子不別." 七地菩薩求佛智心未
歇, 謂之法塵煩惱.

이미 확고한 뜻이 있다면, 반드시 확실하게 손에 넣을 때가 있습니
다. 어떤 것이 손에 넣는 때일까요? 단번에 확 깨달아 분별심이 사라
지고 숨결[809]이 끊어지는 때입니다. 이것을 부처님께선 이렇게 말했습
니다. "이(理)라면 문득 깨닫고 깨달음과 더불어 사라지지만, 사(事)는
문득 제거되지 않고 점차점차 사라진다."[810] 이 조그마한 도리를 알고
자 합니까? 바로 선재가 미륵이 손가락 튕기는 소리를 듣자 누각의 문
이 열렸는데, 선재가 마음으로 기뻐하며 누각으로 들어가자 다시 문이
닫힌 것입니다.[811] 향엄은 대나무에 돌멩이 부딪치는 소리를 듣고서 문
득 깨닫고는 곧 이렇게 말할 수 있었습니다.

"한 번 부딪치는 소리에 아는 것이 사라지니
다시는 닦아서 다스림에 의지하지 않네.
태도와 동작[812]에서 옛길을 드날리고

---

808 '사(辭)'는 궁내본에서 '사(詞)'. 뜻은 동일.

809 기식(氣息) : ①호흡. 숨결. ②냄새. 향기. ③기운. 기백.

810 『수능엄경』 제10권에 나오는 말.

811 『화엄경』(80권 화엄) 제79권 『입법계품』 제39-20에 나오는 내용.

812 동용(動容) : ①몸가짐. 태도와 동작. 거동과 표정. ②감동한 표정을 짓다, 얼굴에 감동

258

고요한[813] 심정[814]에 떨어지질 않는다네."[815]

바로 이런 부류입니다.

既有決定志, 必有決定得入手時. 且那箇是得入手時? 噴地一發, 心意識滅, 絶氣息時. 是佛言: "理則頓悟, 乘悟併銷, 事非頓除, 因次第盡." 要識這些道理? 便是善財聞彌勒彈指之聲, 樓閣門開, 善財心喜, 入已還閉. 香嚴聞擊竹作聲, 忽然契悟, 便解道: "一擊亡所知, 更不假修治. 動容揚古路, 不墮悄然機." 之類是也.

자기가 깨달은 곳, 자기가 안락한 곳, 자기가 힘을 얻은 곳은 타인이 알 수 없고, 집어내 타인에게 보여 줄 수 없습니다. 오직[816] 이미 깨달았고 이미 안락하고 이미 힘을 얻은 자라야 비로소 한 번 보고는 곧 말없이 서로 통합니다.

自家悟處, 自家安樂處, 自家得力處, 他人不知, 拈出呈似人不得. 除已悟, 已安樂, 已得力者, 一見便默默相契矣.

한 빛이 어리다. ③흔들리다. 동요하다.

813 초연(悄然) : 고요한 모습.

814 기(機) : 심정(心情). 기분.

815 『경덕전등록』 제11권 '등주향엄지한선사(鄧州香嚴智閑禪師)'에 나오는 이야기. 『전등록』에서는 게송의 첫구절이 "한 번 부딪치는 소리에 아는 곳을 잊었네."(一擊忘所知)라고 되어 있다.

816 제(除) : 다만 -함으로써만이 비로소. 오직 -해야 비로소. -아니고는. -하지 않고서는. = 제시(除是), 제비(除非).

의문이 아직 부서지지 않았다면, 다만 옛사람이 도(道)에 들어간 이야기[화두]를 살펴보십시오. 나날이 수많은 망상을 일으키는 마음을 화두 위에 옮겨 놓는다면, 망상은 일절 일어나지 않을 것입니다. 한 승려가 조주에게 물었습니다. "개에게도 불성이 있습니까?" 조주가 말했습니다. "없다." 다만 이 한마디 "없다.[무(無)]"가 곧 삶과 죽음의 길목을 끊는 칼입니다. 허망한 생각이 일어날 때는 다만 이 한마디 "없다."를 끄집어내어 말하십시오. 말하고 또 말하고 하다가 갑자기 소식이 끊어지면, 곧 집으로 돌아가 편안히 앉는 곳입니다. 이 외에 따로 기이하고 특별한 일은 없습니다. 앞서 말한 내딛기 어려운 한 걸음은 자기도 모르게 문득 지나갑니다.

疑情未破, 但只看箇古人入道底話頭. 移逐日許多作妄想底心來話頭上, 則一切不行矣. 僧問趙州: "狗子還有佛性也無?" 州云: "無." 只這一字, 便是斷生死路頭底刀子也. 妄念起時, 但擧箇無字. 擧來擧去, 驀地絶消息, 便是歸家穩坐處也. 此外別無奇特. 前所云難進底一步, 不覺驀然過矣.

19. 영녕군 부인[817]에게 보임[818]

　이미 무상(無常)한 세월이 빠르고 삶과 죽음의 일이 큼을 알고서 반드시 선지식과 친해지고자 하신다면, 부지런히[819] 밤낮을 가리지 않고 언제나 삶과 죽음이라는 두 글자를 염두에 두고서, 차 마시고 밥 먹을 때나, 앉고 누울 때나, 노복(奴僕)들을 지휘할 때나, 집안의 일을 처리할 때나, 기쁘거나 성날 때나, 가거나 머물 때나, 손님을 접대할 때나 놓아 버려서는 안 됩니다. 늘 마치 마음속에 한 개 처리하지 못한 긴급한 일이 가로막혀 있는 듯해야 합니다. 이 장애를 반드시 제거하여 깨끗이 사라지게 하고자 해야 바야흐로 조금이나마 맞아 떨어질 몫이 있습니다.

示永寧郡夫人(鄭兩府宅)

旣知無常迅速, 生死事大, 決欲親近善知識, 孜孜矻矻, 不捨晝夜, 常以生死二字貼在額頭上, 茶裏飯裏, 坐時臥時, 指揮奴僕時, 幹辦家事時, 喜時怒時, 行時住時, 酬酢賓客時, 不得放捨. 常常恰似方寸中有一件緊急未了底事礙塞. 決欲要除屛去敎淨盡, 方有少分相應也.

817　영녕군부인(永寧郡夫人) : (원주 : 鄭兩府宅) 영녕군(永寧郡) 정량부(鄭兩府)의 부인댁. 정(鄭)은 성, 양부(兩府)는 벼슬 이름.

818　1158년(70세)에 쓴 글.

819　자자골골(孜孜矻矻) : 자자(孜孜)는 부지런한 모습, 혹은 자세한 모습. 골골(矻矻)은 게으르지 않고 부지런하고 열심인 모습.

만약 종사(宗師)가 말하는 것을 볼 때는 바야흐로 급히 이해하려 하다가 말하지 않을 때는 도리어 늦추어 놓는다면, 이것은 확실한 뜻이 없는 것이니 삶과 죽음의 뿌리를 잘라 버리려고 해도 불가능합니다. 이 일은 남자냐 여자냐도 상관없고 승려냐 속인이냐도 상관없습니다. 만약 종사의 한마디를 듣고 우지끈[820] 부러지고 뚝[821] 끊어지면, 곧 철두철미한 곳입니다.

若見宗師說時, 方始著急理會, 不說時又卻放緩, 則是無決定之志, 要得生死根株斷, 則無有是處. 此事不在男之與女, 僧之與俗. 若於宗師一言之下, 啐地折嚗地斷, 便是徹頭處也.

부처님께서 불난 집의 비유[822]를 말씀하신 것은, 곧 중생을 위하여

---

820 쵀지(啐地) : (의성어) 문득 꺾어지는(부러지는) 소리를 형용한 말. 뚝딱. 탁. 우지끈.
821 박지(嚗地) : (의성어) 문득 끊어지는 소리. 뚝.
822 화택유(火宅喩) : 법화칠유(法華七喩)의 하나. 『법화경』「비유품」에 있다. 어느 마을에 자식 많고 나이 많은 억만 장자가 있었다. 그는 넓고 큰 저택에 살고 있었는데 그 집은 이미 낡아서 폐가처럼 황폐해 있었다. 새들이 집을 짓고 있었으며 뱀들도 서식하고 있었다. 큰 저택이지만 무슨 까닭인지 출입구는 오직 하나뿐이었다. 그런데 어느 날 이 집에 불이 나 순식간에 불바다가 되었다. 장자는 재빨리 문밖으로 뛰쳐나왔으나 그가 사랑하는 수많은 아이들은 불이 난 것도 모르고 집 안에서 놀이에만 정신이 팔려 있었다. 아이들은 자기들의 몸에 닥쳐오는 위험을 알지 못하므로 피할 마음도 없었다. 아버지인 장자의 마음은 안타깝기 짝이 없었다. "위험하니 빨리 밖으로 나오너라."고 밖에서 크게 소리쳤으나, 아이들은 아버지의 말을 귀담아 들으려 하지 않았다. 그들은 불이 났다는 것이 무엇이며, 불이 집을 태운다고 하는데 그 집이란 무엇인지, 또 불에 타서 죽는다는 것은 어떠한 것인지를 전혀 알지 못했으므로, 그저 집 안에서 이리 뛰고 저리 뛰면서 문밖의 아버지를 힐끔힐끔 쳐다보기만 할 뿐이었다. 장자인 아버지는 어떻게 해서라도 아이들을 구

방편문(方便門)을 열어서 참된 실상을 보여 주심이 몹시 분명합니다.[823]
그 속에서 이렇게 말했습니다.

"이 집에는 오직 한 개의 문(門)이 있으나 또한 협소하였는데, 집 안에 있는 모든 어린이는 그런 사실을 몰랐다."[824]

이것은 중생의 근기가 협소하고 열등하며 확실한 뜻이 없고 삶과 죽음이라는 번뇌에 즐겨 집착함을 말하는 것입니다. 번뇌에 빠져서 헤어나오지 못하고[825] 삼계라는 불난 집을 벗어나지 못하기 때문에, 여러 가지 방편을 시설하여 중생으로 하여금 방편을 버리고 곧장 불난 집에

해야겠다고 생각했으므로 아이들이 평소에 원했던 것을 이것 저것 생각한 끝에 "너희들이 항상 원하던 양(羊)이 끄는 수레, 사슴(鹿)이 끄는 수레, 소(牛)가 끄는 수레가 문밖에 있으니 빨리 밖으로 나와라."고 소리쳤다. 양이 끄는 수레와 사슴이 끄는 수레와 소가 끄는 수레는 모두 아이들이 꿈에서나 그리던 것들이었다. 아이들은 아버지의 말을 듣자 손에 가지고 놀던 장난감을 내던지고 앞을 다투어, 오직 하나뿐인 좁은 문을 통해 밖으로 나왔다. 그러나 그곳에는 아버지가 말한 양의 수레, 사슴의 수레, 소의 수레는 그림자도 없었다. 아버지는 아이들이 무사한 모습을 보고 안도의 숨을 쉬었으나 아이들은 이에 승복하지 않았다. "아버지가 거짓말을 하셨다."며 막무가내로 아버지에게 항의했다. 그러자 아버지는 약속한 양·사슴·소가 끄는 수레보다 더 크고 훌륭하며 날쌘, 흰 소(白牛)가 끄는 수레를 아이들에게 전부 나눠 주었으므로 아이들은 모두 만족했다. 이상이 장자화택(長者火宅), 삼거화택(三車火宅), 삼계화택(三界火宅)의 비유라고 불리는 것이다. 불난 집(火宅)은 3계(三界) 즉 사바 세계를, 아이들은 중생을, 장자는 부처님을 비유한 것이다. 양·사슴·소의 세 가지 수레는 각각 성문승·연각승·보살승인 3승을 비유한 것이며, 대백우거(大白牛車)는 1불승(一佛乘)에 비유한 것이다. 모든 부처님은 중생을 교화하는 방편으로 1불승을 3승으로 나누어 말한다고 하시며 앞의 「방편품」에서 말한 3승방편(三乘方便) 1승진실(一乘眞實)의 가르침을 밝히고 있는 것이다.

823 통적적지(痛的的地) : 몹시 분명하다. 매우 또렷하다. 통(痛)은 '몹시, 매우'라는 부사.

824 『묘법연화경』 제2권 「비유품」 제3에 있는 구절.

825 두출두몰(頭出頭沒) : 물에 빠져 머리가 나왔다 들어갔다 하며 물에서 빠져나오지 못하다. 생사의 바다에 빠져서 빠져나오지 못하다.

서 빠져나와 확 트인 맨땅에 앉게 하였던 것입니다. 이것은 석가모니
의 분명한 노파심입니다.

佛說火宅喩, 直[826]是爲衆生開方便門, 示眞實相, 痛的的地. 其中有言: "是舍唯
有一門, 而復狹小, 諸子幼稚, 未有所識." 謂衆生根器狹劣, 無決定志, 戀著生死
塵勞. 於塵勞中頭出頭沒, 於三界火宅不能捨離故, 設種種方便, 令衆生捨方便,
直出火宅, 露地而坐. 此是釋迦老子徹底老婆心.

무릇 경전과 옛 스님이 도에 들어간 인연을 볼 때는 마땅히 달을 보
고 손가락은 잊어야 하고, 절대로 언어 속에 발이 빠져서는 안 됩니다.
만약 언어 위에서 현묘함을 찾고 언어 속에서 기특한 귀결점을 구하는
공부를 한다면, 방편을 잃게 됩니다. 저에게는 애초 사람에게 줄 진실
한 법이란 것은 없습니다. 다만 부처님과 조사의 바른 법에 의거하여
가리키되,[827] 일평생 깨달은 것을 입을 열어 남김없이 다 말하여 사람
들에게 명백하고 올곧게 말해 줍니다. 그러나 믿을 수 있는 것이라면
그에 따라서 행하겠지만, 비록 가까스로[828] 말하는 것을 듣더라도 받아
들이기에는 어려운 듯할 것입니다. 만약 자신이 오래전부터 반야의 씨

826 '직(直)'은 궁내본에서 '지(只)'. 뜻 차이는 없다.
827 거관결안(據款結案) : 법령(法令)의 조항(條項)에 의거하여 판결을 내리다. 관(款)은 법
     령, 규정, 조약 따위의 소항, 조복. 보통 조(條) 다음이 관(款)이다. 여기서 법령(法令)은 곧
     부처님과 조사의 가르침 즉 불법(佛法)이요 선도(禪道)를 가리킨다. 즉, 정법(正法)에 의
     거하여 가르침을 펼친다는 말.
828 사(乍) : ①방금. 이제 막. 마침. 꼭. 처음으로. 겨우. 가까스로. ②문득. 갑자기. ③늘. 항
     상. 자주. ④흡사. 꼭. ⑤차라리. 오히려.

앗을 심지 않았다면,[829] 말하는 것을 듣자마자 곧 눈을 크게 뜨고서[830] 두리번두리번할[831] 뿐입니다.

凡看經敎及古德入道因緣, 當見月亡指, 切不得泥在言語中. 若於語上尋玄妙, 言中求奇特落處, 如此做工夫, 則失方便矣. 妙喜從來無實法與人. 直是據款結案, 將平生悟得底, 開口見膽, 明[832]白直說與人. 有信得及底, 依而行之, 雖乍聞說, 似難承當. 若當人無始時來種得般若種子, 纔聞擧著, 便兩眉卓竪, 眼睛定動矣.

노승(老僧)이 옛날 처음 이 산에 머물렀을 때 상주(常州)의 허 씨 댁에 무착도인(無著道人)이라는 이가 있었는데, 법명이 묘총(妙總)이었습니다. 이 사람은 30세에 곧 불굴의 의지로[833] 수행하여 여러 곳의 존숙을 두루 찾아가 모두에게 인가(印可)를 받았습니다. 그러나 그는 진실로 삶과 죽음의 고통을 두려워했던 까닭에 본명원진(本命元辰)[834]이 귀결되는 곳을 참으로 알고자 하여, 일부러 산으로 찾아와 여름안거를 지냈

---

829 문맥상 "심었다면"이 아니라, "심지 않았다면"이라고 해야 뜻이 통한다.

830 양미탁수(兩眉卓竪) : 두 눈썹을 곧추세우다. 눈을 크게 뜨다.

831 안정정동(眼睛定動) : 눈알을 이리저리 굴리다. 여전히 망설이며 의심하다. 아득하여 깨닫지 못하는 모양.

832 '명(明)'이 궁내본에는 빠져 있다.

833 타경(打硬) : 매우 굳다. 굽힐 줄 모르다. 완강하다.

834 본명원진(本命元辰) : 본명(本命)은 태어난 해의 간지(干支). 원진(元辰)은 사람의 운명을 좌우한다는 음양(陰陽)의 두 별. 선가(禪家)에서는 본명원진을 본래의 자기, 본성, 본래면목이라는 뜻으로 사용한다.

습니다. 그때 함께 여름안거를 지낸 자가 1,700여 납자(衲子)였는데, 풍
제천(馮濟川) 소경[835]도 이 산에서 절을 떠나지 않고 대중과 함께하였습
니다.

老僧頃年初住此山, 常州許宅有箇無著道人, 法名妙總, 三十歲便打硬修行, 偏見
諸方尊宿, 皆蒙印可. 然渠眞實畏生死苦故, 要眞實理會本命元辰下落去處, 特來
山中度夏. 時同夏者一千七百衲子, 馮濟川少卿亦在此山不動軒隨衆.

하루는 노승이 법좌(法座)에 올라 약산 스님이 처음 석두를 찾아갔을
때의 이야기를 하였습니다. 약산이 석두에게 물었습니다.
"삼승십이분교[836]는 제가 대략 익혔습니다만, 일찍이 들으니 남쪽에
는 직지인심(直指人心; 사람의 마음을 곧장 가리킨다) · 견성성불(見性成佛; 본
성을 보아 깨닫는다)이 있다고 하였는데, 아직 전혀 알지 못하겠습니다.
스님께서 가리켜 주십시오."
석두가 말했습니다.
"이러하여도 안 되고, 이렇지 않아도 안 되고, 이러하면서 이렇지 않
아도 모두 안 된다."

835 소경(少卿) : 관직 이름.
836 삼승십이분교(三乘十二分敎) : 삼승(三乘)은 세 가지 탈것(乘)을 뜻하는데, 탈것이란 중
     생을 깨달음으로 이끄는 가르침을 비유한 말이다. 성문승(聲聞乘) · 연각승(緣覺乘) · 보
     살승(菩薩乘) 세 가지가 그것인데, 부처는 중생의 근기에 따라 이 세 가지 가르침을 말씀
     하셨다. 십이분교(十二分敎)는 경 · 율 · 론 삼장이 확립되기 전에, 경전의 내용과 형식에
     따라 열 두 갈래로 정리한 것을 말한다. 3승12분교는 소승 · 대승불교의 모든 경론에 담
     긴 교학(敎學)을 의미한다.

266

약산이 계합(契合)하지 못하자, 석두가 말했습니다.

"그대는 강서로 가서 마조 대사에게 물어보아라."

약산은 가르쳐 준 대로 마조 대사가 있는 곳에 이르러 앞서와 같은 질문을 하였습니다. 마조 대사가 말했습니다.

"어떤 때는 그에게 눈썹을 찡그리고 눈을 깜박이게 하고, 어떤 때는 그에게 눈썹을 찡그리고 눈을 깜박이게 하지 않는다. 어떤 때는 그에게 눈썹을 찡그리고 눈을 깜박이게 하는 것이 옳고, 어떤 때는 그에게 눈썹을 찡그리고 눈을 깜박이게 하는 것이 옳지 않다."

약산은 말을 듣자[837] 크게 깨달았는데, 다시는 보여 줄 만한 솜씨도 없고 다만 머리 숙여 절할 뿐이었습니다. 마조 대사가 말했습니다.

"그대는 무슨 도리를 보았기에 곧 절을 하는가?"

약산이 말했습니다.

"제가 석두 스님이 계신 곳에서는 마치 모기가 무쇠로 만든 소 위에 앉은 것과 같았습니다."

마조 대사는 그렇다고 수긍하였습니다.[838]

一日, 因老僧陞座, 擧藥山和尚初參石頭, 問石頭云: "三乘十二分教, 某甲粗亦研窮, 曾聞南方有直指人心, 見性成佛, 實未明了. 乞師指示." 石頭云: "恁麼也不得, 不恁麼也不得, 恁麼不恁麼總不得." 藥山不契, 石頭云: "你往江西問取馬大師去." 藥山依敎到馬大師處, 如前問. 馬大師曰: "有時敎伊揚眉瞬目, 有時不敎伊揚眉瞬

---

837 언하(言下) : 말하는 사이에. 바로 그 자리에서. 즉시. 말을 들으며. 말을 듣고서.
838 『사가어록』「강서마조도일선사어록(江西馬祖道一禪師語錄)」에 나오는 내용.

目. 有時教伊揚眉瞬目者是, 有時教伊揚眉瞬目者不是." 藥山於言下大悟, 更無伎

倆可呈, 但低頭禮拜而已. 馬大師曰: "子見箇甚麼道理便禮拜?" 山曰: "某在石頭和

尙處, 如蚊子上鐵牛相似." 馬大師然之.

    그때 법좌에 올라서 거듭 말하여 일깨워 주는데,[839] 무착(無著)이 말

을 듣고서 문득 깨달았습니다만, 법좌에서 내려간 뒤에도 소식을 전해

오지 않았습니다. 그때 풍제천이 노승을 뒤따라 방장(方丈)으로 올라와

서 말했습니다.

    "제가 알았습니다."

    노승이 그에게 물었습니다.

    "거사께선 어떠십니까?"

    풍제천이 말했습니다.

    "'이러하여도 안 되고'는 소로사바하(蘇嚕娑婆訶)[840]요, '이렇지 않아도

---

839   제시(提撕) : 한문 전적(典籍)에서 제시(提撕)의 사례를 보면 『詩經, 大雅, 抑』 匪面命之,
     言提其耳. 「鄭玄箋」 親是提斯其耳. 北齊 顏之推『顏氏家訓, 序致篇』 業以整齊門內, 提斯子孫.
     唐 韓愈『南內朝賀歸呈同官詩』 所職事無多, 又不自提撕. 등처럼 제시(提撕)는 '(마음을) 일
     깨우다' '(양심을) 일깨우다' '깨우쳐 주다' '주의를 환기시키다'는 뜻이다. 간화선(看話禪)
     에서 '화두(話頭)를 제시(提撕)한다'고 하는 것은 '화두를 일깨우다' '화두에 주의를 돌리
     다'는 뜻이다. 그러나 거각(擧覺)의 경우처럼 제시(提撕)도 제(提)와 시(撕)의 합성어로서
     의 의미가 있다고 보아야 한다. '말을 꺼내다' '끄집어내어 말하다' '언급하다' '제시(提示)
     하다' '제출하다'는 뜻인 제(提)와 '일깨우다' '깨우치다'는 뜻인 시(撕)가 합성된 말이다. 그
     러므로 제시(提撕)는 '(무슨 말을) 끄집어내어 말하여 일깨우다' '(무슨 말을) 제시하여 깨
     우쳐 주다' '(무슨 말을) 언급하여 일깨우다'는 뜻이다. 여기의 경우에는 제시(提撕)가 말을
     끄집어내다는 뜻이다. 김태완 『간화선 창시자의 선』 하권(침묵의 향기) 부록 「간화용어의
     번역에 관하여」 참조.
840   사바하(娑婆訶) : sv h . 구경(究竟) · 원만(圓滿) · 성취(成就) · 산거(散去)의 뜻이 있

안 되고'는 실리사바하(悉哩娑婆訶)요, '이러하면서 이렇지 않아도 모두
안 된다'는 소로실리사바하(蘇嚧悉哩娑婆訶)[841]입니다."

노승은 그에게 옳다고도 말하지 않았고, 옳지 않다고도 말하지 않았
습니다. 도리어 풍제천의 이 말을 무착에게 전해 주었더니, 무착이 말
했습니다.

"일찍이 곽상[842]이 주석한 『장자(莊子)』를 본 적이 있는데, 어떤 식자[843]
가 말했습니다. '도리어 장자가 곽상을 주석하는구나.'"

노승은 그의 말이 남다르다고 여겼으나 그에게 묻지는 않고, 도리어
암두의 노파 이야기[844]를 꺼내어 그에게 물었습니다. 무착은 이윽고 게

으니, 진언(眞言)의 끝에 붙여 성취를 구하는 말. 또, 부처님들을 경각(敬覺)하는 말이라
고도 한다. 원래는 신(神)에게 물건을 바칠 때 인사로 쓰던 어구(語句)라 함.

841　소로(蘇嚧)와 실리(悉哩)는 다라니(陀羅尼)에 등장하는 구절. 예컨대 『천수천안관세음
　　보살대비심다라니(千手千眼觀世音菩薩大悲心陀羅尼)』에는 "실리실리소로소로(悉唎悉唎蘇
　　嚧蘇嚧)"라는 구절이 등장하는데, 그 주석에서 실리실리는 관세음보살이 모든 중생을 이
　　롭게 하는 불가사의한 소리라고 하고, 소로소로는 모든 보리수(菩提樹)에서 나는 즐거운
　　소리라고 하였다.

842　곽상(郭象) : ?-312. 중국 진대(晉代)의 현학자(玄學者). 신도가(新道家)의 사상가로
　　『장자』의 유명한 주석서 『장자주(莊子注)』를 썼다. 『장자주』는 향수(向秀)가 시작한 것을
　　그가 죽은 뒤 곽상이 계속하여 통합시킨 것으로 짐작된다. 이러한 이유로 『장자주』를 '곽
　　향주석'이라 부르기도 한다.

843　식자(識者) : 식견(識見)이 있는 사람. 학식이 풍부한 사람.

844　암두와 노파의 이야기는 다음과 같다 : 암두(巖頭)는 법난(法難) 때문에 악주(鄂州)의
　　호숫가에서 뱃사공 노릇을 하였는데, 호수 양쪽 기슭에 목판 하나씩을 걸어 놓고, 건너려
　　는 이가 있으면 목판을 한 번 치도록 하였다. 누군가 목판을 치면 암두는 "누구요?" 하고
　　묻기도 하고 "어느 쪽으로 건너려 합니까?" 하고 물으면서 노를 흔들어 춤을 추면서 사람
　　을 맞이하였다. 하루는 어떤 노파가 아기 하나를 안고 와서 암두에게 물었다. "짧은 노를
　　바치고 긴 노를 흔들어 춤추는 것은 묻지 않겠습니다. 말해 보시오. 이 노파의 수중에 있

송 하나를 지었습니다.

"한 척의 작은 배를 아득한 물에 띄우고

짧은 노를 바치고 긴 노를 흔들어 춤추니[845] 독특한 곡조로다.

구름 덮인 산[846]과 달빛 어린 바다[847]를 모두 내버리고[848]

장주(莊周)의 나비 꿈[849]을 길이길이 얻는구나."[850]

是時陞座纔再提撕, 無著於言下忽然省悟, 下座後亦不來通消息. 時馮濟川隨老僧

는 아기는 어디에서 얻었습니까?" 이에 암두가 노파를 곧장 때리니, 노파가 말했다. "내가 일곱 아이를 낳아 여섯 놈까지는 서로 통하는 이를 만나지 못했는데, 단지 이 한 놈에게서만 통하는 이를 만날 필요가 없구나!" 드디어 아이를 물에다 던져 버렸다.(師因沙汰, 遂於鄂州湖邊, 作渡子, 兩岸各挂一板, 有人過渡, 打板一聲. 師云: "阿誰?" 或云: "要過那邊去?" 師乃舞棹迎之. 一日有一婆子, 抱一孩兒來, 問師: "呈橈舞棹則不問. 且道. 婆婆手中兒, 甚處得來?" 師便打, 婆云: "婆生七子, 六箇不遇知音, 只這一箇, 也不消得." 遂抛向水中.)(『연등회요(聯燈會要)』제21권 '악주암두전활선사(鄂州巖頭全豁禪師)')

845 정요무도(呈橈舞棹) : 짧은 노를 바치고(혹은 보여 주고) 긴 노를 흔들어 춤추다. 요(橈)는 짧은 노, 도(棹)는 긴 노.

846 산은 진여(眞如)를 구름은 생멸(生滅)을 나타내는 방편의 말.

847 바다는 법계를 달은 법(法)을 나타내는 방편의 말.

848 방편의 말들은 모두 치워 버리고.

849 『장자(莊子)』「내편(內篇)」'제물론(齊物論)'에 나오는 다음 이야기 : 옛날 장주(莊周)가 꿈에 나비가 되었는데, 훨훨 날아다니는 나비가 되어 즐기면서 자기가 장주라는 것을 알지 못했다. 그러나 문득 꿈을 깨니 틀림없는 장주였다. 장주가 꿈에 나비가 된 것인지, 나비가 꿈에 장주가 된 것인지 알 수가 없었다.(昔者, 莊周夢爲胡蝶, 栩栩然胡蝶也, 自喩適志與, 不知周也. 俄然覺, 則蘧蘧然周也. 不知周之夢爲胡蝶, 胡蝶之夢爲周與?) 여기에선 세간과 출세간, 망상과 실상, 미혹함과 깨달음이 둘이 아닌 불이법문(不二法門)을 나타내는 이야기로 인용되었다.

850 영득(贏得) : 이기다. 얻다. 이익을 남기다.

後上方丈云: "某甲理會得." 老僧問伊: "居士如何?" 濟川云: "恁麼也不得, 蘇嚧婆
婆訶; 不恁麼也不得, 悉哩娑婆訶; 恁麼不恁麼總不得, 蘇嚧悉哩娑婆訶." 老僧亦不
向他道是, 亦不向他道不是. 卻以濟川語舉似無著, 無著云: "曾見郭象注莊子, 識
者云: '卻是莊子注郭象." 老僧見他語異, 亦不問他, 卻舉巖頭婆子話問之. 無著遂
作一偈云: "一葉扁舟泛渺茫, 呈橈舞棹別宮商. 雲山海月俱抛棄, 贏得莊周蝶夢
長."

　노승은 역시 더 말하지 않고 그만두었습니다. 일 년 뒤에 풍제천이
그가 참되지 않은 것이 아닐까 하고 의심하여, 일부러 평강(平江)에서
무착을 그의 배[851] 안으로 초청하여 물었습니다.

　"노파는 '일곱 자식 가운데 여섯 자식은 지음(知音)을 만나지 못했고,
다만 이 한 놈은 만날 필요도 없다.'라 하고는 곧 아기를 강물에 내던졌
습니다. 노사(老師)[852]께선 도인(道人)[853]이 알아차렸다고 하셨는데, 어떻
게 아셨습니까?"

　무착이 말했습니다.

　"지금까지 털어놓은[854] 이야기는 모두 사실입니다."[855]

　풍제천은 크게 놀랐습니다.

851　풍제천(馮濟川)의 이름에서 제천(濟川)은 강을 건너다는 뜻이므로, 아마 풍제천은 배
　　를 가지고 사람을 실어 나르는 일을 한 사람일 것이다.

852　대혜종고를 가리킨다.

853　무착을 가리킨다.

854　공통(供通) : 자백(自白)하다.

855　예실(詣實) : 사실에 부합하다. 여실하다. 확실하다. 진실하다.

老僧亦休去. 後一年, 濟川疑他不實, 得得自平江招無著到他船中, 問: "婆生七子,

六箇不遇知音, 只這一箇也不消得, 便棄在江中. 老師言道人理會得, 且如何會?"

無著云: "已上供通並是詣實." 濟川大驚.

또 일찍이 방장으로 찾아왔기에 노승이 그에게 물었습니다.

"옛사람은 방장을 벗어나지 않았는데, 무엇 때문에 도리어 농장(農

莊)으로 가서 인절미[856]를 먹었는가?"[857]

무착이 말했습니다.

"스님이 저를 눈감아 주시면,[858] 제가 이제 소식(消息)을 말씀드려 보

겠습니다."

노승이 그에게 말했습니다.

"내가 그대를 눈감아 줄 터이니 그대는 한번 말해 보아라."

무착이 말했습니다.

"저 역시 스님을 눈감아 드리겠습니다."

노승이 말했습니다.

---

856 유자(油餈, 油糍) : 찹쌀로 떡을 빚어 기름에 튀긴 것. 인절미.

857 『오등회원』제7권 '신주아호지부선사(信州鵝湖智孚禪師)'에 나오는 다음 이야기를 염두
    에 두고 한 말이다 : 아호(鵝湖) 화상이 하루는 손을 씻은 뒤에 식당으로 가지 않고 방장
    (方丈)으로 들어가 잠이 들었다. 식사가 끝난 뒤 지사(知事)가 와서 여쭈었다. "스님께선
    왜 식당에 가시지 않았습니까?" "장원(莊園)에서 인절미를 먹고 왔네." 저녁 때 장주(莊
    主)가 와서 말했다. "오늘 스님께서 장원에 오셔서 인절미를 잡수셔서 감사합니다."(鵝湖
    和尚, 一日點靜後, 不赴堂齋, 遂入方丈睡去. 齋後知事來白云: "和尚何不赴堂?" 師云: "莊上喫油糍
    來." 晚間莊主到來云: "今日謝和尚到莊上喫油糍.")

858 방과(放過) : ①여유가 있다. 여유를 두다. ②눈감아 주다. 보아주다. 용서해 주다. 놓아
    주다.

272

"인절미는 어찌하겠는가?"[859]

무착은 "악!" 하고 일할(一喝)을 외치고는 곧 나가 버렸습니다.

又嘗到室中, 老僧問他 : "古人不出方丈, 爲甚麼, 卻去莊上, 喫油糍?" 無著云 : "和尚放妙總過, 妙總方敢通消息." 老僧向伊道 : "我放你過, 你試道看." 無著云 : "妙總亦放和尚過." 老僧云 : "爭奈油糍何?" 無著喝一喝便出去.

그때 한 무리의 대중이 모두 그가 이렇게 응대하는[860] 것을 듣고는, 그가 한 방울의 물을 얻자마자 곧 큰 물결을 일으킬 수 있는 것을 보았습니다. 그는 세속의 인연을 벗어나 벌써 이 한 수를 믿었던 것입니다.[861] 비록 일찍이 삿된 스승에게 인가(印可)를 받은[862] 적도 있었지만, 도리어 물러나 잘못됨을 알고는 확고부동하게 깨달음을 원칙으로 삼았기 때문에, 선지식[863]이 일깨워 주는 말을 듣자마자 곧 그 말을 듣고서 완전히 들어맞게 된 것입니다.

---

859 쟁내(爭乃) -하(何) : -를 어찌하리오? -인 것을 어떻게 하겠는가? =쟁내(爭奈), =쟁내(爭奈) -하(何).

860 지대(祗對) : = 지대(只對). 응대하다. (공경하게)응대하다. 응답하다.

861 개(蓋) : 문장의 첫머리에서 어기를 표시함. 앞 문장에서 말한 것을 이어받아 이유나 원인을 나타냄.

862 인파면문(印破面門) : 얼굴에다 인가(印可)의 도장을 찍다. 인파(印破)는 깨달음을 인가(印可)하는 증명(證明)의 도장을 찍는 것. 면문(面門)은 얼굴. 공개적으로 인가하여 주다.

863 여기에서는 대혜 자신을 가리킴.

是時一衆皆聞渠如此祇對, 看他纔得一滴水, 便解與波作浪. 蓋渠脫離世緣, 早信得這一著子. 及雖嘗被邪師印破面門, 卻能退步知非, 決定以悟爲則, 故纔見善知識提撕, 便於言下千了百當.

영녕군 부인이신 조 씨 선인(善因)께선 총명하고 영리하시며 지혜로운 견해를 가지고 계신데, 이 대사인연을 아시고선 반드시 죽을 각오를 하셨으니 세간의 번뇌 속에 있는 여러 가지 일에 얽매이지 않습니다. 비록 부귀함 속에 있지만 부귀함에 구속되지 않으시고, 또한 한 걸음 물러나 선지식을 가까이 하셔서 삶과 죽음의 큰일을 확실히 해결하려[864] 하셨지만, 단지 아직 선지식이 분발시키는 가르침을 만나지 못했을 뿐입니다.

永寧郡夫人曹氏善因, 聰明靈利有智見, 知有此段大事因緣, 決定可以出生入死, 不被世間塵勞中事牽絆. 雖在富貴中, 而不被富貴所羅籠, 亦要退步親近善知識, 決擇生死大事, 但未遇眞知識激發耳.

지난번[865] 성(城) 안에 있을 때 절사공께서 그의 암원[866]에서 설법(說法)해 주기를 청하는 바람에 선인(善因)께서 노승이 이 대사인연을 쥐고

---

864 결택(決擇) : 결판을 내다. 문제를 확실히 해결하다.
865 속자(屬者) : ①따르는 사람. ②근래. 요즈음. ③지난번. 이전.
866 암원(菴園) : 암라수원(菴羅樹園)의 약칭. 암라수원은 인도의 비야리 성에 있었던 동산. 암라녀(菴羅女)가 부처님께 바쳤던 동산으로서, 여기에서 『유마경』을 말씀하셨다. 절사공(節使公)의 정원 이름이 암라수원이었던 것 같다.

있다는 소문을 들으셨는데 이윽고 자성(自性)에 심어 놓은 반야의 씨앗에 온기를 불어넣어 드리자 즉시[867] 몸과 마음이 편안히 안정되었습니다.[868] 비록 아직 완전히 벗어나지는 못했으나, 불난 집 안의 번뇌 속에 있는 허다한 일들이 헛되고 진실하지 못한 일임은 이미 알아차렸습니다.

屬者在城中, 因節使公請就渠菴園說法, 善因聞老僧提持此段大事因緣, 遂熏起種性, 當下身心寧怗.[869] 雖未能十[870]成透脫, 已識得火宅塵勞中許多虛妄不實底事.

섣달 그믐날이 되면, 은애(恩愛)도 쓸모없고,[871] 세력도 쓸모없고, 재보(財寶)도 쓸모없고, 성질도 쓸모없고, 관직도 쓸모없고, 부귀도 쓸모없습니다. 죽을[872] 때는 오직 평소에 선(善)을 행하고 악(惡)을 행한 두 길의 경계가 하나하나 앞에 나타날 뿐입니다. 악한 일을 많이 하고 선한 일을 적게 하였다면, 악업을 따라서 흘러갈 것입니다. 악한 일을 적게 하고 선한 일을 많이 하였다면, 선업(善業)을 따라서 사람이나 하늘의 많은 선을 행한 집안에 태어날 것입니다. 이미 이 두 길이 모두 허

---

867 당하(當下) : 즉각. 바로. 그 자리에서.
868 영첩(寧怗) : 편안하다. 안정되다.
869 '첩(怗)'은 궁내본에서 '첩(貼)'. 서로 통용한다.
870 '십(十)'은 궁내본에서 '일(一)'. 십(十)을 '완전히'라는 뜻이고, 일(一)은 한 번이라는 뜻. 어느 쪽으로 해석해도 뜻은 통한다.
871 사불착(使不着) : 소용없다. 쓸모없다. 필요 없다.
872 안광낙지(眼光落地) : 죽음을 가리킴. =안광낙(眼光落). 안광입지(眼光入地).

망한 환상에 속함을 알고서 그 뒤에 용맹하게 정진(精進)하고 견고하고 물러나지 않는 마음을 내어서 확실히 중생의 분별심을 뛰어넘고 견해를 벗어나 삶과 죽음에서 벗어나길 바란다면, 섣달 그믐날에 선과 악이라는 두 길이 나를 구속하지 못할 것입니다.

臘月三十日到來, 恩愛也使不著, 勢力也使不著, 財寶也使不著, 性氣也使不著, 官職也使不著, 富貴也使不著. 眼光落地時, 唯有平昔造善造惡兩路境界, 一一現前. 作惡多, 作善少, 則隨惡業流浪將去. 作惡少, 作善多, 則隨善業生人天十善之家去. 旣知得這兩路子皆屬虛幻, 然後發勇猛精進堅固不退之心, 決欲超情離見, 透脫生死, 臘月三十日, 善惡兩路拘執我不得.

이와 같이 뛰어난 일을 이미 아시고, 불난 집 속에서 때때로 선지식을 가까이 할 수 없을까 봐 두려워하셨기 때문에, 일부러 경산[873]으로 올라와 열흘이나 머물면서 대중과 함께 설법을 들으며 좋은 인연을 맺고 영원히 물러나지 않을 큰 서원[874]을 내었습니다. 가실 때가 되자 이 두루마리[875]로써 가르침을 구하여 불난 집 속에서 언제나 이것으로써

---

873 경산(徑山) : 절강성(浙江省) 임안부(臨安府) 여항현(餘杭縣) 서북쪽 50리에 있다. 대혜 종고는 소흥(紹興) 7년(1137년 49세)부터 1141년(53세)에 형주로 유배되기 전까지 경산(徑山)의 능인선원(能仁禪院)에서 주지(住持)하였고, 유배에서 풀려난 뒤 1158년(70세)에 다시 경산(徑山) 능인선원의 주지로 재 임명되어 73세때까지 머물렀다. 연보(年譜)에 의하면, 풍제천과 무착도인이 경산의 대혜를 찾은 것은 1138년 대혜 50세 때였고, 이 법어를 받는 영녕군 부인은 1158년 대혜 70세에 경산의 대혜를 방문하였다.

874 서원(誓願) : 반드시 목적을 이루려고 맹세함.

875 이 편지는 두루마리에 쓴 것이다.

스스로 경책(警策)하고 스스로 깨어 있도록 하기를 원했습니다. 노승은 용맹하게 재촉하는 그 뜻이 평범한[876] 자와 같지 않음을 아름답게 여겼기 때문에, 무착도인이 도에 들어간 인연을 인용하여 견현사제(見賢思齊)[877]토록 하였습니다. 뒷날 저의 문하[878]에서 두 명의 무착이 나온다면, 어찌 말세[879]의 광명종자(光明種子)[880]를 위한 커다란 이익이 아니겠습니까? 힘쓰시고 또 힘쓰십시오!

既知有如是殊勝事, 恐在火宅之中不能得時時親近善知識, 故得得上徑山住旬日, 隨衆聽法, 滋浸善緣, 發大誓願, 永不退轉. 臨行以此軸求指示, 要在火宅中時時以此自警自覺. 老僧嘉其志趣勇猛, 不與泛泛者同, 故引無著道人一段入道因緣, 令其見賢思齊. 他日妙喜社中出二無著, 豈不爲末世光明種子作大利益乎? 勉之! 勉之!

---

876 범범(泛泛) : 평범한. 피상적인. 천박한. 얕은. 경솔한.

877 견현사제(見賢思齊) : 『논어(論語)』「이인편(里仁篇)」에 나오는 구절. 어진 이를 보면 그와 같아지기를 생각하라는 말.

878 사중(社中) : 불교를 배우고 수행하는 집단. 여기선 대혜의 문하.

879 말세(末世) : 또는 말대(末代). 사람의 마음이 어지럽고 여러 가지 죄악이 성행하는 시대.

880 광명종자(光明種子) : 밝은 깨달음을 가져올 씨앗. 즉 불교를 배우는 중생.

20. 묘지 거사[881]에게 보임

　예로부터 모든 부처님과 모든 조사가 진실로 사람을 위하는 곳에서는 먼저 흔들림 없는 뜻을 세우도록 하였습니다. 이른바 흔들림 없는 뜻이란, 이번 생애에 마음이 열려서 곧장 모든 부처님과 조사들의 장애 없고 크게 쉬고 크게 해탈한 경계에 꼭 도달하고자 하는 것입니다. 흔들림 없는 뜻이 없으면 흔들림 없는 믿음도 없습니다. 부처님께서 말씀하시지 않았습니까?

　"믿음은 도(道)의 근원이며 공덕의 어머니이니 모든 선법(善法)을 기른다."

　또 말씀하셨습니다.

　"믿음은 지혜의 공덕을 키울 수 있고, 믿음은 반드시 여래의 지위에 도달케 할 수 있다."[882]

　여래의 지위가 곧 크게 쉬고 크게 해탈한 경계입니다.

示妙智居士(方敷文務德)

從上諸佛諸祖眞實爲人處, 先敎立決定志. 所謂決定志者, 決欲此生心地開通, 直到諸佛諸祖無障礙·大休歇·大解脫境界. 無決定之志, 則無決定信矣. 佛不云乎 : "信爲道元功德母, 長養一切諸善法." 又云 : "信能增長智功德, 信能必到如來地." 如

881　묘지거사(妙智居士) : (원주 : 方敷文務德) 묘지(妙智)는 법호(法號), 방부(方敷)는 벼슬 이름, 문(文)은 성(姓), 무덕(務德)은 자(字).

882　두 구절은 모두 실차난타(實叉難陀)가 번역한 80권 화엄인 『대방광불화엄경』 제14권 「현수품(賢首品)」 제12-1에 나오는 현수보살(賢首菩薩)의 게송에 나오는 구절이다.

來地卽大休歇·大解脫境界是也.

옛날 귀종식안[883] 선사에게 어떤 승려가 물었습니다.

"무엇이 부처입니까?"

귀종이 말했습니다.

"내가 그대에게 말해 주면, 그대가 믿겠느냐?"

승려: "스님께서 진실하게 말씀하시는데, 어찌 믿지 않을 수 있겠습니까?"

귀종: "바로 그대이다."

그 승려는 귀종의 말을 듣고 잠시 말없이 곰곰이 생각하더니 말했습니다.

"제가 바로 부처라면 다시 어떻게 보임[884]합니까?"

귀종이 말했습니다.

"티끌 하나라도 눈에 들어가면 헛꽃[885]이 어지러이 휘날린다."

---

883 귀종식안(歸宗拭眼) : 여산(廬山) 귀종지상(歸宗智常) 선사. 당대(唐代) 선승. 남악(南嶽) 문하. 여산(廬山) 귀종사(歸宗寺)에 머물렀다. 마조도일(馬祖道一; 709-788)에게 법을 받았다. 시호는 지진선사(至眞禪師).

884 보임(保任) : 보호임지(保護任持)의 준말. 보호하여 떠맡아 가지고 있다는 말. 깨달음을 얻으면 얻은 깨달음에 머물러 물러남이 없이 잘 유지하여 깨달음에 익숙하게 되어야 하는 것을 가리키는 말.

885 공화(空華) : 허공화(虛空華)의 준말로서, 허화(虛華), 안중화(眼中華), 안리화(眼裏花)라고도 함. 허공 속의 꽃이라고 하여 허공꽃이라고도 한다. 백내장 같은 눈병이 났을 경우에 눈앞의 허공에 하얀 꽃 모양이 보이는데, 이것을 공화라고 한다. 이것은 분별하여 있다고 여기는 경계를 가리키는 말이다. 허공 속에는 본래 헛꽃이 없고 우리 눈이 병이 들어 헛꽃이 나타나듯이, 분별망상도 본래 세계에 있는 것이 아니라 우리의 마음에서 헛

그 승려는 그 말을 듣자 문득 깨달았습니다.[886]

在昔歸宗拭眼禪師, 曾有僧問: "如何是佛?" 宗云: "我向汝道, 汝還信否?" 僧云: "和
尚誠言, 焉敢不信?" 宗云: "只汝便是." 僧聞宗語, 諦審思惟, 良久, 曰: "只某便是佛,
卻如何保任?" 宗曰: "一翳在目, 空華亂墜." 其僧於言下忽然契悟.

그 승려는 처음에 확실한 믿음이 없었는데, 귀종이 곧장 가리키는
말을 듣고서도 여전히 의심을 품었으나, 보임을 구하려 하다가 비로소
스스로를 믿을[887] 수 있었습니다. 귀종의 노파심이 간절하였기 때문에
그가 잘못 집착하고 있는 곳을 금강왕보검[888]을 가지고 마주하여[889] 곧
장 휘둘렀고, 그 승려는 바야흐로 만길이나 되는 벼랑 끝에 한 발로 서
있다가 귀종이 한 번 휘두름에 비로소 기꺼이 목숨을 버렸습니다.

這僧初無決定信, 聞歸宗直指之言, 猶懷疑惑, 欲求保任, 方能自信. 歸宗老婆心切,
向他所乖執處, 以金剛王寶劍用事, 劈面便揮, 這僧方在萬仞崖頭獨足而立, 被歸
宗一揮, 始肯放身捨命.

되이 분별한 것이다. 이것을 유식에서는 변계소집성(遍計所執性)이라고 한다. 깨달음이란
이런 헛된 망상의 실상을 보아서 망상에서 벗어나는 것이다. =헛꽃.
886 『연등회요』 제7권 '복주부용영훈선사(福州芙蓉靈訓禪師)'에 나오는 내용.
887 자신(自信) : 스스로를 믿다.
888 금강왕보검(金剛王寶劍) : 만물 가운데 가장 단단한 금강(金剛; 다이아몬드)으로 만든
보검이라는 뜻으로 부처님의 지혜가 일체 번뇌를 끊는 것에 비유한 말이다.
889 벽면(劈面) : 대면(對面)하다. 마주하다.

또 나산법보[890] 대사가 일찍이 석상보회[891]에게 물었습니다.

"일어나고 사라지며 머무르지 않을 때는 어떻습니까?"

석상이 말했습니다.

"곧장 불 꺼진 재와 마른 나무처럼 되어야 하고, 한순간이 영원처럼 되어야 하고, 상자와 뚜껑이 서로 꼭 맞듯이 되어야 하고, 온통 말끔하여 티끌 한 점도 없어야 한다."

나산은 계합하지 못하고, 다시 이 말을 암두에게 물었습니다. 묻는 말이 채 끝나기도 전에 암두는 위세 있게 "악!" 하고 일할(一喝)을 하고는 말했습니다.

"무엇이 일어나고 사라진다고?"

나산은 그 말을 듣자 크게 깨달았습니다.[892]

又羅山法寶大師嘗致問於石霜普會曰: "起滅不停時如何?" 石霜云: "直須寒灰枯木去, 一念萬年去, 函蓋相應去, 全淸絶點去." 羅山不契, 復持此語問巖頭. 問聲未絶,

---

890 나산법보(羅山法寶) : 나산도한(羅山道閑). 오대(五代) 경의 사람. 청원(靑原)의 아래. 암두전활(巖頭全大+歲)의 법사(法嗣). 복건성의 장계(長谿) 출신. 속성은 진(陳) 씨. 귀산(龜山)에서 출가. 구족계를 받고 나서 여러 지방으로 편력. 석상경저(石霜慶諸)에게 알현하여 법을 묻고 그 뒤 암두전활에게 참학하여 안심(安心)을 얻었다. 그 후에 청량산(淸凉山)에서 유력하다가 민왕(閩王)이 그의 법미(法味)에 감화되어 복주(복건성)의 나산(羅山)에 청하고 법보선사(法寶禪師)라고 호(號)하였다.

891 석상보회(石霜普會) : 석상경저(石霜慶諸; 807-888). 임제의 6세손. 이름은 초원(楚圓)이고 자(字)는 혜명(慧明) 담주(潭州)의 석상산에서 수행하였다. 처음에는 유생(儒生)이었으나 20세에 출가하여 낙양조(洛陽照)에게 법을 받고, 송나라 인종(仁宗) 강정원년(康定元年)에 입적하였다.

892 대혜종고의 『정법안장(正法眼藏)』 제3권 상(上)과 여기에 실려 있다.

被嚴頭震威一喝, 曰: "是誰起滅?" 羅山於言下大悟.

또 경전에서 보살이 초지[893]부터 수행하는 것을 이렇게 말했습니다.

"제팔부동지[894]에 들어가 심행보살(深行菩薩)이 되면, 알기 어렵고, 차별 없고, 모든 모습과 모든 생각과 모든 집착을 떠난다. 한량이 없고 끝이 없으니 모든 성문과 벽지불[895]이 미칠 수 없고, 모든 떠들썩한 말

---

893 초지(初地) : 보살이 수행하는 단계인 52위 가운데 10지(地)의 첫 단계인 환희지(歡喜地). 10지 가운데 처음이란 뜻으로 초환희지(初歡喜地)라고도 함. 보살이 수행한 결과로 이 자리에 이르면, 진여의 이(理)의 일부분을 증득하여, 성인의 지위에 올라 다시는 물러나지 않고, 자리이타(自利利他)의 행을 이루어서 마음에 기뻐함이 많다는 뜻으로 이렇게 이름.

894 제팔부동지(第八不動地) : 십지(十地) 중 여덟번째 단계이다. 이 지위에 오른 보살은 수행을 완성하여 흔들림이 없다. 부동(不動)이란 명칭은 바로 여기에서 유래한다. 이곳의 보살은 깊이 있는 실천을 하므로 심행(深行) 보살이라고도 부른다. 세속의 집착에서 완전히 벗어나 성문(聲聞)이나 연각(緣覺)의 무리들은 전혀 깨트릴 수 없는 경지에 머문다. 달리 무공용지(無功用地)라고도 하는데, 무공(無功)은 곧 어떤 의도나 목적이 없다는 뜻이다. 그저 자연의 흐름대로 순리대로 또한 중생의 생김새에 따라 중생을 제도한다. 이밖에 부동지를 달리 부르는 말이 많다. 지혜가 견고하여 돌아가지 않으므로 부전지(不轉地), 큰 덕을 갖추므로 위덕지(威德地), 색욕이 끊어진 상태이므로 동진지(童眞地), 어디에나 뜻대로 태어날 수 있으므로 자재지(自在地), 완성된 단계이므로 성지(成地), 궁극적으로 알고 있으므로 구경지(究竟地), 항상 큰 서원을 내므로 변화지(變化地), 깨트릴 수 없으므로 주지지(住持地), 선근을 이미 닦았으므로 무공덕력지(無功德力地)라고도 부른다.

895 성문(聲聞)과 벽지불(辟支佛) : 성문(聲聞)은 부처님의 가르침에 의지하여 사성제(四聖諦)의 이치를 이해하고, 차례차례 수행의 단계를 거쳐 아라한이 되기를 바라는 수행자이다. 벽지불(辟支佛)은 연각(緣覺)·독각(獨覺)이라 번역하는데, 꽃이 피고 잎이 지는 등의 외연(外緣)에 의하여 스승 없이 혼자 깨닫는 이, 혹은 십이인연법(十二因緣法)을 통찰하여 깨달음을 얻은 이. 대승불교에 상대하여 말할 때에 성문과 벽지불은 곧 소승불교를 가리킨다.

다툼을 벗어나 고요함이 나타난다. …… 나아가 멸진정[896]에 들어가니 모든 흔들리는 마음과 기억과 생각과 분별이 전부 사라진다."[897]

이것은 초지로부터 보살의 제팔부동지에 이르면 "모든 애써 노력함 [898]을 버리고 애써 노력하지 않는 법을 얻어 신구의(身口意) 삼업(三業)[899]을 생각하고 힘쓰는 것이 모두 사라진다."[900]는 말이고, 두 번째 생각[901]을 일으키지 않는다는 말입니다.

又敎中說菩薩修行從初地:"入第八不動地, 爲深行菩薩, 難可知, 無差別, 離一切相, 一切想, 一切執著. 無量無邊, 一切聲聞·辟支佛所不能及, 離諸諠諍, 寂滅現前, 乃至入滅盡定, 一切動心憶想分別悉皆止息." 謂從初地至菩薩第八不動地, "卽捨一切功用行, 得無功用法, 身口意業, 念務皆息." 謂不起第二念.

또 사람들이 알아차리지 못할까 봐 염려하여 다시 비유를 인용하여

896 멸진정(滅盡定) : 대승에서는 24불상응법(不相應法)의 하나. 소승에서는 14불상응법의 하나, 또는 2무심정(無心定)의 하나. 마음에서 모든 분별된 모습을 다 없애고 고요하기를 바라며 닦는 선정. 소승에서는 불환과(不還果)와 아라한과의 성자가 닦는 유루정(有漏定) 으로, 육식(六識)과 인집(人執)을 일으키는 말나(末那)만을 없애는 것. 대승의 보살이 닦는 멸진정은 무루정(無漏定)으로, 법집(法執)을 일으키는 말나까지도 없앤다.
897 『화엄경』(80권 화엄) 제38권 「십지품(十地品)」 제26-5에 나오는 내용.
898 공용행(功用行) : 몸·입·뜻으로 애써 행하는 행위. 곧 유위행(有爲行). 『화엄경』에서 는 초지(初地)에서 7지(地)까지의 수행을 말함. 초지에서 7지까지의 보살은 이미 진여(眞 如)를 깨달았지만 아직 수행하는 공(功)을 쌓아야 하므로 공용지(功用地)라 한다.
899 삼업(三業) : 과보(果報)를 불러오는 세 종류의 업. 몸으로 짓는 신업(身業)·말로 짓는 구업(口業)·의식(意識)으로 짓는 의업(意業)의 세 가지 업(業).
900 『화엄경』(80권 화엄) 제38권 「십지품(十地品)」 제26-5에 나오는 내용.
901 제이념(第二念) : 한 번 일어난 망상(妄想)에 연속된 망상(妄想). 다음 생각.

말했습니다.

"비유하자면, 사람이 꿈속에서 자기 몸이 큰 강 속으로 떨어졌음을 보고서 그 강을 건너려 하기 때문에 큰 용맹을 내고 큰 방편을 시설하며, 큰 용맹으로 큰 방편을 시설했기 때문에 곧 잠에서 깨어나는 것과 같다. 잠에서 깨고 나면 행했던 일(용맹과 방편)이 모두 쉬어진다. 보살 역시 그러하여, 중생의 몸이 사류[902]에 빠진 것을 보고는 구제하여 건너게 하려 하기 때문에 큰 용맹을 내고 큰 정진을 일으키며, 큰 용맹과 정진 때문에 부동지(不動地)에 이르는 것이다. 여기에 이르고 나면 모든 노력을 쉬지 않음이 없다. 마치 범천(梵天)[903]의 세계에 태어나면 욕계(欲界)의 번뇌가 전혀 나타나지 않는 것과 같다. 부동지에 머물러도 역시 이와 같아서 모든 분별심의 행위가 전혀 나타나지 않는다. 제팔지 보살(第八地菩薩)에게는 부처의 마음·보살의 마음·깨달음의 마음·열반의 마음조차 나타나지 않는데, 하물며 세간의 마음이 일어나겠는가?"[904]

---

902 사류(四流): 사폭류(四暴流)라고도 함. 폭류는 홍수가 나무·가옥 따위를 떠내려 보내는 것처럼, 선(善)을 떠내려 보낸다는 뜻에서 번뇌를 가리킨다. ①욕폭류(欲暴流). 욕폭계에서 일으키는 번뇌. 중생은 이것 때문에 생사계에 바퀴 돌 듯 함. ②유폭류(有暴流). 색계·무색계의 번뇌. ③견폭류(見暴流). 3계의 견혹(見惑) 중에 4제(諦)마다 각가 그 이래서 일어나는 신견(身見)·변견(邊見) 등의 그릇된 견해. ④무명폭류(無明暴流). 3계의 4제와 수도(修道)에 일어나는 우치(愚癡)의 번뇌. 모두 15가지가 있음.

903 범세(梵世): 청정한 세계란 뜻. 색계(色界)의 모든 하늘. 음욕(淫欲)을 여읜 범천(梵天)이 있는 세계.

904 『화엄경』(80권 화엄) 제38권 「십지품(十地品)」 제26-5에 나오는 내용.

又怕人理會不得, 更引喻云: "譬如有人夢中見身墮在大河, 爲欲度故, 發大勇猛, 施大方便, 以大勇猛施方便故, 卽便寤寤. 旣寤寤已, 所作皆息. 菩薩亦爾, 見衆生身在四流中, 爲救度故, 發大勇猛, 起大精進, 以勇猛精進故, 至不動地. 旣至此已, 一切功用靡不皆息. 如生梵世, 欲界煩惱皆不現前. 住不動地, 亦復如是, 一切心意識行, 皆不現前. 第八地菩薩, 佛心·菩薩心·菩提心·涅槃心尙不現起, 況復起於世間之心?"

세간의 마음이 소멸하면 적멸(寂滅)한 마음이 나타나고, 적멸한 마음이 나타나면 헤아릴 수 없이 많은 모든 부처님께서 말씀하신 법문(法門)이 일시에 나타납니다. 법문이 나타나면, 곧 적멸한 참된 경계입니다. 이러한 경계에 도달하면 바야흐로 자비를 일으켜 온갖 유익한 일을 행하니, 역시 흔들림 없는 뜻으로 말미암아 흔들림 없는 믿음에 의지하여 성취하는 것입니다. 만약 흔들림 없는 뜻이 없다면, 여래의 대적멸 바다에 깊이 들어갈 수 없습니다. 흔들림 없는 믿음이 없다면, 옛사람의 말씀과 경전의 문자 속에서 변화를 경험할[905] 수 없습니다.

世間心旣滅, 寂滅心卽現前, 寂滅心旣現前, 則塵沙諸佛所說法門一時現前矣. 法門旣得現前, 卽是寂滅眞境界也. 得到此境界, 方可興慈運悲, 作諸饒益事, 是亦從決定志乘決定信成就者也. 若無決定志, 則不能深入如來大寂滅海. 無決定信, 則於古人言句及敎乘文字中不能動轉.

905　동전(動轉) : 이동전변(移動轉變)의 약자. 변화해 가는 것. 바뀌어 가는 것.

예컨대 육조 대사가 강서의 지철 선사에게 상(常)과 무상(無常)의 뜻을 말하자, 지철이 육조에게 물었습니다.

"저는 일찍이 『열반경』을 읽었는데, 아직 상과 무상의 뜻을 밝히지 못했습니다. 스님께서 자비를 베푸셔서 상세히[906] 설명해[907] 주십시오."

육조가 말했습니다.

"무상(無常)이란 곧 불성(佛性)이고, 상(常)이란 곧 선(善)과 악(惡)의 모든 법이요, 분별하는 마음이니라."

지철: "스님의 말씀은 경전의 문장과 크게 어긋납니다."

육조: "나는 부처님의 마음 도장[908]을 전하는데, 어찌 불경(佛經)과 어긋날 수 있단 말이냐?"

지철: "경전에선 불성이 곧 상(常)이라 하였는데 스님께선 도리어 무상(無常)이라 하시고, 경전에선 선과 악의 모든 법과 나아가 깨달음의 마음까지 모두가 무상(無常)하다 하였는데 스님께선 도리어 이런 것들을 일러 상(常)이라 하십니다. 이것은 곧 서로 어긋나는 것으로서, 저는 의혹이 더할 뿐입니다."

육조: "『열반경』은 내가 옛날 무진장 스님이 한 번 읽는 것을 듣고서 곧 강설하였는데, 한 글자 한 개의 뜻도 경문(經文)에 부합하지 않는 것

---

906 약(略) : 모두. 온전히. 전부.

907 선설(宣說) : 하나하나 베풀어 상세히 말하다. 교법(敎法)을 자세히 설명히다.

908 불심인(佛心印) : 선종(禪宗)의 용어. 불인(佛印)이라고도 함. 불심인증(佛心印證)의 뜻. 선종에서는 수증일여(修證一如)라 하여 깨달음과 깨닫는 마음을 구별하지 않으니, 깨닫는 마음이 있어서 점차로 수행의 공을 쌓은 뒤에 깨닫는 것이 아니고, 깨닫는 마음이 곧 깨달음이다. 깨달음과 깨닫는 마음의 둘이 차이가 없음을 불심인(佛心印)이라 함. 곧 부처님이 스스로 깨달은 마음이요 중생의 본성임을 가리킨다.

이 없었다. 이제 그대에게도 결코 다르게 말하지 않았다."

지철: "저는 식견이 얕고 어두우니, 스님께서 자세히 말씀해 주십시오."

육조: "그대는 알지 못하는가? 불성이 만약 상(常)이라면, 다시 어떤 선하고 악한 모든 법을 말하겠는가? 나아가 영원히 깨달음의 마음을 내는 자가 한 사람도 없을 것이다. 그러므로 내가 무상(無常)이라고 말한 것은, 바로 부처님께서 말씀하신 참된 상(常)의 도리다. 또 모든 법이 만약 무상(無常)이라면, 하나하나의 사물에는 모두 자성(自性)이 있는데도 생겨나고 사라지는 것이니, 참으로 상(常)인 자성이 두루하지 않는 곳이 있게 될 것이다. 그러므로 내가 상(常)이라고 말한 것은, 바로 부처님께서 말씀하신 참된 무상(無常)의 뜻이다.

부처님께선 본래,[909] 범부와 외도가 삿된 상(常)에 집착하고 모든 이승(二乘)[910]의 사람들이 상(常)을 무상(無常)이라고 헤아리며 모두 함께 팔전도(八顛倒)[911]를 이루었기 때문에, 요의교(了義教)[912]인 『열반경』 속에서

---

909 비(比) : 본래.

910 이승(二乘) : 성문승(聲聞乘)과 연각승(緣覺乘). 소승(小乘)을 가리킴.

911 팔도(八倒) : 또는 팔전도(八顛倒). 범부와 소승 등이 어리석은 고집으로 바른 이치를 뒤바뀌게 아는 여덟 가지 그릇된 견해. 유위 생멸하는 법을 상(常)·낙(樂)·아(我)·정(淨)하다고 고집하는 범부의 4도(倒)와 무위 열반의 법을 무상(無常)·무락(無樂)·무아(無我)·부정(不淨)이라고 고집하는 2승(乘)의 4도(倒).

912 요의교(了義教) : ↔ 불료의교(不了義教). ①진실한 뜻을 분명하게 말한 완전한 가르침. 유식종(唯識宗)에서 주장하길, 설일체유부(說一切有部)의 유교(有教)와 중관(中觀)의 공교(空教)는 아직 완전한 뜻을 설명하지 않고 방편에 그친 불료의교라 하고, 유식중도교(唯識中道教)를 요의교라 함. ②대승에서는 소승을 부처님의 가르침을 완전하게 드러내지 못했다고 하여 불료의교라 하고, 대승을 부처님의 가르침을 완전하게 드러낸 요의교

저 치우친 견해를 부수고, 참된 상(常) · 참된 낙(樂) · 참된 아(我) · 참된 정(淨)[913]을 드러내어 말씀하신 것이다. 그대는 지금 말에 기대어 진실[914]을 등지고서, 단멸(斷滅)인 무상(無常)을 가지고 상(常)을 확실히 죽임으로써 부처님의 원만하고 묘한 마지막 미묘한 말씀[915]을 잘못 이해하고 있다. 그러니 비록 천 번을 읽더라도 무슨 이익이 있겠는가?"[916]

이 역시 지철 선사가 흔들림 없는 의지 속에서 흔들림 없는 믿음에 의지하여 조사의 분명한 말씀에 감응하여 응답한[917] 한 개 사례입니다.

如六祖大師爲江西志徹禪師說常·無常義, 徹問祖曰: "弟子嘗覽『涅槃經』, 未曉常·無常義. 乞師慈悲, 略爲宣說." 祖曰: "無常者, 卽佛性也; 有常者, 卽善惡一切諸法, 分別心也." 曰: "和尙所說, 大違經文." 祖曰: "吾傳佛心印, 安敢違於佛經?" 曰: "經說佛性是常, 和尙卻言無常; 善惡諸法乃至菩提心皆是無常, 和尙卻言是常. 此卽相違, 令學人轉加疑惑." 祖曰: "『涅槃經』, 吾昔者聽尼無盡藏讀誦一徧, 便爲講說, 無一字一義不合經文. 乃至爲汝, 終無二說." 曰: "學人識量淺昧, 願和尙委曲開示."

라 함.

913 상락아정(常樂我淨) : 열반의 4덕(德). ①상(常). 열반의 경지는 생멸 변천함이 없는 덕. ②낙(樂). 생사의 고통을 여의어 무위(無爲) 안락한 덕. ③아(我). 망집(妄執)의 아(我)를 여의고 8대자재(大自在)가 있는 진아(眞我). ④정(淨). 번뇌의 더러움을 여의어 담연청정(湛然淸淨)한 덕.

914 의(義) : ①사물. 대상. 물건. 자체. 실체. 사실. 진실. ②교의(敎義). 교설(敎說). 가르침.

915 깊은 불법의 뜻을 설명한 미묘한 말. 경문(經文)의 숨겨진 본래 뜻. 연기(緣起)에 의하여 나타나는 세계의 실상(實相)은 불이중도(不二中道)라는 가르침.

916 『육조법보단경(六祖法寶壇經)』 남돈북점(南頓北漸) 제7에 나오는 이야기.

917 감보(感報) : 감응(感應)하여 응답(應答)하다.

288

祖曰: "汝知否? 佛性若常, 更說甚麼善惡諸法? 乃至窮劫無有一人發菩提心者. 故吾說無常, 正是佛說眞常之道也. 又一切諸法若無常者, 卽物物皆有自性, 容受生死, 而眞常性有不徧之處. 故吾說常者, 正是佛說眞無常義也. 佛比, 爲凡夫外道執於邪常, 諸二乘人於常計無常, 共成八倒, 故於涅槃了義教中, 破彼偏見, 而顯說眞常·眞樂·眞我·眞淨. 汝今依言背義, 以斷滅無常及確定死常, 而錯解佛之圓妙最後微言. 縱覽千徧, 有何所益?" 此亦徹禪師決定志中乘決定信而感報祖師決定說之一也

또 기억하건대, 안능엄이 『능엄경』을 보다가 "지견(知見)으로 지(知)를 세우면 무명의 뿌리가 되고, 지견(知見)에 견(見)이 없으면 이것이 곧 열반이다."[918]라는 곳에 이르러, 자기도 모르게 그 구절을 바꾸어서 이렇게 읽었습니다. "지견이 서면 지(知)가 곧 무명의 뿌리이고, 지견이 없으면 견(見) 이것이 곧 열반이다." 이 구절을 한참 묵묵히 깊이 음미하다가 문득 크게 깨달았습니다. 그 뒤 이 경전을 읽을 때는 평생토록 깨달은 바와 같았고, 다시는 경문(經文)에 의지하지 않았습니다. 이 역시 흔들림 없는 뜻 속에서 흔들림 없는 믿음을 의지하여, 진실에 의거하고 문자에 의거하지 않는 한 개 사례입니다.

又記得, 安楞嚴看 『楞嚴經』, 至 "知見立知, 卽無明本, 知見無見, 斯卽涅槃" 處, 不覺破句讀了曰: "知見立, 知卽無明本, 知見無, 見斯卽涅槃." 沈吟良久, 忽然大悟. 後讀是經, 終身如所悟, 更不依經文. 此亦決定志中乘決定信, 依義而不依文字之

---

918 『수능엄경』 제5권에 나오는 구절.

一也.

묘지(妙智) 거사께서는 흔들림 없는 의지를 가지고 있고 이 한 개 대 사인연에 대한 흔들림 없는 믿음에 의지하여 부지런히 노력하여 철저히 깨달아 의심이 없어지는 것을 흔들림 없는 뜻으로 삼고 있으나, 다만 아직 단번에 확 깨닫지 못하고 있을 뿐입니다. 그리하여 이 두루마리로써 가르침을 구하니, 이에 조사가 지철을 위하고, 암두가 나산을 위하고, 안능엄이 구절을 바꾸어 『능엄경』을 읽은 것 등 도(道)를 깨달은 몇몇 이야기를 인용하여, 이후 단번에 확 깨닫는 계약서로 삼을 뿐입니다.[919]

妙智居士有決定志, 而乘決定信於此一段大事因緣, 矻矻孜孜以徹證不疑爲決定義, 但未得噴地一下耳. 因以此軸求指示, 故引祖師爲志徹禪師, 嚴頭爲羅山, 安楞嚴破句讀『楞嚴經』, 悟道數段葛藤, 且作他時噴地一發之契券云耳.

---

919 운이(云耳) : =운이(云爾), 운이(云尒). ①문장 끝에 쓰여 '이와 같을 뿐'이라는 뜻을 나타냄. ②따름이다. -뿐이다. 제한을 표시하는 말투. ③문장 끝에 쓰여 결속(結束)을 나타내는 말. ④이와 같이 말함. 그렇게 말함.

21. 장 태위[920]에게 보임

부처님께서 말씀하셨습니다.

"만약 부처의 경계를 알고자 한다면, 마땅히 그 의식을 허공처럼 깨끗이 하고[921] 망상과 모든 집착[922]을 멀리 벗어나 마음이 향하는 곳에 전혀 장애가 없도록 해야 한다."[923]

부처님의 경계는 곧 자기 마음의 현량(現量)[924]이요, 변동하지 않는 본바탕입니다. 부처님[불(佛)]이라는 한 글자도 자기 마음의 본바탕 위에는 역시 붙일 곳이 없습니다. 이 한 글자를 빌려서 깨달을 뿐입니다. 어떻게 그런 줄 알까요? 부처님[불(佛)]은 깨달음[각(覺)]이라는 뜻입니다.

중생은 아득한 예부터 자기 마음의 현량(現量)이 본래 자기에게 완전히 갖추어져 있음을 믿지 않기 때문에 바깥 경계인 번뇌를 따라 삼계

920　장태위(張太尉) : (원주 : 益之) 장(張)은 성(姓), 태위(太尉)는 벼슬 이름, 익지(益之)는 자(字).

921　연기(緣起)에 의하여 나타난 의식(意識)의 분별세계에서 불이중도에 통달하여 분별에서 벗어난다는 것.

922　취(取) : 12연기의 하나. 애(愛)를 연하여 일어나는 집착(執着). 또 애의 다른 이름. 번뇌의 총칭.

923　『대방광불화엄경』(80권 화엄) 제50권 「여래출현품(如來出現品)」 제37-1.

924　현량(現量) : 인명(因明) 3량인 현량(現量)·비량(比量)·비량(非量)의 하나. 심식(心識) 3량의 하나. 현량은 비판하고 분별함을 떠나서 경계의 사상(事象)을 그대로 각지(覺知)하는 것. 예를 들면, 맑은 거울이 어떤 형상이든 그대로 비치듯, 꽃은 꽃으로 보고, 노래는 노래로 듣고, 냄새는 냄새로 맡고, 매운 것은 매운 대로 맛보고, 굳은 것은 굳은 대로 느껴서, 조금도 분별하고 미루어 구하는 생각이 없는 것.

를 흘러다니며 여러 가지 고통을 받습니다. 그 까닭에 고통스러운 모습이 나타날 때 자기 마음의 현량인 본바탕이 고통을 따라 아득히 흘러갑니다. 그러므로 모든 부처님께서 중생이 아득히 흘러가는 것을 불쌍히 여기신 까닭에 부처님이라는 글자를 빌려서 깨닫게 하신 것입니다.

깨닫고 나면 부처님이라는 한 글자 역시 쓸 곳이 없습니다. 부처님은 중생의 약이니, 중생의 병이 나으면 부처님이라는 약은 쓸모가 없습니다. 무릇 경전과 옛 스님이 깨달으신 인연을 볼 때는 마땅히 이렇게 배워야 합니다.

示張太尉(盆之)

佛言: "若有欲知佛境界, 當淨其意如虛空, 遠離妄想及諸取, 令心所向皆無礙." 佛境界卽當人自心現量, 不動不變之體也. 佛之一字向自心體上亦無著處. 借此字以覺之而已. 何以知之? 佛者, 覺義. 爲衆生無始時來不信自心現量本自具足, 而隨逐客塵煩惱, 流轉三界, 受種種苦. 故苦相現時, 自心現量之體隨苦流蕩. 故諸佛愍衆生流蕩之故, 借佛字以覺之. 旣已覺, 則佛之一字亦無用處. 佛是衆生藥, 衆生病除, 則佛藥無用. 凡看經敎及古德因緣, 當如是學.

중생은 일상생활에서 무명을 드러내어 행합니다. 무명에 맞을 때는 슬거움이 일어나고, 무명에 어긋날 때는 번뇌가 일어납니다. 부처님과 보살은 그렇지 않습니다. 무명을 빌려 부처님의 일로 삼아, 중생이 무명을 보금자리로 삼고 있기 때문에 무명에 어긋날 때는 그 보금자리를 부수어 버리고, 무명에 알맞을 때는 그의 집착을 따라 그를 유도합니다.

유마힐이 말했습니다.

"번뇌의 짝이 여래의 씨앗이다."[925]

영가가 말했습니다.

"무명의 참 본성이 곧 불성이고, 환상으로 나타나는 허망한 몸이 곧 법신(法身)이다."[926]

이런 말들이 바로 이 도리를 말합니다.

衆生日用現行無明. 順無明則生歡喜, 逆無明則生煩惱. 佛菩薩則不然. 借無明 以爲佛事, 爲衆生以無明爲窟宅, 逆之則是破他窟宅, 順之則隨其所著而誘導 之. 淨名云: "塵勞之儔[927]爲如來種." 永嘉云: "無明實性卽佛性, 幻化空身卽法 身." 便是這箇道理也.

이 일은 마음을 가지고 구할 수도 없고, 마음을 버리고 얻을 수도 없고, 언어로써 도달할 수도 없고, 침묵으로써 통할 수도 없습니다. 이 4 구절에서 마음 쓸 곳이 없어야 비로소 이 소식을 일깨워 줄 수 있습니다. 부처님께서 말씀하신 세간과 출세간의 공덕(功德) 가운데 무심(無心)의 공덕만 한 것이 없으니, 무심의 공덕은 가장 커서 헤아릴 수조차

---

925 『유마힐소설경』「불도품(佛道品)」제8에 나오는 구절.
926 『경덕전등록』제30권 「영가진각대사증도가(永嘉眞覺大師證道歌)」에 나오는 구절.
927 여기의 '儔'는 『유마힐소설경』에서는 '疇'로 되어 있다. 주(儔)와 주(疇)는 '짝, 벗, 동아 리, 동류, 동배'라는 같은 뜻을 가지고 있다.

없습니다.

此事不可以有心求, 不可以無心得, 不可以語言造, 不可以寂默通. 於此四句無用
心處, 方始可以提撕此箇消息也. 佛說世出世間功德, 無如無心功德, 最大而不可
思議.

보지 못했습니까? 석가모니가 반야의 회상에서 문수사리 보살에게
물었습니다.

"그대는 생각하지 않는 삼매[928]에 들어갔느냐?"

문수가 말했습니다.

"아닙니다, 세존이시여! 제가 만약 생각하지 않는다면 생각할 줄 아
는 마음을 보지 못할 텐데, 어떻게 생각하지 않는 삼매에 들어갔다고
말하겠습니까? 저는 처음에 발심(發心)하여 이 삼매에 들어가고자 하였
습니다만, 지금은 생각하는 마음이 진실로 없어야 삼매에 들어갈 것이
라고 생각합니다. 마치 사람이 활쏘기를 배움에 오래 연습하여 정교해
지면, 그 뒤에는 비록 마음을 두지 않아도 오랫동안 연습하였기 때문
에 쏘는 화살이 전부 과녁에 적중하는 것과 같습니다. 저 역시 그와 같
아서, 처음 생각하지 않는 삼매를 배울 때는 마음을 하나의 인연에 비
끄러매었습니다. 만약 오래 익혀서 성취한다면, 다시는 생각하는 마음

---

928 부사의삼매(不思議三昧) : 생각하지 않는 삼매. 사량 분별을 떠난 삼매. 삼매(三昧)는
samādhi의 음역(音譯)으로서, 정(定)·등지(等持)라 번역하는데, 산란한 마음을 한곳에 모
아 움직이지 않게 하며, 마음을 바르게 하여 허망한 생각에서 벗어나는 것. 그러므로 삼
매는 곧 부사의(不思議)이다.

이 없어서 늘 삼매와 함께 할 것입니다."[929]

不見? 釋迦老子在般若會上問文殊師利菩薩云: "汝入不思議三昧耶?" 文殊云: "弗

也, 世尊! 我卽不思議, 不見有心能思議者, 云何而言入不思議三昧? 我初發心欲

入是定, 如今思惟, 實無心想而入三昧. 如人學射, 久習則巧, 後雖無心, 以久習故,

箭發皆中. 我亦如是, 初學不思議三昧, 繫心一緣. 若久習成就, 則更無心想, 常與

定俱."

이러한 경지에 이르러야 비로소 나가(那伽)[930]는 늘 삼매에 들어 있
으며 삼매에 들지 않는 때가 없다고 말할 수 있습니다. 그러므로 부처
님께선 무심의 공덕이 참으로[931] 뛰어나고 참으로 헤아림이 없는 것이
라고 말씀하셨습니다. 지금 말하는 무심은 세간에서 말하듯이 흙 · 나
무 · 기와 · 돌처럼 미련하게[932] 앎이 없는 무심은 아닙니다. 털끝만큼
이라도 어긋나면 천리만리 차이가 나 버리니, 잘 살피지 않을 수 없습
니다.

得到這箇田地, 方始可說那伽常在定, 無有不定時. 所以佛說無心功德直是殊勝,

---

929 『문수사리소설마하반야바라밀경(文殊師利所說摩訶般若波羅蜜經)』하권(下卷)에 나오는
    내용.

930 나가(那伽): nāga. 용(龍)이라는 뜻. 용상(龍象)이라 번역한다. 아라한이나 부처를 가리
    킨다.

931 직시(直是): 그야말로. 전혀. 정말. 실로.

932 완연(頑然): 미련하게. 완고하게. 우둔하게.

直是無較量處. 今說無心, 非如世間土木瓦石頑然無知之無心. 差之毫釐, 失之千里, 不可不諦審觀察也.

부처님께선 120종의 깨달은 마음을 말씀하셨고, 120개의 비유를 말씀하셨는데, 그 가운데 한 개 비유가 이렇습니다.

"비유하자면, 어떤 사람이 왕에게 의존하여 나머지 어떤 사람도 두려워하지 않는 것과 같다. 보살마하살 역시 이와 같아서, 큰 세력을 가진 깨달은 마음이라는 왕에게 의지하여 장애되고 가로막는[933] 악도[934]의 어려움을 두려워하지 않는다."[935]

세간에 있는 사람은 한 분의 임금님[936]을 가까이 하고 나머지 사람들을 두려워하지 않는 그런 일은 있으나, 기꺼이 큰 세력을 가진 깨달은 마음이라는 왕에게 의지하여 장애되고 가로막는 악도의 어려움을 두려워하지 않는 경우는 전혀 볼 수 없습니다.

佛說一百二十種菩提心, 說一百二十箇譬喩, 其中有一喩云: "譬如有人依附於王, 不畏餘人. 菩薩摩訶薩亦復如是, 依菩提心大勢力王, 不畏障蓋惡道之難."

---

933 개(蓋) : 번뇌를 말함. 번뇌는 수행하는 이의 착한 마음을 내지 못하게 한다는 뜻에서 개(蓋)라 함.

934 악노(惡道) : 악취(惡趣)와 같음. 나쁜 일을 지은 탓으로 장차 태어날 곳. 업을 지어 윤회하는 길. 지옥 · 아수라 · 축생 · 아귀 · 인간 · 천상 등 여섯 가지 윤회의 길. 지옥 · 아귀 · 축생을 특히 삼악도(三惡道)라 하여 악도 중에서도 가장 나쁜 길이라고 한다.

935 『화엄경』(80권 화엄) 제78권 「입법계품」 제39-19에 나오는 내용.

936 지존(至尊) : 임금. 천자(天子).

世間有人得近一[937]至尊, 而不畏餘人, 則有之, 肯依菩提心大勢力王, 不畏障蓋

惡道之難者, 殊未見也.

또 하나의 비유는 이렇습니다.

"비유하자면, 마하나가[938]이신 큰 힘을 가진 용사가 만약 위세 있는

분노를 떨친다면 그 이마 위에 살갗이 반드시 갈라지는데, 갈라진 살

갗이 아직 닫히기 전에는 염부제[939] 속의 어떤 사람도 그를 제어하여

복종시킬 수가 없는 것과 같다. 보살마하살도 그와 같아서 만약 큰 자

비를 일으킨다면 반드시 깨달음의 마음을 내게 되니, 이 마음을 아직

버리기 전에는 모든 세간의 마구니와 마구니의 권속들이 그를 해칠 수

없다."[940]

又有一喩云: "譬如摩訶那伽大力勇士, 若奮威怒, 於其額上必生瘡皰, 瘡若未合,

閻浮提中一切人民無能制伏. 菩薩摩訶薩亦復如是, 若起大悲, 必定發於菩提之心,

---

937 '일(一)'은 궁내본에 빠져 있다.

938 마하나가(摩訶那伽): mahā-nāga. 대용상(大龍象)이라 번역함. 아라한(阿羅漢)이나 부
처님을 부르는 말.

939 염부제(閻浮提): 산스크리트로는 Jambu-dvīpa이다. 수미산 남쪽에 있는 대륙으로 4
대주의 하나이다. 수미산(須彌山)을 중심으로 세계를 동서남북 네 주로 나누었을 때, 염
부제는 남주이다. 인간세계는 여기에 속한다고 한다. 여기 16의 대국, 500의 중국, 10만의
소국이 있다고 하며 이곳에서 주민들이 누리는 즐거움은 동북의 두 주보다 떨어지지만
모든 부처가 출현하는 곳은 오직 이 남주뿐이라고 한다. 북쪽은 넓고 남쪽은 좁은 지형으
로 염부나무가 번성한 나라란 뜻이다. 원래는 인도를 가리키는 말이었는데, 후세에는 인
간세계를 아울러 지칭하는 말이 되었다.

940 『화엄경』(80권 화엄) 제78권 「입법계품」 제39-19에 나오는 내용.

心未捨來, 一切世間魔及魔民不能爲害."

이와 같은 2종의 비유는 모두 출세간의 커다란 마음의 역량을 갖춘 자를 위하여 말한 것입니다. 왜 그런가요? 2종의 비유는 세간에서 언제나 얻는 그런 법이 아니기 때문입니다. 부처님께선 이것을 말씀하심으로써, 뛰어난 역량을 가진 대장부를 깨우쳐서[941] 그가 대승(大乘)의 짐을 짊어지도록 하려 하신 것입니다.

如上二種譬喩, 皆爲出世間大心有力量者說. 何以故? 二種譬喩非世間常得之法故. 佛說此以啓迪過量奇特丈夫, 欲其擔荷大乘擔子耳.

사대부가 불교에 마음을 둔 적이 없다면 흔히 불교가 공적(空寂)을 가르친다고 여기고서, 이 육체[942]에 집착하여 다른 사람이 공(空)을 말하고 적(寂)을 말하는 것을 들으면 두려움이 생겨나니, 바로 이 두려워하는 마음이 곧 삶과 죽음의 뿌리인 것은 전혀 모릅니다.

부처님께서 본래 말씀하셨습니다.

"세간의 모습을 부수지 않고 실상을 말한다."[943]

또 말씀하셨습니다.

"이 법은 법의 지위에 머물고, 세간의 모습도 늘 머물러 있다."[944]

---

941 계적(啓迪) : 계발하다. 깨우치다. 인도하다.
942 피대자(皮袋子) : 가죽 자루. 육체를 가리키는 말.
943 어떤 경전인지 알 수 없다.
944 『묘법연화경』「방편품(方便品)」제2의 게송에 나오는 구절.

『보장론(寶藏論)』에서 말했습니다.

"고요하고도 쓸쓸하고, 드넓고도 텅 비었네. 위로는 임금이 있고, 아래로는 신하가 있도다. 부모와 자식은 함께 거주하고, 주인과 하인은 그 지위가 다르다네."[945]

이로써 보건대 우리 부처님의 가르침은 임금님의 훌륭한 정치[946]를 빈틈없이 도와서 드날리게 하는 점 역시 많다 하겠습니다. 그러니 또 어찌 공적(空寂)만 말할 뿐이겠습니까?

士大夫不曾向佛乘中留心者, 往往以佛乘爲空寂之敎, 戀著箇皮袋子, 聞人說空說寂則生怕怖, 殊不知只這怕怖底心便是生死根本. 佛自有言: "不壞世間相而談實相." 又云: "是法住法位, 世間相常住." 『寶藏論』云: "寂兮寥兮, 寬兮廓兮. 上則有君, 下則有臣. 父子親其居, 尊卑異其位." 以是觀之, 吾佛之敎, 密密助揚至尊聖化者亦多矣. 又何嘗只談空寂而已?

예컨대 세속에서 노자[947]를 일컬어 장생(長生)의 술법(術法)을 말한다고 하는 것은, 부처님이 공적(空寂)의 법(法)을 말한다고 완고하게 주장하는[948] 것과 다름이 없습니다. 『노자』라는 책은 원래 육신을 보존하여

---

945 『보장론』「광조공유품(廣照空有品)」 제1에 나오는 구절.

946 성화(聖化) : 천자(天子)가 덕행으로 백성을 교화(敎化)함. 천자의 훌륭한 정치.

947 이노군(李老君) : 『도덕경』의 저자인 노자(老子). 노자의 성(姓)은 이(李), 이름은 이(耳), 자는 백양(伯陽), 또는 담(聃). 노군(老君) 또는 태상노군(太上老君)이란 이름으로 신성화되었다.

948 차배(差排) : 명령하다. 지시하다. 시키다. 배치하다. 처리하다. 보내다.

세상에 머문다[949]고 말한 적이 없으며, 또한 청정(淸淨)한 무위(無爲)를 자연(自然)이 돌아가 머물 곳이라고 말한 적이 없습니다. 불교와 노자를 배우지 않은 자들이 제멋대로[950] 좋아하고 싫어하는 마음을 가지고 근거없이 비방하는 것이니, 잘 살피지 않을 수 없습니다. 저는 삼교(三敎)[951]의 성인들이 가르침을 세운 것은 비록 다르나 그 도(道)의 귀결점은 일치한다고 여깁니다. 이것은 영원히 변하지 않는 사실입니다. 비록 이러하지만, 지혜 없는 사람 앞에서는 말하지 말아야 하니, 그를 혼란에 빠뜨릴 것입니다.[952]

如俗謂李老君說長生之術, 正如硬差排佛談空寂之法, 無異. 『老子』之書元不曾說留形住世, 亦以淸淨無爲爲自然歸宿之處. 自是不學佛老者, 以好惡心相誣謗爾, 不可不察也. 愚謂三敎聖人立敎雖異, 而其道同歸一致. 此萬古不易之義. 然雖如是, 無智人前莫說, 打你頭破額裂.

---

949 유형주세(留形住世) : 육신(肉身)을 보존하여 세상에 머물다. 도교(道敎)에서 주장하는 상생불사(長生不死)를 가리킴.

950 자시(自是) : 당연히. 스스로. 제멋대로.

951 삼교(三敎) : 부처의 가르침인 불교(佛敎), 공자와 맹자의 가르침인 유교(儒敎), 노자와 장자의 가르침인 도교(道敎).

952 두파액렬(頭破額裂) : 혼란에 빠뜨리다. 깜짝 놀라게 하다. 절망하게 하다.

22. 증 기의[953]에게 보임[954]

설봉[955]은 세 번 투자[956]를 찾아갔고 아홉 번 동산[957]을 찾아갔지만 법에 계합할 인연이 없다가, 마지막에 암두[958]가 지금까지 얻은 자질구레

---

953 증기의(曾機宜) : (원주 : 叔遲) 증(曾)은 성(姓), 기의(機宜)는 벼슬 이름, 숙지(叔遲)는 자(字).

954 1157년(69세)에 쓴 글.

955 설봉의존(雪峰義存) : 822-908. 설봉은 주석한 절 이름이다. 복건성 천주(泉州) 남안(南安) 출신으로 속성은 증(曾) 씨다. 동산양개(洞山良价) 밑에서 반두(飯頭) 일을 맡아 보다가 그의 지시에 따라 덕산선감(德山宣鑒)의 가르침을 받게 된다. 덕산의 제자인 암두전활, 흠산문수와 함께 행각하다가 호남성 풍주 오산(鰲山)에 이르러, 눈 속에 파묻혀 정진하다가 암두의 가르침을 듣고서 크게 깨우쳐 덕산의 법을 잇게 된다. 저술로는 『설봉진각대사어록(雪峰眞覺大師語錄)』 2권이 있다.

956 투자대동(投子大同) : 819-914. 당대(唐代) 선승. 청원행사의 문하. 투자산(投子山)에 머물렀다. 속성은 유(劉) 씨. 서주(舒州) 회령(懷寧) 출신. 어린 시절에 보당만(保唐滿)에게 의지하여 출가함. 취미무학(翠微無學)에게서 공부하여 심인(心印)을 얻고, 여러 곳을 돌아다닌 뒤에 투자산에 은거하였다.

957 동산양개(洞山良价) : 807-869. 청원행사의 문하. 월주(越州; 절강성) 제기현(諸暨縣)의 사람. 속성은 유(兪) 씨. 남전보원(南泉普願) · 위산영우(潙山靈祐) 등에게 참학하고, 운암담성(雲巖曇晟)에게 배웠다. 다시 놀러가서 물을 건너다가 깨닫고 운암을 이었다. 회창(會昌) 연간의 파불에 몸을 숨기고 대중(大中; 847-860) 연간에 예장(預章; 강서성) 고안(高安)의 신풍동(新豊洞)에 들어가서 뇌형(雷衡)의 귀의로 동산(洞山) 광복사(廣福寺; 普利禪院)를 건립하였다. 오본대사(悟本大師)라고 시호하였다. 뒤에 조동종(曹洞宗)의 고조(高祖)로 추앙받았다. 『보경삼매가(寶鏡三昧歌)』, 『동산어록(洞山語錄)』 1권이 있다.

958 암두전활(嵒頭全 [大豁]) : 828-887. 천주(泉州, 福建省) 남안(南安)현 사람으로, 속성은 가(柯) 씨이다. 영천사(靈泉寺) 의공(義公)의 문하로 출가하였고, 장안의 서명사(西明寺)에서 구족계를 받았다. 처음에는 교종(敎宗)에 투탁하였으나, 후에 설봉의존(雪峯義存) · 흠산문수(欽山文邃) 등과 교유하였고, 앙산혜적(仰山慧寂)에게 배운 후에 덕산선감(德山宣鑑)에게 참학하여 그 법을 이었다. 동정호반(洞庭湖畔)의 와룡산(臥龍山, 巖頭)에

한[959] 것들을 깨끗이 제거해 주자 비로소 마음이 열렸습니다. 암두가 말했습니다.

"뒷날 큰 가르침을 펼치고자 한다면, 반드시 하나하나 자기의 가슴에서 흘러나와 하늘을 뒤덮고 땅을 뒤덮어야 비로소 대장부가 하는 일인 것이다."[960]

서 종풍을 드날렸다. 광계(光啓) 3년 4월 8일, 도적에게 칼을 맞았으나 태연자약하게 한 소리를 지르고는 죽었다. 나이 예순이었다. '청엄대사(淸儼大師)'라는 시호가 내렸다.

959 영쇄(零碎) : 자질구레한. 소소한. 세세한. =영영쇄쇄(零零碎碎).

960 설봉이 도를 얻은 이야기는 『오등회원』 제7권 '복주설봉의존선사(福州雪峰義存禪師)'에 다음과 같이 나와 있다 : 처음 암두(巖頭)와 풍주(澧州) 오산진(鼇山鎭)에 이르러 눈 속에 갇혀 버렸다. 암두는 매일 잠만 잤고, 설봉은 늘 좌선(坐禪)에 몰두하였다. 설봉이 하루는 암두를 불렀다. "사형! 사형! 일어나 보시오." 암두가 말했다. "무슨 일입니까?" "금생에 편안함을 얻지 못하여 학문(學文)이 깊은 사람과 함께 행각(行脚)하여 이르는 곳마다 그의 일에 말려들면서 오늘 여기에 이르렀는데, 또 그저 잠만 자는군요." 암두가 "악!" 하고 외치고는 말했다. "푹 자시오. 매일 침상 위에 앉아 있는 것이 마치 시골 구석에 있는 사당의 토지신(土地神) 같으니, 뒷날 선량한 사람들을 홀리겠구료." 설봉은 자기 가슴을 가리키며 말했다. "저의 여기가 아직 편안하질 않으니, 감히 스스로를 속이지 못하는 것입니다." "나는 그대가 뒷날 외로운 봉우리 꼭대기에서 암자를 짓고 큰 가르침을 드날릴 것이라고 생각하고 있었는데, 아직도 이런 말을 하십니까?" "저는 진실로 아직 평안하질 못합니다." "그대가 만약 진실로 그렇다면, 그대의 견처를 하나하나 말해 보시오. 옳으면 증명해 줄 것이고, 옳지 않으면 도려내 버리겠소." 이에 설봉이 말했다. "제가 처음 염관(鹽官)에게 갔을 때, 염관이 상당하여 색과 공의 뜻을 말하는 것을 듣고 한 개 들어갈 곳을 얻었습니다." 암두가 말했다. "이것은 앞으로 30년이 지나도록 절대로 언급하지 마시오." "또 동산(洞山)이 물을 건너다가 읊은 게송인 '결코 남에게서 찾지 말지니, 나와는 아득히 멀 것이다. 그는 지금 바로 나이지만, 나는 지금 그가 아니라네.'라는 글을 보았습니다." "만약 이와 같다면, 자신조차도 아직 철저히 구제하지 못한 것입니다." 설봉이 다시 말했다. "뒤에 덕산(德山)에게 묻기를 '예부터의 종승(宗乘)의 일이 저에게도 돌아올 몫이 있습니까?'라고 하였는데, 덕산은 한 방망이 때리고 말하기를 '무슨 말을 하느냐?'라고 하였는데, 저는 그때에 마치 통 밑바닥이 쑥 빠지는 것 같았습니다." 암두가 "악!" 하고 외치고 말했다.

암두의 이 말은 설봉의 근기를 밝혀 주었을 뿐만 아니라, 이 도(道)를 배우는 자들에게는 영원한 본보기가 될 만합니다.

示曾機宜(叔遲)

雪峰三上投子, 九到洞山, 緣法不契, 末後得嚴頭掃屛從前零碎所得, 方得心地開通. 嚴頭云: "若欲他時播揚大敎, 須是一一從自己胸襟流出, 蓋天蓋地, 始是大丈夫所爲." 嚴頭之語, 非特發明雪峰根器, 亦可作學此道者萬世規式.

이른바 가슴에서 흘러나오는 것은 곧 자기의 애초부터의 현량(現量)으로서 본래 온전히 갖추어져 있는 것이니, 두 번째 생각을 일으키기만 하면 즉시 비량(比量)⁹⁶¹으로 떨어집니다. 비량은 바깥 경계를 꾸며서 얻는 법이고, 현량은 부모가 낳기 이전 위음나반⁹⁶²의 일입니다. 현량 속에서 얻는다면 힘이 세고, 비량 속에서 얻는다면 힘이 약합니다. 힘

"그대는 듣지도 못했는가? 문(門)으로 들어오는 것은 집안의 보물이 아니라는 말을." 설봉이 말했다. "그 후에는 어떻게 해야 옳습니까?" "그 후에 만약 큰 가르침을 드날리려고 한다면, 하나하나가 자기의 가슴에서 흘러 나와야, 장래 나와 더불어 하늘을 뒤덮고 땅을 뒤덮을 것입니다." 설봉이 이 말을 듣고서 크게 깨닫고는 곧 절을 하고 일어나 연거푸 외쳤다. "사형! 오늘 비로소 오산(鼇山)에서 도를 이루었습니다."

961　비량(比量) : 불교 논리학에서 인명(因明) 3량(量)의 하나. 진비량(眞比量)이라고도 한다. 우리가 이미 아는 사실에 의지하여, 비교하고 헤아려서 아직 알지 못하는 사실을 추측하는 것. 예를 들면, 연기가 올라오는 것을 보고, 그 아래에 불이 있는 줄을 미루어 아는 것과 같은 따위.

962　위음나반(威音那畔). 위음왕불(威音王佛)이 세상에 나오기 이전. 나반(那畔)은 저쪽이라는 뜻. 과거장엄겁(過去莊嚴劫)의 최초불을 위음왕불이라 함. 부모미생전(父母未生前), 천지미분전(天地未分前)이란 말과 같이 태초(太初)를 표시하는 말.

303

이 세면 부처의 경계에도 들어갈 수 있고 마귀의 경계에도 들어갈 수 있지만, 힘이 약하면 부처의 경계에는 들어갈 수 있지만 마귀의 경계에서는 쉽사리 물러나는[963] 경우가 헤아릴 수 없이 많습니다.

所謂胸襟流出者, 乃是自己無始時來現量本自具足, 纔起第二念, 則落比量矣. 比量是外境莊嚴所得之法, 現量是父母未生前威音那畔事. 從現量中得者氣力麤, 從比量中得者氣力弱. 氣力麤者能入佛又能入魔, 氣力弱者入得佛境界, 往往於魔境界打退鼓, 不可勝數.

이 일은 총명하고 영리함에 좌우되지도 않고 또한 둔하고 배운 것 없음에 좌우되지도 않습니다. 진실을 말하자면, 다만 단번에 확 깨달

963　퇴고(退鼓) : 물러나다. 손을 떼다.
964　분지일발(噴地一發) : 깨달음을 체험하는 순간을 표현하는 말. 단번에 확 깨닫다. 확 하고 단번에 통하다. 확 한번 뚫리다. 앗 하고 한번 열리다. 사용되는 형태는 분지일하(噴地一下), 분지일발(噴地一發), 화지일하(㘞地一下), 화지일성(㘞地一聲), 폭지일성(爆地一聲) 등이 있다. 분(噴)은 '뿜다.' '뿜어내다.'는 뜻이고, 화(㘞)는 '놀라서 별안간 소리를 내지르다.'는 뜻으로서 돌(咄)과 같고, 폭(爆)은 '폭발하다.' '터지다.'는 뜻이다. 모두 어떤 상황을 나타내는 말이다. 접미사 지(地)는 어떤 상황을 나타내는 단어에 붙어 동사, 형용사를 수식하는 부사를 만든다. 그러므로 분지(噴地)는 '확 뿜어내듯이.' 화지(㘞地)는 '앗 소리 지르듯이.' 폭지(爆地)는 '펑 터지듯이.'는 정도의 뜻이 된다. 한편 일하(一下)는 '단번에 내려놓다.' 일발(一發)은 '단번에 쏘다.' 일성(一聲)은 '단번에 소리 지르다.'는 뜻으로서, 문득 일이 이루어진다는 뜻이다. 따라서 분지일하(噴地一下)는 '확 뿜어내듯이 단번에 내려놓다.' 분지일발(噴地一發)은 '확 뿜어내듯이 단번에 쏘다.' 화지일하(㘞地一下)는 '앗 소리 지르듯이 단번에 내려놓다.' 화지일성(㘞地一聲)은 '앗 하고 고함치듯이 단번에 소리 지르다.' 폭지일성(爆地一聲)은 '펑 하고 터지듯이 단번에 소리 지르다.'는 정도의 뜻이 되겠지만, 이 모두는 깨달음의 체험이 별안간 단번에 이루어짐을 나타내는 말이다.

는[964] 것을 표준[965]으로 삼을 뿐입니다. 이 소식을 얻기만 하면, 말을 할 때마다 참됨을 떠나 서 있는 곳이 없으니 서 있는 곳이 곧 참됩니다.[966] 이른바 가슴에서 흘러나와 하늘을 뒤덮고 땅을 뒤덮는다는 것은 바로 이와 같을 뿐이고, 말을 하여 기특함을 구하는 것이 아닙니다.[967]

此事不在聰明靈利, 亦不在鈍根淺識. 據實而論, 只以噴地一發爲準的耳. 纔得這箇消息, 凡有言句, 非離眞而立處, 立處卽眞. 所謂胸襟流出, 蓋天蓋地者, 如是而已, 非是做言語, 求奇特.

남이 말하지 않는 것을 아름다운 마음씨와 고운 말씨 혹은 뜻과 말이 날카롭고 신선한 것으로 보아 속에서 흘러나오는 것으로 여기면서도 열 번 종사(宗師)에게 질문받으면 아홉 번은 대답하지[968] 못하며, 육체[969] 앞에서 까닭 없이[970] 주인 노릇 함을 두려워해야 함에도 아무렇지 않게 여기며,[971] 종사가 입을 열어 말하는 것을 보기만 하면 곧 알았다고 하니, 이와 같은 부류는 부처님이 나타나셔도 역시 구제할 수 없습니다.

---

965 준적(準的) : 표준. 기준.

966 무슨 말을 어떻게 하더라도 여법(如法)하지 않음이 없다.

967 여법한 말이 따로 있는 것이 아니다.

968 지대(祇對) : = 지대(只對). 응대하다. (공경하게)응대하다. 응답하다.

969 촉루(髑髏) : 해골. 육신(肉身).

970 강(强) : ①일부러. 고의로. ②매우. 심하게. ③-남짓하다.(수량의 뒤에서) ④간신히. 가까스로. 무리하게. ⑤까닭 없이. 이유 없이. 실없이.

971 불방(不妨)- : 는 무방(無妨)하다. 는 괜찮다. -라고 해도 괜찮다. 마음대로 -하다.

他人道不出者, 錦心繡口, 意句尖新, 以爲胸襟流出也, 十回被師家問著, 九回祇對
不得, 不妨只怕向髑髏前彊作主宰, 纔見宗師開口動舌, 便領將去, 似這般底, 佛出
世亦救他不得.

숙지(叔遲)께선 근성(根性)이 비록 둔하지만 도리어 이익[972]을 얻습니
다. 진실로 삶과 죽음에 맞서고자 하기 때문에 게으름 없이 마음마음
생각생각에 쉽게 포기하지 않습니다. 앞서 말한 "이익을 얻는다."는 것
은 곧 이렇게 조금 아둔한 가풍(家風)입니다. 이미 흔들림 없는 뜻이 있
다면 얻어서 손에 넣는 것은 저절로 때가 있으니, 다시 언제 얻을지에
는 상관하지 마십시오.

노승은 늘 납자들에게 말합니다.

"나의 선(禪)에 참여하고자 한다면, 모름지기 일생 동안 매달려도 처
리할 수 없다는 마음가짐이어야 한다."

만약 신속한 효과를 구하려 한다면, 반드시 잘못될 것입니다. 왜 그
럴까요? 단지 본래 남에게 줄 법이 없기 때문이니, 다만 남에게 길을
가리키는 사람 노릇을 할 뿐입니다. 옛 스님이 말했습니다.

"얻는 것이 있다면 이것은 들여우[973]의 울음소리고, 얻을 것이 없다
면 이것은 사자의 울부짖음이다."[974]

---

972 편의(便宜) : 이익. 좋은 것.

973 야간(野干) : 들여우. 터무니없는 사람. 엉터리.

974 『경덕전등록』 제5권 '서경광택사혜충국사(西京光宅寺慧忠國師)'에 "법에 얻을 것이 있다
고 말하면 이것은 들여우의 울음소리이고, 법에 얻을 것이 없다고 말하면 사자의 울부짖
음이라고 한다."(說法有所得斯則野干鳴, 說法無所得是名師子吼.)라는 구절이 있고, 또 『운문

叔遲根性雖鈍, 卻得便宜. 眞實要敵生死故, 矻矻孜孜, 心心念念不肯放捨. 前所云:
"得便宜." 便是這些鈍底家風也. 旣有決定志, 得之入手自有時節, 亦莫管得在何
時. 老僧常與衲子輩說: "要參妙喜禪, 須是辦得一生不會始得." 若要求速效, 則定
是相誤. 何以故? 只爲從來無法與人, 但爲人做得箇指頭路底漢子耳. 古德云: "有
所得是野干鳴, 無所得是師子吼."

부처님은 변화에 능통한 사람입니다. 49년 동안 360여 회의 설법을
하셨는데, 듣는 사람의 근성(根性)에 따라 그들을 인도하셨습니다. 그
러므로 십법계(十法界)[975] 속에서 한 목소리로 말씀하셨으나, 중생은 자
신의 유형에 따라 이익을 얻었던 것입니다. 마치 동풍이 한 번 불면 온
갖 풀이 함께 눕는 것처럼, 부처님이 법을 말씀하시는 것 역시 그와 같
습니다. 만약 십법계 속에 이익을 주려는 뜻을 가지고 있었다면, 이것
은 곧 내가 법을 말하여 중생들로 하여금 유형에 따라 해탈을 얻게끔[976]
하려는 것이니, 또한 어렵지 않겠습니까?

광진선사광록(雲門匡眞禪師廣錄)』 중권(中卷) 「실중어요(室中語要)」에 "말할 것이 있으면
들여우의 울음소리요, 말할 것이 없으면 사자의 울부짖음이다."(有所說野干鳴, 無所說師子
吼.)라는 구절이 나온다.

975 십법계(十法界): 10가지 종류의 법계. 사성(四聖)과 육범(六凡)을 말한다. 사성은 불계
(佛界), 보살계(菩薩界), 연각계(緣覺界), 성문계(聲聞界)를 말하며, 육범은 천상계(天上
界), 인간계(人間界), 수라계(修羅界), 축생계(畜生界), 아귀계(餓鬼界), 지옥계(地獄界)를
말한다.

976 득도(得度): 도(度)는 범어 바라밀(波羅蜜, paramita)을 번역한 말. 이 생사의 고해를 건
너 이상향인 열반에 이르는 것. 바라밀을 얻는 것을 득도라 한다. 제도(濟度)와 같은 말.

佛是通變底人. 於四十九年中三百六十餘會說法, 隨其根性而引導之. 故於十法界
內一音演說, 衆生隨類各獲饒益. 譬如東風一拂, 萬卉齊敷, 佛所說法, 亦復如是.
若有意於十法界內作饒益, 則是以我說法, 欲使衆生隨類得度, 不亦難乎?

보지 못했습니까? 사리불이 반야를 말씀하시는 회상에서 문수에게
물었습니다.

"모든 부처님, 여래께서는 법계를 깨닫지 못했습니까?"

문수가 말했습니다.

"아닙니다, 사리불이여! 모든 부처님도 오히려 있을 수 없는데, 어떻
게 부처님이 법계를 깨닫는 일이 있겠습니까? 법계도 오히려 있을 수
없는데, 어떻게 법계가 모든 부처님에게 깨달아지겠습니까?"[977]

不見? 舍利弗在般若會上問文殊曰: "諸佛如來不覺法界耶?" 文殊曰: "弗也, 舍利
弗! 諸佛尙不可得, 云何有佛而覺法界? 法界尙不可得, 云何法界爲諸佛所覺?"

저 두 사람이 이렇게 북돋우고 불러일으키는[978] 것을 보십시오. 어찌
고의로 일부러[979] 그렇게 하였겠습니까? 예부터 모든 부처님과 모든 조
사 스님들이 사람을 위할 때는 모두 이와 같은 표현양식[980]입니다. 다

---

977 『문수사리소설반야바라밀경(文殊師利所說般若波羅蜜經)』에 나오는 내용.

978 격양(激揚) : 북돋우어 불러일으키다. 격려하여 진작시키다.

979 착의(着意) : 일부러. 고의로. 의식적으로.

980 체재(體裁) : ①문장의 결구(結構)와 시문(詩文)의 문채(文彩). 표현양식. ②제도. 체계.
③태도. 풍격.

만[981] 뒷날 후손들이 그 근본뜻[982]을 잃고서는 드디어 각자 문호(門戶)를 세워 요사스럽게 괴상한 짓을 할 따름입니다.

看他兩人恁麼激揚. 又何曾著意來? 從上諸佛諸祖爲人, 皆有如是體裁. 自是後來兒孫失其宗旨, 遂各立門戶, 造妖捉怪耳.

숙지(叔遲)께서는 이미 세간에 실망하셨으니, 벌써 한량없는 일을 덜어 낸 것입니다. 세간의 모습을 부수지 않고 진실한 모습을 말하며, 부처와 부처가 전해 주고[983] 조사와 조사가 서로 전하여 차이가 없고 다름이 없습니다. 다만 이 도(道)를 배우는 자가 방편을 잘못 알았기 때문에 전하고 익히기만 하고 있으니, 전혀 그 원류에 닿지 못하는 것입니다.

叔遲既於世間灰心, 則已省得無限事了也. 不壞世間相而談實相, 佛佛授手, 祖祖相傳, 無差無別. 自是學此道者錯認方便故, 傳習將去, 殊不本其源流耳.

어떤 것이 세간의 모습을 부수지 않고 진실한 모습을 말하는 것일까요? 제가 그대에게 말하겠습니다. 웃어른을 받들어 모심에 순종하는 태도를 취하며 자제(子弟)의 도리를 다함을 꺼리지 말아야 합니다. 그

---

981 자시(自是) : 다만. 오직.
982 종지(宗旨) : 근본되는 뜻. 본성, 본심(本心), 깨달음, 견성, 반야, 본래면목 등과 같은 말.
983 수수(授手) : 전해 주다. 전해 받다.

런 뒤에 인연 따라 놓아서 비워 버리고 마음 내키는 대로 자유롭게 즐기며,[984] 일상생활의 행위 하나하나 속에서 늘 스스로 점검하고 살펴보십시오. 다시 덧없이 흘러가는 세월 속에 삶과 죽음의 일이 크다는 사실을 순간순간 자신에게 일깨워 주시고, 일이 없을 때는 모름지기 성인(聖人)의 글을 읽어야 자기의 근성과 심식(心識)[985]에 보탬이 됩니다. 참으로 이와 같이 한다면, 세간과 출세간에서 모두 허물과 근심이 없을 것입니다.

如何是不壞世間相而談實相? 妙喜爲你說破. 奉侍尊長, 承順顔色, 子弟之職當做者, 不得避忌. 然後隨緣放曠, 任性逍遙, 日用四威儀內, 常自檢察. 更以無常迅速, 生死事大, 時時提撕, 無事亦須讀聖人之書, 資益性識. 苟能如是, 世出世間, 俱無過患矣.

---

984 소요(逍遙) : 자유롭게 거닐다. 유유자적하다. 아무 구속도 받지 않다. 자유롭게 즐기다.
985 성식(性識) : 근성(根性)과 심식(心識). 기질, 습성과 분별심.

23. 증증 거사[986]에게 보임[987]

천태지자[988] 대사는 법화삼매[989]를 깨닫고서, 공(空)·가(假)·중(中)의
삼관(三觀)[990]을 가지고 일대장교를 모두 거두어들이니 모자람도 없고

---

986 증증거사(中證居士) : (원주 : 郭知縣仲堪) 증증(中證)은 법호(法號), 곽(郭)은 성(姓), 지
    현(知縣)은 벼슬 이름, 증감(仲堪)은 자(字).

987 1157년(69세)에 쓴 글.

988 천태지의(天台智顗) : 538~597. 중국 수나라 스님. 천태종의 개조(開祖). 자는 덕안(德
    安). 혜광(惠曠)에게 율학과 대승교를 배우고, 560년(진 천가 1) 광주 대소산에 혜사(慧思)
    를 찾아 심관(心觀)을 받다. 30세에 남악혜사(南嶽慧思; 515~577)의 명으로 금릉에서 전
    도. 32세에 와관사에서 『법화경』을 강하다. 38세에 천태산에 들어가 수선사를 창건. 『법화
    경』을 중심으로 불교를 통일하여 천태종을 완성. 585년(수 개황 5) 다시 금릉에 가서 진소
    주(陳少主)의 청으로 태극전에서 『지도론』·『법화경』을 강설. 591년 여산에 있으면서 진왕
    양광(楊廣)에게 보살계를 주고, 지자대사(智者大師)의 호를 받다. 당양현에 옥천사를 창
    건하고 『법화현의(法華玄義)』·『마하지관(摩訶止觀)』을 강하다.

989 법화삼매(法華三昧) : 천태 대사가 『법화경』을 읽다가 얻은 깨달음을 가리킴.

990 천태삼관(天台三觀) : 천태종의 공관(空觀)·가관(假觀)·중관(中觀). 이 관하는 방법
    에 2종이 있음. ①차제(次第) 3관. 또는 격력불융(隔歷不融)의 3관. 공간적으로는 공은 공,
    가는 가, 중은 중으로 독립되어 서로 관계가 없고, 시간적으로는 이 이치를 증득하여 아
    는 과정에 차례를 세워서 관하는 방법. 곧 먼저 공제의 이치를 관하여 견혹(見惑)·사혹
    (思惑)의 추혹(麤惑)과 정의(情意)의 미혹을 끊어서 공지(空智)를 얻고, 다음에 가제의 이
    치를 관하여 진사(塵沙)의 혹인 세혹(細惑)을 끊어서 가지(假智)를 얻고, 다시 나아가 중
    제의 이치를 관하여 견사와 진사의 근본인 무명(無明)의 세혹을 끊어서 중지(中智)를 얻
    는 것. ②일심(一心) 3관. 또는 불차제(不次第) 3관, 부종불횡(不縱不橫)의 3관. 자기의 일
    념 망심 위에 3제를 따로따로 하지 않고 동시에 관하는 방법. 공제·가제·중제는 서로
    다른 것에 관계 없는 단공(但空)·단가·단중이라 하지 않고, 이 셋이 서로 원융무애한
    것이라 하여, 공에 즉하여 가와 중을 관하고, 가에 즉하여 공과 중을 관하고, 중에 즉하여
    공과 가를 관하는 것. 이것을 즉공(卽空)·즉가(卽假)·즉중(卽中)의 관법이라하여 천태
    종의 정의(正義)로 삼는다.

남음도 없었습니다. 공(空)이라 하면, 가(假)도 없고 중(中)도 없고 공(空)
아님이 없습니다. 가(假)라 하면, 공(空)도 없고 중(中)도 없고 가(假) 아
님이 없습니다. 중(中)이라 하면, 공(空)도 없고 가(假)도 없고 중(中) 아
님이 없습니다. 이 뜻을 얻으면 선다라니991를 획득하여, 예부터의 모
든 부처님과 조사 스님이 모두 이 문을 통하여 깨달아 들어가지 않음
이 없음을 압니다. 그러므로 천태 대사가 깨달음을 얻을 때, 『법화경』
을 읽다가 "참된 정진이니, 여래에게 공양하는 참된 법이라고 한다."992
라는 구절에 이르러, 석가모니가 영취산에서 이 경전을 말씀하시는 것
이 뚜렷하여 아직 흩어지지 않음을 보았습니다.

示中證居士(郭知縣仲堪)

天台智者大師悟法華三昧, 以空·假·中三觀該攝一大藏敎, 無少無剩. 言空者, 無假·
無中·無不空. 言假者, 無空·無中·無不假. 言中者, 無空·無假·無不中. 得斯旨者, 獲
旋陀羅尼, 是知從上諸佛諸祖, 莫不皆從此門證入. 故大師證入時, 因讀『法華經』,
至"是眞精進, 是名眞法供養如來." 乃見釋迦老子在靈山說此經儼然未散.

어떤 사람은 이것을 일러 표법(表法)993이라 합니다. 오직 무진(無盡)

---

991 선다라니(旋陀羅尼) : 천태(天台)의 공(空) · 가(假) · 중(中) 삼관(三觀) 가운데 공관(空
     觀)에 해당하는 다라니(陀羅尼). 범부가 상(相)에 집착하는 것을 선전 (旋轉; 돌리다. 바꾸
     다)하여, 공(空)의 이지에 도달시키는 지혜의 힘. 『법화경』에서 말한 3다라니 가운데 하나.
992 『묘법연화경』「약왕보살본사품(藥王菩薩本事品)」제23에 나오는 구절.
993 표법(表法) : 법을 나타내다. 법신불(法身佛)을 나타내다. 천태지의(天台智顗)가 『법화
     경』을 주석하여 지은 『묘법연화경문구(妙法蓮華經文句)』제8권 하(下)「석견보탑품(釋見
     寶塔品)」에서 "다보여래(多寶如來)는 법신(法身)을 나타내는 표법불(表法佛)이고, 석가여

거사 장공(張公)⁹⁹⁴만이 『수능엄경』을 읽다가 "이 사람이 비로소 금강심

중(金剛心中)⁹⁹⁵을 얻었다."⁹⁹⁶는 구절에 이르러 문득 지자 대사가 당시에

깨달은 것을 생각하니, 영취산의 법회(法會)가 뚜렷하여 아직 흩어지지

않음을 본다는 것이 표법이 아님을 알았습니다. 그가 일찍이 나에게 말

래는 보신(報身)을 나타내는 표보불(表報佛)이고, 다보여래가 분신(分身)한 것은 응신(應
身)을 나타내는 응신불(應身佛)이다. 이 세 부처가 비록 셋이나 같지도 않고 다르지도 않
다."(多寶表法佛, 釋尊表報佛, 分身表應佛. 三佛雖三, 而不一異.)고 말한 것에서 유래한 말이
다. 표법(表法)이란 화신(化身)과 보신(報身)에 상대하여, 순수한 법만을 나타낸다는 법신
(法身)의 뜻.

994 장무진(張無盡) : 1043-1121. 무진거사(無盡居士) 장상영(張商英). 도솔종열(兜率從悅;
1044-1091)의 문하에서 공부한 거사(居士). 보통 무진거사(無盡居士)라 부른다. 자는 천
각(天覺), 호는 문충(文忠)이다. 촉(蜀: 四川省)의 신진(新津) 사람으로, 19세 때 과거에 응
시하여 중책을 두루 역임하였으며, 재상까지 지냈다. 소식(蘇軾)과 교유가 있었고, 또 선
종(禪宗)의 황룡파(黃龍派) 선승들과도 사귀었는데, 특히 원오극근(圜悟克勤)과는 밀접한
관계를 맺었다. 선에 심취하여 깊이 이해하였으므로 무진거사라 불리었다. 처음에 불교
를 배척했는데, 부인의 권유로 『유마경』을 읽다가 「문수사리문병품(文殊師利問病品)」 제5
의 내용에 이르러 불교의 깊은 이치를 깨달았다. 이에 참회하며 『호법론(護法論)』(구양수
의 불교 비방을 공격한 내용) 1권을 지었다고 한다.

995 금강심중(金剛心中) : 금강심(金剛心)이란 금강이 견고하여 어떤 물건으로도 깨뜨릴
수 없는 것을 부처의 마음에 비유한 것. 금강심 속에 들어 있다는 것은, 마음이 불이(不
二)의 중도(中道)에 합치하여 어떤 인연을 만나도 전혀 변함이 없는 것.

996 『수능엄경』 제8권에 나오는 구절. 경전의 구절은 "是覺始獲金剛心中."이다. 앞뒤의 구절
은 이렇다 : 아난이 건혜심(乾慧心)으로부터 등각(等覺)이르자, 이 깨달음에서 비로소 금
강심(金剛心) 속의 첫 건혜지(乾慧地)를 얻었다.(阿難從乾慧心至等覺已, 是覺始獲金剛心中
初乾慧地.)

997 이통현(李通玄) 장자(長者) : 당나라 사람. 고금의 학문을 연구, 유교·불교의 경전에
정통함. 719년 『신화엄경(新華嚴經)』을 가지고, 대원 우현의 서남 동영향 대현촌에 이르러
고산노댁의 옆방에 있으면서 논(論)을 지어 경을 해석함. 이렇게 3년 동안 마당에 나오지
않고, 매일 대추 10개와 숟가락만 한 측백나무 떡잎 하나를 먹었으므로 사람들이 조백대
사(棗栢大師)라 함. 경론을 가지고 관개촌 한(韓) 씨 집의 감중(龕中)에 들어가 두 여자에

313

했습니다. "참으로 깨달아 들어갈 때는 온몸이 금강심 속에 머물러 있으니, 바로 이 장자[997]가 말한 '가없는 세계[998]는 자기와 남이 털끝만큼도 분리되어 있지 않고, 십세(十世)[999]의 옛과 지금, 시작과 끝이 바로 지금 이 순간을 벗어나지 않는다.'[1000]입니다."

或者謂之表法. 唯無盡居士張公因閱『首楞嚴經』, 至"是人始獲金剛心中"處, 忽思智者當時所證, 見靈山一會儼然未散, 非表法也. 嘗謂余曰: "當眞實證入時, 全身住在金剛心中, 李長者所謂: '無邊刹境, 自他不隔於毫端, 十世古今, 始終不離於當念.'"

지자 대사가 영취산의 법회가 뚜렷하여 아직 흩어지지 않음을 본 것은 오직 이 삼매를 깨달은 것이니, 증거를 인용하여 깨우칠[1001] 필요 없이[1002] 스스로 말없이 머리를 끄덕입니다. 중생의 경계는 차별되어 평등하지 못하고 보는 것도 같지 않고 서로 얻고 잃음이 있으니, 타고난

게서 지묵(紙墨) 등 도구와 매일 먹을 것을 받으면서 이 감중에서 논을 지었다. 이것이 곧 『화엄경』을 해석한『신화엄경론(新華嚴經論)』40권이다.

998 찰경(刹境) : 세계. 국토. 찰(刹)은 kṣetra의 음역으로서 토지, 육지라는 뜻. 경(境)은 경계(境界).

999 십세(十世) : 화엄(華嚴)에서 시간을 구분하기를, 과거 · 현재 · 미래가 있고, 그 각각에 다시 과거 · 현재 · 미래가 있으며, 이 구세(九世)를 융통하는 것을 일러 일세(一世)라 하는데, 이 모두를 더하여 십세라고 한다.

1000 이통현이 지은『대방광불신화엄경합론(大方廣佛新華嚴經合論)』제1권의 논(論)에 나오는 구절.

1001 인유(引喩) : 증거를 인용하여 이해시키다(깨우치다).

1002 부대(不待) : -할 필요 없다.

314

영리한 자라야만[1003] 법에 구속되지도 않고 법에서 벗어나길 구하지도 않습니다. 경전의 가르침과 옛 스님이 도(道)에 들어간 이야기에서 방편을 버리고 스스로 깨달아 들어간다면, 또한 조화 절충[1004]이나 배치할[1005] 필요 없이 저절로 달을 보고 손가락은 잊을 것입니다.

智者見靈山一會儼然未散, 唯證是三昧者, 不待引喩而自默默點頭矣. 衆生境界差別不等, 所見不同, 互有得失, 除夙有靈骨, 不被法縛, 不求法脫. 於經敎及古德入道因緣, 捨方便而自證入, 則亦不待和會差排, 自然見月亡指矣.

옛날 약산[1006] 스님이 처음 발심하여 선지식을 찾아다닐 때에 남악의 석두 스님이 있는 곳에 이르러 물었습니다.

"삼승십이분교는 제가 대강 공부하였습니다. 남방[1007]에는 '곧장 사람의 마음을 가리키고〔직지인심(直指人心)〕· 본성을 보아 깨닫는다〔견성

1003 제(除) : -을 제외하고는. -이 아니라면. 오직 -해야 비로소.

1004 화회(和會) : 조화하다. 절충하다.

1005 차배(差排) : 배치하다. 처리하다.

1006 약산유엄(藥山惟儼; 745-828) : 당대(唐代) 선승. 약산(藥山)은 머물렀던 산 이름. 석두희천을 찾아가 그 문하에서 공부하여 깨달음을 얻는 석두의 법을 이었다. 석두의 곁에서 13년 동안 시봉하다가 호남성(湖南省) 풍양(灃陽)의 약산(藥山)으로 들어가 촌장(村長)이 준 외양간에서 머물렀다. 시호는 홍도대사(弘道大師).

1007 남방(南方) : 육조혜능이 남쪽의 광동 지방에서 활동하였으므로, 육조의 선(禪)을 남종돈교(南宗頓敎) 혹은 남종선(南宗禪)이라 한다. 중앙의 황도(皇都)에서 활동한 대통신수(大通神秀)의 북종선(北宗禪)과 대비되는 말이다.

성불(見性成佛)」¹⁰⁰⁸는 것이 있다고 들었습니다만,¹⁰⁰⁹ 아직 전혀 알지 못하고 있습니다. 스님께서 좀 가리켜 주십시오."

석두가 말했습니다.

"이러하여도 안 되고, 이러하지 않아도 안 되고, 이러하든 이러하지 않든 모두 안 된다."

약산이 이 말을 듣고도 깨닫지 못하고 우두커니 서 있자, 석두가 말했습니다.

"알겠는가?"

약산이 말했습니다.

"모르겠습니다."

석두가 말했습니다.

"아마도¹⁰¹⁰ 그대의 인연은 여기에 있지 않나 보구나. 강서로 가서 마(馬) 대사에게 물어보거라."

약산은 가르쳐 준 대로 곧장 강서로 가서 마 대사를 만나, 석두에게 물었던 것과 같이 물었습니다. 이에 마조가 말했습니다.

1008 직지인심(直指人心)과 견성성불(見性成佛) : 조사선의 특징을 나타내는 문구. 조사선의 특징을 간단히 요약하면, 문자를 수단으로 삼지 않고(불립문자(不立文字)), 가르침의 말씀 밖에서 따로 진리를 전하니(교외별전(敎外別傳)), 마음을 가지고 마음을 직접 전하는 것이라(이심전심(以心傳心)), 마음을 바로 가리켜서(직지인심(直指人心)), 마음의 본성을 보아 깨닫게 한다(견성성불(見性成佛))라는 것이다. 조사선 이전까지의 불교는 문자언어를 달을 가리키는 손가락으로 삼아 문자언어인 경전을 방편(方便)으로 하여 불교의 진리를 전하였는데, 조사선은 애초에 방편의 문자를 세우지 않고 이 자리에서 바로 즉각 마음을 가리켜 깨닫게 만드는 것이다.

1009 승문(承聞) : 소식을 듣다.

1010 공(恐) : 아마도.

"나는 어떤 때는 눈썹을 찡그리거나 눈을 깜빡이게 하고, 어떤 때는 눈썹을 찡그리거나 눈을 깜빡이게 하지 않는다. 어떤 때는 눈썹을 찡그리거나 눈을 깜빡이게 하는 것이 옳고, 어떤 때는 눈썹을 찡그리거나 눈을 깜빡이게 하는 것이 옳지 않다."

약산은 마조의 말을 듣자 곧 금강심중(金剛心中)을 얻었는데, 다시는 소식을 알릴 만한 특별하거나 현묘한 일이 없었고, 다만 절을 할 뿐이었습니다. 마 대사는 그가 이미 깨달아 들어간 것을 알고서 또한 전해 줄 다른 도리는 없었고, 다만 그에게 말했습니다.

"그대가 무엇을 보았기에 곧 절을 하는가?"

약산 역시 마조에게 보여 줄 만한 도리는 없었고, 다만 이렇게 말했습니다.

"제가 석두에서는 마치 모기가 무쇠소 위에 앉아 있는 것 같았습니다."

마 대사 역시 말없이 그를 인가(印可)하였습니다.

昔藥山和尙初發心求善知識時, 到南嶽石頭和尙處, 遂問: "三乘十二分教某甲粗亦研窮. 承聞南方有, 直指人心見性成佛, 實未明了. 乞師指示." 石頭云: "恁麽也不得, 不恁麽也不得, 恁麽不恁麽總不得." 藥山聞而不領, 良久無言, 石頭云: "會麽?" 藥山云: "不會." 石頭云: "恐子緣不在此. 往江西問取馬大師去." 藥山依教直至江西見馬師, 以問石頭話端, 依前問之. 馬師曰: "我有時教伊揚眉瞬目, 有時不教伊揚眉瞬目. 有時教伊揚眉瞬目者是, 有時教伊揚眉瞬目者不是." 藥山聞馬師語, 便獲金剛心中, 更無奇特玄妙可通消息, 但作禮而已. 馬師知其已證入, 亦無別道理傳授, 只向他道: "汝見箇甚麼便禮拜?" 藥山亦無道理可以呈似馬師, 但云: "某在石頭, 如蚊子上鐵牛相似." 馬師亦無言語與之印可.

하루는 마조가 문득 약산을 만나자 곧 물었습니다.

"그대는 요즈음 견처[1011]가 어떤가?"

약산이 말했습니다.

"피부가 모두 떨어져 나가고, 오직 하나의 진실이 있을 뿐입니다."

마조가 말했습니다.

"그대가 얻은 것은 마음의 본바탕에 합하고 팔다리에 두루 퍼졌다고 할 만하다. 이미 이와 같다면 세 줄기 대테를 가지고 배를 졸라매고[1012] 곳곳의 절에 머물러 주지를 하여야[1013] 한다."

약산이 말했습니다.

"제가 어떤 사람이라고 감히 절에 머물러 주지를 해야 한다고 말하겠습니까?"

마 대사가 말했습니다.

"늘 다니며 머물지 않는 경우도 없고, 늘 머물며 다니지 않는 경우도 없다. 이익을 바라면 이익이 없고, 하고자 한다면 되는 일이 없다. 마땅히 길 떠날 채비를 해야지 영구히 여기에 머물 수는 없는 것이다."

1011 견처(見處) : 안목(眼目).

1012 세 줄기 대테를 가지고 배를 졸라맨다는 것은, 옷차림을 단속하여 삼가고 자중(自重) 하는 자세를 갖추는 것이다.

1013 주산(住山) : 절에 머물러 주지(住持)를 하다. 산(山)은 절을 가리키고, 주(住)는 주지 직을 수행한다는 말.

약산은 이윽고 마 대사와 작별하고 주지하러 떠났습니다.[1014] 이 역
시 금강심중을 얻은 효험입니다.

一日忽見, 便問: "子近日見處如何?" 山曰: "皮膚脫落盡, 唯有一眞實." 馬師曰: "子
之所得, 可謂協於心體, 布於四肢. 旣然如是, 將三條篾束取肚皮, 隨處住山去." 藥
山云: "某甲又是何人, 敢言住山?" 馬師云: "未有長行而不住, 未有長住而不行, 欲
益無所益, 欲爲無所爲, 宜作舟航, 無久住此." 遂辭馬師去住山. 此亦獲金剛心中之
效驗者.

중감(仲堪) 도우를 나는 한 번도 만난 일이 없었는데,[1015] 소흥 병자년
[1016] 겨울에 완릉(宛陵)에서 만나 한번 그 풍채를 보고는 말을 하기도 전
에 벌써 마음은 허락하였습니다. 일찍이 그 집을 왕래하다가 드디어
그가 속에 있는 말을 남김없이 하기[1017]에 이르렀는데, 그 기회에 그를

1014 『사가어록』 「마조어록」에 나오는 내용. 『사가어록』 「마조어록」에서는 약산이 처음 석두
를 찾아가 깨닫지 못하고 다시 마조를 찾아가 깨달았고, 그 뒤에는 마조의 문하에서 지내
다가 독립하여 나갔다고 되어 있고, 『오등회원』 제5권 '풍주약산유엄선사(澧州藥山惟儼禪
師)'에서는 약산이 처음 석두를 찾아가 깨닫지 못하고 다시 마조를 찾아가 깨달았고, 그
뒤에는 마조의 문하에서 3년을 시봉한 뒤에 다시 석두에게 되돌아간 것으로 되어 있다.
한편, 『조당집』 제4권 '약산화상(藥山和尙)'과 『경덕전등록』 제14권 '풍주약산유엄선사(澧
州藥山惟儼禪師)'에서는 단순히 석두의 문하에서 깨닫고 석두를 시봉하다가 약산에 머물
렀다고 되어 있을 뿐, 마조에게 간 이야기는 없다.
1015 소매평석(素昧平昔) : 평소 서로 만난 일이 없다. 일면식(一面識)도 없다. =소매평생
(素昧平生), 소매생평(素昧生平), 소불상식(素不相識).
1016 남송(南宋) 고종(高宗) 소흥(紹興) 26년은 1156년이고, 대혜 나이 68세 때이다.
1017 경도(傾倒) : 속에 있는 것을 남김없이 말하다.

추궁하니 스스로 말하기를 중자법문(中字法門)[1018]에 취향이 있다고 하였습니다. 그날 이후로 매번 그와 이야기를 나눌 때마다 한마디도 세간의 일을 말한 적이 없었는데, 옛사람이 강을 건너지 않고 강가를 걸어가 버렸다는[1019] 일이 역시 있었던 것입니다.[1020] 정치를 할 때는 가혹하지도 않고 지나치게 자세히 살피지도 않았으나 간신들은 그를 몹시 두려워하였으니,[1021] 이 역시 중자법문의 효험을 증명하는 것입니다.

仲堪道友, 妙喜與之素昧平昔, 紹興丙子冬, 邂逅宛陵, 一見風采, 未語而心已許之. 嘗過其舍, 遂蒙傾倒, 因而詰之, 自言於中字法門而有趣向. 自爾每與對談, 未嘗一語及世間事, 古人隔江橫趨時節亦有之矣. 爲政不苛不察, 而姦蠹爲之膽落, 此亦證中字法門效驗也.

작별한 지 꼭 9달 만에 문득 전개(專介)[1022]가 이 두루마리를 가져와

1018 중자법문(中字法門) : 중자(中字)는 중도(中道)의 중자(中字). 중도(中道)는 불도(佛道)이니 중자법문이란 불문(佛門), 불법(佛法)을 뜻한다.

1019 격강횡추(隔江橫趨) : 강을 건너지 않고 강가를 걸어가다. 양주(襄州) 고정간(高亭簡) 선사의 일화. 양주의 고정간 선사가 처음 덕산(德山)을 찾아갔다가 강 건너에 있는 덕산을 보고는 멀리서 합장하고는 소리 높여 말했다. "안녕하십니까?" 덕산은 손에 쥐고 있던 부채를 두 번 흔들어 고정 선사를 불렀다. 그 모습을 보고 고정 선사는 문득 깨달았다. 그러고는 강을 건너지 않고 강가를 걸어서 가 버리고 다시는 돌아보지 않았다. 뒷날 양주에서 법을 펼칠 때는 덕산의 법을 이었다.(襄州高亭簡禪師, 初隔江見德山, 遙合掌呼云: "不審?" 德山以手中扇子再招之. 師忽開悟. 乃橫趨而去, 更不迴顧. 後於襄州開法, 嗣德山.)(『경덕전등록』 제16권)

1020 중감(仲堪)도 대혜의 지도로 깨달았다는 말.

1021 담락(膽落) : 간담이 떨어지다. 몹시 놀라다. 몹시 두려워하다.

1022 전개(專介) : 사람 이름. 심부름한 사람의 이름.

도호(道號)를 구하였습니다. 그 바람에 무진 거사 장공(張公)의 말이 중감(仲堪)이 입문(入門)한 이야기와 자못 비슷하다고 생각했기 때문에, 저도 모르게 앞서의 이야기들을 끄집어내었습니다. 이제 도호를 만들었으니 중중(中證) 거사라고 하겠습니다. 중중(中證)의 뜻은 우리 불교에서라면 금강심(金剛心)입니다. 마음이 중(中)에 도달함을 충(忠)이라 하는데, 중(中)에는 정해진 방향이 없으니 행동[1023]에서 드러나면 남도 이롭게 하고 나도 이롭게 하며 세간과 출세간에서 결코 여한을 남기지 않습니다. 중중(中證)은 치우치지 않으니 아래위가 서로 응함에 마치 전단나무[1024]를 쪼개면 조각조각이 다른 나무가 아님과 같습니다. 남이 빈틈없다고[1025] 말하는 것과 같지 않고 행동할 때에 허점을 드러내 보인다면,[1026] 이와 같은 무리가 중자법문(中字法門)에 들어오려고 하는 것은 마치 막대기를 휘둘러 달을 치려는 것과 같으니 역시 어렵지 않겠습니까? 중중 거사께선 노력하십시오! 저와 훗날 우연히 딱 마주치면 그때 서로 만나, 다시 만약 이 한 글자를 지키고 있다면 중(中)하지 못한 것입니다.

1023 행사(行事) : 행위(行爲). 행동(行動).

1024 전단(栴檀) : candana. 전단(栴檀) · 전단나(栴檀娜) · 전탄나(栴彈那)라고 음역. 여약(與藥)이라 번역. 향나무 이름. 상록수로, 보통 20~30피트(?)의 크기, 향기를 머금고 있어서 조각도 하고, 뿌리와 함께 가루를 만들어 향으로 쓰거나, 향유를 만들기도 한다. 인도의 남쪽 데칸 고원 지방에서 많이 난다.

1025 성수불루(盛水不漏) : 가득 찬 물이 조금도 새지 않음. 사물이 빈틈없이 꽉 짜여 있음. 또는 지극히 정밀함. 빈틈 없음. 주의가 구석구석까지 미침.

1026 수족구로(手足俱露) : 빈틈을 보이다. 허점을 드러내다. 서툴다.

別來恰九箇月, 忽專介以此軸來求道號. 因思無盡張公之言頗與仲堪所入門戶 略相似故, 不覺引前葛藤. 仍爲立道號, 曰中證居士. 中證之義, 在吾佛則曰金剛 心. 心至中曰忠, 中無定方, 見於行事, 而利他自利, 世出世間, 了無遺恨矣. 中證 不偏, 而上下相應, 如析栴檀, 片片非別木. 非如他人說得盛水不漏, 於行事時手 足俱露, 如此等輩欲入中字法門, 大似掉棒打月, 不亦難乎? 中證居士勉之! 妙 喜異日忽地撞到面前, 那時相見, 更若守著這[1027]一字, 則不中矣.

1027 '저(這)'는 궁내본에서 전부 '차(遮)'로 되어 있다. 뜻은 동일.

24. 서 제형[1028]에게 보임[1029]

사대부들은 흔히 얻을 것이 있다는 마음[1030]으로 얻을 것 없는 법을 구합니다. 무엇을 일러 얻을 것이 있다는 마음이라 할까요? 총명하고 영리하여 생각으로 헤아리고 견주어 살펴보는 것이 바로 그것입니다. 무엇을 일러 얻을 것 없는 법이라 할까요? 생각으로 헤아릴 수 없고 견주어 살펴볼 수 없어서 총명함과 영리함이 붙을 곳이 없는 것이 바로 그것입니다. 보지 못했습니까? 석가모니가 『법화경』을 말씀하시는 모임에서 사리불이 간절히[1031] 세 번 청하여 더이상 입을 열[1032] 수 없게 된 연후에야, 있는 힘을 다하여 이 법이 사량분별로써 알 수 있는 것이 아님을 말해 주었습니다.[1033] 이것이 석가모니가 처음 이 일을 깨닫고서 방편문(方便門)을 열어 참된 실상을 보여 주신 시초[1034]입니다.

示徐提刑(敦立)

士大夫多以有所得心, 求無所得法. 何謂有所得心? 聰明靈利, 思量計較者是. 何謂無所得法? 思量不行, 計較不到, 聰明靈利無處安著者是. 不見? 釋迦老子在法華

1028 서제형(徐提刑) : (원주 : 敦立) 서(徐)는 성(姓), 제형(提刑)은 벼슬 이름, 돈립(敦立)
       은 자(字).

1029 1159년(71세)에 쓴 글.

1030 무언가를 얻고자 하는 마음.

1031 은근(殷勤) : 간절하다.

1032 계구(啓口) : (남에게 부탁하기 위하여)입을 열다. 이야기를 꺼내다.

1033 『법화경』의 「제1서품」과 「제2방편품」의 내용을 말하는 것이다.

1034 추륜(椎輪) : 사물의 (아직 완벽하지 못한) 시초.

會上, 舍利弗殷勤三請, 直得無啓口處, 然後盡力道得箇是法非思量分別之所能解.
此是釋迦老子初悟此事, 開方便門, 示眞實相之樞輪也.

옛날 설봉진각 선사는 이 일을 위한 마음이 간절하여, 투자[1035]를 세
번 찾아갔고 동산[1036]을 아홉 번 찾아갔지만 계합할 인연을 만나지 못했
습니다. 뒤에 주금강 덕산[1037]이 훌륭하게 교화[1038]한다는 소식을 듣고는
이윽고 덕산을 찾아갔습니다. 하루는 설봉이 덕산에게 물었습니다.

"예부터 내려온 선종의 종풍(宗風)에서는 어떤 법을 사람에게 보여
주십니까?"

덕산이 말했습니다.

"우리 선종에는 말이 없고, 또한 사람에게 줄 하나의 법도 없다."[1039]

뒤에 다시 설봉이 덕산에게 물었습니다.

"예부터 내려온 종승(宗乘) 속의 일을 저도 나누어 받을 몫이 있습니
까?"

덕산은 주장자를 집어서 곧장 때리며 말했습니다.

"뭐라고 지껄이느냐?"

1035 투자대동(投子大同).

1036 동산양개(洞山良价).

1037 덕산선감(德山宣鑑, 780~865).

1038 왕화(王化)란 본래 왕이 백성을 잘 교화하고 다스린다는 뜻인데, 여기에서는 덕산의
교화가 훌륭하다는 점을 강조하는 표현.

1039 『경덕전등록』 제15권 '낭주덕산선감선사(朗州德山宣鑑禪師)'에는 "雪峰問: '從上宗風以
何法示人?' 師曰: '我宗無語句, 實無一法與人.'"라는 구절만 나오고, 아래 구절은 없다.

설봉은 방망이를 맞고서야 비로소 칠통을 부수었습니다.[1040]

昔雪峰眞覺禪師爲此事之切, 三度到投子, 九度上洞山, 因緣不相契. 後聞德山周
金剛王化, 遂造其室. 一日, 問德山:"從上宗風以何法示人?"德山云:"我宗無語句,
亦無一法與人." 後又問:"從上宗乘中事, 學人還有分也無?"德山拈拄杖便打云:
"道甚麼?"雪峰於棒下方打破漆桶.

이로써 보건대, 생각으로 헤아리고 견주어 살펴보는 총명하고 영리
한 것은 이 문중에서는 한 점도 소용이 없습니다. 옛 스님이 말했습니
다.

"반야는 마치 커다란 불덩어리와 같아서 가까이 가면 얼굴을 태워
버린다."[1041]

머뭇거리며[1042] 이리저리 궁리한다면[1043] 곧 의식(意識)으로 돌아갑니
다. 영가가 말했습니다.

1040 타파칠통(打破漆桶): 칠통을 때려부수다. 문득 깨닫는 돈오(頓悟)를 가리킴. 칠통(漆
桶)은 가구에 칠하는 새까만 옻나무의 진액을 넣은 통. 아주 까맣고, 또는 아주 캄캄하여
아무것도 알 수 없다는 뜻으로서 앞을 가로막은 은산철벽(銀山鐵壁)이나 사방을 가로막
은 금강권(金剛圈)과 같은 말. 타파흑칠통(打破黑漆桶) 혹은 폭파칠통(爆破漆桶)이라고도
함.

1041 『황룡회당심화상어록(黃龍晦堂心和尙語錄)』에 "여기에 이르면, 마치 커다란 불덩이 같
아서 바라보면 얼굴을 태운다."(到者裏, 如大火聚, 覷着卽燎卻面門.)는 구절이 있다.

1042 의의(擬議): 머뭇거리다. 망설이다.

1043 심사(尋思): 깊이 생각하다. 이모저모로 궁리하다.

"법의 재산에 손해를 끼치고 공덕을 없애는 것이
이 심의식(心意識)에서 말미암지 않음이 없다."[1044]

그러므로 심의식은 비단 도(道)를 가로막을 뿐만 아니라 사람을 뒤죽
박죽 뒤얽히게[1045] 만들어 온갖 좋지 못한 일을 하게 합니다.

以是觀之, 思量計較, 聰明靈利, 於此箇門中一點也用不著. 古德有言: "般若如大
火聚, 近之則燎卻面門." 擬議尋思便落意識. 永嘉云: "損法財滅功德, 莫不由茲心
意識."故知心意識非獨障道, 亦使得人七顚八倒, 作諸不善.

이미 이 도를 끝까지 깨닫고자 하는 마음이 있다면, 흔들림 없는 뜻
을 갖추어야 합니다. 크게 쉬고 크게 해탈한 곳에 이르지 않고는, 이
생명이 끝날 때까지 물러나거나 포기하지 않겠다고 맹세해야 합니다.
불법에는 오래도록 얻기 어려운 여러 가지 것이[1046] 없습니다. 사람이
사는 세간의 번뇌에 둘러싸인 일들은 끝이 없어서, 한 겹을 떼어 내면
[1047] 또 한 겹이 다가와 마치 쇠사슬 같이 끊임없이 이어집니다. 뜻이 확
고하지 못하다면, 흔히 기꺼이 그 일들과 동무가 되어 자기도 모르는

1044 『경덕전등록』 제30권 '영가진각대사증도가(永嘉眞覺大師證道歌)'에 나오는 구절.
1045 칠전팔도(七顚八倒) : 뒤죽박죽이 되다. 뒤범벅이 되다. 뒤얽혀 혼란스럽다.
1046 다자(多子) : 여러 가지. 많은 것. 자(子)는 어조사.
1047 발치(撥置) : 옆으로 밀쳐놓다. (일부분을) 떼어 놓다, 배치하다.
1048 견만(牽挽) : 사로잡히다. 붙잡혀 끌려다니다.

사이에 그 일들에게 계속 붙잡혀 끌려다닙니다.[1048] 오직[1049] 당사자에게 오랜 원력(願力)이 있어야, 비로소 생각으로 헤아리는 일에서 기꺼이 물러날 것입니다.

既有究竟此道之心, 須有決定之志. 不到大休大歇大解脫處, 誓畢此生不退不墮. 佛法無多子久長難得. 人世間塵勞中事, 無盡無窮, 撥置了一重, 又一重來, 如連環如鉤鎖, 相續不斷. 志意下劣者, 往往甘心與伊作侶伴, 不覺不知被伊牽挽將去. 除是當人夙有願力, 方肯退步思量.

영가가 또 말했습니다.

"무명의 참된 본성이 곧 불성이고
환상으로 나타나는 헛된 몸이 곧 법신이다.
법신을 깨달으면 한 물건도 없으니
본래 있는 자성인 천진불(天眞佛)이다."[1050]

만약 이와 같이 생각하여 문득 생각이 미치지 못하는 곳에서 한 물건도 없는 법신을 본다면, 곧 자기가 삶과 죽음을 벗어나는 곳입니다. 앞서 말한 "얻을 것 없는 법을 얻을 것이 있다는 마음으로써 구할 수는 없다."는 것이 곧 이러한 도리입니다.

1049 　제시(除是) : 다만 -함으로써만이 비로소. 오직 -해야 비로소.
1050 　『경덕전등록』 제30권 '영가진각대사증도가(永嘉眞覺大師證道歌)'에 나오는 구절.

永嘉又云: "無明實性卽佛性, 幻化空身卽法身. 法身覺了無一物, 本源自性天眞佛." 若如是思量, 驀然向思量不及處, 見得無一物底法身, 卽是當人出生死處. 前所云: "無所得法, 不可以有所得心求." 便是這箇道理也.

사대부가 일생 동안 생각으로 헤아리고 견주어 살펴보는 가운데 살아가다가,[1051] 선지식이 얻을 것 없는 법을 말하는 것을 조금이라도 들으면, 곧 마음속에 의심이 일어나 공(空)에 떨어지지나 않을까 하고 두려워합니다. 저는 매번 이런 말을 들을 때마다 곧 그에게 묻습니다. "공에 떨어질까 두려워하는 바로 이것도 공입니까?" 이에 대하여 열이면 열 모두 해명하지 못합니다.[1052] 이것은 대개 평소에 다만 생각으로 헤아리는 것을 보금자리로 삼고 있는 까닭에, 생각으로 헤아릴 수 없는 말을 조금이라도 들으면 곧 아득해져서 의지할 곳을 찾을 수 없게[1053] 되어 버리는 것이니, 다만 이 의지할 것을 찾을 수 없는 것이 곧 자기가 집착을 버리고 자유를 얻을[1054] 때라는 사실은 전혀 모릅니다.

士大夫一生在思量計較中作活計, 纔聞善知識說無所得法, 便心裏疑惑, 怕落空去.

1051 작활계(作活計) : 활계(活計)는 생계(生計) 즉 살아갈 수단. 살림을 살다. 살림을 꾸리다. 살아가다.

1052 분소불하(分疏不下) : 변명(해명)할 수 없다. 불하(不下)는 뒤에 붙어 부득(不得)과 같이 '-할 수 없다'는 뜻을 나타낸다.

1053 무토파비처(無討巴鼻處) : 의지할 것을 찾을 수 없는 곳. 의지할 곳을 찾을 수 없음. 토(討)는 찾다, 파비(巴鼻)는 의지할 것, 기댈 것, 근거를 뜻함.

1054 방신명(放身命) : 자기 목숨에 대한 집착을 놓고 삶과 죽음에 자재하게 되다. 속박에서 벗어나 자유로운 몸이 되다.

妙喜每見如此說者, 卽問他 : "只這怕落空者, 還空也無?" 十箇有五雙分疏不下. 蓋
平時只以思量卜度爲窟宅, 乍聞說著不得思量底話, 便茫然無討巴鼻處, 殊不知只
這無討巴鼻處, 便是自家放身命底時節也.

돈립(敦立) 도우는 정강[1055] 년간에 이문(夷門)에서 만났는데, 그때 한
창나이[1056]였는데도 곧 이 대사인연을 알아보았으니 삶과 죽음에서 벗
어날 만하였습니다. 그대의 형[1057] 돈제(敦濟)와 더불어 때때로 원오 선
사(先師)를 찾아와 가르침을 청했는데,[1058] 단지 스물 안팎 한창 나이의
몸과 마음이어서 아직 이 일을 순수하고 단일한 뜻으로 깨달을 수는
없었습니다.

작별한 지 벌써 30여 년이 훌쩍 지났습니다. 소흥 기묘(己卯)[1059] 가을
에 내가 육왕산[1060]으로 가는 길에 월(越) 땅을 지났는데, 그때 돈립 제
총헌강[1061]과 비로소 다시 만났습니다. 악수를 하고 이런저런 이야기를
나누며[1062] 앉아 있는 사이에 보니, 다만 이 한 개 인연을 아직 깨닫지
못했을 뿐만 아니라 세간의 번뇌에 둘러싸인 일에도 관심이 없더군요.

1055 정강(靖康) : 북송(北宋) 흠종(欽宗)의 연호(年號). 1126-1127년.
1056 정성(鼎盛) : 바야흐로 한창 흥성하다. 한창나이.
1057 내형(乃兄) : 너의 형. 그대의 형.
1058 구문(扣問) : 물음. 가르침을 청함.
1059 남송(南宋) 고종(高宗) 소흥(紹興) 29년은 1159년이고 대혜 나이 71세 때이다.
1060 대혜는 말년에 장사(長沙)의 유배에서 풀려나 절강성(浙江省) 명주(明州) 아육왕산
      (阿育王山)의 광리선사(廣利禪寺)로 부임하였다.
1061 제총헌강(提總憲綱) : 벼슬 이름.
1062 극담(劇談) : 막힘없이 이야기하다. 충분히 이야기하다.

일찍이 참된 선지식을 받들어 모시고 반야의 씨앗을 장식(藏識)¹⁰⁶³ 속에 심어 놓지 않았다면, 이와 같이 장악하고¹⁰⁶⁴ 주인공 노릇 할 수는 없을 것입니다. 합당함¹⁰⁶⁵을 믿고 첫 마음에서 물러나지 않으니, 참으로 불꽃 속의 연꽃입니다.

敦立道友, 靖康中在夷門相會, 是時春秋鼎盛, 便知有此段大事因緣, 可以脫離生死. 與乃兄敦濟, 時來扣問圜悟先師, 但妙年身心, 未能純一專志理會箇事. 別來忽地過了三十餘年. 紹興己卯秋, 予因到育王, 經由越上, 時敦立提總憲綱, 始獲再會. 握手劇談, 坐間只以此一段因緣爲未了, 更不及世間塵勞之事. 非百劫千生曾承事眞善知識, 種得般若種子在藏識中, 則不能如是把得定, 作得主宰. 信得諦當, 不退初心, 眞火中蓮華也.

다만 온갖 책을 두루 보아 구경(九經)과 십칠사(十七史)에 매우 깊이 정통해 있고 총명함이 넘쳐나 이치는 매우 많으나, 선정(禪定)의 힘은 매우 부족해 일상생활 인연에 응하는 곳에 사로잡혀 있었습니다. 그러

1063 장식(藏識) : 제8아뢰야식(阿賴耶識). 진제삼장(眞諦三藏)은 이 식이 중생의 근본 심식(心識)으로 결코 없어지거나 잃어버릴 수 있는 것이 아니라는 뜻에서 무몰식(無沒識)이라 번역하고, 현장(玄奘)은 능장(能藏)·소장(所藏)·집장(執藏)의 세 뜻이 있으므로 장식(藏識)이라 번역하였다. 무몰식이란 제법을 유지하여 잃어버리지 않는다는 뜻이며, 장식이라 함은 제법이 전개되는 데 있어서 의지할 바탕이 되는 근본 마음이란 의미다. 아뢰야식은 과거의 선업과 불선업의 결과에 이끌리는데, 그래서 아뢰야식을 이숙식(=과보식)이라 한다. 또한 제법이 생기하는 종자를 저장하고 있다는 의미에서 일체종자식이라고도 한다.

1064 파득정(把得定) : 물샐틈없이 지키다. 제압하다. 장악하다. =파득주(把得住).

1065 체당(諦當) : 합당함. 적당함. 정확함.

므로 발밑에서 뚝딱[1066] 꺾지 못하고 싹둑[1067] 자르지 못할 뿐이었습니다.

만약 순간순간 바른 생각이 눈앞에 있고 삶과 죽음을 두려워하는 마음이 변하지 않는다면, 날이 가고 달이 갈수록 낯선 곳은 저절로 익숙해지고 익숙한 곳은 저절로 낯설어질 것입니다. 어떤 것이 익숙한 곳일까요? 총명하고 영리하게 생각으로 헤아리고 견주어 살펴보는 것입니다. 어떤 것이 낯선 곳일까요? 보리, 열반, 진여, 불성이니 사유와 분별이 끊어져 어떻게도 헤아릴 수 없고, 그대가 마음을 써서 처리할[1068] 수 없는 것입니다.

갑자기 때가 되면, 혹은 옛사람이 도에 들어간 인연 위에서, 혹은 경전을 보다가, 혹은 생활 속 인연에 응하는 곳에서, 좋을 때든 좋지 않을 때든, 몸과 마음이 산란할 때든, 순조롭거나 거슬리는 경계가 나타날 때든, 잠시 심의식이 편안하고 고요할 때든, 어느 때든 상관없이 문득 마음의 회전축을 밟아 뒤집는[1069] 것이 이상한 일[1070]은 아닙니다.

但以博極群書, 於九經十七史內入得太深, 聰明太過, 理路太多, 定力太少, 被日用

1066 쵀지(啐地) : (의성어) 문득 꺾어지는(부러지는) 소리를 형용한 말. 뚝딱. 탁. 우지끈.

1067 박지(曝地) : (의성어) 문득 끊어지는 소리. 뚝.

1068 안배(按排) : 안배(安排). 배치하다. 배분하다. 마련하다. 준비하다. 처리하다.

1069 답번관려자(踏翻關捩子) : 회전축을 밟아 뒤집다. 관려자는 이리저리 회전하는 회전축(回轉軸)으로서 기관(機關)의 가장 핵심적인 부품인데, 실상도 보고 망상도 보며 이리저리 움직이는 마음을 가리킨다. 몸을 뒤집는다는 전신(轉身)과 같은 말로서 도(道)에 통함을 나타내는 표현. 콧구멍을 밟는다는 답착비공(踏着鼻孔)과 같은 뜻이다.

1070 차사(差事) : ①쓸모없다. 기준 미달이다. 품질이 나쁘다. ②이상한 일.

應緣處牽挽將去. 故於脚跟下不能得啐地折, 曝地斷耳. 若時時正念現前, 怕生死之心不變, 則日月浸久, 生處自熟, 熟處自生矣. 且那箇是熟處? 聰明靈利思量計較底是. 那箇是生處? 菩提涅槃, 眞如佛性, 絶思惟分別, 搏量卜度不到, 無你用心安排底是. 驀然時節到來, 或於古人入道因緣上, 或因看經教時, 或於日用應緣, 若善若不善, 若身心散亂, 若逆順境界現前, 若暫得心意識寧靜時, 忽地踢翻關棙子, 不是差事.

25. 진 기의[1071]에게 보임

"부처님이 모든 법을 말씀하신 것은 모든 마음을 제도하기 위함이다. 나에게는 아무런 마음이 없으니 모든 법이 무슨 소용이 있으랴?"[1072]

법에는 본래 법이 없고, 마음에도 마음이 없습니다. 마음과 법 둘 모두 공(空)인 것이 진실한 모습입니다. 오늘날 도를 배우는 선비는 흔히 공(空)에 떨어질까 봐 두려워합니다. 이렇게 이해하는 것은 방편을 잘못 알아차리고서 병을 약으로 여기는 것이니 참으로 불쌍한 일입니다.

그러므로 방 거사가 말했습니다.

"그대는 공에 떨어지는 것을 싫어하지 마라. 공에 떨어지는 것도 나쁘지 않다."[1073]

또 말했습니다.

"다만 모든 있는 것을 비워 버리기를 바라고, 모든 없는 것을 진실이라고 절대로 여기지 마라."[1074]

만약 이 한 구절을 알아본다면, 가없는 악업을 때려 부수고, 무명이 당장 기와가 부서지고 얼음이 녹듯이 사라질 것입니다. 여래가 말씀하

1071 진기의(陳機宜) : (원주 : 明仲) 진(陳)은 성(姓), 기의(機宜)는 벼슬 이름, 명중(明仲)은 자(字).

1072 이 구절은 『경덕전등록(景德傳燈錄)』 제9권. 「황벽희운선사전심법요(黃蘗希運禪師傳心法要)」에 고덕(古德)의 말이라고 인용되어 있는 것인데, 고덕(古德)이 누구인지는 알 수 없다.

1073 여기 『대혜어록』 이외의 곳에서는 이 구절을 볼 수 없다.

1074 『경덕전등록』 제8권 '양주거사방온(襄州居士龐蘊)'에 나오는 방 거사의 말.

신 일대장교 역시 이 한 구절을 주석한 것을 벗어나지 않습니다.

示陳機宜(明仲)

"佛說一切法, 爲度一切心. 我無一切心, 何用一切法?" 法本無法, 心亦無心. 心法兩

空, 是眞實相. 而今學道之士, 多怕落空. 作如是解者, 錯認方便, 執病爲藥, 深可憐

愍. 故龐居士有言: "汝勿嫌落空, 落空亦不惡." 又云: "但願空諸所有, 切勿實諸所

無." 若覷得這一句子, 破無邊惡業, 無明當下瓦解冰銷. 如來所說一大藏敎亦注解

這一句子不出.

자기가 확고한 믿음을 갖추었다면, 이와 같은 대해탈법(大解脫法)이
있음을 알게 될 것입니다. 다만 알게 된 곳에서 마음의 회전축을 위쪽
으로 돌린다면,[1075] 방 거사의 한 구절은 부처님이 말씀하신 일대장교
와 다름이 없고, 앞도 없고 뒤도 없고, 옛날도 없고 오늘도 없고, 모자
람도 없고 남음도 없으며, 또 어떤 법도 볼 수 없고 어떤 마음도 볼 수
없을 것입니다. 온 우주가 막힘없이 텅 비었지만, 다시 막힘없이 텅 비
었다는 견해를 내진 마십시오. 만약 이런 견해를 낸다면, 곧 공(空)을
말하는 자도 있고, 공이라는 말을 듣는 자도 있으며, 들을 수 있는 모
든 법도 있고, 깨달을 수 있는 모든 법도 있을 것입니다. 만약 들을 수
있고 깨달을 수 있다면, 안으로는 깨닫는 마음이 있고, 밖으로는 깨달
아시는 법이 있을 것입니다. 이러한 병을 없애지 못하면, 이것은 바로
경전에서 말하는 '내가 법을 말한다'는 것이고, 또 '불법승(佛法僧) 삼보

1075 발전(撥轉) : 돌리다. 방향을 바꾸다.

를 비방한다'는 것입니다. 또 경전에서 말했습니다.

"만약 법이라는 개념[1076]을 취하면, 나·사람·중생·목숨에 집착할 것이고, 만약 법이 아니라는 개념을 취하면, 나·사람·중생·목숨에 집착할 것이다."[1077]

앞서 말한 "안으로는 깨닫는 마음이 있고, 밖으로는 깨달아지는 법이 있을 것이다."가 바로 이러한 이치입니다.

當人若具決定信, 知得有如是大解脫法. 只在知得處撥轉上頭關棙子, 則龐公一句與佛說一大藏教無異無別, 無前無後, 無古無今, 無少師[1078]剩, 亦不見有一切法, 亦不見有一切心. 十方世界空蕩蕩地, 亦莫作空蕩蕩地見. 若作是見, 則便有說空者, 便有聞說空者, 便有一切法可聽, 便有一切心可證. 旣可聽可證, 則內有能證之心, 外有所證之法. 此病不除, 敎中謂之以我說法, 亦謂之謗佛法僧. 又敎中云: "若取法相, 卽著我人衆生壽者, 若取非法相, 卽著我人衆生壽者." 前所云: "內有能證之心, 外有所證之法." 便是這箇道理也.

불제자이신 진돈(陳惇)[1079]께선 몸이 허망함을 알고 마음이 환상임도

1076 법상(法相)의 산스크리트는 dharma-saṃjñā이고, 비법상(非法相)의 산스크리트는 a-dharma-saṃjñā인데, 구마라집이 상(相)으로 번역한 saṃjñā는 '모습'이라는 뜻이 아니라, '생각, 개념, 이해'라는 뜻이다. 그 까닭에 현장(玄奘)은 법상(法想), 비법상(非法想)이라고 번역하였다. 개념이란 마음으로 이해하는 모습이니 상(相)이라고 번역하여도 된다.
1077 『금강경』 제6정신희유분(正信希有分)에 나오는 구절.
1078 사(師)는 무(無)의 오자(誤字). 가흥본(嘉興本)과 영락북장(永樂北藏)본에는 무(無)로 되어 있다.
1079 진기의(陳機宜)의 이름.

알고서 환상과 허망함 속에서 조주의 "개에게는 불성이 없다."는 화두를 살펴볼 수 있었는데, 문득 세수하다 코[1080]를 어루만지게[1081] 되었습니다.[1082] 이에 편지를 보내어 견해를 밝히며 시험 삼아[1083] 선(禪)을 말하였는데, 마치 호랑이가 태어난 지 사흘밖에 되지 않았지만 그 기백은 이미 황소를 잡아먹을 것 같았습니다.

그 사이 소식을 통한 곳이 비록 끝이 뾰족한 막대기[1084]로 땅을 두드

1080 비공(鼻孔) : 코. 콧구멍. 비공(鼻孔)은 글자 그대로는 콧구멍이라는 뜻이지만, 콧구멍을 포함한 코 전체를 가리키는 말이다. 파비(把鼻)라는 말이 손잡이를 붙잡는다는 뜻이듯이 코는 손잡이를 뜻하거나, 혹은 비조(鼻祖)라고 하듯이 근원이나 시초를 가리키는 뜻이 있다. 선승들의 어록에서 비공(鼻孔)이라는 말은 근원이나 시초라는 뜻으로서 우리의 본래면목을 가리킨다. 예컨대,『경덕전등록』에 나오는 "부모가 아직 낳지 않았을 때 코는 어디에 있는가?(父母未生時鼻孔在什麽處)" 혹은 "납승이라면 모름지기 바로 납승의 코를 밝혀내야 한다.(衲僧直須明取衲僧鼻孔)" 등의 말에서 코(鼻孔)는 본래면목을 가리킨다.

1081 모착(摸著) : 짚어 보다. 더듬어 보다. 어루만지다.

1082 세면모착비공(洗面摸著鼻孔) : 세수하다가 코를 만지다. 깨달음을 체험하는 것을 가리킨다. 코는 본래면목을 가리킨다. 얼굴을 손으로 씻으면 당연히 코를 만지게 되듯이 깨달음도 당연하고 평범한 일상 속에서 체험하게 됨을 가리킨다.『선림승보전(禪林僧寶傳)』제7권 '서록선선사(瑞鹿先禪師)'에 다음 말이 있다. "나는 처음에 천대(天臺) 선사를 만나 뵙고 말을 듣고서 곧 알아차렸다. 그러나 석 달이 되기 전에 일상생활 속에서 마치 앞이 가로막힌 듯하고 원수와 함께 있는 듯이 갑갑하였다. 하루는 문득 분명히 깨달았는데, 비유하자면 세수하다가 코를 만지는 것과 같았다."(吾初見天臺, 言下便薦. 然千日之內, 四威儀之中, 似物礙膺, 如讎同處. 一日忽然猛省, 譬如洗面摸著鼻孔.) 또『속간고존숙어요(續刊古尊宿語要)』제2집「은산찬화상어(隱山璨和尙語)」에 다음 말이 있다. "본래 따져볼 수 있는 불법(佛法)이 없고, 또 귀신의 굴 속에 앉아 있는 것도 아니다. 문득 세수하다가 코를 만지게 되면, 곧 밥은 원래 쌀임을 알게 된다."(本無佛法可商量, 亦不坐在鬼窟裏. 驀然洗面摸着鼻, 便知得飯元是米.)

1083 시수(試手) : 솜씨나 수완을 시험해 보다. 시험 삼아 해 보다. 시험적으로 일을 시켜보다.

1084 길료봉(吉撩棒) : 문맥으로 보아 끝이 뾰족한 막대기를 가리킨다. 길료봉(吉撩棒)이란

336

리는 것과 같았지만, 땅에 닿는 곳[1085]이 있으면 땅 속으로 조금 들어가고,[1086] 땅에 닿지 않는 곳에서는 전혀 기댈 곳[1087]이 없었습니다. 그러나 대체적인 기본(基本)은 이미 바르게 되어 있더라도 큰 법(法)에 아직 밝지 못한 것은 역시 초심자가 도에 들어갈 때에 늘 있는 병(病)입니다.

참으로 이러한 일을 알았다면, 이 일은 우선 한쪽으로 밀쳐놓고,[1088] 다시 모든 부처와 모든 조사의 중요하고 오묘한 문(門)[1089]을 일시에 막아 놓고서,[1090] 아직 분별이 일어나지 않은 곳에서[1091] 살아갈 곳을 찾아야 비로소 법에서 자재하게 될 것입니다.

이름은 『대혜보각선사어록』 제10권 송고(頌古)에 인용된 조주(趙州)와 도오(道吾)의 대화 단 한 곳에서 언급되고 있을 뿐이다 : 조주가 도오(道吾)를 찾아갔는데, 도오는 조주가 오는 것을 보고서, 표범 가죽으로 만든 잠방이를 입고 길료봉(吉撩棒)을 쥐고 삼문(三門) 앞에서 기다리고 있다가, 조주가 오자마자 "야-!" 하고 크게 소리 지르고는 서 있었다. 조주가 말했다. "조심스레 보살피시오." 도오는 다시 "야-!" 하고 한 번 소리 지르고는, 가 버렸다.(趙州訪道吾, 吾見來, 著豹皮褌, 把吉撩棒, 在三門前等候, 纔見州來, 便高聲唱喏而立. 州云: "小心祇候著." 吾又唱喏一聲而去.)

1085   착처(着處) : 이르는 곳. 닿는 곳.

1086   여기에서 땅은 분별망상을 가리킨다.

1087   파비(巴鼻) : 의지할 곳. 기댈 곳.

1088   "이것이 선이로구나." 하는 체험에 대한 분별을 가지고 있지 말고 놓으라는 말.

1089   요묘문(要妙門) : 긴요(緊要)하고 미묘(微妙)한 문. 가장 중요한 관문. 깨달음으로 통하는 법문(法門). 경전에 있는 부처님의 설법(說法)과 어록에 있는 조사의 설법.

1090   경전에 있는 부처님 말씀과 어록에 있는 조사의 말씀은 모두 방편의 말씀이니 그 말에 매달리지 말고 놓으라는 말.

1091   위음나반(威音那畔). 위음왕불(威音王佛)이 세상에 나오기 이전. 나반(那畔)은 저쪽이라는 뜻. 과거장엄겁(過去莊嚴劫)의 최초불을 위음왕불이라 함. 부모미생전(父母未生前), 천지미분전(天地未分前)이란 말과 같이 태초(太初)를 표시하는 말.

佛弟子陳惇知身是妄, 知法是幻, 於幻妄中能看箇趙州狗子無佛性話, 忽然洗面摸著鼻孔. 有書來呈見解, 試手說禪, 如虎生三日, 氣已食牛. 其間通消息處, 雖似吉撩棒打地, 有著處則入地數寸, 不著處則全無巴鼻. 然大體基本已正, 而大法未明, 亦初心入道之常病耳. 苟能知是般事, 撥向一邊, 卻把諸佛諸祖要妙門一時塞斷, 向威音那畔討箇生涯處, 方於法得自在矣.

석가모니가 말씀하셨습니다.

"만약 불승(佛乘)을 찬양하기만 한다면, 중생은 고통에 빠져 있을 것이다."[1092]

참으로 이와 같은 일을 알았다면, 내가 깨달은 것을 넓히고 충실하게 한 연후에야, 법에 얽매이지도 않을 것이고 법에서 벗어나길 원하지도 않을 것이고, 이러하여도 괜찮고 이러하지 않아도 괜찮고 이러하든 이러하지 않든 모두 괜찮을 것이고, 말을 하기만 하면 모두 수용이 될 것입니다. 마치 힘센 장사가 팔을 폄에 남의 힘을 빌리지 않는 것과 같고, 화살이 시위를 떠나면 되돌아올 힘이 없는 것과 같습니다.[1093] 억지로 이렇게 하는 것이 아니라, 법이 이와 같기 때문입니다. 이렇게 되어야 비로소 선도 없고 악도 없고 부처도 없고 중생도 없다는 등의 일을 말할 수 있습니다.

釋迦老子云: "若但讚佛乘, 衆生沒在苦." 信知如是事, 以我所證, 擴而充之, 然後不

1092 『묘법연화경』 「방편품(方便品)」 제2에 나오는 게송의 한 구절.
1093 스스로 할 수 있는 일이고 자연스레 일어나는 일이어서, 억지로 애쓸 필요가 없다.

被法縛, 不求法脫, 恁麼也得, 不恁麼也得, 恁麼不恁麼總得, 凡有言句, 凡所受用. 如壯士展臂, 不借他力, 箭旣離弦, 無返回勢. 非是彊爲, 法如是故. 得如此了, 始可言無善·無惡·無佛·無衆生等事.

지금 큰 법(法)에 아직 밝지 못하면서 만약 이러한 말을 한다면, 영가가 말한 "확 트여[1094] 비었다고 인과[1095]를 내버리면, 아득하고 끝없음이 재앙을 부를 것이다.'[1096]라는 말에 해당할까 봐 두렵다는 것을 반드시 알아야 합니다. 다만 근본을 얻기만 할 뿐, 말단을 걱정하지는 마십시오.[1097] 오래오래 빠져 있으면 익숙해져서, 한 조각을 이루지 못한다고 염려하지는 않을 것입니다. 힘쓰시고 힘쓰십시오.

而今大法未明, 若便說恁麼話, 恐墮在永嘉所謂 "豁達空撥因果, 莽莽蕩蕩招殃禍." 中, 不可不知也. 但得本, 莫愁末. 久久淹浸得熟, 不愁不成一片. 勉之! 勉之!

1094 활달(豁達) : 확 트이다.

1095 인과(因果) : 원인과 결과. 원인이 행해지면 결과가 나타난다는 말. 원인과 결과가 나타나는 생멸(生滅)과 원인도 없고 결과도 없는 불생불멸(不生不滅)은 하나인 법의 양 측면이므로, 어느 하나를 버리고 다른 하나를 취할 수가 없다. 원인과 결과가 분명한 곳에서 원인도 없고 결과도 없는 것이다. 원인과 결과를 무시하면 원인과 결과에 시달릴 것이고, 원인과 결과에 집착하여도 원인과 결과에 매여 자유가 없다. 원인과 결과를 무시하지 않으면서도 원인과 결과에 머물지 않아야 자유가 있다. 어디에 머물러야 할까? 머물 곳도 없고 머물 사람도 없다면 참으로 바른 길에 머무는 것이다.

1096 『경덕전등록』제30권에 나오는 '영가진각대사증도가(永嘉眞覺大師證道歌)'의 한 구절.

1097 법을 깨달아 부처가 되면 될 뿐, 부처가 말 못할까 봐 걱정하지는 말라. 깨달아 해탈하는 것이 근본이고, 말하는 것은 말단이다.

26. 공상 도인[1098]에게 보임

부처는 범부의 거울이고, 범부도 부처의 거울입니다. 범부가 어리석을 때 삶과 죽음의 더러운 모습이 온통 부처라는 거울 속에 나타납니다. 문득 깨달을 때는 참되고 깨끗하고 묘하고 밝고 생겨나지도 않고 사라지지도 않는 부처라는 모습이 도리어 범부라는 거울 속에 나타납니다. 그러나 부처에게는 본래 삶과 죽음이 없고, 어리석음과 깨달음도 없고, 거울도 없고, 나타날 모습도 없습니다. 범부에게 이런저런 여러 가지[1099]가 있기 때문에 범부를 따라 부처를 밝힐 뿐입니다. 지금 범부라는 병(病)을 없애고 부처나 조사와 다름 없고자 하신다면, 거울을 때려 부수십시오. 그러면 그대에게 설명해 드리겠습니다.

示空相道人(黃通判宅)[1100]

佛是凡夫鏡子, 凡夫卻是佛鏡子. 凡夫迷時, 生死垢染影像全體現佛鏡子中. 忽然悟時, 眞淨妙明不生不滅, 佛影像卻現凡夫鏡子中. 然佛本無生滅, 亦無迷悟, 亦無鏡子, 亦無影像可現. 由凡夫有若干, 故隨凡夫發明耳. 而今欲除凡夫病, 與佛祖無異, 請打破鏡來. 爲你下箇註脚.

1098 공상도인(空相道人) : (원주 : 黃通判宅) 공상(空相)은 법호(法號), 도인(道人)은 여성 불자(佛子)를 부르는 명칭. 황통판택(黃通判宅)은 황통판(黃通判)의 부인이라는 말. 황통 판은 『대혜보각선사서(大慧普覺禪師書)』 제29권에 나오는 황지현(黃知縣) 자여(子餘)이 다.

1099 약간(若干) : 여러. 여러 가지. 다양한.

1100 '(黃通判宅)'은 궁내본에 빠져 있다.

27. 방 기의[1101]에게 보임

조사가 말했습니다.

"마음이 즉시즉시[1102] 말을 하고
깨달음도 그러할 뿐이다.[1103]
사실과 이치에 모두 막힘이 없으면
살아 있는 것이 곧 살아 있는 것이 아니다.'"[1104]

이 도리를 알고자 한다면, 다만 평소 참선하며 얻은 것과 경전의 가
르침을 보고 얻은 것과 어록의 기록을 보고 얻은 것과 종사의 말씀을
듣고 이해하여 얻은 것들을 일시에 싹 내버리고, 도리어 덕산은 무슨
까닭에 승려가 문으로 들어오는 것을 보면 곧장 몽둥이를 휘둘렀는지,
또 임제는 무슨 까닭에 승려가 문으로 들어오는 것을 보면 곧장 고함
을 내질렀는지를 차분하고 자세히 살펴보십시오. 만약 이 두 분이 활
용한 곳을 알아차린다면, 일상생활 가운데 경계에 접촉하고 인연을 만
나는 곳에서 세제[1105]를 펼치지도 않고 불법의 이론을 만들지도 않을 것

1101 방기의(方機宜) : (원주 : 夷吾) 방(方)은 성(姓), 기의(機宜)는 벼슬 이름, 이오(夷吾)
　　 는 자(字).

1102 수시(隨時) : ①언제나. 때를 가리지 않고. ②제때에. 그때그때. 즉시즉시.

1103 지녕(只寧) : 그러할 뿐이다. 그와 같을 뿐이다.

1104 『경덕전등록』제6권 '강서도일선사(江西道一禪師)'에서 남악회양이 마조도일에게 해
　　 주는 말.

1105 세제(世諦) : 속제(俗諦)라고도 함. 세(世)는 세속이란 뜻이고, 제(諦)는 진실한 도리

341

입니다. 이미 이 두 쪽에 발을 딛지 않는다면, 자연히[1106] 한 개 살아날 길이 있음을 반드시 알 것입니다.

示方機宜(夷吾)

祖師云: "心地隨時說, 菩提亦只寧. 事理俱無礙, 當生卽不生." 欲知此箇道理, 但將
平昔禪處得底, 看經敎處得底, 語錄上記得底, 宗師口頭言下領覽得底, 一時掃向
他方世界, 卻緩緩地子細看, 他德山何故見僧入門便棒? 臨濟何故見僧入門便喝?
若識二大老用處, 則於日用觸境逢緣處, 不作世諦流布, 亦不作佛法理論. 既不著
此二邊, 須知自有一條活路.

보지 못했습니까? 임제가 하루는 덕산을 모시고 서 있는데, 덕산은 말없이 있다가 갑자기 돌아보며 말했습니다.

"내가 오늘은 피곤하구나."

임제가 말했습니다.

"이 노인네가 잠꼬대를 하여 어쩌겠다는 건가?"

덕산이 주장자를 집어 때리려 하자, 임제는 곧 덕산이 앉아 있는 선상[1107]을 뒤집어엎었습니다.[1108]

란 뜻. 세속 사람들이 아는 도리, 곧 세간 일반에서 인정하는 진리. 반대는 진제(眞諦) 혹
은 승의제(勝義諦)라고 한다.

1106 자유(自有) : 저절로 -이 있다. 자연히 -이 있다. 응당 -이 있다.

1107 선상(禪床) : ①승당(僧堂) 안에서 좌선을 할 때 앉는 의자(椅子). ②법당(法堂)에서
상당설법(上堂說法)할 때에 앉는 의자.

1108 『연등회요』 제9권 '진주임제의현선사(鎭州臨濟義玄禪師)'에 나오는 이야기.

不見? 臨濟一日侍立德山, 德山良久, 驀回顧云: "老漢今日困." 臨濟云: "這老漢寐

語作甚麼?" 德山擬拈拄杖要打, 臨濟便掀倒禪床.

당신이 저 일 마친 사내들을 살펴보면, 우연히¹¹⁰⁹ 문득¹¹¹⁰ 서로 만나

면 저절로 각자 몸을 빼낼 길¹¹¹¹이 있었습니다. 뒷날 운봉열¹¹¹² 선사가

염(拈)¹¹¹³하여 말했습니다.

"이 두 분 작가(作家)¹¹¹⁴는 한 사람은 위협하고 한 사람은 억눌러서 풍

규(風規)를 약간¹¹¹⁵ 드러내었으니, 꼭 손을 맞잡고 높은 산으로 올라가

는 것 같다. 비록 그러하지만, 구경꾼의 욕설은 면하지 못했다. 말해

보아라. 누가 구경꾼인가?"

1109 등한(等閑) : ①예사롭다. 보통이다. 쉽다. ②내키는 대로 하다. ③헛되이. 실없이. 공연

히.

1110 맥로(驀路) : 갑자기. 돌연. 문득. =맥연(驀然), 맥지(驀地), 맥두(驀頭).

1111 출신지로(出身之路) : 자신을 모든 속박에서 빼낼 길. 모든 격식과 구속에서 빠져나오

는 길.

1112 운봉문열(雲峰文悅) : 998-1062. 임제종(臨濟宗) 선사. 균주(筠州, 강서성)의 대우수지

(大愚守芝)를 찾아가서 배워 근본을 크게 깨닫고 법을 이었다. 그 후에 수지(守芝)를 8년

섬겼는데, 수지가 죽자 다시 유행(遊行)하여 홍주(洪州) 동안원(同安院) 혜남(慧南)에게

도 찾아가서 수좌가 되었다. 동안(同安)에 있으면서 청(請)을 받아 취암사(翠巖寺)에 먼

저 머물렀다. 다음에 남악(南岳) 법륜사(法輪寺)에 머물렀고, 후에 남악(南岳) 운봉사(雲

峰寺)에 머물렀다.

1113 염(拈) : 옛사람의 말이나 행위에 대해 자신의 견해를 피력하는 것.

1114 작가(作家) : 작자(作者)라고도 한다. 진실한 뜻을 체득하고 수행자를 대함에 있어 노

련하게 방편을 사용하는 선(禪)의 종장(宗匠)을 일컫는다. 여기에선 덕산과 임제를 가리

킴.

1115 약(略) : ①모두. 온전히. 전부. ②전혀(부정문). ③대략. 대충. ④조금. 약간. ⑤잠깐. 잠

시. ⑥우연히. 어쩌다. 여기에서는 문맥으로 보아 '약간, 조금'이라는 뜻으로 해석하였다.

잠시 말없이 있다가 "악!" 하고 일할을 하였습니다.[1116]

你看他了事漢, 等閑蟇路相逢, 自然各各有出身之路. 後來雲峰悅禪師拈云: "此二
員作家, 一拶一捺, 略露風規, 大似把手上高山. 雖然如是, 未免旁觀者醜. 且道. 誰
是旁觀者?" 良久, 喝一喝.

 저의 소견으로 보면, 운봉 역시 진흙을 묻히고 물에 빠지는[1117] 것을
면하지 못했으니, 저 두 노인네와 더불어 동일한 소장(訴狀)으로 그 죄
를 물어서[1118] 한 구덩이에 파묻어 버리는 것이 좋겠습니다. 말해 보십
시오. 죄가 어디에 있습니까?

據妙喜所見, 雲峰亦未免和泥合水, 好與這兩箇老漢一狀領過, 一坑埋卻. 且道. 過
在甚處?

 이오(夷吾) 거사께서는 오랫동안 덕의 뿌리를 심어 이 대사인연을 믿
게 되었으니, 비록 세간의 번뇌 속에 있으면서도 스스로 살펴볼 줄 압
니다. 비록 한 칼에 두 동강을 내어 곧장 보신불(報身佛)과 화신불(化身

1116 『연등회요』제9권 '진주임제의현선사(鎭州臨濟義玄禪師)'에 나오는 위의 이야기 뒤에
　　　　 인용된 말.
1117 　화니합수(和泥合水) : 진흙과 섞이고 물과 섞인다는 뜻. 타니대수(拖泥帶水)와 같다.
　　　　 가르침을 펼 때, 곧바로 재빠르게 가리켜 주지 않고 말로 설명하고 자세히 일러 주는 경
　　　　 우를 가리키는 말.
1118 　일장영과(一狀領過) : 한 장의 결재 서류로 여러 사람을 같은 죄로 처리하는 것. 영과
　　　　 (領過)는 죄를 인정하는 것.

佛)의 머리를 끊어 버리지는 못했지만 도리어 믿고 들어갈 곳이 저절로 있으니,[1119] 마치 태어난 지 3일 된 호랑이가 기백은 소를 잡아먹을 것과 같습니다.

천 리를 가고자 하면 한 발 옮기는 것이 시작입니다. 최초의 한 발이 이미 잘못되지 않고 나아갔으니, 마땅히 그것을 더욱 넓히고 충실하게 하여, 반드시 삼세의 모든 부처님이 좌절한[1120] 곳과 육대(六代)의 조사들이 좌절한 곳과 제가 좌절한 곳을 알아야만 합니다. 그런 뒤에 자기의 곳간을 열어 자기의 재산을 끌어내어 모든 것을 제도[1121]한다면, 어찌 재가 보살의 마음 씀이 아니겠습니까? 노력하고 노력하십시오!

夷吾居士夙植德本, 信得此段大事因緣及, 雖在塵勞中, 能自省察. 雖未得一刀兩段, 直下坐斷報化佛頭, 然卻自有箇信入處, 如虎生三日, 氣已食牛. 欲行千里, 一步爲初. 最初一步已進得不錯, 直須擴而充之, 決定知得三世諸佛敗闕處, 六代祖師敗闕處, 妙喜敗闕處. 然後打開自己庫藏, 運出自己家財, 拯濟一切, 豈非在家菩薩之用心哉? 勉之! 勉之!

1119   자유(自有) : 저절로 -이 있다. 자연히 -이 있다. 응당 -이 있다.

1120   패궐(敗闕) : 손해보다. 실패하다. 좌절하다. 꺾이다. 부처와 보살이 좌절한 곳이란, 불법이 있는 줄 알고 찾았는데 마침내 따로 얻을 불법은 없음을 밝힌 것을 일컬음.

1121   제도(濟度) : 미혹한 세계에서 생사만을 되풀이하는 중생들을 건져내어, 생사 없는 열반의 저 언덕에 이르게 함. =득도(得度).

28. 묘원 도인[1122]에게 보임[1123]

삶과 죽음을 뛰어넘고 고통의 바다를 건너려 하면 마땅히 정진의 깃발을 세우고 곧장 믿을 수 있어야 합니다. 다만 이 믿을 수 있는 곳이 곧 삶과 죽음의 바다를 뛰어넘고 고통의 바다를 건너는 소식입니다. 그러므로 석가모니가 말했습니다.

"믿음은 도(道)의 근원이며 공덕의 어머니이니, 모든 선법(善法)을 기른다."

또 말하였습니다.

"믿음은 삶과 죽음의 고통에서 멀리 벗어날 수 있게 하고, 믿음은 반드시 여래의 지위에 도달케 할 수 있다."[1124]

여래의 지위를 알고자 하십니까? 역시 다만 이 믿는 것입니다. 이미 믿는다면, 마음을 일으키고 생각을 움직일 필요가 없습니다. 삶과 죽음에서 빠져나오고자 한다면, 단지 24시간 속에서 순간순간 끊어짐 없이 반드시 손에 넣으려고 하여야 바야흐로 용맹한 사람입니다. 만약

1122 묘원도인(妙圓道人) : (원주 : 李知省宅) 묘원(妙圓)은 법호(法號), 이지성(李知省)의 부인.

1123 1159년(71세)에 쓴 글.

1124 두 구절이 모두 실차난타(實叉難陀)가 번역한 80권 화엄인 『대방광불화엄경』 제14권 「현수품(賢首品)」 제12-1에 나오는 현수보살(賢首菩薩)의 게송에 나오는 구절이다. 단, 뒤 게송의 '믿음은 삶과 죽음의 고통에서 멀리 벗어날 수 있게 하고(信能遠離生死苦)'는 『화엄경』에는 본래 '믿음은 지혜의 공덕을 증장(增長)시킬 수 있고(信能增長智功德)'로 되어 있다. 이 부분은 대혜가 잘못 인용한 듯하다. 『대혜어록』의 다른 곳에서의 이 구절의 인용에서는 모두 '信能增長智功德'로 올바르게 인용되어 있다.

346

반은 믿고 반은 의심한다면, 지속되지 않습니다.

示妙圓道人(李知省宅)[1125]

欲超生死越苦海, 應當竪起精進幢, 直下信得及. 只這信得及處, 便是超生死越苦海底消息. 故釋迦老子曰: "信爲道元功德母, 長養一切諸善法." 又云: "信能遠離生死苦, 信能必到如來地." 要識如來地麼? 亦只是這信得及底. 旣信得及, 不須起心動念. 求出生死, 但十二時中念念不離, 決定要得入手, 方爲勇猛之士. 若半信半疑, 則不相續矣.

이 일은 남자냐 여자냐도 묻지 않고, 부귀한 사람이냐 미천한 사람이냐도 묻지 않고, 어른이냐 아이냐도 묻지 않고, 평등하고 한결같습니다. 무슨 까닭일까요? 세존께서 『법화경』을 말씀하신 법회에서는 단지 한 사람 여자를 제도하여 성불케 하셨고, 『열반경』을 말씀하신 법회에서도 단지 한 사람 광액이라는 백정을 제도하여 성불케 하셨는데, 이 두 사람이 성불한 것에도 애써 행한 별다른 노력[1126]은 없었고 다만 곧장 믿고서 다시는 다른 생각이 없었을 뿐임을 알아야 합니다. 보신불과 화신불의 머리를 곧장 끊어 버리고[1127] 재빨리 삶과 죽음을 뛰어넘는 것에도 별다른 도리는 없습니다.

1125 '(李知省宅)'은 궁내본에 빠져 있다.

1126 공용(功用) : 공용행(功用行)과 같음. 몸 · 입 · 뜻으로 애써 행하는 행위. 곧 유위행(有爲行). 의도적인 노력.

1127 방편인 보신불과 화신불을 벗어나 진실인 법신불을 곧장 회복한다는 말.

此事不論男之與女, 貴之與賤, 大之與小, 平等一如. 何以故? 世尊在法華會上只度
得一箇女子成佛, 涅槃會上亦只度得一箇廣額屠兒成佛, 當知此二人成佛亦別無
功用, 亦只是直下信得及, 更無第二念. 便坐斷報化佛頭, 徑超生死, 亦別無道理.

묘원 도인께선 비록 여성이지만 세운 뜻은 성불한 여자의 아래에 있
지 않고,[1128] 또한 이 기특한 인연이 있음을 잘 알고서 반드시 삶과 죽음
의 원인을 벗어나고자 하여 편지로써 가르침을 구하였습니다. 붓을 들
어 땀을 훔치며 이 글을 써 보여 드리며, 거듭 화두를 살펴보시길 권합
니다.

한 승려가 마조에게 물었습니다.
"어떤 것이 부처입니까?"
마조가 말했습니다.
"이 마음이 곧 부처다."[1129]

묘원 도인께선 일상생활 속에서 다만 이와 같이 살펴보십시오. 빌고
빕니다!

妙圓道人雖是女流, 立志不在成佛底女子下, 又能知有此段奇特因緣, 決定要出生

1128 『법화경』에 나오는 이야기에서 성불한 여자의 아래에 있지 않다는 것. 반드시 성불하
겠다는 뜻을 세웠다는 말.
1129 『경덕전등록』 제7권 '명주대매산법상선사(明州大梅山法常禪師)'에 나오는 대화. 『사가
어록(四家語錄)』 「마조록(馬祖錄)」에도 나온다.

死因, 以此紙乞指示. 掇筆揮汗, 書此示之, 仍令看箇話頭. 僧問馬祖: "如何是佛?"

祖云: "卽心是佛." 妙圓道人日用只如此看. 祝祝!

29. 태허 거사[1130]에게 보임[1131]

  날카로운 근기를 가진 지혜가 뛰어난 선비가 몸이 부귀함 속에 있으면서도 부귀함에 굴복하지[1132] 않고 부귀함 속에서 크게 이익 되는 일을 잘하셔서 중생을 이롭고 즐겁게 하시니, 오래된 원력(願力)[1133]이 아니라면 이렇게 믿을 수는 없을 것입니다. 이미 믿을 수 있게 되었으니, 믿을 수 있는 곳에서 자신의 원력에 힘입어 당연히 인연 따라 활용해야만 저절로 하나하나 위에서 밝고 사물사물 위에서 드러날 것입니다.

示太虛居士(鄧直殿伯壽)

利根上智之士, 身在富貴中而不被富貴所折困, 能於富貴中作大饒益, 利樂有情, 非夙願力, 則不能如是信得及. 既信得及, 當於信得及處乘自願力, 隨緣應用, 則自然頭頭上明, 物物上顯矣.

  옛날 보현보살이 『화엄경』을 말씀하시는 법회에서 모든 부처님의 비로자나여래장신삼매[1134]에 들어갔는데, 모든 부처님의 평등한 본성에

1130 태허거사(太虛居士) : (원주 : 鄧直殿伯壽) 태허(太虛)는 법호(法號), 등(鄧)은 성(姓), 직전(直殿)은 벼슬, 백수(伯壽)는 자(字).

1131 1158년(70세)에 쓴 글.

1132 절곤(折困) : 꺾여서 괴로워하다. 굴복하여 괴로워하다.

1133 원력(願力) : 무엇을 하기 원하는 마음이 가진 힘. 부처님의 원력은 스스로 해탈하여 중생심을 벗어나고자 하는 서원(誓願)이 발휘하는 힘.

1134 비로자나여래장신삼매(毘盧遮那如來藏身三昧) : 비로자나는 법신(法身)이니 여래장신(如來藏身)과 같다. 중생 속에 내재된 법신을 드러내는 삼매(三昧).

두루 들어가 법계에서 드넓고 막힘없이 온갖 영상(影像)을 드러내어 허공과 같아지고, 바다 같은 법계를 돌면서 들어가지 않는 곳이 없고, 모든 삼매법을 드러내어 온 우주를 두루 포섭하니 삼세 모든 부처의 바다와 같은 지혜의 광명이 모두 여기에서 나오고, 우주에 펼쳐져 있는 바다와 같은 모든 것을 모조리 드러내어 모든 부처님의 위력과 해탈과 모든 보살의 지혜를 품고, 전체 국토의 티끌먼지로 하여금 가없는 법계를 두루 수용하도록 하고, 모든 부처님의 바다와 같은 공덕을 성취하고, 여래의 바다와 같은 모든 큰 원력을 드러내 보이고, 모든 부처님이 가지신 법바퀴를 유통시켜 잘 지녀 끊어짐이 없도록 하였습니다.

昔普賢菩薩, 在華嚴會上, 入一切諸佛毘盧遮那如來藏身三昧, 普入一切佛平等性, 能於法界示衆影像廣大無礙, 同於虛空, 法界海旋, 靡不隨入, 出生一切諸三昧法, 普能包納十方法界, 三世諸佛智光明海皆從此生, 十方所有諸安立海悉能示現, 含藏一切佛力解脫諸菩薩智, 能令一切國土微塵普能容受無邊法界, 成就一切佛功德海, 顯示如來諸大願海, 一切諸佛所有法輪流通護持, 使無斷絶.

이와 같은 세계 속에서 보현보살은 세존의 앞에서 이 삼매에 들어가니, 이와 같은 모든 법계와 허공계와 온 우주와, 과거·현재·미래의 미세하고 막힘없고 드넓은 광명과, 부처님의 눈이 보는 것과, 부처님의 힘이 미치는 것과, 부처님의 몸이 드러낸 모든 국토와, 이 국토에 있는 티끌먼지와, 하나하나의 티끌 속에 있는 바다처럼 드넓은 세계의 티끌처럼 많은 불국토와, 하나하나의 불국토 속에 있는 바다처럼 드넓

은 세계의 티끌처럼 많은 모든 부처님과, 하나하나의 부처님 앞에 있
는 바다처럼 드넓은 세계의 티끌처럼 많은 보현보살들도 역시 모두 이
모든 부처님의 비로자나여래장신삼매에 들어갑니다. 이 삼매에서 나
왔을 때는 법회에서 설법을 듣는 대중이 모두 이 삼매를 얻었고, 모두
이 삼매의 힘을 얻었으니, 그 이익을 얻지 않은 자가 없었습니다.[1135]

如此世界中, 普賢菩薩於世尊前入此三昧, 如是盡法界·虛空界·十方三世微細無礙
廣大光明, 佛眼所見, 佛力能到, 佛身所現一切國土, 及此國土所有微塵, 一一塵中
有世界海微塵數佛刹, 一一刹中有世界海微塵數諸佛, 一一佛前有世界海微塵數
普賢菩薩, 皆亦入此一切諸佛毘盧遮那如來藏身三昧. 從三昧起時, 在會聽法之衆,
皆獲此三昧, 皆得此三昧力, 無不被其饒益者.

태허 거사 등백수(鄧伯壽)께서는 몸이 부귀함에 있고, 또 보통 사람들
과는 달리 매일 임금님을 모시고 있으면서 듣고 보는 것이 모두 불가
사의한 일들이니, 보현보살이 여래의 앞에서 비로자나여래장신삼매에
들어간 것과 무엇이 다르겠습니까? 다만 염려스러운 것은, 도중에 이
뜻을 잊고서 하루 24시 속에서 흘러드는 미세한 망상을 조심하지[1136] 않
고 (임금님의) 은혜를 믿고서 남을 압박한다면[1137] 알맞지 못할 것입니다.

太虛居士鄧伯壽, 身處富貴, 又與常人不同, 日侍至尊, 所聞所見皆不可思議事, 與

1135 『화엄경』(80권) 제7권 「보현삼매품(普賢三昧品)」 제3의 첫 부분에 나오는 내용.
1136 조관(照管): 조심하다. 주의하다.
1137 능삭(凌鑠): 남을 압도하거나 압박함.

普賢菩薩於如來前入毘盧遮那藏身三昧又何異哉? 但恐中忘此意, 十二時中不能
照管微細流注, 恃恩凌鑠於人, 則不相當也.

모든 부처님이 세상에 나오시고 조사가 서쪽에서 왔지만, 역시 전해
줄 수 있는 법은 하나도 없습니다. 왜 그럴까요? 전해 주고 전해 받는
것은 무명의 법이요 유위의 법이지, 지혜의 법도 아니고 무위의 법도
아닙니다. 암두 스님이 말했습니다.
  "만약 진실한 법이라는 것으로써 사람을 얽어맨다면, 흙 한 줌을 받
을 자격도 없을 것이다."[1138]

諸佛出世, 祖師西來, 亦無一法可以傳授. 何以故? 有傳有授, 是無明法, 是有爲法,
非智慧法, 非無爲法. 嚴頭和尙有言: "若以實法繫綴人, 土亦難消."

옛날 남인도에 있는 나라의 사람들은 대개 복업[1139]을 믿었습니다.
이에 제14조인 용승[1140]이 일부러 찾아가 그들을 교화하였습니다. 그들
은 말했습니다.
  "사람에게 있는 복업이 세간에서는 최고입니다. 헛되이 불성을 말하

1138 여기 『대혜어록』 이외에는 발견되지 않는다.
1139 복업(福業) : 3업(業)의 하나. 복락(福樂)의 과보(果報)를 받을 욕계(欲界)의 선업(善
        業).
1140 용승(龍勝) : 『중론(中論)』을 저술하여 중관불교(中觀佛敎)를 창시한 용수(龍樹)의 다
        른 번역. 용수(龍樹)는 Nāgārjuna(Naga: 용, arjuna: 나무 이름)를 번역한 것인데, 용맹(龍
        猛)·용승(龍勝)이라고도 번역한다. 선종(禪宗)에서는 용수를 조사 계보 가운데 제14조
        로 선정해 놓았다.

지만, 누가 그것을 볼 수 있습니까?"

용승이 말했습니다.

"그대들이 불성을 보고자 한다면, 먼저 아만(我慢)을 없애야만 한다."

그들이 말했습니다.

"불성은 큽니까, 작습니까?"

용승이 말했습니다.

"크지도 않고 작지도 않고, 넓지도 않고 좁지도 않고, 복업도 없고
과보도 없고, 죽은 것도 아니고 산 것도 아니다."[1141]

昔南印土, 彼國之人多信福業. 十四祖龍勝特往化之. 彼曰: "人有福業, 世間第一.
徒言佛性, 誰能睹之?" 龍勝曰: "汝欲見佛性, 先須除我慢." 彼曰: "佛性大小?" 龍勝
曰: "非大非小, 非廣非狹, 無福無報, 不死不生."

이것이 곧 심요(心要)를 곧장 보여 준 것입니다. 그 무리는 이 말을
듣자 모두 바른 도리를 깨달았습니다. 그러나 깨달음은 당사자에게 있
고 남에게서 얻는 것이 아니니, 앞서 말한 "모든 부처님이 세상에 나오
시고 조사가 서로 전한 것에 전혀 진실한 법은 없다."는 것이 곧 이러
한 도리입니다.

此乃直示心要也. 彼一衆聞之, 皆悟正理. 然悟在當人, 不從他得, 前所云: "諸佛出
世, 祖師相傳, 皆無實法." 便是這箇道理也.

1141 『연등회요』 제2권 '14조용수존자(十四祖龍樹尊者)'에 나온다.

불법에는 많은 것이 없습니다만, 오래도록 들어가기는 어렵습니다. 백수(伯壽)께서는 나이가 한창때인데도 매일 인연을 만나는 곳에서 스스로 경계하고 깨우칠 수 있어서, 세간의 악업을 짓는 마음을 돌려서 위없는 불과(佛果)인 깨달음을 배우고자 하니, 무한한 세월 동안 가없는 부처님과 선지식을 받들어 모시고 반야의 씨앗을 심지 않았다면, 이와 같이 정진하고, 이와 같이 깨끗하고, 이와 같이 자재하고, 이와 같이 정직하고, 부지런히 이 대사인연을 염두에 둘 수는 없을 것입니다. 이미 이러한 마음이 있으니 언제 깨달을지는 상관하지 마십시오.

佛法無多子, 久長難得人.[1142] 伯壽正是春秋鼎盛之時, 於日用應緣處能自警覺, 回世間惡業底心, 要學無上佛果菩提, 非百劫千生曾承事無邊諸佛諸善知識, 熏習般若種智, 則不能如是精進, 如是清淨, 如是自在, 如是正直, 孜孜矻矻, 以此段大事因緣在念. 旣有是心, 莫管得在何時.

만약 결국 의지할 곳[1143]을 찾지 못한다면, 다만 한 개 옛사람이 도에 들어간 이야기[화두(話頭)]를 살펴보십시오.

한 승려가 조주에게 물었습니다.
"어떤 것이 조사가 서쪽에서 온 뜻입니까?"
조주가 말했습니다.

1142 만정본(卍正本)에는 입(入)으로 되어 있다. 문맥의 의미상 입(入)이 맞다.
1143 파비(巴鼻): 유래(由來). 근거(根據). 요지(要旨). 자신(自信). 의지할 곳. 기댈 곳.

"뜰 앞의 측백나무다."

승려 : "스님께선 경계를 사람에게 보여 주지 마십시오."

조주 : "나는 경계를 사람에게 보여 주지 않는다."

승려 : "경계를 사람에게 보여 주지 않으신다면, 도리어 어떤 것이 조사가 서쪽에서 온 뜻입니까?"

조주 : "뜰 앞의 측백나무다."

그 승려는 이 말을 듣고 문득 크게 깨달았습니다.[1144]

若卒討巴鼻不著, 但只看箇古人入道底話頭. 僧問趙州: "如何是祖師西來意?" 州云: "庭前柏樹子." 僧云: "和尙莫將境示人." 州云: "我不將境示人." 僧云: "旣不將境示人, 卻如何是祖師西來意?" 州只云: "庭前柏樹子." 其僧於言下忽然大悟.

백수께서는 다만 매일매일 행동하는[1145] 곳과 임금님을 모시는 곳에서 순간순간 끊어짐 없이 언제나[1146] (뜰앞의 측백나무를 자신에게) 일깨워

1144 『오등회원』 제4권 '조주종심선사(趙州從諗禪師)'에 나온다.

1145 행주좌와(行住坐臥) : 사위의(四威儀). 가고 · 머물고 · 앉고 · 눕는(行住坐臥) 네 가지 동작. 즉, 일상의 행위 동작.

1146 시시(時時) : ①때때로. 이따금. ②순간순간 지나가는 시간을 가리킨다. 순간순간 끊어짐 없이. ③늘. 항상. 언제나.

1147 제시(提撕) : 한문 전적(典籍)에서 제시(提撕)의 사례를 보면 다음과 같다. ①일깨워 주다. (『詩經, 大雅, 抑』 匪面命之, 言提其耳. 『鄭玄箋』 親提撕其耳.) ②교도(敎導)하다. 깨우쳐 주다. (北齊 顔之推 『顔氏家訓, 序致篇』 業以整齊門內, 提撕子孫.) ③떨쳐 일으키다. 진작(振作)하다. (唐 韓愈 『南內朝賀歸呈同官詩』 所職事無多, 又不自提撕.) 이처럼 제시(提撕)는 '(마음을) 일깨우다' '(양심을) 일깨우다' '깨우쳐 주다' '주의를 환기시키다'는 뜻이다. 간화선(看話禪)에서 '화두(話頭)를 제시(提撕)한다'고 하는 것은 '화두를 일깨우다' '화두에

주시고¹¹⁴⁷ 늘 (자신에게 속으로) 말해 주십시오.¹¹⁴⁸ 갑자기 측백나무 위에서 분별심이 죽어 버리면, 곧 철두철미한 곳입니다.

주의를 돌리다'는 뜻이다. 그러나 거각(擧覺)의 경우처럼 제시(提撕)도 제(提)와 시(撕)의 합성어로서의 의미가 있다고 보아야 한다. '말을 꺼내다' '끄집어내어 말하다' '언급하다' '제시(提示)하다' '제출하다'는 뜻인 제(提)와 '일깨우다' '깨우치다'는 뜻인 시(撕)가 합성된 말이다. 그러므로 제시(提撕)는 '(무슨 말을) 끄집어내어 말하여 일깨우다' '(무슨 말을) 제시하여 깨우쳐 주다' '(무슨 말을) 언급하여 일깨우다'는 뜻이다. 『대혜어록』에서 대혜가 화두(話頭)를 취급하는 말로서 언급하는 용어는 간(看) · 거(擧) · 거기(擧起) · 제철(提掇) · 거각(擧覺) · 제시(提撕) 등이다. 이 가운데 거(擧) · 거기(擧起) · 제철(提掇)은 모두 화두를 '말하다' '말해 주다' '제기하다' '제출하다' '언급하다'라는 뜻이고, 거각(擧覺)과 제시(提撕)는 이러한 뜻에 '일깨우다' '깨우치다'라는 뜻이 부가된 것이지만, 이들은 기본적으로 동일한 행위를 가리키고 있다. 이 책에서는 거(擧) · 거기(擧起) · 제철(提掇)은 문맥에 따라서 화두를 '끄집어내다' '말해 주다' '제기하다' '제출하다' '기억해 내다'라고 번역한다. 거각(擧覺)과 제시(提撕)는 둘 다 '말해 주어 일깨우다'는 뜻이지만, 거각(擧覺)은 거(擧)에 초점을 두어 '말해 주다' '제시하다'로 주로 번역하고, 제시(提撕)는 시(撕)에 초점을 두어 '일깨우다'로 번역한다. 그러나 문맥에 따라 거각(擧覺)과 제시(提撕)를 모두 '말해 주어 일깨우다' '기억해 내어 일깨우다' '제시하여 일깨우다' 등 적절한 번역어를 찾아서 번역하였다. 김태완 『간화선 창시자의 선』 하권(침묵의 향기) 부록 「간화용어의 번역에 관하여」 참조.

1148 거각(擧覺) : 거(擧)나 거기(擧起)와 같은 뜻으로서, '말하다' '말해 주다' '제시하다' '제기하다'는 뜻이다. 그러나 일부러 거각(擧覺)이라고 쓴 것은 역시 각(覺)의 뜻을 부가하고 있다고 보아야 한다. 각(覺)은 '일깨우다' '깨우치다'는 뜻이므로 거각(擧覺)은 '일화 등을 말하여 일깨우다' '예를 들어 말하여 깨우쳐 주다' '공안이나 화두를 말하여 일깨워 주다'는 뜻이다. 대혜는 거각(擧覺)을 항상 제시(提撕)와 더불어 사용하고 있는데, 제시는 '언급하다' '끄집어내어 말하다' '제기(提起)하다' '제출하다'는 뜻인 제(提)와 '일깨우다' '깨우치다'는 뜻인 시(撕)가 합성된 말로서 '(무엇을) 끄집어내어 말하여 일깨우다' '(무엇을) 제시하여 깨우쳐 주다'는 뜻이다. 이처럼 거각과 제시는 뜻이 동일하지만, 다수의 사례에서는 거각(擧覺)은 거(擧)와 동일하게 '말하다' '말해 주다' '언급하다'는 뜻이고, 제시(提撕)는 시(撕)와 동일하게 '일깨우다' '깨우치다' '말해 주어서 일깨우다'는 뜻이다. 김태완 『간화선 창시자의 선』 하권(침묵의 향기) 부록 「간화용어의 번역에 관하여」 참조.

앞서 "보현보살이 세존 앞에서 비로자나여래장신삼매에 들어갔다가 삼매에서 나오니 회상(會上)에 있던 모든 보살이 전부 이익을 얻었다." 고 하였는데, 원컨대 백수 역시 임금님 앞에서 언제나 이 삼매에 들어 있다가 문득 삼매에서 나온다면, 그 이익이 보현보살의 이익과 다르지 않을 것입니다. 소홀히 하지 말고, 노력하십시오!

伯壽但日用行住坐臥處, 奉侍至尊處, 念念不間斷, 時時提撕, 時時學覺. 驀然向柏 樹子上心意識絶氣息, 便是徹頭處也. 前所云: "普賢菩薩於世尊前入毘盧遮那如 來藏身三昧, 從三昧起, 在會諸菩薩皆獲是益." 願伯壽於至尊前亦時時入是三昧, 忽然從三昧起, 其益與普賢菩薩無二無別. 勉之! 不可忽.

30. 묘명 거사[1149]에게 보임[1150]

도(道)는 마음을 깨닫는 것이지, 말을 전하는 것이 아닙니다. 요즈음
에는 이 도를 배우는 자가 흔히 근본을 버리고 말단을 좇으며, 바른 것
을 등지고 삿된 것에 뛰어들며, 기꺼이 자기의 발밑에서 마지막 진실
을 찾지는 않고 오로지[1151] 종사(宗師)가 말한 곳에 머물러 있으니,[1152] 비
록 지극히 정밀하게[1153] 말할 수 있다고 하더라도 본분의 일과는 전혀
상관이 없습니다. 옛사람은 배우는 사람들이 헛것을 보고 진짜로 여기
는[1154] 것을 보고서, 마지못해 방편을 시설하여 그들을 이끌어 그들이
스스로 자기의 본지풍광(本地風光)을 알고 자기의 본래면목을 밝게 보
도록 하였을 뿐이니, 처음부터 사람에게 줄 참된 법이란 없는 것입니
다.

示妙明居士(李知省伯和)

道由心悟, 不在言傳. 近年以來, 學此道者多棄本逐末, 背正投邪, 不肯向根脚下推

1149 묘명거사(妙明居士) : (원주 : 李知省伯和) 묘명(妙明)은 법호(法號), 이(李)는 성, 지성
(知省)은 벼슬 이름, 백화(伯和)는 자(字).

1150 1159년(71세)에 쓴 글.

1151 일미(一味) : 그저. 단순히. 줄곧. 덮어놓고. 오로지.

1152 착도(着到) : ～에 도달한 채로 있다, ～에 머물러 있다.

1153 성수불루(盛水不漏) : 가득 찬 물이 조금도 새지 않음. 사물이 빈틈없이 꽉 짜여 있음.
또는 지극히 정밀함. 빈틈없음. 주의가 구석구석까지 미침.

1154 미두인영(迷頭認影) : 헛것을 보고 진짜로 여기다. 매우 어리석다. ＝인영미두(認影迷
頭), 인영위두(認影爲頭).

窮, 一味在宗師說處著到, 縱說得盛水不漏, 於本分事上了沒交涉. 古人不得已, 見
學者迷頭認影, 故設方便誘引之, 令其自識本地風光, 明見本來面目而已, 初無實
法與人.

예컨대 강서의 마조는 처음에는 좌선(坐禪)을 좋아하였습니다. 뒤에
남악회양 스님은 그가 좌선하는 곳에서 벽돌을 갈았습니다. 마조가 선
정(禪定)에서 일어나 물었습니다.
"벽돌을 갈아서 어쩌시렵니까?"
회양이 답했습니다.
"거울을 만들려 하네."
마조가 웃으며 말했습니다.
"벽돌을 간다고 어떻게 거울이 되겠습니까?"
회양이 말했습니다.
"벽돌을 갈아서 거울이 되지 못한다면, 좌선을 하여 어떻게 부처가
되겠는가?"

회양 스님이 마조에게 좌선하여 무엇을 하려 하느냐고 물었는데 마
조가 부처가 되길 바란다고 답한 것은, 경전 속에서 말한 "먼저 선정(禪
定)으로 움직이고 뒤에 지혜로 뽑아 낸다."[1155]는 것을 따른 것입니다.

마조는 좌선하여 어떻게 부처가 될 수 있느냐는 말을 듣고서, 비로

1155 『대반열반경』 제31권 「사자후보살품(師子吼菩薩品)」 제11-5에 나오는 구절.

소 마음이 조급해져서[1156] 이윽고 자리에서 일어나 절을 하여 경의를 표하고는[1157] 물었습니다.

"어떻게 해야 옳습니까?"

회양은 마조에게 때가 온 것을 알고서 비로소 그에게 말했습니다.

"비유하면, 우마차가 있는데 수레가 가지 않는다면 소를 때려야 옳은가? 수레를 때려야 옳은가?"

그리고 다시 말했습니다.

"그대는 좌선(坐禪)을 배우느냐? 좌불(坐佛)을 배우느냐? 만약 좌선을 배운다면, 선은 앉거나 눕는 것이 아니다. 만약 좌불을 배운다면, 부처는 정해진 모습이 아니다. 머묾 없는 법에서 취하거나 버려서는 안 된다. 그대가 만약 좌불을 배운다면 곧 부처를 죽이는 것이고, 만약 앉는 모습에 집착한다면 그 도리에 통달하지 못한다."

마조는 이 말을 듣고서 문득 깨닫고는, 이윽고 물었습니다.

"어떻게 마음을 써야 무상삼매(無相三昧)에 들어맞겠습니까?"

회양이 말했습니다.

"그대가 마음의 법문(法門)을 배우는 것은 마치 씨앗을 심는 것과 같고, 내가 법의 요체를 말해 주는 것은 비유하면 저 하늘이 비를 내리는 것과 같다. 그대는 인연을 만난 까닭에 도를 볼 것이다."

마조가 다시 물었습니다.

"도는 색깔이나 모습이 아닌데, 어떻게 볼 수 있습니까?"

1156 착망(着忙) : 마음이 조급해지다.

1157 치경(致敬) : 경의를 표하다.

회양이 말했습니다.

"법을 보는 마음의 눈으로 도를 볼 수 있다. 무상삼매도 그러한 것이다."

마조가 말했습니다.

"이루어지거나 부서지는 것입니까?"

회양이 말했습니다.

"이루어지고 부서지고 모이고 흩어지는 것으로써 도를 보려 한다면, 잘못이다."[1158]

앞서 "방편으로 이끈다."고 말했는데, 이 일화가 바로 우리 종문(宗門) 가운데 첫 번째 본보기[1159]입니다. 묘명 거사는 이것에 의지하여 공부[1160]하기 바랍니다.

如江西馬祖初好坐禪. 後被南嶽讓和尙將甎於他坐禪處磨. 馬祖從禪定起, 問: "磨甎何爲?" 讓曰: "欲其成鏡耳." 馬祖笑曰: "磨甎豈得成鏡耶?" 讓曰: "磨甎旣不成鏡, 坐禪豈得成佛?" 蓋讓和尙嘗問馬祖坐禪何圖, 馬祖以求成佛答之, 敎中所謂: "先以定動, 後以智拔." 馬祖聞坐禪豈得成佛之語, 方始著忙, 遂起作禮致敬曰: "如何卽是?" 讓知其時節因緣已到, 始謂之曰: "譬牛駕車, 車若不行, 打牛卽是? 打車卽是?" 又曰: "汝學坐禪? 爲學坐佛? 若學坐禪, 禪非坐臥. 若學坐佛, 佛非定相. 於無

1158 『경덕전등록』 제5권 '남악회양선사(南嶽懷讓禪師)' 및 『사가어록』 「마조록」에 나오는 내용.

1159 양자(樣子) : ①본보기. 견본. 표본. ②모양. 태도. 형세.

1160 참(參) : 공부에 동참(同參)하다. 공부하다.

住法, 不應取捨. 汝若坐佛, 卽是殺佛, 若執坐相, 非達其理." 馬祖於言下忽然領旨,
遂問: "如何用心, 卽合無相三昧?" 讓曰: "汝學心地法門, 如下種子, 我說法要, 譬彼
天澤. 汝緣合故, 當見其道." 又問: "道非色相, 云何能見?" 讓曰: "心地法眼能見乎
道, 無相三昧亦復然矣." 曰: "有成壞否?" 讓曰: "若以成壞聚散而見道者, 非也." 前
所云: "方便誘引." 此是從上宗乘中第一箇樣子. 妙明居士請依此參.

옛날 대주 스님이 처음 마조를 찾아뵈었을 때, 마조가 물었습니다.

"어디에서 오는가?"

대주가 말했습니다.

"월주의 대운사에서 옵니다."

마조가 말했습니다.

"여기에 와서 무슨 일을 하려 하는가?"

대주가 말했습니다.

"불법을 찾아 왔습니다."

마조가 말했습니다.

"자기의 보물창고는 돌아보지 않고, 자기를 버리고 이리저리 내달
려서 어쩌겠는가? 나의 여기에는 한 물건도 없는데, 무슨 불법을 찾는
가?"

대주가 이에 절을 하고서 물었습니다.

"어떤 것이 저 혜해(慧海) 자신의 보물창고입니까?"

마조가 말했습니다.

"지금 나에게 묻는 것이 곧 그대의 보물창고다. 모든 것이 다 갖추어

져 있고, 또 부족함이 없으며 자재하게 사용하는데, 왜 밖에서 구하겠
는가?"

　대주는 이 말을 듣고서 자기의 본래 마음은 느낌과 앎에서 말미암는
것이 아님을 알았습니다.[1161]

　　昔大珠和尙初參馬祖, 祖問: "從何處來?" 曰: "越州大雲寺來." 祖曰: "來此擬須何

　　事?" 曰: "來求佛法." 祖曰: "自家寶藏不顧, 抛家散走作甚麼? 我這裏一物也無, 求

　　甚麼佛法?" 珠遂作禮問: "那箇是慧海自家寶藏?" 祖曰: "卽今問我者, 是汝寶藏. 一

　　切具足, 更無欠少, 使用自在, 何假外求?" 珠於言下識自本心不由知覺.

　뒤에 대주산(大珠山)에 머물렀는데, 질문을 받으면 질문에 따라 답을
하여 자기의 보물창고를 열어 자기의 재산을 꺼내도록 하였는데, 마치
쟁반 위를 구르는 옥구슬처럼 걸림이 없었습니다. 일찍이 어떤 승려가
대주에게 물었습니다.

　"반야는 큽니까?"

　대주: "반야는 크다."

　승려: "얼마나 큽니까?"

　대주: "끝이 없다."

　승려: "반야는 작습니까?"

　대주: "반야는 작다."

1161 『경덕전등록』제6권 '월주대주혜해선사(越州大珠慧海禪師)' 및 『사가어록』「마조록」에
　　나오는 내용.

승려: "얼마나 작습니까?"

대주: "보아도 보이지 않는다."

승려: "어느 곳이 반야입니까?"

대주: "어느 곳이 반야가 아닌가?"[1162]

後住大珠, 凡有扣問, 隨問而答, 打開自己寶藏, 運出自己家財, 如盤走珠, 無障
無礙. 曾有僧問: "般若大否?" 珠曰: "般若大." 曰: "幾許大?" 曰: "無邊際." 曰:
"般若小否?" 曰: "般若小." 曰: "幾許小?" 曰: "看不見." 曰: "何處是?"[1163] "何處不
是?"

그가 자기의 보물창고를 깨닫는 것을 보십시오. 남에게 전해 줄 진
실한 법이 조금이라도 있습니까? 저는 늘 이 도를 배우는 자들에게 말
합니다. 만약 참으로 도를 보는 사람이라면, 마치 종경(鐘磬)이 틀에 걸
려 있는[1164] 듯하고 골짜기에 메아리가 울리는 듯하여, 크게 치면 크게
울리고 작게 치면 작게 울립니다.

요즈음의 불법은 애처롭게도[1165] 남의 스승 노릇 하는 자가 먼저 특
별하고 현묘한 것을 가슴에 쌓아 놓고서 차례차례 서로 따라서 이어받
아 입에서 귀로 전해 주는 것으로 종지를 삼습니다. 이러한 무리는 샷

1162 『경덕전등록』 제28권 '월주대주혜해화상(越州大珠慧海和尙)'에 나오는 내용.

1163 이 뒤에 '曰'이 빠졌다. 『경덕전등록』에 보면, "何處不是?"는 대주의 말이다.

1164 종(鐘)은 악기(樂器)로서 사용되는 종경(鐘磬), 거(虡)는 그 종경을 걸어 놓고 치는
틀.

1165 가상(可傷): 슬프게도. 애처롭게도.

된 독이 마음에 들어와 있으나, 치료할 수도 없습니다. 옛 스님은 이들을 일러 반야를 비방하는 사람이라 하였으니, 이런 사람들은 천 분의 부처가 세상에 나와도 참회할 수 없습니다.[1166]

이것이 우리 선종이 뛰어난 방편으로 배우는 사람을 이끄는 두 번째 본보기입니다. 묘명 거사께서 꼭 마지막 진실을 찾고자 한다면, 마땅히 이러한 본보기처럼 공부하여야 합니다.

> 你看他悟得自家寶藏底. 還有一星兒實法傳授與人否? 妙喜常常說與學此道者. 若是眞實見道之士, 如鐘在虡, 如谷應響, 大扣大鳴, 小扣小應. 近代佛法可傷, 爲人師者, 先以奇特玄妙蘊在胸襟, 遞相沿襲, 口耳傳授以爲宗旨. 如此之流, 邪毒入心, 不可治療. 古德謂之謗般若人, 千佛出世, 不通懺悔. 此是宗門善巧方便, 誘引學者底第二箇樣子. 妙明居士決定究竟, 當如此樣子參.

이미 이러한 믿음을 갖추고서 이 한 수[1167]를 깨닫고자 한다면, 먼저 모름지기 흔들림 없는 뜻을 세우고, 경계를 대하고 인연을 만남에 순조롭거나 거스를 경우에도 물샐틈없이 지키면서[1168] 주인 노릇을 하며 여러 가지 삿된 말을 듣지 말아야 합니다. 일상생활에서 인연을 만날

1166 "천 분의 부처가 세상에 나와도 참회할 수 없습니다."라는 말은 『천수천안관세음보살광대원만무애대비심다라니경(千手千眼觀世音菩薩廣大圓滿無礙大悲心陀羅尼經)』 혹은 『천수천안관세음보살대비심다라니(千手千眼觀世音菩薩大悲心陀羅尼)』에 나오는 구절.

1167 일착자(一着子): (바둑에서) 한 수 두다. 손을 한번 쓰다. 한번 행동하다.

1168 파득정(把得定): 물샐틈없이 지키다. 제압하다. 장악하다.

때는 늘 세월은 재빨리 흐르니 삶과 죽음이라는 두 낱말을 콧마루[1169] 위에다 걸어 놓으십시오. 또 마치 백만 관(貫)의 빚을 진[1170] 사람이 돌려줄 돈은 한 푼도 없는데 빚쟁이가 문 앞을 지키고 있어서 걱정되고 두렵지만, 천 번을 생각하고 만 번을 헤아려도 돌려줄 길이 없는 것과 같아야 합니다.

만약 늘 이런 마음을 가지고 있다면, 나아갈 몫이 있을 것입니다. 만약 반은 나아가고 반은 물러나며 반은 믿고 반은 믿지 않는다면, 집이 두세 채뿐인 시골의 지혜 없는 어리석은 사내만도 못한 것입니다. 왜 그럴까요? 그는 아무것도 알지 못하고 아무것도 이해하지 못하기 때문에 도리어 여러 가지 잘못된 지식이나 깨달음이 장애가 되질 않고, 오로지 어리석음을 지킬 수 있기 때문입니다.

既辦此心, 要理會這一著子, 先須立決定志, 觸境逢緣, 或逆或順, 要把得定, 作得主, 不受種種邪說. 日用應緣時, 常以無常迅速, 生死二字貼在鼻孔尖頭上. 又如欠了人萬百貫債, 無錢還得, 被債主守定門戶, 憂愁怕怖, 千思萬量, 求還不可得. 若常存此心, 則有趣向分. 若半進半退, 半信半不信, 不如三家村裏無智愚夫. 何以故? 爲渠百不知百不解, 卻無許多惡知惡覺作障礙, 一味守愚而已.

옛 스님이 말했습니다.

1169 비공첨두(鼻孔尖頭) : 코끝. 콧마루. 비공(鼻孔)과 마찬가지로 본성, 본래면목을 가리킨다.
1170 흠채(欠債) : 빚지다.

"지극한 도리를 캐려 한다면 깨달음을 모범으로 삼아야 한다."[1171]

요즈음은 흔히 깨달은 종사(宗師)를 믿지 않고, 깨달음은 사람을 속이는 것이라고 말하고, 깨달음은 만들어진 것이라고 하고, 깨달음은 파정(把定)[1172]이라 하고, 깨달음은 두 번째에 떨어진 것이라 하니, 사자의 껍질을 쓰고서 여우의 울음을 우는 자가 헤아릴 수 없이 많습니다. 법을 가려볼 눈을 갖추지 못한 자가 종종 이런 무리에게 속으니, 잘 살펴서 생각하지 않을 수 없고 잘 생각하여 살피지 않을 수 없습니다. 이것이 종사가 어리석은 세상 사람들을 가르쳐서 달을 보고 손가락은 잊게 만드는 세 번째 본보기입니다. 묘명 거사께서 삶과 죽음의 소굴에서 벗어나고자 한다면, 이렇게 말하는 것을 일러 바른 말이라 하고, 이와 다르게 말하는 것을 일러 삿된 말이라 합니다. 잘 생각하십시오!

古德有言: "研窮至理, 以悟爲則." 近年以來, 多有不信悟底宗師, 說悟爲誑諕人, 說悟爲建立, 說悟爲把定, 說悟爲落在第二頭, 披郤師子皮作野干鳴者, 不可勝數. 不具擇法眼者往往遭此輩幻惑, 不可不審而思, 思而察也. 此是宗師指接群迷, 令見月亡指底第三箇樣子. 妙明居士欲跳出生死窟, 作是說者, 名爲正說, 作他說者, 名爲邪說. 思之!

1171 『위산경책(潙山警策)』에 나오는 구절.

1172 파정(把定) : 선지식이 수행자를 가르칠 때에 수행자가 그때까지 마음에 품고 있던 사상·신념·견해 등 모든 것을 타파부정하여 수행자를 곤혹절망(困惑絶望)의 깊은 늪으로 몰아넣음으로써 오히려 생생한 향상(向上)으로 나아가는 결과를 가져다주려고 하는 것. 모든 망상을 빼앗아 손을 쓸 수 없도록 만드는 것이다. 파주(把住)라고도 한다. 방행(放行) 혹은 방개(放開)의 반대.

삶과 죽음을 두려워하는 의심의 뿌리를 완전히 뽑아내지 않으면, 백 겁(百劫)의 세월 동안 천 번을 윤회(輪迴)하며 업을 따라 과보를 받으면서 나타났다 사라졌다 쉴 때가 없을 것입니다. 참으로 세차게 심혈을 기울일[1173] 수 있다면, 단번에 깨끗이 뽑아내 버리고, 곧장 중생의 마음을 떠나지 않고 부처의 마음을 볼 수 있을 것입니다. 만약 오래된 원력(願力)이 있어서 참되고 바른 선지식을 만나 뛰어난 방편에 이끌려 일깨워진다면, 무슨 어려움이 있겠습니까? 보지 못했습니까? 옛 스님이 말했습니다.

"세속[1174]에는 사람을 가로막는 마음이 없고, 부처님과 조사에겐 사람을 속이는 뜻이 없다. 다만 요즈음 사람들이 지나가지 못하기 때문에, 세속이 사람을 가로막지 않는다고 하지 못하는 것이다."[1175]

1173 착정채(着精彩) : 마음을 쓰다. 주의를 기울이다. 심혈을 기울이다. 노력하다. 애쓰다. 주의하다. 조심하다.

1174 강호(江湖) : 세속(世俗). 세상(世上). 세간(世間).

1175 『경덕전등록』 제17권 '호남용아산거둔선사(湖南龍牙山遁禪師)'에 나오는 용아거둔 (龍牙居遁)의 말을 순서에 관계 없이 인용하였다. 용아거둔의 전체 말은 다음과 같다 : "강호(江湖)에는 비록 사람을 가로막는 마음이 없지만, 요즈음 사람들이 지나가지를 못하기 때문에 강호가 사람을 가로막는 꼴이 되어서, 강호가 사람을 가로막지 않는다고 말하지 못하는 것이다. 부처와 조사에게는 비록 사람을 속이는 마음이 없지만, 요즈음 사람들이 뚫고 벗어나지 못하기 때문에 부처와 조사가 사람을 속이는 꼴이 되어서, 부처와 조사가 사람을 속이지 않는다고 말하지 못하는 것이다. 만약 부처와 조사를 뚫고 벗어난다면 이 사람은 부처와 조사를 지나쳐 버린 것이니, 비로소 부처와 조사의 뜻을 몸소 얻은 것이고 바야흐로 위쪽에 있는 옛사람과 같다. 만약 뚫고 벗어나지 못하고 다만 부처를 배우고 조사를 배우기만 한다면, 영원토록 기회를 얻을 날이 없을 것이다."(江湖雖無礙人之心, 爲時人過不得, 江湖成礙人去, 不得道江湖不礙人. 祖佛雖無謾人之心, 爲時人透不得, 祖佛成謾人去, 不得道祖佛不謾人. 若透得祖佛過, 此人過郤祖佛也, 始是體得祖佛意, 方與向上古人同. 如未透得, 但學佛學祖, 則萬劫無有得期.)

怕怖生死底疑根拔不盡, 百劫千生流浪, 隨業受報, 頭出頭沒, 無休息時. 苟能猛著
精彩, 一拔淨盡, 便能不離衆生心而見佛心. 若夙有願力, 遇眞正善知識, 善巧方便
誘誨, 則有甚難處? 不見? 古德有言: "江湖無礙人之心, 佛祖無謾人之意. 只爲時人
過不得, 不得道江湖不礙人."

부처님과 조사의 말씀이 비록 사람을 속이지는 않지만, 다만 이 도
를 배우는 자가 방편을 잘못 알고서 한 마디 말과 한 구절 속에서 현
(玄)함을 찾고 묘(妙)함을 찾고 얻음을 찾고 잃음을 찾는 까닭에 뚫고 지
나가지 못하여, 부처님과 조사가 사람을 속이지 않는다고 말하지 못하
는 것입니다. 마치 눈먼 사람이 햇빛이나 달빛을 보지 못하는 것이 눈
먼 자의 허물이지 해와 달의 허물이 아닌 것과 같습니다. 이것이 이 도
를 배움에 문자의 모습을 떠나고 분별의 모습을 떠나고 언어의 모습을
떠난 네 번째 본보기입니다. 묘명 거사께서는 잘 생각하십시오.

佛祖言敎雖不謾人, 只爲學此道者錯認方便, 於一言一句中求玄求妙, 求得求失,
因而透不得, 不得道佛祖不謾人. 如患盲之人, 不見日月光, 是盲者過, 非日月咎.
此是學此道離文字相, 離分別相, 離語言相底第四箇樣子. 妙明居士思之.

태어나도 온 곳을 알지 못하고 죽어도 갈 곳을 알지 못하는 의심을
아직 잊지 않았다면, 삶과 죽음이 뒤얽힐[1176] 것입니다. 다만 이렇게 뒤
얽힌 곳에서 한 개 화두를 살펴보십시오.

1176 교가(交加) : =교착(交錯). 뒤얽히다. 서로 뒤섞여 엇갈리다. 엉망이다. 시끄럽다.

승려가 조주에게 물었습니다.

"개에게도 불성이 있습니까?"

조주가 말했습니다.

"없다."

다만 이 태어나도 온 곳을 알지 못하고 죽어도 갈 곳을 알지 못하는 의심을 '없다'는 글자 위에 옮겨 온다면, 뒤얽힌 마음이 사라질 것입니다. 뒤얽힌 마음이 사라지고 나면, 오고 가는 삶과 죽음에 대한 의심이 끊어질 것입니다. 다만 끊고자 하나 아직 끊어지지 않은 곳에서 맞붙어 버티다가[1177] 때가 되어 갑자기 단번에 확 깨달으면, 곧 경전에서 말하는 "마음의 삶과 죽음을 끊고 마음의 선(善)하지 못함을 멈춘다."[1178]는 것이 마음의 무성한 번뇌망상[1179]을 잘라 내고 마음의 더러움과 혼탁함을 씻어 내는 것임을 알 것입니다.

疑生不知來處, 死不知去處底心未忘, 則是生死交加. 但向交加處看箇話頭. 僧問

1177 여지시애(與之廝崖) : 『한한대사전(漢韓大辭典)』『중한대사전(中韓大辭典)』『주해어록총람(註解語錄總覽)』 등에 의하면, 애(崖) · 애(捱) · 애(挨)는 '버티다' '저항하다' '지탱하다'는 뜻으로 서로 바꾸어 쓰이는 글자이고, 시(廝)와 시(厮)도 같은 글자로서 '서로'라는 뜻이다. 그러므로 여지시애(與之廝崖)는 '-와 서로 버티다' '-와 서로 지탱하다' '-와 서로 겨루어서 순순히 끌려가지 않는다'는 뜻이다. 여지시애(與之廝崖)는 여지시애(與之廝捱)나 여지시애(與之廝挨)로 쓸 수 있고, 여지시애(與之廝崖)라고도 쓸 수 있다. 김태완 『간화선 창시자의 선』 하권(침묵의 향기) 부록 「간화용어의 번역에 관하여」 참조.

1178 『화엄경』(80권) 제63권 「입법계품」 제39-4에 나오는 구절.

1179 조림(稠林) : 빽빽한 숲. 중생의 삿된 견해나 번뇌가 무성한 것을 가리킴.

趙州和尙: "狗子還有佛性也無?" 州云: "無." 但將這疑生不知來處, 死不知去處底
心移來無字上, 則交加之心不行矣. 交加之心旣不行, 則疑生死來去底心將絕矣.
但向欲絕未絕處與之廝崖, 時節因緣到來, 驀然噴地一下, 便了敎中所謂: "絕心生
死, 止心不善." 伐心稠林, 浣心垢濁者也.

그러나 마음에 왜 더러움이 있겠습니까? 마음에 왜 혼탁함이 있겠
습니까? 좋고 나쁨을 분별하는 잡독(雜毒)이 모인 것을 일러 선하지 않
다고도 하고, 더럽고 혼탁하다고도 하고, 빽빽한 번뇌망상이라고도 하
는 것입니다. 만약 참으로 단번에 확 깨달으면, 단지 이 빽빽한 망상의
숲이 곧 향기로운 전단나무의 숲이고, 단지 이 더럽고 혼탁한 것이 곧
깨끗하게 해탈하여 조작이 없는 묘한 본바탕입니다. 이 본바탕은 본래
더러움이 없고, 더럽게 만들지도 못합니다. 분별이 생기지 않아 텅 비
고 밝고 스스로 비추는 것이 곧 이 조그마한 도리입니다.

이것이 바로 종사가 배우는 자로 하여금 삿됨을 버리고 바름으로 돌
아가게 만드는 다섯 번째 본보기입니다. 묘명 거사께서는 다만 여기에
의지하여 공부하십시오. 오래오래 하면 저절로 빈틈없이 딱 들어맞을[1180]
것입니다.

1180 축착개착(築著磕著) : ①'여기 저기 마구 부딪치다'는 뜻인데 긍정적인 뜻과 부정적인
뜻이 있다. 긍정적으로는 행동이 자유자재하여 걸림이 없는 것이고, 부정적으로는 소인
들이 서로 시끄럽게 다투는 것을 돌이 부딪치는 소리에 비유한 말. 개(磕)는 돌맹이 같은
것이 부딪치는 소리, 또는 부딪치는 것. ②축(築)은 축(塁)과 같은 뜻으로서, '빈틈없이 틀
어막아 채운다'는 뜻. 눈에 가득하고 귀에 가득한 것. 불성(佛性)이 법계에 가득하여 틈이
없는 것. 빈틈없이 가득하다. 빈틈없이 들어맞다. 여기선 ②번의 뜻으로 번역하였다. 그러
나 ①번의 긍정적인 뜻으로 번역해도 무리가 없을 것이다.

然心何有垢? 心何有濁? 謂分別善惡雜毒所鍾, 亦謂之不善, 亦謂之垢濁, 亦謂之稠林. 若眞實得噴地一下, 只此稠林卽是栴檀香林, 只此垢濁卽是淸淨解脫無作妙體. 此體本來無染, 非使然也. 分別不生, 虛明自照, 便是這些道理. 此[1181]是宗師令學者捨邪歸正底第五箇樣子. 妙明居士但只依此參. 久久自築著磕著也.

도는 있지 않은 곳이 없으니 닿는 곳마다 모두 참되어서, 참됨을 떠나 발 디딜 곳이 없고 발 딛는 곳이 곧 참입니다. 경전에서 말했습니다.

"먹고 살기 위해 직업에 종사하는 것들이 모두 바른 도리를 따르고 실상과 어긋나지 않는다."[1182]

이 까닭에 방 거사가 말했습니다.

"일상생활에 다른 것은 없고

1181   '차(此)'는 궁내본에서 빠져 있다.

1182   이 구절은 『법화경』의 다음 내용의 취지를 요약한 것이다 : 만약 선남자 선여인이 여래가 적멸한 뒤에 이 경(經)을 기억한다면, 또 읽거나 외우거나 설명하거나 베낀다면, 천이백 억의 공덕을 얻을 것이다. 이러한 깨끗한 의식(意識)으로 한 게송이나 한 구절을 듣는다면, 헤아릴 수 없고 끝없는 뜻에 통달할 것이다. 이러한 뜻을 이해한 뒤에 한 구절이나 한 게송을 말할 수 있으면, 한 달 넉 달 혹은 일 년이 되도록 그 뜻을 따라 말한 모든 법 모두가 실상과 어긋나지 않을 것이다. 만약 세속의 경서(經書)나 세속을 살면서 하는 말들이나 먹고사는 일들을 말하더라도, 모두 바른 법을 따를 것이다.(若善男子善女人, 如來滅後受持是經, 若讀若誦若解說若書寫, 得千二百意功德. 以是淸淨意根, 乃至聞一偈一句, 通達無量無邊之義. 解是義已, 能演說一句一偈, 至於一月四月乃至一歲, 諸所說法隨其義趣, 皆與實相不相違背. 若說俗間經書治世語言資生業等, 皆順正法.)(『묘법연화경』 「법사공덕품(法師功德品)」 제19)

오직 나 스스로 내키는 대로 어울린다.[1183]

하나하나의 일을 취하지도 버리지도 않고

곳곳에서 어긋남[1184]이 없다.

붉은색과 보라색이라고 누가 이름 지었는가?

언덕과 산에는 한 점의 티끌먼지도 없네.

신통(神通)과 묘용(妙用)[1185]이

물 긷고 땔나무 나르는 일이로다."[1186]

　그러나 곧 이렇다고 알고 있으면서 묘한 깨달음을 구하지 않으면,
다시 일 없는 껍질 속[1187]에 떨어져 있게 됩니다.

道無不在, 觸處皆眞, 非離眞而立處, 立處卽眞. 敎中所謂: "治生産業, 皆順正理, 與

實相不相違背." 是故龐居士有言: "日用事無別, 唯吾自偶諧. 頭頭非取捨, 處處勿

張乖. 朱紫誰爲號? 丘山絶點埃. 神通幷妙用, 運水及搬柴." 然便恁麼認著, 不求妙

悟, 又落在無事甲裏.

1183　우해(偶諧) : 내키는 대로 어울리다.

1184　장괴(張乖) : 어긋남.

1185　신통묘용(神通妙用) : 신령스러이 통하고 묘하게 작용한다. 걸림 없이 자재한 깨달음
　　　의 경지를 표현한 말.

1186　『경덕전등록』 제8권 '양주거사방온(襄州居士龐蘊)'에 나오는 시(詩).

1187　무사갑리(無事甲裏) : 일 없는 상자 속. 일 없는 껍질 속. 참으로 깨달아 마음이 쉬어진
　　　것이 아니라, 지금 있는 그대로가 전체요 완전하여 더할 것도 뺄 것도 없다고 이치로 이
　　　해하고는, 이 이해 속에 머물러 있으면서 다시는 참된 깨달음을 찾지 않는 선병(禪病).

보지도 못했습니까? 위부(魏府)의 노화엄(老華嚴)이 말했습니다.

"불법은 그대가 매일 생활하는 곳에 있고, 가고·머물고·앉고·눕는 곳에 있고, 죽 먹고 밥 먹는 곳에 있고, 말로써 서로 묻는 곳에 있다. 그러나 일부러 만들고 일부러 행하거나 마음을 내어 생각하면[1188] 도리어 옳지 않다."[1189]

또 진정[1190] 스님이 말했습니다.

"마음으로 헤아리지 않으면, 하나하나가 밝고 묘하며, 하나하나가 자연스러우며, 하나하나가 마치 연꽃이 물에 젖지 않는 것과 같다. 자기 마음에 어두운 까닭에 중생이 되고, 자기 마음을 깨달은 까닭에 부처가 된다. 중생이 본래 부처이고 부처가 본래 중생이지만, 어리석음과 깨달음으로 말미암아 중생과 부처라는 차이가 나는 것이다."[1191]

또 석가모니가 말씀하셨습니다.

"이 법은 법의 지위에 머물러 있고, 세간의 모습도 늘 머물러 있

1188 동념(動念) : ①마음이 움직이다. 마음이 끌리다. ②생각하다.

1189 『경덕전등록』 제30권 후서(後序) 뒤에 첨부되어 있는 '위부화엄장로시중(魏府華嚴長老示衆)'에 나오는 구절.

1190 진정극문(眞淨克文) : 1025-1102. 늑담극문(泐潭克文)이라고도 한다. 송대(宋代)의 스님으로 임제종 황룡파(黃龍派)이다. 호는 운암(雲岩)이며, 동산(洞山)이라고도 한다. 보봉극문(寶峰克文)·진정극문(眞淨克文)이라고도 한다. 한 스님이 들려주는 운문 문언의 이야기를 듣고 크게 깨달았다. 적취(積翠) 황룡혜남(黃龍慧南)에게 참학하여 그 법을 이었다. 황룡조심(黃龍祖心) 동림상총(東林常總)과 함께 임제종 황룡파 발전의 기초를 세운 중진이다. 『운암진정선사어록(雲庵眞淨禪師語錄)』 6권이 있으며, 청량덕홍(淸涼德洪)이 〈운암진정화상행장(雲庵眞淨和尙行狀)〉을 지었다.

1191 『지월록(指月錄)』 제26권 「융흥부보봉극문운암진정선사(隆興府寶峰克文雲菴眞淨禪師)」에서 주현모(朱顯謨)의 질문에 대한 답글에 이 부분이 나온다.

다."[1192]

또 말씀하셨습니다.

"이 법은 생각하고 헤아리고 분별하는 것으로 알 수 있는 것이 아니다."[1193]

不見? 魏府老華嚴有言: "佛法在你日用處, 行住坐臥處, 喫粥喫飯處, 語言相問處. 所作所爲, 擧心動念, 又卻不是也." 又眞淨和尙有言: "不擬心, 一一明妙, 一一天眞, 一一如蓮華不著水. 迷自心故作衆生, 悟自心故成佛. 然衆生本佛, 佛本衆生, 由迷悟故, 有彼此也." 又釋迦老子有言: "是法住法位, 世間相常住." 又云: "是法非思量分別之所能解."

이 역시 마음으로 헤아리는 것을 허락하지 않는다는 말일 뿐입니다. 만약[1194] 인연에 응하는 곳에서 안배하지 않고, 조작하지 않고, 마음으로 생각하거나 헤아리거나 분별하거나 비교하지 않는다면, 저절로 막힘없이 트여서 바랄 것도 없고 의지할 것도 없고, 유위(有爲)에 머물지도 않고, 무위(無爲)에 떨어지지도 않고, 세간이니 출세간이니 하는 생각도 하지 않을 것입니다. 이것이 곧 일상생활의 행위 속에서 본래면목에 어둡지 않은 여섯 번째 본보기입니다.

此亦是不許擬心之異名耳. 苟於應緣處不安排, 不造作, 不擬心思量分別計較, 自

1192 『묘법연화경』「방편품(方便品)」 제2의 게송에 나오는 구절.
1193 『묘법연화경』「방편품」 제2에 나오는 구절.
1194 구(苟) : ①다만. ②부디.(기대나 추측을 나타냄) ③만일. 가령. ④그럭저럭. 임시로.

然蕩蕩無欲無依, 不住有爲, 不墮無爲, 不作世間及出世間想. 這箇是日用四威儀中不昧本來面目底第六箇樣子也.

본래 삶과 죽음의 일이 크고 세월은 재빠른데 아직 자기의 일을 밝히지 못했기 때문에 종사(宗師)를 찾아뵙고 삶과 죽음의 속박에서 벗어나는 길을 찾았으나, 도리어 삿된 스승의 무리를 만나면 더욱더 얽어매이고 더욱더 속박을 당합니다. 옛날의 속박을 아직 풀지도 못했는데 새로운 속박을 더하면서도 도리어 삶과 죽음이라는 속박은 알지 못하고, 다만 한결같이 쓸데없는 잡다한 말[1195]들만 이해하여 종지라 부르니 매우 중요한 일을 대수롭지 않게 여기는[1196] 짓입니다. 이것이 경전에서 말한 "삿된 스승의 잘못이지, 중생의 허물이 아니다."[1197]는 것입니다.

本爲生死事大, 無常迅速, 己事未明故, 參禮宗師, 求解生死之縛, 卻被邪師輩添繩添索. 舊縛未解, 而新縛又加, 卻不理會生死之縛, 只一味理會閑言長語, 喚作宗旨, 是甚熱大不緊! 敎中所謂: "邪師過謬, 非衆生咎."

삶과 죽음에 속박되지 않으려면, 다만 늘 마음속을 텅 비워 버리고, 단지 태어날 때 오는 곳을 알지 못하고 죽을 때 가는 곳을 알지 못하는

1195 한언장어(閑言長語) : 한언(閑言)은 쓸데없는 말, 장어(長語)는 길게 많이 하는 말.

1196 열대불긴(熱大不緊) : 요긴(要緊)한 대사(大事)를 요긴하게 여기지 않다. 큰일을 대수롭지 않게 여기다. 열대(熱大)는 긴요한 큰일, 중요한 일, 대단한 일.

1197 『원각경(圓覺經)』에 나오는 구절.

마음을 언제나 인연을 만나는 곳에서 일깨우십시오. 일깨우는 것이 익숙해져서 오래되면 저절로 탁 트여서 걸림이 없을 것입니다.

> 要得不被生死縛, 但常教方寸虛豁豁地, 只以不知生來, 不知死去底心, 時時向應
> 緣處提撕. 提撕得熟久久, 自然蕩蕩地也.

일상생활 속에서 힘들지 않음[1198]을 느낄 때가 곧 이 도를 배움에 힘을 얻는 곳입니다. 힘을 얻는 곳에서 무한히 힘들지 않으며, 힘들지 않은 곳에서 다시 무한한 힘을 얻습니다. 이 도리는 남에게 말해 줄 수도 없고, 남에게 보여 줄[1199] 수도 없습니다. 힘들지 않은 것과 힘을 얻는 것은 마치 사람이 물을 마셔서 그 차가움과 따스함을 스스로 아는 것과 같습니다.

> 覺得日用處省力時, 便是學此道得力處也. 得力處省無限力, 省力處卻得無限力.
> 這些道理說與人不得, 呈似人不得. 省力與得力處, 如人飲水, 冷煖自知.

저는 일생 동안 다만 힘들지 않은 곳을 사람들에게 가리켜 주었을 뿐, 수수께끼[1200]를 붙잡고 이리저리 헤아리도록 만들지는 않았습니다.

1198 생력(省力) : 힘을 덜다. 수월하다. 수고롭지 않다. 힘들지 않다.

1199 정사(呈似) : 말하다. 드러내 보이다.

1200 미자(謎子) : 수수께끼. 여기에서 수수께끼는 곧 공안을 가리킨다. 대혜가 가르치는 간화선(看話禪)은 수수께끼 같은 공안을 제시하여 그 뜻을 헤아리도록 하는 것이 아니라, 화두(話頭)를 제시하여 생각으로 헤아림이 끊어지는 곳에서 문득 깨달음이 나타나도록

역시 단지 이렇게 수행할 뿐이고, 이밖에 따로 요상하고 괴상한 일을 만들 것은 없습니다. 내가 힘을 얻은 곳은 남이 알지 못하고, 내가 힘 들지 않은 곳 역시 남이 알지 못하고, 분별심[1201]이 끊어진 것 역시 남이 알지 못하고, 분별심을 아직 잊지 못하는 것 역시 남이 알지 못합니다. 다만 이 법문(法門)을 모든 사람에게 베풀어 줄 뿐, 따로 전해 줄 현묘하고 특별한 것은 없습니다.

妙喜一生只以省力處指示人, 不敎人做謎子搏量. 亦只如此修行, 此外別無造妖捏怪. 我得力處他人不知, 我省力處他人亦不知, 生死心絶他人亦不知, 生死心未忘他人亦不知. 只將這箇法門布施一切人, 別無玄妙奇特可以傳授.

가르치는 선(禪)이다.

1201 생사심(生死心) : 분별과 차별 속에서 취하고 버리고 조작하는 중생의 분별심(分別心). 『사가어록(四家語錄)』「강서마조도일선사어록(江西馬祖道一禪師語錄)」에서 말하기를, "도(道)는 닦을 필요가 없으니, 단지 오염되지만 말라. 무엇이 오염인가? 생사심(生死心)이 있기만 하면 조작하고 쫓아다니니, 이들이 모두 오염이다. 만약 곧장 도를 깨닫고자 한다면, 평상심(平常心)이 곧 도이다. 무엇을 일러 평상심이라 하는가? 조작이 없고, 옳고 그름을 따짐이 없고, 취하고 버림이 없고, 단절(斷絶)과 항상(恒常)이 없고, 범부와 성인이 없는 것이다."(道不用脩, 但莫汚染. 何爲汚染? 但有生死心, 造作趣向, 皆是汚染. 若欲直會其道, 平常心是道. 何謂平常心? 無造作, 無是非, 無取捨, 無斷常, 無凡無聖.)라고 하였다. 그러므로 생사심(生死心)은 평상심(平常心)과 상대되는 말이니, 조작하고, 옳고 그름을 따지고, 취하고 버림이 있고, 단절과 항상이 있고, 범부와 성인의 차별이 있는 것이 곧 생사심(生死心)이다. 『선문요략(禪門要略)』에서는 "앞의 아홉이 세간심(世間心)이요 생사심(生死心)이며, 뒤의 하나가 출세간심(出世間心)이요 열반심(涅槃心)이요 성인심(聖人心)이요 해탈심(解脫心)이다."(前九是世間心, 是生死心, 後一是出世心, 是涅槃心, 是聖人心, 是解脫心.)라고 하였다.

묘명 거사께서 반드시 저처럼 수행하고자 하신다면 다만 이 말에만 의지할 뿐, 밖에서 도리를 따로 찾을 필요는 없습니다. 참된 용이 가는 곳에는 구름이 저절로 따라오는데, 하물며 신령스럽게 통하는 광명이 본래 저절로 있는 경우에야 말할 것도 없습니다. 보지 못했습니까? 덕산 스님이 말했습니다.

"그대가 다만 마음에 일이 없고 일에 마음을 두지 않는다면, 텅 비면서도 신령스럽고 텅 비면서도 묘하다. 만약 털끝만큼이라도 근본과 말단을 말한다면, 모두 스스로를 속이는 짓이다."[1202]

이것이 이 도를 배우는 중요한 길인 일곱 번째 본보기입니다.

妙明居士決欲如妙喜修行, 但依此說, 亦不必向外別求道理. 眞龍行處, 雲自相隨, 況神通光明本來自有. 不見? 德山和尙有言: "汝但無事於心, 無心於事, 則虛而靈, 空而妙. 若毛端許言之本末者, 皆爲自欺." 這箇是學此道要徑底第七箇樣子也.

위와 같은 일곱 개 본보기가 부처에 머무는 병과 법에 머무는 병과 중생에 머무는 병을 한꺼번에 다 말했으나 다시 여덟 번째 본보기가 있으니, 도리어 묘원 도인[1203]에게 묻기 바랍니다.[1204] 다시 묘원 도인을

1202 『경덕전등록』제15권 '낭주덕산선감선사(朗州德山宣鑒禪師)'에 나오는 상당법어(上堂法語). 앞에 다음의 구절이 생략되어 있다. "자기에게 일이 없으면 헛되이 구하지 말라. 헛되이 구하여 얻는다고 하여도 역시 얻은 것이 아니다."(於己無事則勿妄求. 妄求而得亦非得也.)

1203 앞서 법어 '28. 묘원(妙圓) 도인에게 보임'에서 소개된 부인(夫人). 묘명(妙明) 거사가 곧 이지성(李知省)이므로, 묘원 도인은 묘명 거사의 부인이다.

1204 묘원 도인이 여덟 번째 본보기가 되는 훌륭한 도인(道人)이라는 말.

대신하여 일전어(一轉語)[1205]를 말합니다.

"큰 깨달음[1206]을 그대가 얻지 못한다면, 잡다한 세속[1207]을 그대 스스로 떠맡을 것이다."

如上七箇樣子, 佛病·法病·衆生病, 一時說了, 更有第八箇樣子, 却請問取妙圓道人.

又代妙圓道人下一轉語云: "大事爲你不得, 小事妙明居士自家擔當."

1205 일전어(一轉語) : 그때그때의 상황에 따라 말을 자유자재하게 사용하여 선지(禪旨)를 가리키는 것. 심기(心機)를 한번 바꾸어서(一轉) 깨닫게 하는 힘이 있는 말이라는 뜻이기도 하다.

1206 대사(大事)는 곧 일대사인연(一大事因緣)이니, 깨달음을 가리킨다.

1207 소사(小事)는 대사(大事)의 반대로 세속의 일을 가리킨다.

31. 성 기의[1208]에게 보임[1209]

부처님이 말씀하셨습니다.

"만약 부처의 경계를 알고자 한다면, 마땅히 그 뜻을 허공처럼 깨끗하게 하여 망상과 모든 집착[1210]을 멀리 떠나, 그 마음이 향하는 것에 전혀 장애가 없도록 하여야 한다."[1211]

위없는 깨달음을 배우려는 이러한 뜻이 분명히 있다면, 늘 마음을 텅 비우고, 말로써 설명하는 것에 집착하지도 말고, 문자도 없고 말도 없는 텅 비고 고요한 곳에 떨어지지도 말도록 하십시오. 이 양쪽 모두에 의지하지 말고, 좋고 나쁜 두 일을 취하지도 말고 버리지도 말아야 합니다.

하루 24시간 생활하는 가운데 생각하고 헤아리는 마음을 끊어 버리고, 텅 비고 고요한 곳에도 머물지 않고, 안에서 내보내지도 않고 밖에서 들여보내지도 않고, 마치 하늘의 구름처럼 물 위의 거품처럼 문득 있다가는 홀연 없기도 하다면, 단지 이러한 곳에서 몸을 돌려 한 번 내던져 커다란 허공을 없애 버릴 것입니다.[1212] 바로 이러한 때는 안배해서도 안 되고 쌓아 놓아서도 안 됩니다. 왜 그럴까요? 큰 법(法)이 본래

1208 성기의(成機宜) : (원주 : 季恭) 성(成)은 성(姓), 기의(機宜)는 벼슬 이름, 계공(季恭)은 자(字).

1209 1159년(71세)에 쓴 글.

1210 취(取) : 12연기의 하나. 애(愛)를 연하여 일어나는 집착(執着). 또 애의 다른 이름. 번뇌의 총칭.

1211 『대방광불화엄경』(80권 화엄) 제50권 「여래출현품(如來出現品)」 제37-1.

1212 말과(抹過) : 지워 없애다. 없애 버리다. =말소(抹消).

이와 같아서 억지로 하는 것이 아니기 때문입니다. 보지 못했습니까? 석가모니가 말했습니다.

"중생이 하는 말을 취하지 말지니
모두가 만들어진 허망한 일이기 때문이다.
비록 언어의 길에 의지하지 않더라도
또한 말 없음에 집착하지도 말아야 한다."[1213]

示成機宜(季恭)

佛言: "若有欲知佛境界, 當淨其意如虛空, 遠離妄想及諸取, 令心所向皆無礙." 決有此志學無上菩提, 常令方寸虛豁豁地, 不著言說, 不墮空寂, 無言無說. 兩頭俱勿依怙, 善惡二事, 無取無捨. 日用二六時中將思量計較之心坐斷, 不於空寂處住著, 內不放出, 外不放入, 如空中雲, 如水上泡, 瞥然而有, 忽然而無, 只向這[1214]裏翻身一擲, 抹過太虛. 當恁麼時, 安排他不得, 餖飣他不得. 何以故? 大法本來如是, 非是彊爲. 不見? 釋迦老子有言: "不取衆生所言說, 一切有爲虛妄事. 雖復不依言語道, 亦復不著無言說."

오늘날 사대부로서 이 도를 배우는 자는 평소 총명하고 영리함에 지배받다가 흔히 옛사람의 말씀 속에서 도리를 만들고 말로써 분명하게 밝히려 하니, 말라 버린 뼈다귀에서는 결코 즙을 찾을 수 없음을 전혀

1213 『화엄경』(80권) 제24권 「십회향품(十迴向品)」 제25-2의 게송에 나오는 구절.
1214 '저(這)'는 궁내본에서 모두 '차(遮)'로 되어 있다.

모르는 것입니다. 만일 선지식의 꾸중을 듣는다면 기꺼이 언설을 떠나고 문자를 떠나지만, 다시 언설 없는 곳, 검은산 아래의 귀신굴 속에 앉아 꼼짝 않으면서 마음이 향하는 곳에 막힘이 없기를 바라니, 또한 어렵지 않겠습니까?

今時士大夫學此道者, 平昔被聰明靈利所使, 多於古人言語中作道理, 要說敎分曉, 殊不知枯骨頭上決定無汁可覓. 縱有聞善知識所訶, 肯離言說相, 離文字相, 又坐在無言無說處黑山下鬼窟裏不動, 欲心所向無礙無窒, 不亦難乎?

이미 세월은 재빠르고 삶과 죽음의 일이 크다면, 곧장 위없는 깨달음을 얻겠다는 뜻을 확실히 가지고 세간의 여러 가지 허망하고 진실하지 못한 일들을 단번에 내려놓고,[1215] 도리어 취할 수 없고 버릴 수 없는 곳에서 '있는가? 없는가?' 하고 느긋이 살펴보며 찾아보십시오.[1216] 곧장 마음을 쓸 수 없고 입을 열 수 없는 곳에서 마음속이 마치 한 개 뜨거운 쇳덩이와 같을 때, 놓아 버리려 하면 안 됩니다. 다만 여기에서 한 개 화두를 살펴보십시오.

승려가 운문(雲門)에게 물었습니다.

"아버지를 죽이고 어머니를 죽이면 부처님 앞에서 참회할 수 있습니다. 부처님을 죽이고 조사를 죽일 때는 다시 어디에서 참회합니까?"

1215 일필구하(一筆勾下) : 단번에 내려놓다. 단번에 내버리다.
1216 처포(覻捕) : 엿보며 찾다. 자세히 살펴보며 찾다.

운문이 말했습니다.

"노(露)."[1217]

既爲無常迅速, 生死事大, 決定有志直取無上菩提, 世間種種虛妄不實底事, 一
筆勾下, 卻向不可取不可捨處, 謾覷捕看, '是有是無?' 直得無用心處, 無開口處,
方寸中如一團熱鐵相似時, 莫要放卻. 只就這裏看箇話頭. 僧問雲門: "殺父殺
母, 向佛前懺悔. 殺佛殺祖時, 卻向甚處[1218]懺悔?" 雲門云: "露."

　만약 흔들림 없는 뜻이 있다면 다만 '노(露)' 자를 보시되, 세간의 일
을 사량하고 분별하는 마음을 붙잡아 '노' 자 위로 옮겨 놓고서 걸어갈
때나 앉아 있을 때나 이 '노' 자를 스스로에게 일깨워 주십시오. 일상생
활 속의 기쁘거나 노엽거나 좋거나 나쁜 인연을 만나는 곳, 어른을 모
시는 곳, 친구와 사귀는 곳, 성인(聖人)의 경사(經史)를 읽는 곳이 모두
일깨울 때입니다. 갑자기 자기도 모르는 사이에 '노' 자 위에서 소식이
끊어져 버리면, 삼교(三敎)[1219]의 성인이 말씀하신 법을 하나하나 남에게
물어볼 필요 없이[1220] 저절로 하나하나 위에서 분명하고 사물사물 위에
서 드러납니다.

1217　노(露) : '드러나 있다.'는 뜻. 『오등회원』 제15권 '소주운문산광봉원문언선사(韶州雲門
　　　山光奉院文偃禪師)'에 나오는 대화.

1218　'처(處)'는 궁내본에서 '마(麼)'. 앞에 향(向)이 있으므로 처(處)가 알맞다.

1219　삼교(三敎) : 부처의 가르침인 불교(佛敎), 공자와 맹자의 가르침인 유교(儒敎), 노자
　　　와 장자의 가르침인 도교(道敎).

1220　불착(不著) : -할 필요 없다. -할 수 없다. =불용(不用), 불수(不須).

若有決定志, 但只看箇露字, 把思量分別塵勞中事底心, 移在露字上, 行行坐坐, 以
此露字提撕. 日用應緣處, 或喜或怒, 或善或惡, 侍奉尊長處, 與朋友相酬酢處, 讀
聖人經史處, 盡是提撕底時節. 驀然不知不覺, 向露字上絶卻消息, 三教聖人所說
之法, 不著一一問人, 自然頭頭上明, 物物上顯矣.

부처님께서 말씀하시지 않았습니까?

"보살마하살은 막힘없고 장애 없는 지혜로써 모든 세간의 경계가 곧
여래의 경계임을 믿는다."[1221]

옛 스님이 말하였습니다.

"세간에 들어가면, 남아 있는 출세간이 없다."[1222]

이런 말씀들이 바로 이 도리입니다. 다만 흔들림 없는 믿음과 흔들
림 없는 뜻이 없는 것이 두려울 따름입니다. 흔들림 없는 믿음이 없다
면 물러나는 마음이 생기고, 흔들림 없는 뜻이 없다면 배워도 철두철
미한 곳에 이르지 못합니다. 어떤 것이 흔들림 없는 믿음은 있고 물러
나는 마음은 없는 것이고, 어떤 것이 흔들림 없는 뜻이 있어서 배움이
철두철미한 곳에 이르는 것일까요?

佛不云乎?: "菩薩摩訶薩以無障無礙智慧, 信一切世間境界是如來境界." 古德云:
"入得世間, 出世無餘." 便是這箇道理也. 只怕無決定信決定志耳. 無決定信, 則有
退轉心, 無決定志, 則學不到徹頭處. 且那箇是有決定信而無退轉心, 有決定志而

1221 『화엄경』(80권) 제52권 「여래출현품(如來出現品)」 제37-3에 나오는 구절.
1222 『고존숙어록』 제40권 「운봉열선사차주법륜어록(雲峰悅禪師次住法輪語錄)」에 나오는
구절.

學到徹頭處者?

옛날 우두산(牛頭山)의 제2세(世) 지암(智巖) 선사는 곡아(曲阿) 사람인데, 성은 화(華) 씨였습니다. 20살에 지혜와 용기가 보통이 넘었고 키는 7척(尺) 6촌(寸)이나 되었습니다. 수(隋) 대업[1223] 연간에 낭장[1224]이 되었는데, 늘 활에다 물 거르는 주머니 하나를 달고 다니다가 물 길을 때가 되면 사용하였습니다. 여러 번 대장(大將)을 따라 정벌 전쟁에 나갔고, 자주 전공(戰功)도 세웠습니다. 당(唐) 무덕[1225] 연간에 나이가 꼭 마흔이 되었을 때에 드디어 출가를 원하여 서주(舒州)의 환공산(皖公山)으로 들어가 보월(寶月) 선사의 제자가 되었습니다. 뒤에 하루는 좌선을 하고 있다가 낯선 승려를 보았습니다. 키가 한 장(丈)쯤 되고 풍채[1226]가 시원스럽게 생겼고 말하는 기세가 맑았는데, 지암에게 말했습니다.

"경(卿)은 80생(生)에[1227] 출가한 것이니, 마땅히 더욱 정진해야 합니다."

말을 마치자 보이지 않았습니다.

昔牛頭山第二世智巖禪師, 曲阿人也, 姓華氏. 弱冠智勇過人, 身長七尺六寸. 隋大業中爲郎將, 常以弓挂一濾水囊隨行, 所至汲用. 累從大將征討, 頻立戰功. 唐

1223 대업(大業) : 수(隋) 2대 임금 양제(煬帝)의 연호. 604년 - 617년.

1224 낭장(郎將) : 무관(武官) 벼슬의 이름.

1225 무덕(武德) : 당(唐) 1대 임금인 고조(高祖)의 연호. 618년 - 626년.

1226 신자(神姿) : 풍채(風彩).

1227 80번 윤회를 한 뒤에.

武德中, 年方四十, 遂乞出家, 入舒州皖公山, 從寶月禪師爲弟子. 後一日晏[1228]
坐, 睹異僧身長丈餘, 神姿爽拔, 辭[1229]氣淸朗, 謂巖曰: "卿八十生出家, 宜加精
進." 言訖不見.

다시 골짜기에서 선정(禪定)에 들었던 적이 있는데, 소나기로 계곡
물이 불어났지만 지암이 즐거워하면서 움직이지 않자 그 물이 저절로
물러갔습니다. 사냥하는 사람이 그 곁을 지나다가 그 모습을 보고는
마음을 고쳐먹고 착한 일을 하기도 하였습니다. 다시 이전에 함께 종
군(從軍)했던 두 사람이 지암이 은둔해 있다는 소문을 듣고서 함께 산
으로 들어와 그를 찾았습니다. 그들은 지암을 보자 말했습니다.

"낭장은 미쳤소? 어찌하여 여기에 머물고 있소?"

지암이 말했습니다.

"나는 미치도록 깨닫고 싶고, 그대들의 미친 짓을 바로잡고자 하오.
무릇 육체나 음탕한 말을 좋아하고 영화(榮華)를 탐내고 헛되이 은총을
받는[1230] 것은 삶과 죽음의 윤회 속을 흘러 다니게 만드니, 어떻게 벗어
날 수 있겠소?"

두 사람은 감동하여 탄식하고는 물러갔습니다.

又嘗在谷中入定, 山水瀑漲, 巖怡然不動, 其水自退. 有獵者過之, 因改過修善. 復

1228 '안(晏)'은 궁내본에서 '연(宴)'. '편안하다'는 뜻에서 연(宴)과 안(晏)은 같은 뜻이지만,
     보통 연좌(宴坐)라고 쓴다.
1229 '사(辭)'는 궁내본에서 '사(詞)'. 둘 다 '말씀'이라는 뜻.
1230 모총(冒寵) : 공로가 없으면서도 은총을 받음.

有昔同從軍者二人, 聞巖隱遁, 乃共入山尋之. 旣見, 謂巖曰: "郞將狂耶? 何爲住此?" 巖曰: "我狂欲惺, 君狂正發. 夫嗜色淫聲, 貪榮冒寵, 流轉生死, 何由自出?" 二人感悟, 歎息而去.

정관(貞觀)[1231] 연간에 건업[1232]으로 돌아와 우두산에 들어가 나융[1233] 선사를 찾아뵙고는 대사(大事)를 밝혔습니다.[1234] 나융이 지암에게 말했습니다.

"나는 도신(道信) 대사의 비법(秘法)[1235]을 받고서는 얻은 것이 모두 없어졌다. 설사 열반보다 나은 한 개 법이 있다고 하더라도, 나는 그 역시 꿈과 같고 환상과 같다고 말할 것이다. 무릇 한 개 티끌이 날아서 온 하늘을 뒤덮고, 한 개 겨자씨가 떨어져 온 땅을 뒤덮는다. 그대는 이제 이미 이러한 견해를 넘어섰으니,[1236] 내가 다시 무슨 말을 하겠느

1231 정관(貞觀) : 당(唐) 2대 임금 태종(太宗)의 연호. 626년 - 649년.
1232 건업(建鄴) : 강소성(江蘇省) 강녕현(江寧縣) 남쪽에 있는 도시. 뒤에 건강(建康)으로 이름을 고쳤다.
1233 나융(懶融) : 우두법융(牛頭法融). 594-658. 우두선(牛頭禪)의 개조(開祖). 『대반야경』을 읽다가 진공(眞空)의 이치를 통달. 뒤에 모산(茅山)의 경법사(炅法師)에게 출가하여 수학(受學)함. 643년(정관 17) 건강 우두산(牛頭山) 유서사(幽棲寺) 북쪽 바위 아래에 선실(禪室)을 짓고 있었다. 하루는 사조(四祖) 도신(道信)이 와서 일러 줌을 받고 심요(心要)를 깨닫다. 이로부터 사방에서 도속(道俗)들이 모여와 교화를 받게 되니 문인(門人)이 100인을 넘었다. 652년(영휘 3) 그 고을 수령인 소원선(蕭元善)의 청으로 건초사(建初寺)에서 『대품경』을 강설. 뒤에 그를 이은 법계(法系)를 우두선(牛頭禪)이라 한다.
1234 대사(大事)를 밝혔다는 것은 도를 깨달았다는 말.
1235 진결(眞訣) : 비법(秘法). 비결(秘訣).
1236 티끌이나 겨자씨만큼도 망상이 일어나지 않는다.

냐? 절에서 대중을 교화하도록 그대에게 당부한다."[1237]

드디어 우두산의 제2세 조사가 되었습니다. 이것이 곧 흔들림 없는 믿음은 있으나 물러나는 마음은 없고 흔들림 없는 뜻이 있어서 배움이 철두철미한 곳에 이른 본보기입니다.

貞觀中, 歸建鄴, 入牛頭山謁懶融蝴師, 發明大事. 懶融謂巖曰: "吾受信大師眞訣, 所得都亡. 設有一法過於涅槃, 吾說亦如夢幻. 夫一塵飛而翳天, 一芥墮而覆地. 汝今已過此見, 吾復何云? 山門化導, 當付於汝." 遂爲牛頭第二世祖師. 此乃有決定信而無退轉心, 有決定志而學到徹頭處底樣子也.

삼교(三敎)의 성인들이 말씀하신 법은 선(善)을 권하고 악(惡)을 경계하여 사람의 마음씨를 바로잡는 것이 아님이 없습니다. 마음씨가 바르지 않으면 간사하여 오로지 이익만 추구하지만, 마음씨가 바르면 충의(忠義)가 있어서 오로지 이(理)를 따릅니다. 이(理)는 이의(理義)[1238]의 이(理)이지, 의리(義理)[1239]의 이(理)가 아닙니다. 마치 존장(尊丈)[1240] 절도사(節度使)[1241]께서 의로움을 보면 곧 행하여 보통이 아닌 참된 용기를 뽐내시는 것이 곧 이 이(理)인 것과 같습니다. 규봉(圭峯)[1242] 선사가 말했습

1237 『경덕전등록』 제4권 '제2세지암선사(第二世智巖禪師)'에 나오는 문장.
1238 이의(理義) : 이(理)로서의 뜻. 인간의 본성. 인간의 참된 본질.
1239 의리(義理) : 사람이 행해야 할 떳떳하고 바른 일. 윤리도덕.
1240 존장(尊丈) : ①지위가 자기보다 높은 사람을 높여 이르는 말. ②자기 아버지와 벗으로 사귀는 사람을 높여 이르는 말. 여기에서는 계공의 아버지를 지칭하는 듯하다.
1241 절사(節使) : 절도사(節度使)의 준말.
1242 규봉종밀(圭峯宗密) : 780-841. 중국 당(唐)나라 승려. 청량징관에게 화엄학을 배웠

니다.

"뜻 있는 일을 하는 것이 곧 깨달은 마음이고
뜻 없는 일을 하는 것이 곧 미쳐 날뛰는 마음이다.
미쳐 날뛰는 것은 분별심[1243]에서 비롯되니
죽을 때는 업에 끌려간다.
깨달음은 정념에서 비롯되지 않으니
죽을 때에 능히 업을 부릴 수 있다."[1244]

이 역시 이 이(理)입니다. 부처님이 말씀하셨습니다.

"이(理)라면 문득 깨닫고 깨달음과 더불어 함께 사라지지만, 사(事)는
차차로 제거되니 순서대로 없어진다."[1245]

이 역시 이 이(理)입니다. 이 장자[1246]가 말했습니다.

다. 화엄종(華嚴宗) 제5조(第五祖)로, 규봉종밀(圭峰宗密)·초당선사(草堂禪師)·규산대
사(圭山大師) 등으로 불렸다. 소년시절에 유학(儒學)을 배웠고 유교와 도교 등에 정통하
여 『원인론(原人論)』을 저술했다. 『원각경(圓覺經)』을 읽고 여러 주석서(註釋書)를 저술해
서 『원각경』의 연구를 완성했으며, 또 하택신회(荷澤神會)를 파조(派祖)로 삼는 하택종(荷
澤宗)에 속한다고 주장함으로써, 선종 내의 북종(北宗)과 우두종(牛頭宗)·홍주종(洪州
宗)의 구별을 분명하게 했으며, 『선원제전집도서(禪源諸詮集都序)』, 『배휴습유문(裵休拾遺
問)』을 저술했다. 징관(澄觀 ; 華嚴宗 第四祖)에게 화엄교학(華嚴敎學)을 배우고 선과 화엄
을 통합하여 교선일치설(敎禪一致說)을 만들어 냈다. 시호는 정혜선사(定慧禪師).

1243 정념(情念) : =정식(情識). 분별심.

1244 『경덕전등록』 제13권 '종남산규봉종밀선사(終南山圭峰宗密禪師)'에 나오는 게송.

1245 『수능엄경』 제10권에 나오는 구절.

1246 이장자(李長者)는 『신화엄경론(新華嚴經論)』을 지은 이통현(李通玄) 장자(長者). 여기
에서는 청량징관(淸涼澄觀)을 이장자라고 잘못 말하고 있다.

"원융(圓融)이 행포(行布)[1247]를 가로막지 않으니 하나를 대하면 곧 여럿이고, 행포가 원융을 가로막지 않으니 여럿을 대하면 곧 하나다."[1248]

이 역시 이 이(理)입니다. 영가가 말했습니다.

"하나의 지위는 모든 지위를 다 갖추고 있고
하나의 법은 모든 법을 두루 품고 있다.
한 개 달이 모든 물에 두루 나타나고
모든 물속의 달은 한 개 달에 포함된다."[1249]

역시 이 이(理)입니다. 『화엄경』에서 말했습니다.

"불법과 세간법
만약 그 진실을 본다면
전혀 차별이 없다."[1250]

이 역시 이 이(理)입니다. 차별은 사람에게 있고, 법에 있지는 않습니

1247 행포(行布) : 차별. 깊고 얕은 단계를 두고 원인에서 결과로 차례차례 진행하는 것. 원융(圓融)의 반대.

1248 청량징관(清涼澄觀)이 지은 『대방광불화엄경소(大方廣佛嚴經疏)』 제1권에 "圓融不礙行布, 故一爲無量. 行布不礙圓融, 故無量爲一."이라는 구절이 나온다. 이통현(李通玄)의 『신화엄경론(新華嚴經論)』에는 이런 구절이 없다.

1249 『경덕전등록』 제30권 '영가진각대사증도가(永嘉眞覺大師證道歌)'에 나오는 구절.

1250 『화엄경』(80권) 제49권 「보현행품(普賢行品)」 제36에 나오는 게송의 구절.

다.[1251]

三敎聖人所說之法, 無非勸善誡惡, 正人心術. 心術不正, 則姦邪, 唯利是趨, 心
術正, 則忠義, 唯理是從. 理者, 理義之理, 非義理之理也. 如尊丈節使見義便爲,
逞非常之眞勇, 乃此理也. 圭峰禪師云: "作有義事, 是惺悟心. 作無義事, 是狂亂
心. 狂亂由情念, 臨終被業牽. 惺悟不由情, 臨終能轉業." 亦此理也. 佛云: "理則
頓悟, 乘悟倂銷, 事則漸[1252]除, 因次第盡." 亦此理也. 李長者云: "圓融不礙行布,
卽一而多, 行布不礙圓融, 卽多而一." 亦此理也. 永嘉云: "一地具足一切地, 一
法遍含一切法. 一月普現一切水, 一切水月一月攝." 亦此理也. 『華嚴』云: "佛法
世間法, 若見其眞實, 一切無差別." 亦此理也. 其差別在人不在法也.

충의(忠義)[1253]와 간사(姦邪)는 삶과 더불어 함께 생깁니다. 충의가 간
사함 속에 있으면, 마치 깨끗한 마니보주[1254]가 진흙 속에 있는 것과 같

1251 차별은 사람이 만들고, 법에는 차별이 없다.

1252 '즉점(則漸)'은 궁내본에서 '비돈(非頓)'. 뜻은 동일하지만 『수능엄경』의 구절로는 '사즉
점제(事則漸除)'가 맞다.

1253 충의(忠義) : =충의(忠誼). ①충성(忠誠)과 절의(節義). ②충신(忠臣)과 의사(義士).

1254 마니보주(摩尼寶珠) : mani. 마니(摩尼)·말니(末尼)로 음역. 주(珠)·보(寶)·무구(無
垢)·여의(如意)로 번역. 마니주(摩尼珠)·보주(寶珠)·여의주(如意珠)라고 한다. 투명한
구슬. 이 구슬은 용왕의 뇌 속에서 나온 것이라 하며, 사람이 이 구슬을 가지면 독이 해칠
수 없고, 불에 들어가도 타지 않는 공덕이 있다고 한다. 혹은 제석천왕이 금강저(金剛杵)
를 가지고 아수라와 싸울 때에 부서진 금강저가 남섬부주에 떨어진 것이 변하여 이 구슬
이 되었다고도 한다. 또는 지나간 세상의 모든 부처님의 사리가 불법(佛法)이 멸할 때에
모두 변하여 이 구슬이 되어 중생을 이롭게 한다고도 한다. 불법(佛法)을 상징하는 물건
이다.

아서 비록 수십만 년을 있더라도 오염될 수 없습니다. 왜 그럴까요?
본성이 깨끗하기 때문입니다. 간사함이 충의 속에 있으면, 마치 잡독
(雜毒)[1255]이 깨끗한 그릇에 담겨 있는 것과 같아서 비록 수십만 년이 지
나더라도 역시 바꿀 수 없습니다. 왜 그럴까요? 본성이 더럽기 때문입
니다. 앞서 말한 "차별은 사람에게 있고, 법에 있지는 않다."는 것이 곧
이러한 도리입니다. 예컨대 간사한 자와 충의한 자 두 사람이 함께 성
인의 책을 읽는다고 하면, 성인이 말씀하신 이 법에는 원래 차별이 없
지만, 간사한 자와 충의한 자가 그것을 읽으면 각각의 부류에 따라 이
해하기 때문에 차별이 생기는 것입니다. 유마가 말한 "부처님은 하나
의 음성으로 법을 말씀하시지만, 중생은 부류를 따라 제각각 이해한
다."[1256]는 것이 바로 이것입니다.

忠義姦邪與生俱生. 忠義者處姦邪中, 如淸淨摩尼寶珠置在淤泥之內, 雖百千歲,
不能染汙. 何以故? 本性淸淨故. 姦邪者處忠義中, 如雜毒置於淨器, 雖百千歲, 亦
不能變改. 何以故? 本性濁穢故. 前所云差別在人不在法, 便是這箇道理也. 如姦邪
忠義, 二人同讀聖人之書, 聖人之書是法, 元無差別, 而姦邪忠義讀之, 隨類而領解,
則有差別矣. 淨名云: "佛以一音演說法, 衆生隨類各得解" 是也.

충의한 선비가 의로움을 보면 본성이 발휘되고, 간사한 사람이 이익

1255 잡독(雜毒) : 잡다한 독(毒). 온갖 헛된 견해(見解)를 가리킨다.

1256 『유마경』「제1불국품(佛國品)」의 게송에 나오는 구절. 『대반야경』 제381권, 제531권 등
      에도 "세존은 하나의 음성으로 바른 법을 말씀하시지만, 중생은 부류에 따라서 제각각 이
      해한다."(世尊一音演說正法, 隨有情類各令得解.)는 동일한 구절이 있다.

을 보면 역시 본성이 발휘됩니다. 마치 자석이 쇠를 만나는 것과 같고 불이 마른 땔감을 만나는 것과 같아서, 비록 억제하려고 하여도 할 수가 없습니다. 마치 존장 절도사의 당당하고 맹렬함이 남보다 뛰어나셔서 수많은 무리 속에서 대의(大義)를 제창함에 듣는 사람을 놀라게 하시고, 또한 본성이 충의하여 의로움을 보면 행동하시는 것이 조작이 아니고 적당히 꾸며낸 것이 아님과 같습니다.

忠義之士見義, 則本性發, 姦邪之人見利, 則本性發. 如磁石遇鐵, 而火逢燥薪, 雖欲禁制, 不可得也. 如尊丈節使雄烈過人, 唱大義於萬衆之中, 聳動時聽, 亦本性忠義, 而見義則發, 非造作, 非安排.

경전에서 말하기를 "비유하자면, 마하나가[1257]이신 큰 힘을 가진 용사가 만약 위세 있는 분노를 떨친다면 반드시 그 이마 위의 살갗이 갈라지는데, 갈라진 살갗이 아직 닫히기 전에는 염부제[1258] 속의 어떤 사람도 그를 제어하여 복종시킬 수가 없는 것과 같다."[1259]라고 하였는데, 부처님은 이 말씀으로써 깨달음을 구하는 마음[1260]을 낸 자를 비유한 것입니다. 깨달음을 구하는 마음은 곧 충의한 마음이니, 이름은 다르지

1257 마하나가(摩訶那伽) : maha-naga. 대용상(大龍象)이라 번역함. 아라한(阿羅漢)이나 부처님을 부르는 말.

1258 염부제(閻浮提) : 수미산(須彌山)을 중심으로 인간세계를 동서남북 네 주로 나누었을 때, 염부제는 남주이다. 인간세계는 여기에 속한다고 한다.

1259 『화엄경』(80권 화엄) 제78권 「입법계품」 제39-19에 나오는 내용.

1260 보리심(菩提心) : 보리(菩提)는 곧 깨달음. 깨달음으로 향하는 마음. 깨달음을 구하려는 마음. 깨달음을 원하는 마음. 무상정등각심(無上正等覺心). 도심(道心).

만 바탕은 같습니다. 다만 이 마음이 진실[1261]과 만나면, 세간에서건 출세간에서건 한꺼번에 모조리 이루어서 부족함도 없고 남음도 없습니다.

教中所謂: "譬如摩訶那伽大力勇士, 若奮威怒, 於其額上必生瘡疴, 瘡若未合, 閻浮提中一切人民無能制伏." 佛以此喩發菩提心者. 菩提心則忠義心也, 名異而體同. 但此心與義相遇, 則世出世間一網打就, 無少無剩矣.

저는 비록 불교를 배우는 사람입니다만, 임금님을 사랑하고 나라를 걱정하는 마음은 충의한 사대부와 같습니다. 다만 힘이 미치지 못하기 때문에 세월만 흘려보낼 뿐입니다. 바름을 좋아하고 삿됨을 싫어하는 뜻은 태어날 때 이미 갖추어진 것이니, 영가는 "설사 철륜(鐵輪)[1262]을 머리 위에서 돌리더라도, 정혜(定慧)는 두루 밝아 결코 잃지 않는다."[1263]고 한 것입니다. 저는 비록 똑똑하지는 못했지만, 곧장 스스로를 믿고서 의심하지 않을 수는 있었습니다.

予雖學佛者, 然愛君憂國之心與忠義士大夫等. 但力所不能, 而年運往矣. 喜正惡

1261   의(義) : ①사물. 대상. 물건. 자체. 실체. 사실. 진실. ②의미. 뜻. ③이유. 내력. ④도리. 이치. ⑤목적. 목표. ⑥교의(敎義). ⑦비밀. 숨겨진 뜻. ⑧교설(敎說). 가르침. ⑨주장. 여기에선 실체적 진실인 법계의 실상을 가리킴.

1262   철륜(鐵輪) : 철륜왕(鐵輪王)이 가진 바퀴처럼 생긴 보물. 철륜왕은 4전륜왕(轉輪王)의 가운데 하나로서, 철로 된 윤보(輪寶)를 얻어서 그것을 굴리면서 남섬부주를 통솔하는 임금이다.

1263   『경덕전등록』 제30권 '영가진각대사증도가(永嘉眞覺大師證道歌)'에 나오는 구절.

邪之志, 與生俱生, 永嘉所謂: "假使鐵輪頂上旋, 定慧圓明終不失." 予雖不敏, 敢直
下自信不疑.

계공(季恭)께선 품은 뜻이 평범하지 않고 나이도 한창때이므로 바로
세간의 잡다한 일에 바쁠 때인데도 이러한 시간을 돌려서 위없는 깨달
음을 배울 수 있으니, 오래도록 덕의 뿌리를 심지 않았다면 어떻게 믿
을 수 있었을 것이며 물샐틈없이 장악하여[1264] 주인 노릇을 할 수 있겠
습니까? 원컨대 이러한 마음을 단단하게 하여 처음과 끝을 한결같이
하고, 경계와 인연을 만나도 변동하지 않게 하여서 바야흐로 힘 있는
대인(大人)이라고 불리우길 바랍니다.

季恭志趣不凡, 春秋鼎盛, 正是奔走塵勞之時, 能以此時回來學無上菩提, 非夙植
德本, 焉能信得及, 把得定, 作得主宰? 願堅固此心, 終始如一, 觸境遇緣, 不變不
動, 方名有力大人.

세월은 재빨리 지나가고 삶과 죽음의 일은 큽니다. 만약 이 한 개 대
사인연을 아직 밝히지 못하고 아직 말하지 못한 일로 순간순간 일삼고
있다가 곧장 뛰어넘어 깨닫는다면, 일상생활 속 인연을 만나는 곳에서
도(道)를 가로막는 수많은 악업을 제거할 것입니다. 하물며 한순간 딱
들어맞아 범부가 변하여 성인이 된다면 어떻겠습니까?
긍정하는 마음만 갖춘다면, 결코 속지 않을 것입니다. 예부터 원래

1264 파득정(把得定): 물샐틈없이 지키다. 제압하다. 장악하다. =파주(把住), 파정(把定).

선(善)을 행한 본보기가 있으니, 많은 책을 두루 보십시오.[1265] 단지 성인께서 마음 쓴 곳을 알기만 하면,[1266] 자기의 마음씨도 올바름을 알게 됩니다. 마음씨가 올바르면, 여러 가지 잡독(雜毒)과 여러 가지 삿된 말에 오염되지 않습니다.

> 無常迅速, 生死事大. 若念念以此一段大事因緣爲未了未說, 直下超證, 是省得日用應緣處許多障道底惡業. 況一念相應, 轉凡成聖耶? 但辦肯心, 必不相賺. 古來自有爲善底樣式, 博極群書. 只要知聖人所用心處, 知得了自家心術卽正. 心術正, 則種種雜毒, 種種邪說, 不相染汚矣.

계공은 유학을 배우고자 뜻을 세웠으니, 모름지기 자기를 확충한 뒤에 그 나머지로 미루어 나아가 백성에까지 미쳐야 합니다.[1267] 왜 그럴까요? 배움이 지극하지 않으면 배움이 아니고, 배움이 지극하나 쓸 수 없으면 배움이 아니고, 배움이 백성을 교화하지 못하면 배움이 아니기 때문입니다. 배움이 철두철미한 곳에 이르면, 문(文)도 그 속에 있고, 무(武)도 그 속에 있고, 사(事)도 그 속에 있고, 이(理)도 그 속에 있고, 충의와 효도, 나아가 자기를 다스림과 남을 다스림과 나라를 안정시킴과 세계를 안정시키는 기술이 모두 그 속에 있지 않은 것이 없습니다.

1265 박극(博極) : 많은 책을 두루 보아 지식이 깊고 넓음.
1266 지요(只要) : -하기만 하면 (된다). 만약 -라면.
1267 자기를 확충한 뒤에 자기를 미루어 남에게 미친다는 擴而充之와 推己及人은 공맹(孔孟)의 가르침이다.

석가모니께서 말씀하신 "늘 그 속에 있으니, 걸어다니고[1268] 앉고 눕는 것이다."[1269]가 바로 이 소식입니다.

季恭立志學儒, 須是擴而充之, 然後推其餘, 可以及物. 何以故? 學不至, 不是學, 學至而用不得, 不是學, 學不能化物, 不是學. 學到徹頭處, 文亦在其中, 武亦在其中, 事亦在其中, 理亦在其中, 忠義·孝道乃至治身·治人·安國·安邦之術, 無有不在其中者. 釋迦老子云: "常在於其中, 經行及坐臥." 便是這箇消息也.

임금에게 충성하면서 어버이에게 불효한 자는 없었고, 어버이에게 효도하면서 임금에게 불충한 자도 없었습니다. 다만 성인들께서 칭찬한 것을 따라 행하고 성인들이 꾸중한 것을 범하지 않는다면, 충성하고 효도함에, 사(事)와 이(理)에서, 자기를 다스리고 남을 다스림에 빈틈이 없고[1270] 밝지 않음이 없을 것입니다. 존장(尊丈) 절도사께서 큰 공을 세우시고 개선하여 돌아오심에 계공이 단번에 높은 자리에 오른 것을 다시 살펴보면,[1271] 가문을 일으킴에는 문(文)도 있고 무(武)도 있는 것임을 의심할 바 없습니다. 계공은 노력하소서!

未有忠於君而不孝於親者, 亦未有孝於親而不忠於君者. 但聖人所讚者依而行之,

1268 경행(經行) : vihāra. 행도(行道)라고도 함. 일정한 구역을 거니는 것. 좌선하다가 졸음을 막기 위하여, 또는 병을 치료하기 위하여 가볍게 운동하는 것. 비하라(毘訶羅)라 음역.

1269 『묘법연화경』 제5권 말미에 나오는 게송의 구절.

1270 주선(周旋) : 빈틈없이 준비하다. 상세하고 빠짐없다.

1271 행간(行看) : ①다음을 보다. 언뜻 보다. 잠깐 보다. ②다시 보다. 또 보다.

聖人所詞者不敢違犯, 則於忠於孝, 於事於理, 治身治人, 無不周旋, 無不明了. 行看尊丈節使立大功, 凱旋而歸, 季恭一躍靑雲之上, 成氏之門, 有武有文, 無可疑者. 季恭勉之!

32. 막 선교[1272]에게 보임[1273]

학문을 하는 것과 도(道)를 하는 것은 하나입니다. 학문을 하면서 학문이 아직 성인에 이르지 못했다면 반드시 성인에 이를 것을 기약해야 합니다. 도를 한다면, 사물과 나에게서 마음을 놓기를 바라야 합니다. 사물과 내가 하나가 되면, 도와 학문 둘 모두가 갖추어진 것입니다. 사대부가 두루 많은 책을 읽는 것은 자기를 다스리고 부귀를 구하고 즐거움을 취하기 위해서뿐만 아니라, 도와 학문을 모두 갖추어서 그것을 확충한 뒤에 자기의 마음으로 미루어 나머지로 나아가 사물에까지 미칠 수 있도록 하려는 것입니다.

示莫宣教(潤甫)

爲學爲道一也. 爲學, 則學未至聖人而期於必至. 爲道, 則求其放心於物我. 物我一如, 則道學雙備矣. 士大夫博極群書, 非獨治身求富貴, 取快樂, 道學兼具, 擴而充之, 然後推己之餘, 可以及物.

요즈음의 학자들은 흔히 근본을 버리고 말단을 좇아가며, 바름을 등지고 삿됨을 받아들입니다. 다만 학문을 하고 도를 하고 명예를 위하는 것이 오로지 부귀를 취하고 가문을 확장하는 것을 굳은 뜻으로 삼기 때문에, 마음씨가 바르지 못하여 사물에 부림을 당하니 속담에 이

1272 막선교(莫宣教) : (원주 : 潤甫) 막(莫)은 성(姓), 선교(宣教)는 벼슬 이름, 윤보(潤甫)는 자(字).
1273 1159년(71세)에 쓴 글.

른바 단지 송곳이 뾰족한 줄만 알고 끝이 네모난 줄은 모른다[1274]는 것과 같습니다. 이런 사람들은 유교에서는 마음씨를 바르게 하는 것이 최우선이라는 것을 전혀 모르는 것입니다. 마음씨가 바르면, 제멋대로 행동하더라도[1275] 이 도와 들어맞지 않음이 없습니다.

앞에서 말한 "학문을 하는 것과 도를 하는 것이 하나다."는 말의 뜻이 이것입니다. 우리 불교라면 "만약 사물을 부릴 수 있다면 여래와 같다."[1276]고 말하고, 노자라면 "자비심."이라 하고 "검소."라 하고 "감히 사람들 앞에 서지 않는다."라고 합니다.[1277] 이와 같이 배울 수 있다면, 이 도와 합하기를 구할 필요도 없이 저절로 말없이 이 도와 딱 들어맞게 됩니다.

近世學者多棄本逐末, 背正投邪. 只以爲學·爲道·爲名, 專以取富貴, 張大門戶爲決定義, 故心術不正, 爲物所轉, 俗諺所謂只見錐頭利, 不見鑿頭方. 殊不知在儒敎則以正心術爲先. 心術旣正, 則造次顚沛無不與此道相契. 前所云: "爲學爲道一."之

1274 하나는 알고 둘은 모른다.

1275 조차전패(造次顚沛) : 제멋대로 엎어지고 넘어지다. 함부로 행동하다.

1276 『수능엄경』 제2권에 나오는 구절.

1277 『노자도덕경』 제67장에 나오는 다음의 내용 : 나에게 세 가지 보물이 있어 간직하여 소중히 여기니, 그 첫째가 자비심(慈悲心)이고, 둘째는 검약(儉約)이고 셋째는 사람들 앞에 나서지 않는 것이다. 자비심이 있으므로 용감할 수 있고, 검약하기 때문에 풍족할 수 있고, 남의 앞에 서지 않기 때문에 기량 있는 자들의 우두머리가 될 수 있다. 요즘 사람들은 자비심을 버리고 용감하려 하고, 검소함을 버리고 풍족하기를 바라며, 뒤따르지 않으면서 앞장서려고 하는데, 그것은 죽음을 향해서 가는 것이다.(我有三寶, 持而保之, 一曰慈, 二曰儉, 三曰不敢爲天下先. 慈故能勇, 儉故能廣, 不敢爲天下先故能成器長. 今舍慈且勇, 舍儉且廣, 舍後且先, 死矣.)

義也. 在吾敎則曰: "若能轉物, 卽同如來." 在老氏則曰: "慈." 曰: "儉." 曰: "不敢爲天下先." 能如是學, 不須求與此道合, 自然默默與之相投矣.

"부처님이 모든 법을 말씀하신 것은 모든 마음을 제도하기 위함이다. 나에게는 아무런 마음이 없으니 모든 법이 무슨 소용이 있으랴?"[1278]라고 하였습니다. 경전을 읽고 여러 책을 두루 볼 때는 달을 보고 손가락은 잊으며, 물고기를 잡고 통발은 잊고자[1279] 하는 것으로 첫 번째 뜻을 삼아야 함을 아셔야 합니다. 그렇게 하면 문자언어에게 부림을 당하지 않고 도리어 문자언어를 부릴 수 있게 됩니다.

"佛說一切法, 爲度一切心. 我無一切心, 何用一切法?" 當知讀經看敎, 博極群書, 以見月亡指, 得魚亡筌爲第一義. 則不爲文字語言所轉, 而能轉得語言文字矣.

보지도 못했습니까? 옛날 어떤 승려가 귀종(歸宗) 화상에게 물었습니다.

"초심자가 어떻게 도에 들어가는 곳을 얻습니까?"

귀종이 부젓가락으로 솥뚜껑을 세 번 두드리고는 말했습니다.

"들리느냐?"

1278 이 구절은 『경덕전등록(景德傳燈錄)』 제9권, 「황벽희운선사전심법요(黃蘗希運禪師傳心法要)」에 고덕(古德)의 말이라고 인용하여 나오는데, 고덕(古德)이 누구인지는 알 수 없다.

1279 『장자(莊子)』 「잡편(雜篇)」 '외물(外物)'에 나오는 다음 구절 : 통발은 물고기를 잡기 위한 것이니, 물고기를 잡으면 통발은 잊어야 한다.(筌者所以在魚, 得魚而忘筌.)

승려: "들립니다."

귀종: "나에겐 어찌하여 들리지 않을까?"

귀종은 다시 세 번 두드리고는 물었습니다.

"들리느냐?"

승려: "들리지 않습니다."

귀종: "나에겐 어찌하여 들릴까?"

승려가 말이 없자, 귀종이 말했습니다.

"관음(觀音)의 묘한 지혜의 힘이 세간의 고통을 잘 구제하는구나."[1280]

不見? 昔有僧問歸宗和尙: "初心如何得箇入處?" 宗以火著[1281]敲鼎蓋三下, 云:
"還聞否?" 僧云: "聞." 宗云: "我何不聞?" 宗又敲三下, 問: "還聞否?" 僧云: "不
聞." 宗云: "我何以聞?" 僧無語, 宗云: "觀音妙智力, 能救世間苦."

윤보(潤甫) 도우께서는 오랫동안 덕의 뿌리를 심어 이 대사인연을 믿
고서 순간순간 끊어짐이 없게 되었습니다. 다만 모든 언어문자 위에서
아직 달을 보고 손가락을 잊을 줄 알지 못하고, 물고기를 잡고 통발을
잊을 줄 모르고 있을 뿐입니다. 만약 귀종이 가리켜 준 곳에서 깨닫는
다면, 바야흐로 관음이 깨달아 두루 걸림 없이 통함은 귀종이 소리를
들음과 듣지 못함의 뜻과 둘이 아니고 다르지 않음을 알 것입니다.

무슨 까닭으로 그러함을 알까요? 처음에 소리를 듣는 가운데 흐름

1280 『경덕전등록』제7권 '여산귀종사지상선사(廬山歸宗寺智常禪師)'에 나오는 대화.
1281 저(著)는 저(箸)의 오자(誤字). 가흥장본과 북장본에는 모두 저(箸)로 되어 있다.

속으로 들어가 어디에 있는지를 잊었다가 들어가서 고요해지자 움직임과 고요함의 두 모습이 전혀 생기지 않기 때문입니다. 움직이는 모습이 생기지 않으면 세간의 생멸하는 법이 소멸하고, 고요한 모습이 생기지 않으면 적멸에 사로잡히지 않습니다. 만약 이 둘 사이에서 움직이는 모습에 머물지 않고 또 고요한 모습에 사로잡히지 않는다면, 관음이 말한 "생멸법이 사라지니 적멸법이 나타난다."[1282]는 것입니다.

이러한 경지에 이르러야 비로소 몸과 마음이 하나가 되어, 자기 밖에 나머지가 없고, 하나하나 위에서 밝고, 사물사물 위에서 드러날 것입니다. 억지로 그렇게 하는 것이 아니라, 법이 그렇기 때문입니다. 윤보께서는 노력하십시오!

潤甫道友夙植德本, 信得此段大事因緣, 及念念無間斷. 但於一切文字語言上未能見月亡指, 得魚亡筌爾. 苟於歸宗示誨處領略, 方知觀音悟圓通, 與歸宗聞與不聞之義, 無二無別. 何以知其然也? 初於聞中, 入流亡所, 所入既寂, 動靜二相了然不生. 動相不生, 則世間生滅之法滅矣, 靜相不生, 則不爲寂滅所留係矣. 如於此二中間不住動相, 亦不爲靜相所困, 則觀音所謂: "生滅既滅, 寂滅現前." 得到這箇田地, 始得身心一如, 身外無餘, 頭頭上明, 物物上顯矣. 非是彊爲, 法如是故. 潤甫勉之!

1282 『수능엄경』 제6권에 나오는 구절.

33. 준박 선인에게 보임[1283]

13조 가비마라가 산의 굴 속으로 14조 용수를 찾아갔는데, 용수는 그가 올 줄 미리 알고서 마중을 나가 영접하였다. 가비마라를 보자마자 용수가 곧 물었다.

"깊은 산 속 외롭고 고요한 곳은 용이나 이무기가 머무는 곳인데, 지극히 존귀하신 대덕(大德)께서 어찌하여 헛걸음을 하십니까?"

가비마라가 말했다.

"나는 지극히 존귀하지 않다네. 다만 현자(賢者)를 찾아왔네."

용수는 말없이 생각하며 속으로 말했다.

"이 스님은 본성[1284]을 파악하여 도를 보는 눈을 밝혔는가? 진승(眞乘)[1285]을 이어받은 큰 성인인가?"

가비마라가 말했다.

"그대가 비록 마음속으로 말해도 나는 이미 의식으로 알고 있다네. 다만 출가하면 될 뿐인데, 어찌하여 내가 성인이 아닌지를 염려하는가?"

용수는 가르침을 듣고 곧 출가하였다.[1286]

1283 소흥(紹興) 5년 1135년 대혜 나이 47세에 쓴 글.

1284 결정성(決定性) : 결정되어 있는 본성.

1285 진승(眞乘) : 진실한 수레, 즉 진실한 교법(敎法). 방편(方便)으로 말한 교법에 대하여, 방편이 가리키는 진실한 교법을 말함.

1286 『경덕전등록』 제1권 '제13조가비마라(第十三祖迦毘摩羅)'에 나오는 내용.

示遵璞禪人

十三祖迦毘摩羅訪十四祖龍樹於山窟中, 龍樹預知其來, 卽出迎接. 纔見, 便云:
"深山孤寂, 龍蟒所居, 大德至尊, 何枉神足?" 摩羅曰: "吾非至尊, 來訪賢者." 龍樹
默念曰: "此師得決定性明道眼否? 是大聖繼眞乘否?" 摩羅曰: "汝雖心語, 吾已意
知, 但辨出家, 何慮吾之不聖?" 樹聞示誨, 卽投出家.

　예전부터 존숙은 법 때문에 사람을 찾았는데, 스승은 뛰어나고 제자
는 굳세어 거문고를 뜯자마자 곡조를 알아차렸고,[1287] 한 마디 · 한 구
절 · 한 번의 말씀 · 한 번의 침묵을 전혀 헛되이 베풀지 않았으니, 마
음의 눈이 서로 비추고 아교와 옻칠이 서로 들어맞는다고 할 만하다.
오늘날은 그렇지 못하여, 남의 스승 노릇 하는 자는 죽을 때까지 배우
는 자에게 말로써 설명해 주며,[1288] 결국 그가 통달했는지 통달하지 못
했는지 밝혔는지 밝히지 못했는지를 알지 못하고, 배우는 자 역시 그
스승이 삿된지 바른지를 구별하지 못한다. 이것은 대개 초학자(初學者)
의 마음이 거칠고 소홀한데도, 스승이 다시 거칠고 흐리터분한[1289] 것
을 주기 때문이다.[1290] 바른 근본이 맑고 싱거우니, 삿된 법이 마구 생

1287　동현별곡(動絃別曲) : 거문고 줄을 튀기자마자 곧 곡조를 판별하다. 가르침을 보고 재
　　　빨리 깨닫는 것을 비유함.

1288　타갈등(打葛藤) : 강설(講說)하다. 설명해 주다. 말의 그물 속으로 얽어 들이다.

1289　망로(莽鹵) : ①수월하게. 간단하게. 가볍게. 함부로. 간단하다. 수월하다. ②소홀하다.
　　　등한하다. 흐리터분하다. 건성으로 하다. 거칠다. 망로(莽魯), 망로(莽路), 망로(漭鹵)라고
　　　도 쓴다.

1290　여기에서 스승이 주는 거칠고 흐리터분한 것이란, 곧 말로써 도를 설명하고 개념과
　　　견해를 주입시키는 것을 말한다.

겨나는 것이다. 이와 같은 무리들이 선덕(先德)들의 막대한 은혜를 갚고자 하지만, 이른바 도를 보는 눈을 밝히고 참된 가르침을 계승하는 것은 역시 어렵지 않겠나?

古來尊宿以法求人, 師勝資彊, 動絃別曲, 一言一句, 一語一默, 並不虛施, 可謂心眼相照, 膠漆相投也. 今則不然, 爲人師者, 卒歲窮年與學者打葛藤, 終不知其到不到, 明不明, 學者亦不別其師是邪是正. 蓋緣初學心麤, 師授莽鹵以故. 正宗淡泊, 邪法橫生. 如此等輩欲報先德莫大之恩, 所謂明道眼, 繼眞乘者, 不亦難乎?

선(禪)에 참여하고 도(道)를 배우는 것은 다른 일이 아니라, 다만 생애 마지막 날 눈을 감을 때 이 한 조각 밭뙈기[1291]의 사방 경계[1292]가 참으로[1293] 분명한 것이다. 그러니 이야깃거리[1294]나 제공하고 쓸데없는 말[1295]이나 하는 것과는 같지 않다. 요즈음은 이 도가 쓸쓸하다. 스승과 제자가 서로를 믿지 않고, 모름지기 한 개 낡은 종이조각 위에 쏟아 놓은 약간의 쓸모도 없고 깨끗하지도 않은 더러운 말을 빌려서 배우는 자들

1291 하나인 마음을 가리킴.

1292 사지(四至) : 동서남북 사방의 경계. 한계. 범위.

1293 착실(着實) : 확실히. 참으로. 단단히.

1294 담병(談柄) : 이야깃거리. 화제(話題).

1295 희론(戱論) : 희롱(戱弄)의 담론(談論). 부질없이 희롱하는 아무 뜻도 이익도 없는 말. 여기에는 사물에 집착하는 미혹한 마음으로 하는 여러 가지 옳지 못한 언론인 애론(愛論)과 여러 가지 치우친 소견으로 하는 의론인 견론(見論)의 2종이 있다. 둔근인(鈍根人)은 애론, 이근인(利根人)은 견론, 재가인(在家人)은 애론, 출가인(出家人)은 견론, 천마(天魔)는 애론, 외도(外道)는 견론, 범부(凡夫)는 애론, 2승(乘)은 견론을 고집함.

에게 주면서 그것을 선회(禪會)¹²⁹⁶라고 부른다. 애닯고도 애닯도다! 우
리의 도(道)가 죽었구나!

參禪學道不爲別事, 只要臘月三十日眼光落地時, 這一片田地四至界分著實分
明. 非同¹²⁹⁷資談柄作戱論也. 近世此道寂寥. 師資不相信, 須假一片故紙上放些
惡毒不材不淨, 付與學者, 謂之禪會子. 苦哉! 苦哉! 吾道喪矣!

보지도 못했는가? 옛날 임제¹²⁹⁸ 스님이 황벽¹²⁹⁹에게 작별인사를 드
리자, 황벽이 물었다.

1296 선회자(禪會子) : 참선(參禪) 모임. 선(禪)을 공부하는 모임. 선회(禪會). 자(子)는 어
  조사.

1297 '동(同)'은 궁내본에서는 '도(圖)'. 동(同)은 '같다'이고 도(圖)는 '꾀하다'이니, 어느 쪽이
  든 뜻은 비슷하게 통한다.

1298 임제의현(臨濟義玄) : ?-867. 당대(唐代) 남악하(南岳下). 임제종(臨濟宗) 개조(開祖).
  불교의 진수를 찾고자 돌아다니다가 황벽희운(黃檗希運)을 찾아가 공부하다가 황벽의 지
  시(指示)로 고안대우(高安大愚; 귀종지상(歸宗智常)의 제자)를 찾아뵙고 깨달음을 얻어서
  황벽에게 돌아왔다. 희운은 증표로 백장(百丈)의 선판(禪板)과 궤안(几案)을 주고 인가
  (印可)하였다. 문하에 삼성혜연(三聖慧然), 흥화존장(興化存獎), 관계지한(灌谿志閑), 유
  주담공(幽州譚空), 보수소(寶壽沼), 위부대각(魏府大覺) 등 22인이 있다. 삼성은 『진주임
  제혜조선사어록(鎭州臨濟慧照禪師語錄)』을 편찬하였다. 그의 법계(法系)는 송대(宋代)에
  크게 흥하더니 청대(淸代)에는 일대주류(一代主流)를 형성하였다.

1299 황벽희운(黃檗希運) : ?-856. 남악(南嶽)의 아래. 백장산(百丈山; 강서성) 회해(懷海)
  의 제자가 되어 그의 법을 이었다. 상국(相國) 배휴(裵休)의 청에 응하여 종릉(鍾陵; 강서
  성)에 가서 예전에 머물렀던 황벽산의 이름을 따서 개당(開堂)하였다. 그후 회창 2년(842)
  에 용흥사(龍興寺)로 옮기고, 대중 2년(848) 완릉(宛陵; 안휘성)의 개원사(開元寺)에 주석
  하였다. 제자로는 중국 임제종(臨濟宗)의 시조인 임제의현(臨濟義玄)이 있다. 배휴가 집록
  (集錄)한 법어집인 『전심법요(傳心法要)』가 있다. 단제선사(斷際禪師)라는 시호를 받았다.

"그대는 어디로 가느냐?"

임제가 말했다.

"하남(河南) 아니면 하북(河北)이겠지요."

황벽이 곧장 때리니 임제가 그 방망이를 가로막고는[1300] 황벽을 손바닥으로 한 번 쳤다. 이에 황벽이 "하! 하!" 크게 웃고는 시자를 불렀다.

"백장[1301] 선사(先師)의 선판(禪板)[1302]을 가져오너라."

임제도 시자를 불렀다.

"불도 가져오너라."

황벽이 말했다.

"너는 그냥 가지고 가거라. 이후에 천하 사람들의 말문을 막아 버릴 것이다."

1300 약주(約住) : 가로막다. 저지하다.

1301 백장회해(百丈懷海) : 749-814. 당대(唐代) 승려. 마조도일(馬祖道一)의 지도로 깨달음을 얻음. 백장에게 귀의한 사방의 도속(道俗)들이 강서성 홍주(洪州) 신오현(新吳縣)의 대웅산(大雄山)에 대지성수선사(大智聖壽禪寺)를 세우니, 백장이 개조(開祖)가 되어 이곳에서 선풍을 크게 일으킴. 그의 저서 『백장고청규(百丈古淸規)』는 서(序)밖에 남아 있지 않지만, 그가 선원청규(禪院淸規)의 개창자임을 확증시켜주고 있음. 백장 이후 중국선은 더욱 토착화 됨. 제자로는 위산영우(潙山靈祐) · 황벽희운(黃蘗希運) 등이 있음.

1302 선판(禪板) : 좌선(坐禪)할 때에 몸을 기대어 세우는 도구로 의판(倚版)이라고도 한다. 길이는 1척 7, 8촌이고 넓이는 2촌, 두께는 3, 4푼 정도이다. 위에는 작은 구멍을 뚫었다. 이 구멍에 줄을 꿰어 승상(繩床)의 뒤에 옆으로 새끼줄을 묶어서, 판면(板面)을 비스듬히 하여 몸을 기대어 세우게 한다.

1303 위산영우(潙山靈祐) : 771-853. 제자 앙산혜적(仰山慧寂)과 함께 선풍(禪風)을 크게 드날렸기 때문에 그 법계(法系)를 위앙종(潙仰宗)이라 하고, 위산을 종조(宗祖)로 한다. 강서성(江西省) 홍주(洪州) 백장회해(百丈懷海)의 문하에 출입하여 그 법을 이었다. 같은 문하에 황벽이 동년배로 있었고, 함께 선계(禪界)에서 명성을 떨쳤다. 위산은 호남성(湖

뒷날 위산[1303]이 이 이야기를 꺼내어 앙산[1304]에게 물었다.[1305]

"임제가 저 황벽을 저버린 것이냐?"

앙산이 말했다.

"아닙니다."

위산이 말했다.

"그대는 어떻게 보느냐?"

앙산이 말했다.

"은혜를 알아야 비로소 은혜를 갚을 줄 압니다."[1306]

南省) 담주(潭州)의 대위산(大潙山)에 주석하면서 종풍을 떨쳤고, 뛰어난 제자들을 많이 배출하였다. 입실(入室) 제자만도 41명이나 된다고 하며, 그 가운데서도 앙산혜적은 특히 빼어났고, 이외에도 향엄지한(香嚴智閑)·연경법단(延慶法端)·경산홍연(徑山洪諲)·영운지근(靈雲志勤)·왕경초상시(王敬初常侍) 등의 빼어난 인물들이 있었다.

1304 앙산혜적(仰山慧寂): 807-883. 15세에 출가의 뜻을 두었으나 부모의 반대에 부딪혔다. 17세에 손가락 둘을 잘라서 정법(正法)을 구할 것을 맹세하고는 남화사(南華寺)의 통(通)선사를 찾아가 사미(沙彌)가 되었다. 수계(受戒)한 후에는 율장(律藏)을 배웠고, 후에 암두(巖頭)와 석실(石室)을 찾아가 공부하였다. 또 탐원응진(耽源應眞)에게서 원상(圓相)의 이치를 배웠고, 나아가 위산(潙山)을 섬긴 지 15년만에 그 법을 이었다. 왕망산(王莽山)에 주석하였고, 후에는 강서성(江西省)의 앙산(仰山)에 머물면서 선풍을 고취하였다.

1305 임제(臨濟; ?-867)의 언행을 평가하여 위산영우(潙山靈祐: 771-853)와 앙산혜적(仰山慧寂: 807-883)이 이와 같이 문답하는 것은, 그 생몰연대로 보거나 당시의 교통 통신의 형편으로 보아 허구라고 해야 할 것이다. 즉, 후대에 『임제록』을 편집하던 자가 위산과 앙산의 이름을 빌려서 자신의 견해를 재미있게 덧붙인 것이라고 여겨진다. 위산과 앙산은 위앙종(潙仰宗)의 개조(開祖)인데, 위앙부자(潙仰父子)라고 불릴 만큼 사제간의 관계가 친밀하였다고 한다. 임제록(臨濟錄)에서 위산과 앙산의 대화를 빌어서 임제의 행위를 부연하여 말하는 것은, 임제록 편찬자가 당시에 이미 일가(一家)를 이룩하고 있었던 위앙종의 권위를 빌려서 임제의 권위를 확립하려는 의도가 엿보인다.

1306 『사가어록』, 「임제록」에 나오는 내용.

저 뛰어난 역량을 가진 사람들이 중생들 속에서 약간의 두각을 무심
코 드러내어 보통 사람들과는 같지 않음을 보아라. 뒷날 임제는 과연
강서의 종지를 하북에서 크게 일으켰으니,[1307] 이것이 이른바 용과 코
끼리가 밟고 가는 곳을 당나귀는 감당할 수 없다는 것이다.[1308]

不見? 昔日臨濟和尙辭黃檗, 檗問: "子甚處去?" 濟曰: "不是河南, 便是河北." 檗便
打, 濟約住棒與一掌. 檗呵呵大笑, 喚侍者: "將百丈先師禪板來." 濟亦召侍者: "將
火來." 檗曰: "汝但將去. 已後坐卻天下人舌頭去在." 後潙山擧此話問仰山: "臨濟莫
辜負他黃檗麼?" 仰山曰: "不然." 潙山曰: "子作麼生?" 仰山曰: "知恩方解報恩." 看
他過量人等閑露異類中些子頭角, 便與常人不同. 後臨濟果興江西宗旨於河北, 此
所謂龍象蹴踏, 非驢所堪也.

준박(遵璞) 선인(禪人)은 일찍이 장산(蔣山)에서 원오 노사를 시봉하였
는데, 상운담의 장로와는 도반(道伴)이다. 이 두 사람은 모두 노사가 계
셨던 곳에서 약간 얻은 것을 가지고 만족스럽게 여기고는 가슴을 가리
키며 자부하고[1309] 콧대가 하늘을 찔렀으며,[1310] 이 세상에 자기보다 더

1307 강서(江西)의 종지(宗旨) : 강서(江西)는 마조를 가리킨다. 임제는 마조(馬祖)-백장
(百丈)-황벽(黃檗)으로 이어지는 법계를 받아서, 그 종지를 하북(河北)의 진주(鎭州)에서
드날렸다.

1308 용상(龍象) 즉 용과 코끼리는 뛰어난 선승(禪僧) 혹은 보살을 가리키고, 당나귀는 남
의 뒤를 따라다니는 범부중생을 가리킨다.

1309 점흉자허(點胸自許) : 가슴을 가리키며 자부하다. 자신하다. 점흉(點胸)이나 자허(自
許)는 모두 자랑하고 뽐내고 자부하는 것을 가리키는 말.

1310 비공요천(鼻孔遼天) : 콧대가 하늘을 찌른다. ①매우 오만하고 도도한 모습. ②깨달음

뛰어난 사람은 없다고 하였다. 갑인년[1311] 봄에 나는 강좌(江左)에서 민
(閩) 땅으로 왔는데, 담의는 이미 보중에서 개당(開堂)하고 있었고 세차
게[1312] 선(禪)을 말하여 납자들이 모여들었다. 준박 역시 그 행렬을 따랐
으니 서로 안팎이 되어 있었다.

나는 그것이 아직 온당하지 못함을 알고는 배우는 자들을 오도(誤導)
할까 봐 염려하여, 담의에게 편지를 보내어 휴가를 내어[1313] 잠시 오라
고 일렀다. 담의는 이익을 볼지 손해를 볼지 몰라 두려워하며 오는 길
을 자꾸 늦추고 있기에, 드디어 소참법문(小參法門)을 하는 차에 그 잘
못됨을 아프게 지적하고는 문에다 방(牓)을 붙여 대중에게 알렸다. 담
의는 그 소문을 듣고는 마지못해 하안거를 중도에 그만두고[1314] 찾아왔
다. 이에 그가 깨달은 것을 추궁해 보니, 다만 이전과 같았고 조금도
달라진 점이 없었다. 나는 정성을 다하여 그에게 말했다.

"그대가 이러한 견해를 가지고 어떻게 원오 노사를 계승할 수 있겠
느냐? 만약[1315] 이 일을 철저히 밝히고자 한다면, 얼른 주지(住持)에서
물러나오라.'"[1316]

을 얻은 자가 세속을 초탈한 모습.

1311 갑인년(甲寅年)은 소흥(紹興) 4년인 1134년이고, 대혜 나이 46세 때이다.
1312 호호(浩浩) : 가없이 넓고 크다. 물살이 대단하다.
1313 고가(告假) : 휴가. 또는 휴가를 청함.
1314 파하(破夏) : 하(夏)는 하안거(夏安居). 파하(破夏)는 90일 동안의 하안거를 다 마치지
      않고 도중에 금족(禁足)을 깨고 선원 밖으로 나가는 것.
1315 과(果) : ①과연. 참으로. ②혹시. 만약. =여과(如果). 약과(若果).
1316 퇴원(退院) : 선원(禪院)의 주지가 그 직위에서 물러나는 것. 또는 그 사원(寺院)의 동
      당(東堂)으로 돌아가는 것.

담의가 말했다.

"그러겠습니다."

하안거 말미에 암자로 돌아왔는데, 담의는 과연 그 말을 어기지 않고 준박과 잇달아 도착하여 두 사람이 함께 실중(室中)에 들어왔지만,[1317] 오랜 시간이 지났는데도[1318] 둘 모두 아직 진실에 이르지는 못하고 있었다.

遵璞禪人昔嘗侍圜悟老師於蔣山, 與祥雲曇懿長老爲道伴. 二人俱在老師處得少爲足, 點胸自許, 鼻孔遼天, 以謂世莫有過之者. 甲寅春, 予自江左來閩, 懿已開法於莆中, 浩浩談禪, 衲子輻輳. 璞亦從其行, 相爲表裏. 予知其未穩當, 恐誤學者, 以書致懿, 令告假暫來. 懿以畏得失, 遲遲其行, 遂因小參, 痛斥其非, 揭榜于門, 以告四衆. 懿聞之, 不得已乃破夏來. 詰其所證, 只如舊時, 無少異者. 至誠以語之曰: "汝恁麼見解, 何敢嗣圜悟老人? 果欲究竟此事, 便退卻院來." 懿曰: "然." 夏末歸菴, 懿果不食言, 與璞繼至, 二人同到室中, 久之, 皆未造其實.

하루는 준박에게 물었다.

"삼성(三聖)[1319]과 흥화(興化)[1320]의 나가고 나가지 않고 사람을 위하고

1317 실중(室中)에 들어왔다는 것은 곧 대혜가 있는 방에서 대혜의 가르침을 받는다는 말.

1318 구지(久之) : 오랫동안. 지(之)는 조사.

1319 삼성혜연(三聖慧然) : 생몰년은 정확하지 않다. 당대(唐代)의 사람. 임제종. 진주(鎭州; 하북성)의 삼성원(三聖院)에 주석하였다. 임제의현(臨濟義玄)에게 종지를 얻고, 뒤에 편력하면서 앙산(仰山)에 이르렀다. 또 덕산(德山)을 참학하고, 설봉(雪峰)도 찾아가 배웠다.

1320 흥화존장(興化存奬) : 830~888. 임제의현(臨濟義玄)의 법을 이은 위부(魏府) 흥화산(興化山)의 존장(存奬) 선사. 임제의 회상에서 시자(侍者)로 있다가 임제가 죽은 뒤에 삼

사람을 위하지 않는 이야기에서,[1321] 그대들은 말해 보아라. 이 두 노인 네에게 몸을 빼낼 곳[1322]이 있느냐?"

준박이 내 무릎 위를 주먹으로 한 대 때렸다. 내가 말했다.

"그대의 이 한 주먹은 삼성을 위하여 기백을 드러낸[1323] 것이냐? 흥화 를 위하여 기백을 드러낸 것이냐? 얼른 말하라! 얼른 말해!"

준박이 머뭇거리고 있기에, 나는 그의 등짝을 한 방망이 후려갈기고 는 이어서 그에게 말했다.

"그대는 무엇보다도 이 한 방망이를 잊어선 안 된다."

그 뒤에도 오래도록 도에 들어가지 못하고 있었다.

一日, 問璞: "三聖·興化出不出, 爲人不爲人話, 爾道. 這兩箇老漢還有出身處也

無?" 璞於予膝上打一拳. 予曰: "只爾這一拳, 爲三聖出氣? 爲興化出氣? 速道! 速

道!" 璞擬議, 予劈脊與一棒, 仍謂之曰: "爾第一不得忘了這一棒." 久未之入.

성(三聖)의 회상에 가서 수좌(首座)가 되었다. 대각(大覺)의 회상에서 원주(院主)를 보다 가 그의 법문(法門)을 듣고 비로소 크게 깨쳤다. 위부(魏府)의 흥화사(興化寺)에서 개당 (開堂)하였는데 향을 피워들고 말하기를 "삼성(三聖) 스님은 나에게 너무 무정하였고, 대 각(大覺) 스님은 너무 사정을 보아주셨다. 그러므로 돌아가신 임제(臨濟) 스님을 공양하 기로 한다." 하고는 임제의 법을 이었다. 문하에서 남원혜옹(南院慧顒)을 배출하였다.

1321 『연등회요』 제10권 '진주삼성혜연선사(鎭州三聖慧然禪師)'에 나오는 다음의 내용 : 삼 성이 대중에게 말했다. "나는 사람을 만나면 나가는데, 나가면 사람을 위하지 않는 것이 다." 흥화가 말했다. "나는 사람을 만나면 나가지 않는데, 나가면 곧 사람을 위하는 것이 다."(示衆云: "我逢人則出, 出則不爲人." 興化云: "我逢人則不出, 出則便爲人.")

1322 출신처(出身處) : 몸을 빼내는 곳. 자신을 모든 속박에서 빼낼 곳.

1323 출기(出氣) : ①화풀이를 하다. ②분노를 발설시키다. ③숨쉬다. ④탄식하다. ⑤기백 (氣魄)을 드러내다. 할말을 하다.

하루는 다른 승려가 입실(入室)하는 것을 구경하게 되었는데, 내가
그 승려에게 물었다.

"덕산¹³²⁴은 승려가 문으로 들어오는 것을 보면 곧 몽둥이를 휘둘렀
고, 임제는 승려가 문으로 들어오는 것을 보면 곧 할을 외쳤고, 설봉¹³²⁵
은 승려가 문으로 들어오는 것을 보면 곧 '무엇이냐?' 하고 말했고, 목
주¹³²⁶는 승려가 문으로 들어오는 것을 보면 곧 '공적(公的) 안건(案件)이
이미 결재되었으니,¹³²⁷ 그대에게 30방 때려야¹³²⁸ 할 것이다.'고 말했다.

1324 덕산선감(德山宣鑑; 780-865).
1325 설봉의존(雪峰義存): 822-908. 당대(唐代) 스님. 동산양개(洞山良价) 밑에서 반두(飯
      頭) 일을 맡아 보다가 그의 가르침에 따라 덕산선감(德山宣鑒)의 가르침을 받게 된다. 덕
      산의 제자인 암두전활(巖頭全豁), 흠산문수(欽山文邃)와 함께 행각하다가 호남성(湖南省)
      풍주(灃州) 오산(鰲山)에 이르러, 눈 속에 파묻혀 정진하다가 암두에게 한 방 맞는 중 크
      게 깨우쳐 덕산의 법을 잇게 된다. 그의 문하로는 현사사비(玄沙師備), 장경혜릉(長慶慧
      稜), 고산신안(鼓山神晏), 운문문언(雲門文偃), 보복종전(保福從展) 등 많은 선승들이 있
      었다.
1326 목주도명(睦州道明): 생몰년대 미상. 당대(唐代) 선승. 황벽희운(黃檗希運; ?-856경)
      의 법을 이은 제자. 목주(睦州)는 머물렀던 곳의 이름. 도종(道蹤)·진존숙(陳尊宿)·진포
      혜(陳蒲鞋)라고도 부름. 속성은 진(陳) 씨. 강남(江南) 출신으로 황벽희운의 법을 이은 뒤
      절강성 목주의 용흥사(龍興寺)에 머물렀다. 대중 1,000여 명을 모아 종풍을 떨쳤기 때문
      에 진존숙이라 하고, 짚신을 팔아서 어머니를 모셨으므로 진포혜라고 한다.
1327 현성공안(現成公案): 공안현성(公案現成)이라고도 씀. 현성(現成)은 '현재 이루어져
      있다.' '이미 갖추어져 있다.' '이미 만들어져 있다.'는 뜻. 공안은 본래 관청에서 결재(決裁)
      를 기다리는 공적(公的)인 안건(案件) 혹은 소송(訴訟)에서 다투고 있는 쟁점이 된 안건
      (案件)을 가리킴. 그러므로 현성공안 혹은 공안현성은 이미 결재가 이루어진 안건 혹은
      이미 판결이 난 안건을 가리킴. 선종(禪宗)에서 결재를 기다리는 공적인 안건이란 곧 깨
      달음을 이루었는지 아닌지의 여부(與否)를 가리키므로, 결재가 났다는 의미의 현성공안
      이란 곧 깨달음이 이루어진 본래면목의 입장을 가리킨다.
1328 방여삼십봉(放汝三十棒): 너를 방망이로 30대 때려야 할 것을 눈감아 준다.(용서해 준

그대는 말해 보아라. 이 네 분의 노인네에게 사람을 위하는 곳이 있느냐?"

승려가 말했다.

"있습니다."

내가 말했다.

"차(筈)."[1329]

그 승려가 머뭇거리기에, 나는 곧 "악!" 하고 일할을 하였다.

준박이 그것을 듣고는 문득 이전까지의 허다한 잘못된 지식과 잘못된 깨달음에서 벗어나, 이제는 드디어 한 사람 깔끔한[1330] 납승이 되었다. 비록 향상(向上)의 안목은 아직 철저히 열리지 못했으나 예부터 내려온 일에는 참으로 한량이 없음을 뚜렷이 알았으니, 이것으로도 기쁜 일이었다. 담의도 이어서 한마디 말끝에 진실한 곳에 발을 디뎠다. 이제는 모두들 용감하고 날래게 앞으로 나아가니, 비로소 내가 평소 세제(世諦)[1331]에는 마음을 쓰지 않음을 알았다.

一日, 因聽別僧入室, 予問僧曰: "德山見僧入門便棒, 臨濟見僧入門便喝, 雪峰見

다) 방(放)은 '용서하여 눈감아 주다', '용서하여 풀어 주다.'(=요(饒))는 뜻. 속뜻은 당장 때리지는 않지만 몽둥이를 맞아야 할 허물이 있다는 뜻. 허물을 지적하는 말.

1329 차(筈)는 '찌르다' '자리를 잡다'는 뜻.

1330 쇄쇄지(灑灑地) : 털끝만큼도 막힐 것이 없는. 깔끔한. 깨끗한. =적나라(赤裸裸).

1331 세제(世諦) : 속제(俗諦)라고도 함. 세(世)는 세속이란 뜻이고, 제(諦)는 진실한 도리란 뜻. 세속 사람들이 아는 도리, 곧 세간 일반에서 인정하는 진리. 반대는 진제(眞諦) 혹은 승의제(勝義諦)라고 한다.

僧入門便道: '是甚麼?' 睦州見僧入門便道: '現成公案, 放爾三十棒.' 爾道. 這四箇
老漢還有爲人處也無?" 僧曰: "有." 予曰: "箭." 僧擬議, 予便喝出. 璞聞之, 忽然脫去
從前許多惡知惡解, 今遂成箇灑灑地衲僧. 雖向上眼未開徹, 而了知從上來事果無
限量, 茲可喜耳. 懿亦相繼於一言之下脚踏實地. 今皆勇銳向前, 方知予平昔用心
不在世諦也.

을묘년[1332] 정월 대보름이 지난 뒤에 준박이 찾아와 휴가를 얻어 장
계로 돌아가 어머니를 찾아뵙고자 하는데, 우선 법어(法語)를 청한다고
하기에 붓 가는 대로[1333] 앞의 글을 써서 주었다. 건선사(建善寺)[1334]에는
불안(佛眼) 화상에게서 법을 얻은 상좌(上座)[1335] 장육옹(藏六翁)이 계신데,
그 스님[1336]은 부처님을 꾸짖고 조사를 욕하며 법안(法眼)을 낱낱이 가려
냄에 방 거사도 빼놓지 않았다. 이 글을 그 노인네에게 한번 보여 드린
다면 반드시 비판할 것이니, 거듭 청하건대 그 노인네와 함께 확인해
보아라. 하안거가 시작하기 전에 돌아와서 마지막 하나의 대사인연을
끝내려면, 절대로 저울추를 우물에 빠뜨리지 말기를 바란다. 도인(道
人)의 입장에서는 천 리에 같은 바람이 부니, 또다시 장육옹에게 보내
는 글은 쓰지 않았다.[1337]

1332 소흥(紹興) 5년인 1135년.
1333 신필(信筆) : 붓 가는 대로 맡기다. 붓 가는 대로 글을 쓰다.
1334 건선사(建善寺) : 복건성(福建省) 복주(福州)의 장계(長谿)에 있는 절.
1335 상수(上首) : 한 좌석 중에서 맨 첫 자리에 앉는 이. 또 한 대중 가운데 가장 우두머리.
      수좌(首座). 상좌(上座). 상석자(上席者). 장로(長老).
1336 상인(上人) : 지혜와 덕을 겸비한 승려를 높여 부르는 말.
1337 불과(不果) : 다하지 못하다. 수행할 수 없다.

乙卯上元後, 璞來告假, 歸長谿省母, 且乞法語, 因信筆書前語以遺之. 建善有佛眼和尚得法上首藏六翁, 彼上人者, 訶佛罵祖, 具擇法眼, 不減龐老子. 試以此呈似此老, 必有批判矣, 仍請此老相與作證. 夏前復歸, 究竟末後一段大事因緣, 切勿秤鎚落井. 道人分上, 千里同風, 更不果作藏六翁書也.

34. 묘도 선인에게 보임

정광대사(定光大師) 묘도(妙道)가 나 운문(雲門)[1338]에게 물었다.

"이 마음과 이 본성의 어리석음과 깨달음, 향함과 등짐이 어떻습니까? 그 요점[1339]을 가리켜 주십시오."

나는 묵묵히 있으면서 답하지 않았다. 묘도가 다시 묻자, 나는 웃으면서 말했다.

"요점을 말한다면 남에게 가리켜 줄 수 없고, 가리켜 줄 수 있다면 요점이 아니다."

묘도가 말했다.

"학인이 나아가도록 만들 방편(方便)이 어찌 없겠습니까?"

내가 말했다.

"방편을 말한다면, 마음에는 어리석음과 깨달음이 없고, 본성에는 향함과 등짐이 없다. 다만 사람이 어리석음과 깨달음이라는 견해를 세우고, 향하고 등진다는 이해에 집착하는 것이다. 이 마음을 밝히고자 하고 이 본성을 보고자 하나, 이 마음과 이 본성이 사람을 따라 뒤집어지고 잘못 얽혀서 삿된 길로 흘러 들어가기 때문에 부처와 마귀가 분별되지 않고 삿됨과 바름이 구분되지 않는 것이다. 대개 이 마음과 이 본성이라는 꿈과 환상을 깨닫지 못하기 때문에, (마음과 본성이라는) 두

1338 운문(雲門) : 대혜종고(大慧宗杲) 자신을 가리킨다. 대혜는 1130년부터 해혼(海昏)의 운문암(雲門菴)에 머물렀기 때문에 스스로를 운문(雲門)이라 불렀다.

1339 성요처(省要處) : 성요(省要)는 성략간요(省略簡要). 사려분별을 다 생략한 깨달음의 요점.

종류의 이름을 헛되이 세우고는 향하거나 등지거나 어리석거나 깨닫는 것을 사실이라 여기고, 또 이 마음과 이 본성은 참되다고 아는 것이다. 그리하여 참되다 하건 참되지 않다 하건, 헛되다 하건 헛되지 않다 하건, 세간이라 하건 출세간이라 하건, 이 모두는 다만 임시로 만들어놓은 (방편의) 말일 뿐임을 전혀 모른다.

示妙道禪人

定光大師妙道問雲門: "此心此性, 迷悟向背如何? 乞省要處指示." 雲門良久不答. 妙道再問, 雲門笑[1340]曰: "若論省要處, 則不可指示於人, 若可指示, 則不省要矣." 妙道曰: "豈無方便令學人趣向?" 雲門曰: "若論方便, 則心無迷悟, 性無向背. 但人立迷悟見, 執向背解. 欲明此心, 見此性, 而此心此性卽隨人顚倒錯亂, 流入邪途, 以故佛魔不辯, 邪正不分. 蓋不了此心此性之夢幻, 妄立二種之名言, 以向背迷悟爲實, 認此心此性爲眞. 殊不知若實若不實, 若妄若非妄, 世間出世間, 但是假言說.

그러므로 유마가 말했다.

'법(法)은 볼 수도 들을 수도 느낄 수도 알 수도 없다. 만약 보고 · 듣고 · 느끼고 · 안다면, 이것은 보고 · 듣고 · 느끼고 · 아는 것일 뿐, 법을 찾는 것이 아니다.'[1341]

또 옛 스님이 말했다.

1340 '소(笑)'는 궁내본에서는 '대소(大笑)'라 되어 있다.
1341 『유마힐소설경』「불사의품(不思議品)」제6에 나오는 구절.

'자기의 마음을 취하여 궁극이라고 여긴다면, 반드시 다른 물건과 다른 사람이 상대가 될 것이다.'[1342]

또 부처님이 부루나[1343]에게 말했다.

'그대가 색(色)과 공(空)을 가지고 여래장에서 힘써 다투면, 여래장은 그에 따라 색과 공이 되어 법계에 두루한다. …… 나는 불생불멸(不生不滅)을 묘하게 밝혀서 여래장과 합치하고, 여래장은 오직 묘한 깨달음으로 밝아서 법계를 두루 비춘다.'[1344]

여래장이 곧 이 마음이요 이 본성이지만, 부처님께서 방편으로 가리키신 색과 공이 서로 힘을 기울여 다투는 것은 옳지 않게 여기고, 사라지지도 않고 생겨나지도 않음을 묘하게 밝히는 것은 옳게 여긴다. 이두 문장은 약으로 한 말이니, 어리석음과 깨달음이라는 두 개의 병을 치료하는 것일 뿐, 부처님의 정해진 뜻은 아니다. 어리석음 · 깨달음 · 마음 · 본성 · 향함 · 등짐 등을 진실한 법이라고 집착하는 것을 깨부수기 위한 말일 뿐인 것이다. 보지 못했느냐? 금강장보살(金剛藏菩薩)이 말했다.

'모든 세계는 오직 말일 뿐이니, 모든 법은 말 속에 의지할 곳이 없

1342　대혜종고의 『정법안장(正法眼藏)』 제2권 하(下)에는 이 구절이 개선지(開先智) 화상의 말이라고 인용되어 있다. 개선지(開先智)는 장경혜릉(長慶慧稜)의 제자인 여산(廬山) 개선사(開先寺)의 소종원지(紹宗圓智)일 것이다.

1343　부루나(富樓那) : 만자(滿慈)라 번역. 인도 교살라국 사람으로, 바라문 출신이다. 대단히 총명하여 어려서 오명(五明)을 통달하였고, 속세를 싫어하여 입산 수도하였다. 부처가 성도하여 녹야원에서 설법하는 걸 듣고 벗들과 함께 부처에게 귀의하여 아라한과를 얻었다. 말솜씨가 훌륭하여 불제자(佛弟子) 가운데 설법제일(說法第一)로 알려졌다.

1344　『수능엄경』 제4권에 있는 내용.

고, 모든 말 역시 모든 법 속에 의지할 곳이 없다.'[1345]

故淨名云: '法不可見聞覺知. 若行見聞覺知, 是則見聞覺知, 非求法也.' 又古德云:
'若取自己自心爲究竟, 必有他物他人爲對治.' 又佛謂富樓那曰: '汝以色空相傾相
奪於如來藏, 而如來藏隨爲色空周遍法界. … 我以妙明不滅不生合如來藏, 而如來
藏唯妙覺明圓照法界.' 如來藏卽此心此性也, 而佛權指色空相傾相奪爲非, 以妙明
不滅不生爲是. 此兩段是藥語, 治迷悟二病, 非佛定意也. 爲破執迷悟心性向背爲
實法者之言耳. 不見? 金剛藏菩薩曰: '一切三世唯是言說, 一切諸法於言說中無有
依處, 一切言說於諸法中亦無依處.'

만일 어리석음이니 깨달음이니 하는 견해가 없고, 향한다느니 등진
다느니 하는 이해가 끊어지면, 이 마음은 뚜렷이 밝기가 밝은 해와 같
고, 이 본성은 넓기가 허공과 같고, 당사자의 발아래[1346]에서 빛을 내어
땅을 움직이고 온 우주를 두루 비추니, 이 빛을 보는 자는 모두 무생법
인(無生法忍)[1347]을 깨닫는다. 이러한 때에 이르면 저절로 이 마음과 이

1345 『화엄경』(80권) 제19권 「십행품(十行品)」 제21-1에 나오는 공덕림보살(功德林菩薩)의
말.

1346 각근하(脚跟下) : =각하(脚下). ①발밑. ②본바탕. 본래면목. ③바로. 지금. 목하(目下).
그 자리에서 당장.

1347 무생법인(無生法忍) : 불생법인(不生法忍), 불기법인(不起法忍)이라고도 함. 인(忍)
은 인(認)과 같이 인정하고 수용한다는 뜻이니, 법인(法忍)은 법을 인정하고 수용하여 의
심하지 않는 것. 『유마경(維摩經)』 중권(中卷) 「입불이법문품(入不二法門品)」 제9에 "생멸
(生滅)은 이법(二法)이지만, 법(法)은 본래 생하지 않는 것이어서 지금 멸하지도 않습니
다. 이러한 무생법인(無生法忍)을 얻는 것이 바로 불이법문(不二法門)에 들어가는 것입니
다."(生滅爲二, 法本不生今則無滅. 得此無生法忍, 是爲入不二法門.)라 하고 있다. 무생법인(無

본성에 말없이 들어맞아서, 비로소 예전에 본래 어리석음이 없었고 지금 본래 깨달음이 없으며, 깨달음이 곧 어리석음이고 어리석음이 곧 깨달음이며, 향함이 곧 등짐이고 등짐이 곧 향함이며, 본성이 곧 마음이고 마음이 곧 본성이며, 부처가 곧 마귀이고 마귀가 곧 부처여서, 한결같이 깨끗하고 평등하며, 평등한 것과 불평등한 것이 따로 없고 모두가 내 마음이 본래 가지고 있는 몫[1348]이고 다른 술수에 의한 것이 아님을 알게 된다.

> 苟迷悟見亡, 向背解絶, 則此心洞明如皎日, 此性寬廓等虛空, 當人脚跟下放光動地, 照徹十方, 睹斯光者, 盡證無生法忍. 到恁麼時, 自然與此心此性默默相契, 方知昔本無迷, 今本無悟, 悟卽迷, 迷卽悟, 向卽背, 背卽向, 性卽心, 心卽性, 佛卽魔, 魔卽佛, 一道淸淨平等, 無有平等不平等者, 皆吾心之常分, 非假於他術.

이미 이와 같지만 또한 마지못해 이렇게 말하는 것이니, 곧장 이것을 진실하다고 여겨서는 안 된다. 만약 진실하다고 여긴다면, 또한 방편을 알아보지 못하고 죽은 말을 굳게 믿는 것이니,[1349] 허망함을 더욱 불리고 더욱 어리석고 혼란스럽게 되어 깨달을 기약이 없게 된다.

여기에 이르면 그대가 마음 쓸 곳이 없으니, 이러한 일은 한쪽으로

生法忍)은 불생불멸(不生不滅)하는 법(法) 즉 생겨나거나 소멸함이 없는 법을 인정하고 의심없이 수용한다는 뜻이다.

1348 상분(常分) : 타고난 운명. 타고난 몫.

1349 인정(認定) : 굳게 믿다. 주장하다. 인정하다.

밀쳐놓아야 함을 아는 것이 좋다.[1350] 도리어 머리를 돌려 마 대사의 '이 마음이 곧 부처다, 마음도 아니고 부처도 아니다, 마음도 아니고 부처도 아니고 물건도 아니다.'[1351]와 조주의 '뜰 앞의 측백나무.'[1352]와 운문의 '수미산.'[1353]과 대우의 '저울추를 톱으로 잘라라.'[1354]와 엄양 존자의

1350 불약(不若) : -만 못하다. -하는 편이 낫다. =불여(不如).

1351 『사가어록』「마조록」에 다음 이야기가 있다 : 대매산(大梅山)의 법상(法常) 선사가 처음 마조를 찾아와서 물었다. "무엇이 부처입니까?" 마조가 말했다. "바로 이 마음이 부처이다." 법상은 곧 크게 깨달았다. 뒤에 대매산에 머물렀는데, 마조가 이 소식을 듣고는 한 승려를 보내어 물었다. "스님은 마조 스님을 뵙고서 무엇을 얻었기에 곧 이 산에 머무십니까?" 법상(法常)이 말했다. "마조 스님은 나에게 '이 마음이 바로 부처'라고 말씀하셨습니다. 나는 곧 여기에 머물렀습니다." 그 승려가 말했다. "요즈음 마조 스님의 불법(佛法)은 또 달라졌습니다." 법상이 물었다. "어떻게 달라졌습니까?" "요즈음은 다시 말하길 '마음도 아니고 부처도 아니다'고 하십니다." 이에 법상이 말했다. "이 노인네가 사람을 혼란하게 만드는 것이 끝날 날이 없구나. 그대는 마음대로 마음도 아니고 부처도 아니라고 하라. 나는 다만 이 마음이 곧 부처일 뿐이다." 그 승려가 돌아와 이것을 마조에게 말하자, 마조가 말했다. "매실이 익었구나."(大梅山法常禪師, 初參祖問: "如何是佛?" 祖云: "卽心是佛." 常卽大悟. 後居大梅山, 祖聞師住山, 乃令一僧到問云: "和尙見馬師, 得箇什麼, 便住此山?" 常云: "馬師向我道 '卽心是佛.' 我便向這裡住." 僧云: "馬師近日佛法又別." 常云: "作麼生別?" 僧云: "近日又道 '非心非佛.'" 常云: "這老漢惑亂人, 未有了日. 任汝非心非佛. 我只管卽心卽佛." 其僧回擧似祖, 祖云: "梅子熟也.")

1352 『오등회원』 제4권 '조주관음원종심선사(趙州觀音院從諗禪師)'에 다음의 이야기가 나온다 : 조주에게 어떤 승려가 물었다. "어떤 것이 조사께서 서쪽에서 오신 뜻입니까?" 조주가 말했다. "뜰 앞의 측백나무."(趙州因僧問: "如何是祖師西來意?" 州云: "庭前柏樹子.") 『경덕전등록』에는 이 내용이 없다.

1353 『오등회원』 제15권 '소주운문산광봉원문언선사(韶州雲門山光奉院文偃禪師)'에 있는 다음의 대화에 기인한다 : 묻는다. "한 생각도 일으키지 않았는데도 허물이 있습니까?" 운문이 말했다. "수미산."(問: "不起一念, 還有過也無?" 師曰: "須彌山.") 『연등회요』 제24권에도 나온다.

1354 『오등회원』 제12권 '서주대우산수지선사(瑞州大愚山守芝禪師)'에 다음 대화가 나온다 : 대우지(大愚芝)에게 어떤 승려가 물었다. "어떤 것이 부처입니까?" 선사가 말하였다. "톱

'흙덩이.'¹³⁵⁵와 분양의 '망상하지 마라.'¹³⁵⁶와 구지가 손가락을 세운 것 ¹³⁵⁷ 등이 결국 어떤 도리인가를 살펴보아라. 이것이 곧 나의 방편이니라. 묘도는 잘 생각해 보아라."

으로 저울추를 잘라라."(大愚芝因僧問: "如何是佛?" 師云: "鉅解稱鎚.") 저울추를 톱으로 자르는 것은 저울을 못 쓰게 만드는 것이다. 사물을 달아 보는 저울은 만물을 헤아려 보는 분별심을 가리킨다.

1355 『경덕전등록』 제11권 '홍주무녕현신흥엄양존자(洪州武寧縣新興嚴陽尊者)'에 다음 대화가 있다. : 승려가 물었다. "어떤 것이 부처입니까?" 엄양존자가 말했다. "흙덩이."(僧問: "如何是佛?" 師曰: "土塊.")

1356 『경덕전등록』 제8권 '분주무업선사(汾州無業禪師)'에 다음 구절이 있다 : 배우는 자가 질문을 할 때는 무업(無業)은 흔히 이렇게 답했다. "망상(妄想)하지 마라."(凡學者致問, 師多答之云: "莫妄想.") 분주(汾州)가 곧 분양(汾陽)이다.

1357 『경덕전등록』 제11권, 『오등회원』 제4권 '무주금화산구지화상(婺州金華山俱胝和尚)'에 다음 이야기가 있다 : 처음 구지(俱胝) 화상이 암자에 머물 때에, 실제(實際)라고 하는 비구니가 삿갓을 쓰고 석장(錫杖)을 짚고 와선, 구지를 세 바퀴 돌고는 말했다. "말씀하시면, 삿갓을 벗겠습니다." 세 번을 물었는데도, 구지는 전혀 답을 하지 못했다. 비구니가 바로 가려고 하자 구지가 말했다. "날이 곧 저물 것이니 하룻밤 묵어 가시오." 비구니가 말했다. "말씀하시면, 묵어 가겠습니다." 구지가 다시 말을 못하자, 비구니는 가 버렸다. 비구니가 간 뒤에 구지는 스스로 탄식하며 말했다. "내가 비록 대장부의 모습을 가지고 있지만, 대장부의 기개는 없구나." 암자를 버리고 여러 곳으로 배우러 가려고 하였는데, 그날 밤 산신(山神)이 나타나 말했다. "이 산을 떠날 필요가 없습니다. 장차 대보살이 와서 스님께 법을 말해 줄 것입니다." 10여 일이 지나자 과연 천룡(天龍) 화상이 암자로 찾아왔다. 구지가 이에 절을 올리고 앞서의 이야기를 했다. 천룡은 손가락 하나를 세워 보여 주었다. 구지가 즉시 크게 깨달았다. 그 후로 배우는 스님이 오기만 하면, 구지는 다만 손가락 하나를 세울 뿐, 다른 가르침은 없었다.(初住庵, 有尼名實際, 到庵戴笠子執錫繞師三匝云: "道得卽拈下笠子." 三問, 師皆無對. 尼便去, 師曰: "日勢稍晚, 且留一宿." 尼曰: "道得卽宿." 師又無對, 尼去. 後歎曰: "我雖處丈夫之形, 而無丈夫之氣." 擬棄庵往諸方參尋. 其夜山神告曰: "不須離此山. 將有大菩薩來爲和尚說法也." 果旬日天龍和尚到庵. 師乃迎禮具陳前事. 天龍竪一指而示之. 師當下大悟. 自此凡有參學僧到, 師唯擧一指無別提唱.)

既得恁麼, 亦是不得已而言之, 不可便以爲實. 若以爲實, 則又是不識方便, 認定死語, 重增虛妄, 展轉惑亂, 無有了期. 到這裏, 無爾用心處, 不若知是般事撥置一邊. 卻轉頭來看馬大師 '卽心是佛, 非心非佛, 不是心不是佛不是物.' 趙州 '庭前柏樹子.' 雲門 '須彌山.' 大愚 '鋸解秤鎚.' 嚴陽尊者 '土塊.' 汾陽 '莫妄想.' 俱胝豎指頭, 畢竟是何道理? 此乃雲門方便也. 妙道思之!"

35. 지엄 선인에게 보임

　도(道)는 배울 수 없으니, 배워서 얻는 것은 진실로 얻는 것이 아니다. 그러나 도는 또한 배우지 않을 수 없으니, 배우지 않으면 얻을 기약이 없다. 배움과 배우지 않음, 얻음과 얻지 못함은 이 도(道)와는 아무 관계가 없다. 청컨대 심혈을 기울여[1358] 관계없는 곳에서 몸을 돌려 한 번 내던지면, 배운 마음이나 배움이 없는 마음이나 얻은 마음이나 얻지 못한 마음이나 마치 끓는 물을 눈 위에 붓듯이 순식간에 해결될 것이니,[1359] 비로소 이전에 재앙을 일으켰던[1360] 모든 것이 본래[1361] 자기의 조상귀신[1362]이며 다른 잡귀신이나 도깨비[1363]의 일과는 전혀 상관이 없음을 알게 된다.[1364]

示智嚴禪人

1358　착정채(着精彩) : ①마음을 쓰다. 주의를 기울이다. 심혈을 기울이다. 노력하다. 애쓰다. ②주의하다. 조심하다.
1359　여탕옥설(如湯沃雪) : ①더운물을 눈 위에 붓는 듯하다. ②순식간에 해결되다. 간단히 해결되다.
1360　작수(作祟) : ①귀신이 재앙을 일으키다. ②훼방을 놓다. 방해하다. 나쁜 영향을 주다. 몰래 나쁜 짓을 하다.
1361　본자(本自) : 본래. 원래. 자(自)는 어조사.
1362　가친(家親) : ①부모 또는 가족 중의 어른. ②죽은 친척.
1363　한신야귀(閑神野鬼) : ①엉터리 같은 신령(神靈)이나 귀신(鬼神). 잡귀신. 도깨비. ② 무책임한 인간. 실없는 놈.
1364　모든 어리석은 번뇌와 망상은 전적으로 자기의 마음에서 일어나니 자기 마음이 자기 마음을 가로막는 장애물이다.

道不可學, 學而得之, 非實得也. 道亦不可不學, 不學亦無得期. 學與不學, 得與不得, 於此道了無交涉. 請快著精彩, 向無交涉處轉身一擲, 則學心無學心, 得心非得心, 如湯沃雪, 始知從前作祟皆是本自家親, 總不干他閑神野鬼之事.

그러므로 목주는 승려가 문에 들어오는 것을 보자마자 곧장 "공적(公的) 안건(案件)이 이미 결재되었으니, 그대에게 30방 때려야 할 것이다."[1365]라고 말했고, 조주는 승려가 문에 들어오는 것을 보면 곧장 "나를 저버리는구나."라고 말했다. 이 두 노인네는 마치 금시조[1366]가 바다를 양쪽으로 갈라서 곧장 용을 집어삼키는 것과 같다. 어리석은[1367] 무리가 어떻게 헤아리겠으며,[1368] 어떻게 발을 딛겠느냐?[1369] 사람을 위하는 도리가 있느냐? 그렇지 않다. 이러한 말을 들었다면, 곧 다만 이렇게 쉬고 쉬어야 한다. 쉴 수 있겠느냐?

所以睦州纔見僧入門, 便云: "現成公案, 放爾三十棒." 趙州見僧入門, 便云: "辜負

1365 『연등회요』 제8권 '목주진존숙(睦州陳尊宿)'에 이 구절이 나온다.

1366 금시조(金翅鳥) : garuḍa. 가루라(迦樓羅) · 가류라(加留羅) · 계로다(揭嚕荼)라 음역. 묘시조(妙翅鳥)라고도 번역. 인도 신화의 가공의 대조(大鳥). 이상화된 신령스러운 새. 사천하(四天下)의 대수(大樹)에 내려와 용(龍)을 잡아먹고 양 날개를 펴면 336만리나 된다고 한다. 그 날개는 금색이다. 대승경전에서는 천룡팔부중(天龍八部衆)의 하나이고, 밀교에서는 범천(梵天) · 대자재천(大自在天)이 중생을 구하기 위해 이 새의 모습을 빌려 나타난다고 한다. 또는 문수(文殊)의 화신이라고도 함.

1367 몽동(懜憧) : 어리석다.

1368 상량(商量) : 따지다. 상의하다. 의논하다. 상담하다. 이해하다. 값을 흥정하다. 값을 따지다. 값을 매기다. 헤아리다.

1369 주박(湊泊) : 한곳에 모이다, 모여들다. 머물다.

老僧." 二老如金翅擘海, 直取龍吞. 懵懂之流, 如何商量? 如何湊泊? 還有爲人底道
理麼? 不可. 聞恁麼道了, 便只恁麼休去歇去. 還歇得也未?

옛사람은 공무(空無)에 떨어진 외도(外道)를 혼(魂)이 아직 흩어지지
않은 시체라고 꾸짖었다. 곧장 일이 없고자 한다면, 다만 배울 수 없는
곳에서 한 걸음 나아가 보아라. 만약 이 한 걸음을 나아간다면, 팔만대
장경의 가르침[1370]과 천하에 유명한 스님들의 이런 말 저런 말과 곧은
말 굽은 말과 칭찬하는 말 욕하는 말과 세속에 따른 말과 불법을 명확
히 밝히는 말 등이 응당 매우 뜨거운 그릇이 우는 소리일 것이다.[1371] 지
엄(智嚴) 선인(禪人)은 믿을 수 있겠는가? 내 말을 기억하지는 마라.

古人訶爲落空亡底外道, 魂不散底死人. 要得直截無事, 但於不可學處試進一步看.
若進得這一步, 三乘十二分敎, 天下老和尙橫說豎說, 直說曲說, 讚說毁說, 隨俗說
顯了說, 當甚熱碗鳴聲! 嚴禪還信得及麼? 莫記吾語.

1370　삼승십이분교(三乘十二分敎) : 삼승(三乘)은 세 가지 탈것[乘]을 뜻하는데, 탈것이란
　　　중생을 깨달음으로 이끄는 가르침을 비유한 말이다. 성문승(聲聞乘)·연각승(緣覺乘)·
　　　보살승(菩薩乘) 세 가지가 그것인데, 부처는 중생의 근기에 따라 이 세 가지 가르침을 말
　　　씀하셨다. 십이분교(十二分敎)는 경·율·론 삼장이 확립되기 전에, 경전의 내용과 형식
　　　에 따라 열두 갈래로 정리한 것을 말한다. 3승12분교는 소승·대승불교의 모든 경론에
　　　담긴 교학(敎學)을 의미한다.
1371　허망한 소리다.

36. 지립 선인에게 보임

옛날 영운[1372] 스님은 복숭아꽃을 보고는 문득 도를 깨닫고 이런 게송을 지었다.

"30년 동안 칼을 찾는 손님이었는데
몇 번이나 낙엽이 지고 또 새 가지가 나왔던가?[1373]
한 번 복숭아꽃을 본 이래로
지금까지 다시는 의심하지 않는다네."

위산 스님이 그의 깨달음을 추궁해 보고 그와 서로 말이 통하자, 그를 인가하고는 말했다.

"인연으로 말미암아 깨달아 통달하면 영원히 물러나거나 잃지 않을 것이다."[1374]

또 설봉 스님은 스스로 수탑명서(壽塔銘序)[1375]를 지어 이렇게 말했다.

"무릇 인연으로 말미암아 얻은 것은 시작과 끝이 있고 이루어짐과 부서짐이 있다. 인연으로 말미암아 얻은 것이 아니라면 영원토록 언제

1372 영운지근(靈雲志勤) : 복주(福州) 영운지근(靈雲志勤) 선사. 복주(福州) 장경대안(長慶大安) 선사의 제자. 남악(南嶽) 문하 4세손이다. 복숭아꽃을 보고 도를 깨달았다.

1373 추지(抽枝) : 가지를 뻗다.

1374 『경덕전등록』 제11권 '복주영운지근선사(福州靈雲志勤禪師)'에 나오는 내용.

1375 수탑명서(壽塔銘序) : 수탑(壽塔)에 새긴 명문(銘文)의 서문(序文). 수탑(壽塔)이란 승려가 생전에 세운 자신의 탑인데, 속설(俗說)에 이 탑을 세우면 장수하게 해 준다고 한다.

나 견고하다."[1376]

示知立禪人

昔靈雲和尙因見桃華, 忽然悟道, 有偈曰: "三十年來尋劍客, 幾回葉落又抽枝? 自

從一見桃花後, 直至如今更不疑." 潙山和尙詰其所悟, 與之符契, 乃印可曰: "從緣

悟達, 永無退失." 又雪峰和尙自作壽塔銘序曰: "夫從緣有者, 始終而成壞. 非從緣

得者, 歷劫而常堅."

말해 보아라. 이 두 분 존숙의 견해가 같으냐 다르냐? 만약 같다고
한다면, 한 사람은 인연으로 말미암아 얻은 것을 옳게 여기고, 한 사람
은 인연으로 말미암아 얻은 것을 그르게 여겼다. 만약 다르다 한다면,
두 분 노숙께서 제각각의 문호(門戶)를 세워 뒷사람들을 속여서는 안
될 것이다. 이(咦)![1377] 거위왕이 우유를 골라 먹는 것은 오리 부류와는
참으로 다르다.[1378]

1376 설두중현(雪竇重顯; 980–1052)의 어록인 『명각선사어록(明覺禪師語錄)』 제1권 '설봉화
  상탑명병서(雪峰和尙塔銘幷序)'에 나오는 구절.『경덕전등록』제25권 '항주보은사혜명선사
  (杭州報恩寺慧明禪師)'에도 이 구절이 설봉(雪峰)의 탑명(塔銘)이라고 인용되어 있다. 그
  러므로 설봉의존(雪峰義存; 822–908)의 이 탑명은 명각선사(明覺禪師) 즉 설두중현이 작
  성한 것이고, 설봉의 자작(自作)은 아니다. 선사의 탑명은 죽어서 탑에 안치된 선사의 일
  생과 업적 등을 후대 사람이 작성한 글이다.
1377 이(咦) : 주의를 주거나 꾸짖을 때에 내는 고함소리.
1378 아왕택유(鵝王擇乳) : 아왕별유(鵝王別乳), 아왕끽유(鵝王喫乳)로도 쓴다.『정법념처
  경(正法念處經)』권64에 나오는 이야기로, 그릇에 물과 우유를 섞어 놓으면 아왕(鵝王) 즉
  거위왕은 우유만 마시고 물은 남긴다고 한다. 실상과 망상(妄相)을 잘 가려내는 지혜를
  가리킴. 아왕(鵝王)은 부처를 가리키는 말인데, 부처의 손가락과 발가락 사이에 수족만망

432

此二尊宿所見, 且道, 是一般? 是兩般? 若道是一般, 一人以從緣而得爲是, 一人以
從緣而得爲非. 若道兩般, 不可二大老各立門戶, 疑惑後人. 咦! 鵝王擇乳, 素非鴨
類.

지립(知立) 선인(禪人)은 두 노숙의 귀결점을 알겠느냐? 만약 알지 못
하면, 나 운문이 곧장 그대를 위하여 말해 주겠다.

둘은 하나로 말미암아 있지만
하나 역시 지키고 있지 마라.
한 마음이 생기지 않으면
만법에 허물이 없다.[1379]

이상의 두 문장[1380]이 같지 않으면, 거두어들여 위의 단락(段落)으로
돌아가거라. 떼끼![1381]

知立禪人還知二大老落處麽? 若不知, 雲門直爲爾說破. 二由一有, 一亦莫守. 一心
不生, 萬法無咎. 已上兩段不同, 收歸上科. 咄!

상(手足縵網相)이라는 얇은 막이 있어 그 모습이 거위의 발과 같다는 데서 유래한다.

1379 『경덕전등록』 제30권 '삼조승찬대사신심명(三祖僧璨大師信心銘)'에 나오는 구절.

1380 대혜종고가 인용한 〈신심명(信心銘)〉의 구절.

1381 돌(咄) : ①떼! 떼끼! 꾸짖는 소리. 호통치는 소리. ②허! 어허! 쯧쯧! 탄식 또는 놀람을
        나타내는 소리.

37. 묘전 선인에게 보임

　납자가 선(禪)에 참여한다면 마음을 밝혀야 하고, 수재(秀才)[1382]가 책을 읽는다면 과거에 급제해야 한다. 책을 다섯 수레나 읽어도 급제하지 못하면 평생 한 사람 수재일 뿐, 관인(官人)이라 부르면 잘못이다. 선에 참여하는 납자가 마음을 밝히지 못하면 살고 죽는 큰일을 끝낼 수 없으니 평생 범부를 벗어나려는 한 사람일 뿐, 부처가 되었다고 하면 잘못이다. 단지 이 두 개의 잘못에서, 참으로 이런 일이 있는가? 참으로 이런 일이 없는가? 참으로 있다고 말하면 책을 읽는 사람이 급제하여 관리 노릇 하는 것을 언제나 보아야 할 것이고, 참으로 없다고 말하면 선에 참여하는 사람이 부처가 되는 것을 본 적이 없어야 할 것이다. 이것을 저것과 바꾸니 피장파장일[1383] 뿐이다.[1384]

示妙詮禪人

衲子參禪, 要明心地, 秀才讀書, 須當及第. 讀書五車而不及第, 終身只是箇秀才, 喚作官人卽錯. 參禪衲子心地不明, 則不能了生死大事, 終身只是箇破凡夫, 喚作佛卽錯. 只這兩錯, 實有恁麽事? 實無恁麽事? 言實有, 則讀書人及第做官者, 時時見之, 言實無, 則參禪人作佛, 未嘗目擊. 以此易彼, 八兩半斤耳.

1382　수재(秀才) : 과거(科擧)에 응시할 자격이 있는 선비. 아직 과거에 급제하지 못한 유교(儒敎)를 공부하는 학생.

1383　팔냥반근(八兩半斤) : 1근은 16냥이니, 8냥이나 반근이나 똑같다. 피장파장이다. 어슷비슷하다. 도토리 키재기.

1384　참으로 있다고 해도 분별망상이고, 참으로 없다고 해도 분별망상이다.

이 말은 지극히 평범하면서도 지극히 심오하다. 흔히 배우는 자들이 얻고자 하는 마음을 가지고 얻을 것 없는 곳에 참여하니, 함정에 빠지는 일이 흔하다. 나의 이 말도 헛되이 베푸는 것인데, 참으로 세상에서 귀중하게 여기는 제호(醍醐)의 뛰어난 맛이라 한다면, 이런 사람들에게는 도리어 독약이 될 것이다.

此說至淺近而至深遠. 往往學者以有所得心參向無所得處, 墮坑落塹多矣. 雲門此語遂成虛設, 眞所謂醍醐上味, 爲世所珍, 遇斯等人, 翻成毒藥.

옛날 지상(智常) 선사가 조계에 이르러 육조(六祖)를 찾아뵙고, 대통[1385] 화상이 가리킨 심요(心要)를 말하였다. 육조는 그가 의심하는 곳을 따라 게송을 말하였다.

"한 법도 보지 않고 볼 것이 없다고 여기면
마치 뜬구름이 태양을 가리고 있는 것과 같다.
한 법도 알지 못하여 텅 빈 앎을 고집하면
도리어 허공에서 번갯불이 일어나는 것과 같다.

1385 대통신수(大通神秀) : ?−706. 중국 당나라 스님. 북종선(北宗禪)의 개조(開祖). 50세에 기주(蘄州) 쌍봉(雙峰) 동산사에 5조 홍인선사(弘忍禪師)를 뵙고 제자가 됨. 홍인이 죽은 뒤에 강릉 당양산에 있으면서 측천무후의 귀의를 받고, 궁중의 내도량(內道場)에 가서 우대를 받았으며, 또 중종황제의 존경을 받음. 신룡 2년에 죽음. 시호는 대통선사(大通禪師). 동문(同門)의 혜능(慧能)이 5조의 법사(法嗣)가 되어 스승의 명으로 남방에 가서 도법을 널리 편 이래로 혜능이 전한 것을 남종(南宗)이라 하고, 신수가 전한 것을 북종(北宗)이라 함.

이러한 지견(知見)이 별안간 일어나면
잘못 안 것이니 어찌 방편을 이해했겠는가?
그대가 한순간 스스로 잘못을 안다면
자기의 신령스러운 빛이 늘 드러나리라."

지상 선사는 게송을 듣자 곧 의심이 싹 풀리며 육조의 방편을 크게
깨달았다. 이에 한 개의 게송을 지어 육조에게 드렸는데, 그 마지막이
이렇다.

"조사(祖師)의 방에 들어오지 않았다면
막연하여[1386] 두 갈래로 나아갔을 것입니다."[1387]

昔智常禪師至曹豁[1388]見祖師, 擧大通和尙所示心要. 祖師據其所疑, 爲說偈曰:
"不見一法存無見, 大似浮雲遮日面. 不知一法守空知, 還如太虛生閃電. 此之知
見瞥然興, 錯認何曾解方便? 汝當一念自知非, 自己靈光常顯現." 常聞偈, 當下
疑情頓釋, 大悟祖師方便. 乃述一偈呈祖師, 末云: "不入祖師室, 茫然趣兩頭."

묘전(妙詮) 선인(禪人)은 참으로 이런 일이 있는지 참으로 이런 일이
없는지 하는 것의 귀결점을 알고자 하는가? 범부와 부처, 수재와 관인

1386 망연(茫然) : 어쩔 줄 모르다. 명청하다. 막연하다.
1387 『육조법보단경(六祖法寶壇經)』, 『경덕전등록』 제5권 '신주지상선사(信州智常禪師)' 등에
      나온다.
1388 '豁'은 '谿'의 오자(誤字).

을 상관하지 말고, 다만 나의 방편을 알아차려야 한다. 만일 조양(潮陽)을 알 수 있다면, 조계도 멀지 않을 것이다.[1389] 만일 아직 그렇지 못하면, 지금 당장[1390] 우선 대전[1391] 화상에게 관심을 두어라.[1392]

妙詮禪人要知, 實有恁麼事實無恁麼事, 落處麼? 莫管凡夫與佛, 秀才與官人, 但識取雲門方便. 苟能識得潮陽去, 曹谿不遠. 其或未然, 脚跟下且照顧大顚和尙.

1389 육조혜능은 광동성(廣東省) 소주(韶州)의 조계(曹溪)에 있는 보림사(寶林寺)에 머물면서 교화활동을 전개하였다. 광동성(廣東省) 조양현(潮陽縣)은 조계와 멀지 않은 곳에 있다. 조계가 본래면목을 뜻한다면, 조양은 본래면목을 가리키는 방편을 뜻한다.

1390 각근하(脚跟下) : =각하(脚下). ①발밑. ②본바탕. 본래면목. ③바로. 지금. 목하(目下). 그 자리에서 당장.

1391 대전보통(大顚寶通) : 732-824. 당대(唐代) 선승. 청원(靑原) 문하. 석두희천(石頭希遷)의 법을 이어받아 광동성(廣東省) 조주(潮州)의 영산(靈山)에 머물렀다. 〈논불골표(論佛骨表)〉(819)를 써서 헌종(憲宗)에게 올리고 조주(潮州)에 유배된 배불론자(排佛論者)인 한유(韓愈)와 교류하였다. 조주(潮州)는 곧 조양(潮陽)이다. 그러므로 우선 대전화상에게 관심을 두라는 것은 조계, 즉 본래면목은 우선 놓아두고 먼저 조양, 즉 방편에 관심을 가지라는 말.

1392 조고(照顧) : ①조심하다. 주의하다. ②관심을 두다. 돌보다. ③처리하다. 뒷바라지하다. ④비추다.

38. 충밀 선인에게 보임

용과 뱀을 구분하는 안목과 호랑이와 코뿔소를 사로잡는 능력을 가지고 격식과 한량을 벗어날 뿐만 아니라 인연되는 경계(境界)[1393]에 얽매이지 않는 선비라면, 이 말을 희론[1394]이라 여길 것이다. 그러므로 임제의 종풍(宗風)은 이어 가기가 어렵다. 요즈음 말만 배우는 무리는 많이 다투면서 재빨리 말하는 것을 자랑하고, 터무니없이 엉터리로 말하는[1395] 것을 자유자재하다고 여기고, 엉터리 할을 제멋대로 외치는 것을 종지라고 여기며, 한 번 밀치고 한 번 핍박함에 마치 부싯돌 불이 튀는 것 같고 번갯불이 번쩍이는 것 같고, 주저 없이 하하 하고 크게 웃어젖히는 것을 일러 기봉(機鋒)이 준엄하고 재빠르며 의식(意識)에 떨어지지 않았다고 한다. 그러나 이런 것들이 바로 분별심[1396]을 가지고 귀신의 눈동자를 놀리는 일인 줄 이들은 전혀 모른다. 그러니 어찌 남을 속이고 자신을 속이며, 남을 그르치고 자신을 그르치는 짓이 아니랴?

示沖密禪人

1393 진연(塵緣) : 색깔·소리·냄새·맛·촉감·의식 의 여섯 가지 대상경계. 인연이 되는 대상경계.
1394 희론(戱論) : 희롱(戱弄)의 담론(談論). 부질없이 희롱하는 아무 뜻도 이익도 없는 말.
1395 호설난도(胡說亂道) : 엉터리로 말하다. 터무니없는 말을 하다. 허튼소리를 하다. =호설패도(胡說霸道), 호설팔도(胡說八道).
1396 업식(業識) : 숙업(宿業)의 인(因)에 의해 감득(感得)한 심식(心識)을 말하는 것으로, 범부의 마음을 말한다. 선업·악업에 의해서 초래된 과보로서의 식(識)을 말한다. 한 마디로 분별하여 업을 짓는 버릇에 물든 중생의 분별심(分別心). 심의식(心意識)과 같은 뜻.

辯龍蛇眼, 擒虎兕機, 非超越格量, 不繫塵緣之士, 卽以是說爲戲論. 故臨濟宗風, 難其繼紹. 近世學語之流, 多爭鋒, 逞口快, 以胡說亂道爲縱橫, 胡喝亂喝爲宗旨, 一挨一拶, 如擊石火, 似閃電光, 擬議不來, 呵呵大笑, 謂之機鋒俊快, 不落意根. 殊不知正是業識弄鬼眼睛. 豈非謾人自謾, 誤他自誤耶?

보지 못했느냐? 임제가 덕산을 모시고 서 있을 때 덕산이 임제를 돌아보고 물었다.

"물어볼[1397] 일이 있는데, 괜찮겠느냐?"

임제가 말했다.

"노인네가 잠꼬대를 하여 어쩌겠습니까?"

덕산이 방망이를 집어 드니, 임제가 곧 선상(禪床)을 뒤집어엎어 버렸다. 덕산은 금세 그만두었다.[1398]

不見? 臨濟侍立德山次, 山回顧曰: "有事相借問, 得麼?" 濟云: "老漢寐語作甚麼?" 山擬拈棒, 濟便掀倒禪床. 山便休去.

말해 보아라. 이 두 노숙(老宿)이 이렇게 북돋우고 불러일으켰는

1397 차문(借問): 시험 삼아 묻다. 한 번 물어보다. 말씀 좀 여쭙겠습니다.

1398 『임제록(臨濟錄)』 및 『연등회요』 제9권 '진주임제의현선사(鎭州臨濟義玄禪師)'에는 다음의 대화가 있다 : 임제가 봉림(鳳林) 스님을 방문하니, 봉림 스님이 물었다. "물어볼 일이 있는데, 괜찮겠는가?" 임제가 말했다. "어찌하여 멀쩡한 살을 건드려 생채기를 내려 하십니까?"(到鳳林, 林問: "有事相借問, 得麼?" 師云: "何得剜肉作瘡?") 임제와 덕산의 이런 대화는 다른 곳에서는 찾아볼 수 없다.

데,[1399] 헤아리고 따진[1400] 곳이 있느냐? 용과 코끼리가 차고 밟는 것을 당나귀는 감당하지 못함을 확실히 알아야 한다.[1401] 참으로 이러한 안목을 갖추고 이러한 활용을 하는 것이 아니라면, 이해득실 속에서 두루 헤아리고 짐작하는 것을 아직 벗어나지 못한 것이다.

且道. 二老漢恁麽激揚, 還有商量處否? 信知龍象蹴踏, 非驢所堪. 非眞實具如是眼, 得如是用, 未免向得失中摶量卜度.

또 임제가 보화[1402]와 함께 진주(鎭州)에서 시주(施主) 집에 밥 먹으러 갔을 때 임제가 물었다.

"털 한 개가 커다란 바다를 삼키고 겨자씨 속에 수미산을 넣는 것은 신령스럽게 통하고 묘하게 작용하는 것인가? 아니면 법(法)이 본래[1403] 그런 것인가?"

보화는 곧 밥상을 뒤집어엎어 버렸다. 임제가 말했다.

"너무 거칠구나!"

보화가 말했다.

1399 격양(激揚) : 북돋우어 불러일으키다. 격려하여 진작시키다.

1400 상량(商量) : 따지다. 상의하다. 의논하다. 상담하다. 이해하다. 값을 흥정하다. 값을 따지다. 값을 매기다. 헤아리다.

1401 신지(信知) : 확실하게 알다.

1402 보화(普化) : 유주(幽州) 반산보적(盤山寶積)의 법을 이은 제자. 임제의현을 도와 진주(鎭州)에서 교화를 하였다.

1403 법이(法爾) : 법의 자이(自爾)란 뜻. 법이 다른 조작을 가하지 않고, 스스로 본디부터 그러한 것. 법연(法然)·천연(天然)·자연(自然)이라고도 함.

"여기에 거칠다느니 세밀하다느니 하고 말할 무엇이 있는가?"

임제는 그만두었다.

다음 날 다시 함께 어떤 시주 집에 밥 먹으러 갔는데, 임제가 다시 물었다.

"오늘의 공양(供養)은 어제와 비교하여 어떻느냐?"

보화가 다시 밥상을 뒤집어엎었다. 임제가 말했다.

"옳긴 옳으나, 너무 거칠구나!"

보화가 말했다.

"눈먼 작자야! 불법(佛法)에서 무슨 거칠고 세밀함을 말하느냐?"

임제는 다시 그만두었다.[1404]

말해 보아라. 임제가 두 번 그만둔 것에 헤아리고 따질 것이 있는가? 만약 있다면, 어떻게 헤아리고 따질 것인가?

又臨濟同普化在鎭州, 赴施主家齋次, 濟問: "毛吞巨海, 芥納須彌, 爲是神通妙用? 爲是法爾如然?" 普化便趯倒飯床. 濟云: "太麤生!" 化云: "這裏是甚所在說麤說細?" 濟休去. 次日又同赴一施主齋, 濟復問: "今日供養何似昨日?" 化又趯倒飯床. 濟云: "是則是, 太麤生!" 化云: "瞎漢! 佛法說甚麤細?" 濟又休去. 且道. 臨濟兩次休去, 還有商量分也無? 若有, 且如何商量?

1404 『임제록』, 『연등회요』 제7권 '진주보화화상(鎭州普化和尙)', 『오등회원』 제11권 '진주임제의현선사(鎭州臨濟義玄禪師)' 등에 나온다.

충밀(沖密) 선인(禪人)은 총림에서 매우 오랫동안 자주 모두를 헤아리기도 하고, 설명하기도 하고, 비판하기도 하며, 스스로 언제나 분명하고 합당하다고 여겼었다.[1405] 뒤에 비로소 그 잘못을 알고서, 이윽고 일시에 모두를 밀쳐놓고서 헤아리고 따짐이 없는 곳에서 공부를 하였다. 이제 비로소 보게 되고 믿게 되어서야, 바야흐로 이 일은 전해 줄 수도 없고 배울 수도 없고 헤아릴 수도 없고 따질 수도 없음을 알았다.

沖密禪人在叢林最久, 往往都商量得, 講說得, 批判得, 自謂千了百當. 後始知非, 遂一時撥置, 就無商量處做工夫. 今始覰得見, 信得及, 方知此事傳不得, 學不得, 計較不得, 商量不得.

나를 시봉하고 남쪽으로 와 쓸쓸한 변방[1406]까지 따르기를 4년이 지났다. 내가 선사(先師)[1407]께서 적수도인(寂壽道人)에게 말씀하신 "마음도 아니고 부처도 아니고 물건도 아니다."는 이야기를 말해 주었는데, 문득 화롯가에서 볶은 콩 한 개를 집어 먹었다. 이로부터는 향기롭고[1408]

1405 천료백당(千了百當) : 천 가지에 밝고 백 가지에 합당하다. 온통 딱 들어맞다. 깨달음
     이 모자람 없이 확고하다.
1406 쓸쓸한 변방이란 대혜가 귀양살이한 곳을 가리킨다.
1407 선사(先師)는 곧 원오극근(圜悟克勤)을 가리킨다.
1408 향적(香積) : ①향적대(香積臺)라고도 함. 선원(禪院)의 부엌. ②여러 가지의 향기로운
     음식을 합친 것.

묘한 공양을 향하는 마음이 없었고, 다만 찐떡[1409]이나 수제비[1410]는 그
가 한 번도 얻지 못한 적이 없었다.[1411]

侍吾南來, 相從於寂寞之濱 閱四載. 吾擧先師爲寂壽道人擧不是心不是佛不是物
話, 驀向火爐邊拾得一粒炒豆喫了. 自此香積妙供亦無心趣向, 但烝餅不托少渠一
頓不得耳.

나와 작별하고 잠시 절강(浙江)으로 돌아가겠다고 찾아온 김에 이 두
루마리를 가져와 가르침을 구했다. 이에 두 수의 게송을 써 준다.

하늘을 뒤덮고 땅을 뒤덮는 저 한 수[1412]는
현재에도 없고 과거에도 없어 떠맡을[1413] 수 없다네.
제멋대로[1414] 충밀 선인에게 당부하노니

1409 증병(烝餠) : 증편. 여름에 먹는 떡의 하나. 멥쌀가루를, 막걸리를 조금 탄 뜨거운 물로
    묽게 반죽하여 더운 방에서 부풀려 밤, 대추, 잣 따위의 고명을 얹고 틀에 넣어 찐다.
1410 박탁(不托) : =박탁([食+不] 飥), 박탁(餺飥). ①수제비. ②물국수. 탕면(湯麵).
1411 기이하고 특별한 것을 구하지 않고, 다만 일상생활에 부족하거나 불편한 것은 없이
    만족스럽게 산다는 말.
1412 일착(一著) : (바둑에서) 한 수 두다. 손을 한 번 쓰다. 한 번 행동하다. 한 수. 한 번 손
    쓰는 것.
1413 승당(承當) : 맡다. 담당하다. 받들어 지키다. 불조(佛祖)에게서 전해져 온 정법(正法)
    을 받아 지킨다는 뜻으로서, 종지를 깨달아 체득하는 것을 가리키는 말. 곧, 수긍하고 인
    정한다는 말.
1414 만(謾) : ①느긋하게. 느릿느릿. ②헛되이. 공연히. ③제멋대로. 되는 대로. 마음대로.
    마구. 함부로. =막(莫).

마음대로 여러 곳에서 멋대로 헤아려 보아라.

눈먼 당나귀가 바른 법의 눈을 소멸시키니[1415]
임제의 종풍이 비로소 크게 떨쳐졌다네.
애석하게도 여래를 팔아먹는[1416] 자가
온 천지를 뒤덮고서 엉터리로 값을 매기는구나.[1417]

因來別吾, 暫歸浙江, 攜此軸求指示. 仍贈二偈云: 蓋天蓋地那一著, 無今無古絶承
當. 謾將分付密禪者, 一任諸方亂度量. 瞎驢滅却正法眼, 臨濟宗風始大張. 可憐裨
販如來者, 盡將蓋覆錯商量.

1415 『임제록』에 다음 이야기가 있다 : 입적(入寂)할 때가 되자 임제는 법당(法堂)에 올라
    말했다. "내가 입멸한 후에 나의 '정법안장(正法眼藏)'을 없애지 말아라." 그러자, 삼성(三
    聖)이 앞으로 나와서 말하였다. "어찌 감히 스승의 정법안장을 없애겠습니까?" 임제가 물
    었다. "이후에 어떤 사람이 너에게 물으면 뭐라고 할 것이냐?" 삼성이 곧 "악!" 하고 일할
    (一喝)하였다. 임제가 말하였다. "누가 알았으리오? 나의 정법안장이 저 눈먼 당나귀에게
    서 사라질 줄을…"(師臨遷化時, 上堂云: "吾滅後, 不得滅却吾正法眼藏." 三聖出云: "爭敢滅却和
    尙正法眼藏?" 師云: "已後有人問你, 向他道什麼?" 三聖便喝. 師云: "誰知? 吾正法眼藏向這瞎驢邊
    滅却.")
1416 비판(裨販) : 비(裨)는 '붙다'(附)는 뜻이며, 판(販)은 '팔다'(賣)는 뜻이니, 비판(裨販)은
    '(불법(佛法)에) 빌붙어 의지하여 팔다'는 뜻이다. 팔아먹다.
1417 상량(商量) : ①따지다. ②상의하다. 의논하다. 상담하다. ③이해하다. ④값을 흥정하
    다. 값을 따지다. 값을 매기다. 헤아리다.

444

39. 도명 강주에게 보임

옛날 마조가 양(亮) 좌주(座主)에게 물었다.

"그대는 경론(經論)을 잘 강설한다고 들었는데, 그런가?"

양 좌주가 말했다.

"그렇습니다."

마조가 다시 물었다.

"무엇을 가지고 강설하는가?"

양 좌주가 말했다.

"마음을 가지고 강설합니다."

마조가 말했다.

"마음은 능숙한 기생(妓生)과 같고 의식(意識)은 기생과 더불어 노는 자와 같은데, 어떻게 경(經)을 강설할 수 있겠는가?"

양 좌주가 말했다.

"마음이 강설하지 못한다면, 허공이 강설한단 말입니까?"

마조가 말했다.

"도리어 허공이 강설할 수 있다."

양 좌주는 수긍하지 않고 소매를 떨치고는 곧 나갔다. 마조가 이에 좌주를 불렀다.

"좌주!"

양 좌주는 머리를 돌리다가 활짝 열리며 깨달았다. 이윽고 절을 올리고 떠나 곧장 서산(西山)으로 들어갔는데,[1418] 소식을 전하는 말도 따로 없었고 곧장 범부와 성인의 길을 끊어 버렸다.

示道明講主

昔馬祖問亮座主曰: "聞汝大講得經論, 是否?" 曰: "不敢." 祖又問: "將甚麼講?" 曰: "將心講." 祖曰: "心如工技兒, 意如和技者, 又爭解講得經?" 曰: "心旣講不得, 莫是虛空講得否?" 祖曰: "卻是虛空講得." 亮不肯, 拂袖便行. 祖遂喚云: "座主!" 亮回首, 豁然契悟. 遂作禮而去, 直入西山, 別無言語可通消息, 直下坐斷凡聖路頭.

지금 사람들은 있는 것 같기도 하고 없는 것 같기도 하여,[1419] 혹시 종사(宗師)[1420]의 말에서 보리 속에 보릿가루가 있고 밥은 쌀로 짓는다는 정도를 알아차리면, 곧 보리 속과 쌀 속에서 이해를 구하고는 자기가 이런 도리를 이미 얻었음을 종사가 알아주기를 반드시 바라고는 종사가 알아주지 않을까 봐 겁을 내기도 한다. 이와 같은 무리는 남이 가리키는 자질구레한 일[1421]을 단지 알아차릴 뿐이니, 마조의 한마디 말을 듣고 곧장 그 깨달은 바조차 잊어버린 양 좌주처럼 되고자 하더라

1418 『사가어록』「마조록」,『조당집』제14권, 『경덕전등록』제8권, 『종경록』제92권, 『남전어요(南泉語要)』 등에 이 이야기가 실려 있다.

1419 사유사무(似有似無) : 있는 듯 없는 듯 하다. 애매모호(曖昧模糊)하다. =사유약무(似有若無), 사유여무(似有如無).

1420 사가(師家) : 선문(禪門)의 종지를 체득한 사람. 종사(宗師).

1421 여전마후(驢前馬後) : 당나귀 앞이고 말 뒤라는 것은 말을 탄 귀족의 뒤에서 당나귀를 잡아끄는 사람을 가리키니, 남의 손 아래에서 자질구레한 일을 한다는 뜻. 소인(小人)을 가리킨다.

도 역시 어렵지 않겠느냐?

 양 좌주는 강철 덩어리로 이루어지고 무쇠를 녹여 부어 만들어진 사람이었기에, 온통 딱 들어맞아서 곧장 불교의 방편설(方便說)[1422]이라는 현묘한 소굴에서 도망쳐 나와 즉시 앞뒤의 시간이 끊어져서 깨달을 수 있는 한 법도 없음을 깨달았으니, 도리를 깨달은 것은 아니다. 요즈음의 강사(講師)라면, 종사가 "도리어 허공이 강설한다."고 하는 말을 듣자마자 곧 허공 속에서 동쪽으로 더듬고 서쪽으로 찾으며 의심하거나, 의심하지 않는다면 다시 비방할 것이다.

如今人似有似無, 或於師家口頭認得麥裏有麵, 飯是米做, 便向麥裏米裏求解覓會, 須要師家知道我已得這箇道理, 生怕師家不知. 如此等輩只認得箇驢前馬後, 欲得如亮座主於馬祖一言之下便亡其所證, 不亦難乎? 蓋亮公是箇渾鋼打就, 生鐵鑄成底, 故能千了百當, 便跳出教乘玄妙窠窟, 即時前後際斷, 了無一法可作了, 不了道理. 如今講人, 纔聞宗師說: "卻是虛空講得." 便向虛空裏東撈西摸, 不疑則謗.

 도명(道明) 좌주도 경을 강설하는 자이지만, 저 한 수가 절대로 문자언어 속에 있지 않고 문자언어는 다만 달을 가리키는 손가락임을 안

1422 교승(敎乘) : 불교에서 경전의 가르침을 일컫는 말로, 교상(敎相)이라고도 한다. 부처님이 말한 경문을 가리키는데, 교법(敎法)과 같은 말이다. 승(乘)은 운반한다는 뜻이니, 교법으로 중생을 실어 열반의 언덕에 이르게 한다는 뜻이 된다. 선승(禪乘)에 대응하는 말. 교(敎)와 선(禪)을 구분하여 교(敎)를 가리킴. 교학(敎學). 즉, 경전에서 펼치고 있는 방편설(方便說).

다. 선지식을 찾아 언설을 떠나고 문자를 떠나고 마음으로 인식하는[1423] 모습을 떠난 이 한 수를 깨닫고자 하여, 일부러 나를 찾아왔다. 나는 그 정성을 갸륵하게 여겨 곧장 이 한 개 공안[1424]을 적어서 그에게 보여주었다. 다른 날 문득 종이에 씌어진 문자 위에서 경전 밖에서 따로 전하는[1425] 소식을 깨닫는다면, 비로소 보리 속에는 보릿가루가 없고 밥은 쌀로 만드는 것이 아님을 알 것이다.[1426]

道明座主亦是講經者, 知得那一著決定不在文字語言中, 文字語言乃標月指也. 念欲求善知識理會這離言說相, 離文字相, 離心緣相底一著子, 故得得來尋妙喜. 妙喜憐其至誠, 直書此一段公案示之. 異日忽然向紙墨文字上識得敎外別傳底消息, 方知麥裏無麵, 飯不是米做.

이렇게 깨닫게 되면 곧 강설할 때나 강설하지 않을 때나 한 마리 죽은 뱀을 펄떡펄떡 살아 있도록 놀리게 될 것이다. 허공이 경전을 강설할 수 있다고 하든 허공이 경전을 강설할 수 없다고 하든 모두가 자기 집 안의 일이고, 경전의 가르침 속에서든 경전의 가르침 밖에서든 다시는 깨달았느니 깨닫지 못했느니 하는 견해를 짓지 않을 것이다. 두

1423 심연(心緣) : 마음에서 대상을 만나 인식하는 것. 마음에 대상이 나타나 분별되는 것. 인식되는 삼라만상은 전부 마음에 나타나는 인연(因緣)들이다.

1424 위 마조와 양 좌주의 대화를 가리킨다.

1425 교외별전(敎外別傳) : 선종(禪宗)에서는 교(敎)는 부처의 언설(言說)이고 선(禪)은 부처의 마음이라 하고, 선(禪)은 교(敎)의 밖에서 따로 마음에서 마음으로 이심전심(以心傳心)으로 전한다고 한다.

1426 방편으로 말하는 이치가 허망함을 알 것이다.

견해가 이미 없으면, 강설할 때가 곧 강설하지 않을 때이고, 강설하지 않을 때가 곧 강설할 때다. 침묵할 때가 말하는 때이고 말할 때가 침묵할 때여서 가르침을 크게 베푸는 방편문[1427]이 열림에 비좁지 않다. 이것이 바로 참된 말이고, 진실한 말이고, 여법한 말이고, 속이지 않는 말이고, 허망하지 않은 말이다.

恁麼知得了, 便能於講未講時, 將一條死蛇弄得來活鱍鱍地. 說虛空解講經, 虛空不解講經, 總是自家屋裏事, 敎內敎外更不作了末了之見. 二見旣亡, 講時卽是不講時底, 不講時卽是講時底. 默時說, 說時默, 大施門開無壅塞. 是眞語者·實語者·如語者·不誑語者·不妄語者.

쯧쯧! 이렇게 말하는 것은 마치 꿈도 없는데 꿈을 말하는 것과 같고, 눈 뜨고 침상에다 오줌 싸는 것과 같다. 이렇게 글쓰는 것도 주장자로 30방은 맞아야 한다. 비록 그렇긴 하지만 단지 문자를 빌려서 중생을 인도하는 것이니, 또한 경전을 강설하는 곳에서 조사가 경전 밖에서 따로 전한 소식을 깨닫는 것을 방해하지는 않는다. 도명은 다만 이와 같이 공부하고, 다만 이와 같이 경론을 강설하여 거리끼지 마라. 종이가 다 되어, 이 말[1428]을 그만 멈추어야 하겠구나.

咄! 恁麼說話, 大似無夢說夢, 開眼尿床. 恁麼寫底, 也好與三十拄杖. 雖然如是, 但

1427 대시문(大施門): 크게 베푸는 문. 곧 교화문(敎化門)을 가리킴.
1428 일락색(一絡索): 한 줄의 예화(例話). 일련(一連)의 예화. 일련의 일.

以假名字, 引導於衆生, 亦不妨於講經處理會祖師敎外別傳消息. 道明但只如此做

工夫, 但如此講經論不妨. 紙已盡, 且截斷這一絡索.

40. 묘총 선인에게 보임

옛 성인이 말씀하셨다.

"도는 닦을 필요가 없으니, 다만 오염되지만 마라."[1429]

나는 말한다.

"마음을 말하고 본성을 말하는 것이 곧 오염이고, 현(玄)함을 말하고 묘(妙)함을 말하는 것이 곧 오염이고, 좌선(坐禪)하여 선정(禪定)을 닦는 것이 곧 오염이고, 일부러[1430] 생각하는 것이 곧 오염이다. 지금 이런 모양으로 글을 쓰는 것이 특히 오염이다. 이것을 내려놓는 것 이외에 결국 어떤 것이 확실히[1431] 힘을 얻는 곳인가? 금강왕보검[1432]으로 당장 [1433] 절단낼 때는 인간인지 인간이 아닌지를 상관하지 마라. 묘총(妙總) 선인(禪人)은 다만 이렇게 참구(參究)하라."

示妙總禪人

古聖云: "道不假修, 但莫汚染." 山僧道: "說心說性是汚染, 說玄說妙是汚染, 坐禪習定是汚染, 著意思惟是汚染. 只今恁麽形紙筆, 是特地汚染. 降此之外, 畢竟如何是著實得力處? 金剛寶劍當頭截, 莫管人間是與非. 總禪但恁麽參."

1429 『사가어록』 「마조록(馬祖錄)」, 『경덕전등록』 제28권 '강서대적도일선사시중(江西大寂道一禪師示衆)'에 나오는 마조도일(馬祖道一)의 말.

1430 착의(著意) : 일부러, 고의로, 의식적으로.

1431 착실(著實) : 확실히. 참으로. 단단히.

1432 금강왕보검(金剛王寶劍) : 만물 가운데 가장 단단한 금강(金剛; 다이아몬드)으로 만든 보검이라는 뜻으로 부처님의 지혜가 일체 번뇌를 끊는 것에 비유한 말이다.

1433 당두(當頭) : 당장, 즉시, 그 자리에서.

대혜법어

초판 1쇄 발행일 2020년 2월 20일

지은이 김태완

펴낸이 김윤
펴낸곳 침묵의 향기
출판등록 2000년 8월 30일, 제1-2836호
주소 10380 경기도 고양시 일산서구 중앙로 1542,
　　　635호(대화동, 신동아노블타워)
전화 031) 905-9425
팩스 031) 629-5429
전자우편 chimmukbooks@naver.com
블로그 http://blog.naver.com/chimmukbooks

ISBN 978-89-89590-81-1 03220